中國學術思想 研究輯刊

二十編

林慶彰 主編

第 2 冊

宋代史事易學之義理風華(上)

劉秀蘭 著

花木蘭文化出版社

國家圖書館出版品預行編目資料

宋代史事易學之義理風華（上）／劉秀蘭 著 -- 初版 -- 新北市：
花木蘭文化出版社，2015〔民104〕
序 4+ 目 8+256 面；19×26 公分
（中國學術思想研究輯刊 二十編；第 2 冊）
ISBN 978-986-322-991-9（精裝）
1. 易經 2. 易學 3. 研究考訂 4. 宋代
030.8   103026831

中國學術思想研究輯刊
二十編 第 二 冊   ISBN：978-986-322-991-9

宋代史事易學之義理風華（上）

作　　　者	劉秀蘭
主　　　編	林慶彰
總 編 輯	杜潔祥
副總編輯	楊嘉樂
編　　　輯	許郁翎
出　　　版	花木蘭文化出版社
社　　　長	高小娟
聯絡地址	235 新北市中和區中安街七二號十三樓
	電話：02-2923-1455 ／傳真：02-2923-1452
網　　　址	http://www.huamulan.tw 信箱 hml 810518@gmail.com
印　　　刷	普羅文化出版廣告事業
封面設計	劉開工作室
初　　　版	2015 年 3 月
定　　　價	二十編 21 冊（精裝）台幣 38,000 元

宋代史事易學之義理風華(上)

劉秀蘭　著

作者簡介

劉秀蘭，祖籍山東牟平，出生地高雄。

學歷：政治大學中文系學士，臺灣大學中國文學研究所碩士，高雄師範大學國文系博士。

經歷：正義高中專任教師；立德管理學院兼任講師，高雄海洋科技大學、高雄應用科技大學兼任講師、助理教授。

研究領域：周易、宋明理學、老莊、中國歷史。

提　要

　　本論文探究宋代史事《易》之義理內蘊及其轉變。期從宋儒對史事的援引印證中，感受出其重點關懷與精神狀態。並在情境的還原中，離析出思想精華與價值取向，以穿透其核心思維，直契思想原形。主要結構分成三部分：

　　一、以「陰陽」貫穿議題：太極陰陽是史事《易》學的本體。君臣源於陰陽的生化，治亂是陰陽的失調，政策則務求調和，道德則是陰陽尊卑的錯亂與還原。因為有天地，才有萬物，有人類才有治亂，有治亂才需要政策及道德的矯正與維繫。一者有形，一者無形，有無相成，共同確保國家的長治久安。

　　二、以「議題」彰顯義理：宋代史事《易》學大抵以君臣、治亂、政策、道德、功業等議題來解釋經義、闡明《易》理。而援用史事，也是對「虛無」、「空言」學風的導正，目的在以實救虛，以經學解釋的實用性來彌補前人說《易》之失，並強調人事之價值。

　　在這些議題上面，宋儒雖有許多見解及個人的發揮，不過仍是基於《易經》原有思維所衍伸出來的。雖不免有牽合、附會之說，大抵仍有所本，並非空穴來風，所以清代四庫館臣基本上是予以相當高的肯定及評價的，認為勝過清談與空談，其俾益世人，功不可沒。

　　三、以「轉變」顯示脈絡：史事《易》學雖源於援史證《易》，不過《易經》本身就有上古史的材料，所以以史證之只是這一性質的加強，從漢魏以來，亦皆不乏其人採用；然此種解經之法，到宋代才蔚為潮流，成為趨勢。而其轉折處是受到靖康之難，宋室南渡的影響。由於政治、國勢的變化、衝擊、屈辱，宋儒將其愛國意識與憂民治世思想藉由史事的論證，在《易經》的著述中流傳下來，造成史事《易》學的蓬勃發展。而《易經》注解大量史事化的現象，也讓史事《易》學成為《易經》詮釋的另一分支、流派；又因逐漸發展成一完整之思想體系，所以別具姿態，比起象數、義理學派之貢獻，實不遑多讓。

　　其次，尚有兩點「轉變」值得觀察：一是援史證《易》直接造成《易經》詮釋的「政治化」與「人物化」轉變。這種推進源於史書本即帝王將相的記錄褒貶，所以自然而然地帶有強烈的政治氛圍。二是援史證《易》所建構的思維是入世的，是現實層面的關注。從《易經》、《易傳》，再到史事《易》學，其實就是人天人的回歸，即還原《易經》的人事本質；也將《易經》的宗教性轉成哲理性的思辨，將不可探知的天意轉成可以分析原因的吉凶探究，因此對中國經學、思想的發展有開拓推擴之效。

周　序

　　秀蘭在博士班二年級時曾選修我《中國史學專題研究》的課程，預設的論文主題是研究宋代史事易學，因此想找我指導。不過我並非研究《易經》的專家，指導恐怕有困難，而且論文的題目也太大，要研究整個宋代史事易學，根本超出一個研究者的能力，勸她縮小範圍，切莫自找麻煩。結果她還是很執著，並且說相關資料已經準備十年了，因為這其實是她原本碩士論文想寫的題目，當時沒寫成，只好放棄。畢業後，教書之餘，便去尋找相關資料，由於長期接觸研究，有不少心得，因此覺得有能力可以解決這個問題，才又決定考博士班，完成論文的撰寫。從她的對話，我可以清楚感覺出她的目標與興趣，似乎齋志已久，於是我便鼓勵她訂定計畫，努力去完成。

　　乑為其師，在指導她的三年中，她很主動，求學態度自動自發。論文寫到一定的段落時，會拿來跟我討論，請我提供意見，不管是目次、架構、內容、研究材料，皆有不少修正，務期達到盡善盡美的境地。有時論文的寫作遇到瓶頸困難，卻也沒看她退縮過，休息一陣子後，又繼續向前，始終堅持自己的理想，不輕易動搖。研究者能有這種態度，雖屬必要，卻也難得。而且畢業後，對論文的疏漏仍不斷修訂，如今終於要出版，值得恭賀！

　　對於她的博士論文，我認為有不少貢獻，一是材料的整合。這種大規模的整理，學術界做的人並不多，從這一點來說，勇氣過人，精神可嘉。二是思維層次的突破，研究《易經》，大部分的學者多半集中在《易傳》、變易、時中、時位等的探討上，內容討論得不夠深入，能追尋源頭，面面俱到，是本論文的長處，因此對義理思維的建構有不少發掘和貢獻。三是在研究上注意到許多與主題相關的問題，對未來研究工作有許多開發的空間。《荀子》說

眞積力久則入，所以該生論文寫成後，頗獲好評。我認爲具有思想性、文學
性、創造性、實用性與持續性，因此肯定更勉勵她要繼續努力，一本初衷，
爲中國哲學思想作出更大的貢獻。

周虎林序　民國 100 年 6 月

何　序

　　《四庫總目》言《易》道廣大，無所不包，歸納古今《易》學衍變主流，有所謂兩派六宗，然其所論宗旨，則稱聖人覺世牖民，因事以寓教，而《易》則寓於卜筮，推天道以明人事者。六十四卦《大象》皆有「君子以」字，其爻象則多戒占者，是聖人之情見乎詞。然則其於象數、義理兩派之輕重，亦居可知矣。顧所謂象數，本所以明人事之理，故《總目》亦以漢儒言象數去古未遠，自焦、京機祥以迄陳、邵之務窮造化，然後不切民用。變漢學，黜象數而言人事者，昉於王弼，論者或非其屬入老莊；下逮宋世，胡瑗、程頤乃多闡儒理；南渡李光、楊萬里輩繼軌而馳，益博采史籍以相證明，遂於程氏理、邵氏數之外，蔚然而為史事《易》學立宗。

　　昔朱子嘗謂《易》本卜筮之書，然漢世而下，咸奉為儒經之首。孔子有言：「我欲載之空言，不如見之於行事之深切著明也。」史事即已往之人事，然則諸家自史事發明人情事理，雖間有牽合，未必銖兩悉稱，愜洽人意，要為不失孔門之矩矱。竊觀列國人文，有所謂四大文明，又稱五大文明，或長於玄思，或優於應用，胥各有所長，而數千年文化繼繼繩繩，綿延不絕者，厥唯中國。夫儒家孔門以下，特重人事，格致誠正、修齊治平，自閒居以至群處，己道、群道，無不講究，以天下為一家，中國為一人，故得摶成緊密之侉大結合。至於時移勢易，《易》所謂「窮則變，變則通，通則久」，亦無弗有以應變而推陳出新。所以博厚而悠久無疆者，其在斯乎。

　　劉君秀蘭自大學修業期間，夙好宋明理學家言，迨考入台大中文研究所，從遊於余，遂以宋儒楊簡為研究主題。秀蘭謙遜自牧，好學深思，就學以還，尊敬師長，友愛同學；學習態度積極，撰寫論文過程中，循序漸進，虛心受

教，從善如流，然亦不失其獨立主見，時有一針見血之論。治楊簡之學者向來不多，嗣後之期刊論文、碩博士論文，皆陸續有對楊氏學術從事各層面之探討與發揮者，彼或未足以成家，殆亦有篳路藍縷之功歟？

秀蘭家居高雄，台大碩士畢業後，以奉母故，返鄉任教數載。課餘仍力學不輟，百忙中尚續有所撰述，率內容充實而思維清晰，頗可反映其學術研究之潛力者。蓋篤志向學，終未能忘情於校園，爲兼內顧高堂，復至高雄師範大學博士班深造，追隨宿儒周虎林教授治《易》，專研宋世史事《易》學。

年前撰就博士論文，書凡十章，垂五十萬言。所申史事《易》學之源於援史證《易》，尤多受胡、程二氏之影響；藉李杞《用易詳解》以「用」名書者，以闡發回歸人倫日用之要旨；論其與朱陸心性學之異同，並與道釋所言《易》理相頡頏之深義；進而推明其所以勃興與南渡偏安時勢之相關原委；復下探元明以下之流衍；於兩宋間之發展與轉變，尤多致意，以明其差異。取材豐富，包羅有宋三十餘家《易》著，論列不以逐家爲次，而修立議題爲之凝聚論述，視野開闊，舉證多元，冷僻《易》書，亦所捃摭。以是於史事《易》學價值體系之建構與義理之開展，不致割裂而有整齊條理之呈現與分析。至於援史證《易》之局限與偏失，則毫不隱諱而有所指陳。故其書對宋世史事《易》學義理內涵之組織架構，暨其內部發展轉變，乃至歷史人物事件之比附對應各方面，抉剔發覆，可謂並有獻替。雖然，其相關卦爻、諸家義蘊與乎史實之解讀闡發，固不得謂悉臻精準而無隙；取材則以《四庫》經部爲主而以其他叢書爲輔，然古籍之牽涉引史證易者，諸如《續修四庫》以至子史文集，宜尚有之，倘復廣蒐博採，多方裒集，或將更趨完善。唯是書之所造，無論自取材與析論觀之，俱可見秀蘭精敏之學識與過人之耐心與毅力，殆可謂難能也已矣。

秀蘭即以是書付諸剞劂，問序於余，余讀而始知此數年間，彼經名師指點，學殖猛進，故得若是可觀之成果也。余嘉其向學之眞誠、用功之不懈，爰揭讀後所感，權爲之序。秀蘭再接再勵，繼此而益進，異日所遠到，余固企而望之矣。

中華民國一〇〇（二〇一一）年六月
何澤恆序於台灣大學中文系第十八研究室

目次

第一章 緒 論

　　《易經》是十三經之一，也是中國古代流傳至今最古老的占卜用書。它是以六十四卦、三百八十四爻所組成的象數符號系統，經由對天地萬物的觀察〔註1〕、模擬〔註2〕而來，企圖尋找自然界萬物變化的規律，以確立人事之準則。它是遠古年代，先人們對宇宙、自然，以及超自然神祕力量的理解，企求在探測神意的過程中趨吉避凶，以收防患未然之效。實際上表示了人們對美好生活的追求與嚮往。這種思想體現在《易傳》中，即為法天的思想〔註3〕，也就是「推天道以明人事」〔註4〕，教人在變動無常的

〔註1〕〈繫辭傳・上〉說：「《易》與天地準，故能彌綸天地之道。仰以觀於天文，俯以察於地理，是故知幽明之故。」（《易經》本文以十三經注疏本為主，藝文印書館出版，民82年，頁147）。〈繫辭傳・下〉：「古者庖犧氏之王天下也，仰則觀象於天，俯則觀法於地，觀鳥獸之文，與地之宜，近取諸身，遠取諸物，於是始作八卦，以通神明之德，以類萬物之情。」十三經注疏本（以下直接標頁碼），頁166。

〔註2〕〈繫辭傳・上〉說：「聖人有以見天下之賾，而擬諸其形容，象其物宜，是故謂之象。」頁150。

〔註3〕〈繫辭傳・上〉說：「天生神物，聖人則之；天地變化，聖人效之；天垂象，見吉凶，聖人象之。河出圖，洛出書，聖人則之。」頁157。

〔註4〕《易經》對於天道、自然的瞭解，目的是要應用在人事上，成為人事進退之準則，如〈觀，象傳〉：「觀天之神道，而四時不忒，聖人以神道設教，而天下服矣。」頁60。〈頤・象傳〉：「天地養萬物，聖人養賢以及萬民，頤之時大矣哉！」頁69。〈恆・象傳〉：「天地之道，恆久而不已也……日月得天而能久照，四時變化而能久成。聖人久於其道，而天下化成。觀其所恆，而天地萬物之情可見矣。」頁84。對此，近人呂紹綱在《周易闡微》一書中提及：「《周易》認為，天有怎樣的規律，人也有怎樣的規律。天養，人也養；天感，人也感；天恆久，人也恆久。人的規律可在天的規律中找到根據，天的規律則必在人的規律中得到反映。」（詳見呂紹綱：《周易闡微》，韜略出版社，民85年出版），頁164。

世界中，認清主客觀的因素、條件及限制，因時因地，掌握正道以應物處世，以達到天人合一的境界。〔註5〕

　　其實，在豐富《易經》形上思維的過程中，《易傳》功不可沒。《易傳》又稱「十翼」，即〈彖傳〉上下、〈象傳〉上下、〈繫辭傳〉上下、〈文言傳〉、〈說卦〉、〈序卦〉、〈雜卦〉。《易傳》是先人們對《易經》的解釋，最顯著的特點及貢獻即是將古代卜筮之書哲理化，其間反映了許多超越獨特的見解，同時體現了先人們的邏輯思維與智慧成果，並且留下許多具有規律性的總結。時至今日，這些原理原則仍舊歷久彌新，可作為我們修身處世之借鑑。

　　《易經》哲學內涵是豐富而多元的，關於「易」字，本身就有「簡易」、「變易」、「不易」〔註6〕三種意涵，其它諸如「陰陽」〔註7〕、「生生」〔註8〕、

〔註5〕　〈乾卦・文言傳〉說：「夫大人者，與天地合其德，與日月合其明，與四時合其序，與鬼神合其吉凶，先天而天弗違，後天而奉天時，天且無違，而況於人乎？況於鬼神乎？」頁17。

〔註6〕　《易經》談論「簡易」的思想，〈繫辭傳・上〉說：「乾以易知，坤以簡能。易則易知，簡則易從。易知則有親，易從則有功。」頁144。《易經》認為宇宙萬物雖然變化無窮，看似複雜，其實有一定的規律可循，其律則是簡易的。而天道與人道具有統一性，因此小至人的運命，也同樣具有法則性。其次，《易》以道變易，因為宇宙萬事萬物無時不處於變化之中，即便六十四卦終了了，仍名之以〈未濟〉，以示生生不已，而變化無窮。〈繫辭傳・上〉說：「在天成象，在地成形，變化見矣。」「剛柔相推而生變化」「爻者言乎變者也」「闔戶謂之坤，闢戶謂之乾，一闔一闢謂之變。」「變通莫大乎四時」，頁143，145，146，156，157。〈繫辭傳・下〉說：「剛柔相推，變在其中矣。」「《易》之為書也不可遠，為道也屢遷，變動不居，周流六虛，上下無常，剛柔相易，不可為典要，唯變所適。」頁165，173。至於「不易」，是《易經》探討宇宙人生之道，其原理原則是永恆不變的。

〔註7〕　《易經》的卦爻象是利用陰陽兩種符號交錯相推而成，所以《莊子・天下篇》說：「《易》以道陰陽。」（清・郭慶藩：《莊子集釋》，天工書局，民78年出版），頁1067。其實《易傳》本身也有提及陰陽，例如〈繫辭傳・上〉說：「一陰一陽之謂道」。至於陰陽所代表的涵義相當豐富，首先，它是宇宙化生的根本，〈繫辭傳・上〉：「易有太極，是生兩儀，兩儀生四象，四象生八卦。八卦定吉凶。」頁156。其次，陰陽的相推運行，是變化的根源，如「剛柔相推而生變化。」〈繫辭傳・上〉，頁145，另外，陰陽也代表兩種相反相成的不同屬性，如「陽」為天、為君、為父、為乾、為剛健、為男……等；而「陰」為地、為臣、為母、為坤、為柔順、為女……等。

〔註8〕　〈繫辭傳・上〉：「生生之謂易。」頁149，〈繫辭傳・下〉：「天地之大德曰生。」頁166。六十四卦中，最能反映《易經》生生之道者為〈復卦〉，〈復卦〉是由五陰一陽組成，其中一陽位於初六的位置，居處最下，象徵陽氣永不消失的精神。

「物極必反」、「時中」〔註9〕等,莫不成為中國哲學的重要範疇及概念,影響後代的學者及思維至深至鉅。

由於結合了實用與哲學的雙重性質,歷代經學的研究中,《易經》常以顯學自居,即便在秦代焚書坑儒的浩劫中,《易經》仍舊以占卜的實用價值而幸免於難。而其哲學精神及思維的建構更讓《易傳》在歷朝歷代中廣受知識分子之青睞,無不以之來建構自家之哲學體系,或闡釋對宇宙人生的獨到見解。

由於歷代皆有學者從事註解,所以累積了豐富的文獻資料及研究著作,反映了各個時代的學術特色。兩漢時,《易經》被讖緯神學化,蒙上了神秘的面紗。魏晉時《易經》染上玄學思辨的虛無色彩。宋代則由於形上學的建構,理學的昌盛,豐富了《易經》的義理學內涵。清代的學者則以氣本論的觀點切入。其實不管時代如何演變,《易經》總能以千變萬化的姿態,融入當時的學術氛圍中,留下鮮明的時代印記,緊緊抓住時代的脈動。而今日,由於西方科技的發達,有人把《易經》同自然科學結合起來,或以數學的方法詮釋《易經》;更有甚者,網路四通八達,《易經》也以嶄新的面貌進入數位科技影像的虛擬世界中,和世人從事線上溝通,其資訊的傳播將更無遠弗屆。可見人們對《易經》的應用及發揮,從古至今從沒有中斷過,這無疑印證了不管科技再怎麼發達,生命最原始的本質、需求,及對幸福的追尋,千古以來並沒有太大的差異。這是因為人們對未來、未知的惶恐、戒慎,以及對美好生活的期待及嚮往,將永遠是生命最終極的關懷。

第一節　研究動機

筆者的碩士論文《化經學為心學——論慈湖之經學思想與理學之開新》,以南宋心學家楊簡之經學思想為研究之論題,論文的第二章〈慈湖之經學觀點〉曾論及楊簡之《易》學觀點,對於《楊氏易傳》中所內蘊的心學意識,頗感興趣。筆者認為宋代《易》學有獨特的風貌,迥異於前人,相當值得探究。

〔註9〕《易經》對「時」的重視,反映在卦爻中,其實六十四卦,就代表了時的流轉,如第三卦〈屯〉言事物始生之時,〈蒙〉言事物漸長之時,每一卦都有每一卦之時。林師文欽的《周易時義研究》一書中,將《易經》的時間觀念分成四種,一是淺事而有深意的言「時義」四卦,即〈豫〉、〈遯〉、〈姤〉、〈旅〉。二是大事大變的言「時」四卦,即〈頤〉、〈大過〉、〈解〉、〈革〉。三是雖非美事而言「時用」三卦,即〈坎〉、〈睽〉、〈蹇〉。四是因運隨時言「時之義」的〈隨卦〉。(詳見《周易時義研究》,國立編譯館出版,鼎文總經銷,民91出版)。

此外，在《經學研究論叢》的第十二期，筆者也發表了南宋史事《易》學家李杞的《易》學研究，對於史事《易》學「致用」的精神，作了初步的整理，有了大致的概念及線索，期望能再深入探討，而有更全面而突破性的開創。

所謂「援史證易」，就是根據《易經》卦爻辭的意思，尋找合適的歷史人物、事件來比附說明，以提高《易經》的清晰度、理解度及接受度。以宋代《易》學的研究現況來說，有從易學史或通論性質的角度來介紹這個議題的，如朱伯崑的《易學哲學史》〔註10〕，張善文的《象數與義理》〔註11〕，吳懷祺的《易學與史學》〔註12〕；有對史事《易》學事理相通來論述的，如劉百閔的《周易事理通義》〔註13〕；也有針對宋代著名史事《易》學家作研究的，如黃忠天教授的論文《宋代史事易學研究》〔註14〕，胡楚生的〈引史證經 義取鑑戒——楊萬里《誠齋易傳》試深〉〔註15〕。但總括言之，多屬

〔註10〕朱伯崑的《易學哲學史》書中關於宋代《易》學派別的介紹，可參閱第二卷‧第六章及第七章：〈宋易的形成和道學的興起〉、〈南宋時期易學哲學的發展〉，全書都在介紹兩宋《易》學之發展。而援史證《易》派，南宋有李光《讀易詳說》、楊萬里《誠齋易傳》、李杞《用易詳解》的介紹。

〔註11〕張善文的《象數與義理》第九章第二節〈援史證《易》派的誕生〉，介紹「援史證《易》」的學術淵源，李光與楊萬里援史證《易》的基本特點。歸納三點特色：一是稱引史事，參論《易》理。二是泛抒史論，闡發《易》理。三是影射現實，衍申《易》理。雖然只有介紹李光、楊萬里二位易學家，但析理明確，脈絡清晰，（洪葉出版社，1997年1月初版）。

〔註12〕吳懷祺的《易學與史學》分別介紹歐陽脩、程頤、司馬光及朱熹的易學與史學觀點，或從易學的角度分析其史學關懷，或從史學角度分析其易學思想，皆有許多不錯的見解及說法，值得參考，（大展出版社，2004／12初版）。

〔註13〕劉百閔《周易事理通義》，是從事理學的角度將周易與史事作意涵的溝通，書中旁徵博引，足見作者經學、史學基礎之深厚，（學不倦齋出版，民54年6月初版），參見第七章。

〔註14〕黃忠天教授的論文主要研究宋代李光《讀易詳說》、楊萬里《誠齋易傳》、李杞《用易詳解》、李中正《泰軒易傳》以及胡宏《五峰集》的易學為主，參見第七章。

〔註15〕胡楚生的〈引史證經 義取鑑戒——楊萬里《誠齋易傳》試深〉發表在興大人文學報第三十二期，〈摘要〉說：「楊萬里是宋朝人，他所撰著的《誠齋易傳》，主要是引用許多歷史人物與歷史事件，去印證《易經》中的道理，俾使人們閱讀之後，可以獲取許生活方面的教訓。本文之作，即在分析《誠齋易傳》之中，引用史事，與《易經》相互印證之方法與重點，並從而彰明《誠齋易傳》一書的價值。」綜觀全文，爻義、史事並重，雖然只舉了〈屯〉卦、〈否〉卦、〈需〉卦、〈師〉卦、〈大有〉卦、〈剝〉卦、〈旅〉卦七個爻例說明，但剖析精要，語意流暢，能引人入勝，而結語四點結論已大致掌握《誠齋易傳》之思想面向。

個體化的研究取材，並非大規模的整理研究，且多集中在李光、楊萬里的研究上。筆者認為站在前人研究的基礎上可以再做進一步的推展，即統整宋代史事《易》學的脈絡，以議題的方式，從宏觀的角度來理解其義理內涵與轉變，以反映當代獨特的思維及特色。因此，從《四庫全書》所收入的五十幾本《易》著中作為研究取材，從宋儒援史證《易》的脈絡、思維、現象中發掘其「潛藏」、「隱伏」、「深層」的義理架構，從中分離出其核心思維，而這種思維有別於當代的主流思潮，即理學，是另一種思想體系、價值蘊涵的呈現與建構。

不過，必要說明的是這是宋儒的一種解釋，卻不是唯一的解釋，即便展現了時代的創造力，卻也留下時代的侷限性，因此我們希望能入乎其中，更能出乎其外。

第二節　研究範疇之「背景說明」

一、宋代「新」經學的誕生

研究任何一門學問，時空的因素都是不可或缺的，尤其是當代的學術思潮。大體而言，宋代的經學發展有二項特別之處，一是疑經改經的風氣，二是說經義理化的現象。這兩種學術思潮，對於宋代《易》學都有著或深或淺的影響。例如疑經改經的情況，在楊簡的經學著作及同時代的學者中，屢見不鮮〔註16〕。而說經義理化的風氣，也明顯而具體地體現在注經之中，如朱子及楊簡都有專門的著作以闡發其學派的理論見解，或以理或以心為根據。首先，關於疑經改經的風氣，皮錫瑞在《經學歷史》中說：

> 宋人不信注疏，馴至疑經，疑經不已，遂至改經，刪經，移易經文
> 以就己說。〔註17〕

其實若從經學史發展的情形來看，宋初的經學研究仍舊沿襲著漢唐的注疏之學，無甚取新。不過這種保守、篤實的風氣到了宋仁宗慶曆年間，則有明顯的改變，所以皮錫瑞在《經學歷史·經學變古時代》中就引了宋代學者王應麟、司馬光以

〔註16〕參見拙著《化經學為心學——論慈湖之經學思想與理學開新》第二章，（臺灣大學中文所碩士論文，民88年6月）。

〔註17〕皮錫瑞：《經學歷史·第八章：經學變古時代》，（藝文印書館，民85年出版），頁287。

及陸游的話來說明當時學風轉變的情形〔註18〕。當時的學者各標新義，議論橫生，如劉敞的《七經小傳》，王安石的《三經新義》，李覯、司馬光的疑《孟》論，歐陽修、蘇軾、蘇轍毀《周禮》，以及東坡的《書傳》譏斥〈胤征〉、〈顧命〉等，都對傳統經書或傳注持不同的看法，反映了慶曆後之風氣實然。

其實這種棄傳從經，甚至疑經改經的風氣早在唐末的啖趙學派就已開其端。啖助、趙匡、陸淳等人的治經方式就頗異於前人，例如啖助認為左傳非丘明所作，其釋經以「理通」為主，理不通則改易，甚至刪除，並不盲從古人之說，以求心之所安〔註19〕。其後弟子陸淳繼承老師啖趙的說法，加以發揮〔註20〕，對此梁啓超在《儒家哲學》中即說：「漢人解經，注重訓詁名物，宋人解經，專講義理。這兩派學風，截然不同。啖趙等在中間，正好作一樞紐。一方面把從前那種沿襲的解經方法，推翻了去。一方面把後來那種獨斷的解經方法，開發出來。……承先啓後，他們的功勞，亦自不可埋沒啊！」〔註21〕

唐末已如此，宋代更不遑多讓，情形更為普遍。宋人棄傳從經，甚至疑經改經，開風氣之先者，為劉敞、石介及歐陽修等〔註22〕；到了南宋，則變

〔註18〕皮錫瑞說：「宋王旦作試官，題為『當仁不讓於師』，不取賈逵解師為眾之新說，可見宋初篤實之風。乃不久而風氣遂變。《困學紀聞》云：『自漢儒至於慶曆間，談經者守訓故而不鑿。《七經小傳》出而稍尚新奇矣。至《三經義》行，視漢儒之學若土梗。』據王應麟說，是經學自漢至宋初未嘗大變，至慶曆始一大變也。……司馬光《論風俗箚子》曰：『新進後生，口傳耳剽，讀《易》未識卦爻，已謂《十翼》非孔子之言；讀《禮》未知篇數，已謂《周官》為戰國之書；讀《詩》未盡〈周南〉、〈召南〉，已謂毛、鄭為章句之學；讀《春秋》未知十二公，已謂《三傳》可束之高閣。陸游曰：『唐及國初，學者不敢議孔安國、鄭康成，況聖人乎！自慶曆後，諸儒發明經旨，非前人所及。然排〈繫辭〉、毀《周禮》、疑《孟子》、譏《書》之〈胤征〉、〈顧命〉、黜《詩》之序，不難於議經，況傳注乎！」」（《經學歷史‧第八章：經學變古時代》），頁237。

〔註19〕《春秋集傳纂例‧啖氏集註義例第四》記載：「啖氏曰：『予所注經傳，若舊註理通，則依而書之；小有不安，則隨文改易；若理不盡者，則演而通之；理不通者，則全削而別註。』」台灣商務印書館出版，頁146-382。

〔註20〕《四庫全書總目提要‧經部——春秋：春秋集傳辨疑》說：「唐陸淳所述啖、趙兩家攻駁三傳之言也。」台灣商務印書館出版，頁1-533。

〔註21〕梁啓超：《儒家哲學‧第四章：二千五百年哲學變遷概略（上）》，（台灣中華書局，民69年出版），頁36。

〔註22〕《四庫全書總目提要‧經部——詩類：毛詩本義》說：「自唐以來，說《詩》者，莫敢議毛、鄭，雖老師宿儒，亦謹守小序，至宋而新義日增，舊說俱廢，推原所始，實發於修。」台灣商務印書館，頁1-326。

本加厲〔註 23〕，蔚爲風尙。關於疑經改經的風氣，可參考葉國良師《宋人疑經改經考》，內有詳細之統計說明。

其次，是說經義理化的情形，這是受到當代理學思潮的影響。宋人對形上學的建構，目的是爲了對抗老、佛，欲以形上道德實學取代老佛空虛之論，而重振儒門精神。然影響所及，在解經時不免滲入理學家的新概念、新思維，於是一代「新」經學應運而生，而落實在《易》學領域，即是儒家義理學派理性精神的發揚。〔註 24〕

二、《四庫全書總目提要》談《易》之流變

關於《易》學的流變及發展，《四庫提要》歸納爲「兩派六宗」：

> 《易》之爲書，推天道以明人事者也。《左傳》所記諸占，蓋猶太卜之遺法。漢儒言象數，去古未遠也。一變而爲京、焦，入於磯祥；再變而爲陳、邵，務窮造化，《易》遂不切於民用。王弼盡黜象數，說以老、莊；一變而爲胡瑗、程子，始闡明儒理；再變而李光、楊萬里，又參證史事，《易》遂日啓其論端。此兩派六宗，已互相攻駁。〔註 25〕

《提要》所說的兩派爲「象數派」和「義理派」，六宗則指「象數」、「磯祥」、「造化」、「老莊」、「儒理」、「史事」。一般認爲前三宗爲象數派，後三宗爲義理派。老莊指王弼的《易》注，儒理爲胡瑗、程頤這一系統，史事則在儒理的基礎上再參證史事，以李光、楊萬里爲代表。《提要》大致鉤勒出《易》學發展的主要脈絡，同時也評論了象數派讓《易》學脫離日用民生，不切實用的缺點；而義理派則日起論端，愈趨繁雜。雖然兩派互相攻駁，不過要皆《易》之一端，以盡其變，所以不可偏廢。

其實《易》學分二派，也適用在宋朝《易》學中，宋人黃震及俞琰〔註 26〕

〔註 23〕《四庫全書總目提要》認爲歐陽修雖議毛、鄭二家，然其態度尙稱公允，本出於和氣平心，所以「未嘗輕議二家，而亦不曲徇二家，其所訓釋，往往得詩人之本志。」不過後之學者，則務立新奇，或自矜神解，以至於王柏之流，甚至俱刪〈周南〉、〈召南〉，可謂變本加厲。（詳見《四庫提要‧經部——詩類：毛詩本義》），頁 1-326。

〔註 24〕參葉國良師等著：《經學通論‧第二十二章　宋代的經學》，（國立空中大學出版，民 85 年 1 月初版），頁 563-586。

〔註 25〕《四庫全書提要‧經部：易類》，台灣商務印書館出版，頁 1-54。

〔註 26〕宋‧俞琰：《周易集說‧序》說：「世之尙占而宗邵康節者，則以義理爲虛文；尙辭而宗程伊川者，則以象數爲末枝。而邵、程之學分爲兩家，義畫周經亦爲兩途。遂使學者莫之適從。」（通志堂經解本，漢京文化事業出版），頁 3629。

就概括爲義理和象數兩大派，不過這種分法顯然比較籠統而簡略，因此近代學者朱伯崑有新的分法，認爲宋《易》豐富而多元，單純的數、理兩派並不足以全面涵蓋其特色〔註27〕。而張善文也有歸納，今總結二者之意見〔註28〕，宋《易》大抵可分爲理學派、心學派，援史派，象數派與事功學派。理學派的《易》學以程頤、朱子爲代表，朱子繼承程頤《易》學主理的精神，不過也採取卜筮之說。心學派的《易》學家則有陸象山、楊簡及王宗傳，其中以楊簡爲代表，成就也比較特殊。至於引史證《易》派，有李光、楊萬里、李杞等，此派學者強調《易》爲用世之學，而非空疏之論，以實用的角度讓《易》更切於人事。另外，對象數學作出貢獻的有項安世、蔡沈、丁易東、雷思齊等。其中丁易東與雷思齊是宋亡遺民，前者隱居山林，後者爲道士。至於事功學派則以陳亮、葉適爲代表，不過他們並沒有專門的《易》注，而是散見於文集中，所以成果並不明顯。

第三節　研究範疇之「脈絡分析」

關於研究領域之相關議題與脈絡，有三點值得觀察：一是宋《易》在精神上的改良，二是宋《易》在體製上的開創，三是宋《易》的類型分析：

一、宋《易》在精神上的改良

宋《易》在精神上的改良，有幾點說明：一、一掃虛無，這是對魏晉以來偏差學風的檢討，也標誌著時代風氣的轉變。新時代的觀念思維逐步建立、成形、風行。二、用《易》的自覺，從學《易》到用《易》的強調。宋儒重視用《易》觀念的宣傳及落實，即《易》不僅能學，還要能用，用在人生，用在朝政，用在各個層面，否則道理再好，也只是空言立說，無補人世，則先聖先賢的文化智慧束之高閣，其價值必然減半。三是理學的創造與滲入，這是受當代學術思潮的影響，而這種新觀念的融入，讓宋《易》展現新的內涵。

〔註27〕參朱伯崑：《易學哲學史・第七章：南宋時期易學哲學的發展》，（藍燈文化事業有限公司，民80年9月初版），頁369-370。

〔註28〕宋代《易》學派別的介紹，可參閱朱伯崑：《易學哲學史》第二卷的第六章、第七章：宋易的形成和道學的興起、南宋時期易學哲學的發展。全書都在介紹兩宋易學之發展。以及張善文：《象數與義理》的第八章、第九章：宋代象數學的轉化及繁衍、宋代義理學的理性思考。

（一）一掃虛无──擺脫王學

一掃虛无即擺脫王學。一掃虛无在宋儒以儒家的實理掃王弼道家《易》的虛無。〔註29〕此外，以象數學的重振掃王弼掃象數的虛無〔註30〕，這是對王學的反動及解脫：

1、以儒家的實理掃王弼「道家易」的虛無──此為程子之系

虛是空言、虛無，實是實用，揚實抑虛是宋儒對王弼、韓康伯、孔穎達等人治《易》方向的不滿及修正，俞琰在〈周易集說序〉就說：

> 漢去古未遠，諸儒訓解，多論象數，蓋亦有所本；至魏王弼以老莊之虛无倡於前，晉韓康伯又和於後，聖人之本旨遂晦。沿襲至于唐，諸儒皆宗之。太宗詔名儒定《九經正義》，於《易》則取王、韓，而孔穎達輩以當時所尚，故雖其說未盡善，亦必爲之回護，由是二三百年間，皆以虛无爲高。至宋，濂洛諸公，彬彬輩出，一掃虛无之弊，聖人之本旨始明。〔註31〕

這是俞琰對於《易》學流變的看法及意見。有對魏晉王、韓以老莊說《易》的不滿，也有對唐朝孔穎達「回護」王弼之說的指責（「諸儒皆宗之」），認爲皆非聖人作《易》之「本旨」。直至本朝程子等人「一掃虛无」，方闡明聖人之本旨。俞琰的看法道出宋儒解《易》的新觀念、新視域。而解《易》走向虛无，除了王、韓外，還有楊簡等以心性解說的心學《易》。前者使《易》走向虛无，後者使《易》走向虛空〔註32〕，讓《易》學研究更加虛無縹緲，而

〔註29〕張瑞君在《楊萬里評傳》第九章〈楊萬里的易學思想〉中說：「漢唐的義理學派，因受王弼派易學的影響，走上了玄學化的道路。而北宋易學中的義理學派，吸取了王弼派以義理解易的學風，除蘇軾等人外，儒家學者都竭力排斥以老莊玄學觀點解釋《周易》。」（南京大學出版社，2006年4月第一版第2次印刷），頁347。

〔註30〕王弼掃象數的易學觀點，是建立在「崇本息末」、「得意忘象」的哲學思辨上，其《周易略例·明象》說：「夫象者，出意者也；言者，明象者也。」以及「故言者所以明象，得象而忘言；象者，所以存意，得意而忘象。猶蹄者所以在兔，得兔而忘蹄；筌者所以在魚，得魚而忘筌也。」所以「得意在忘象，得象在忘言。」可知王弼注《易》重在得「意」，意得則象言皆可忘。這種「忘象」、「忘言」的治《易》方法相對於兩漢繁瑣的象數易學來說，更便捷，容易得到士子青睞；然而過度刪繁就簡，對《易經》也必然造成許多損失。因爲繁瑣的東西未必沒有價值，其仍有深厚的哲理蘊涵其中。（見樓宇烈校釋：《王弼集校釋》，華正書局，民國81年12月初版，頁609。）

〔註31〕〈周易集說序〉，俞琰：《周易集說》，庫本，頁21-2。

〔註32〕楊簡、王宗傳等人以心學解《易》的著作，不管在當代或後代，都受到很大的訾議，尤以四庫館臣對之評價更是一無是處，例如《提要·周易折中》說：

遠離實用民生。因此對實用的要求，宋代《易》學家有一定的共識，如胡瑗以「人事」說《易》，即切人倫日用，讓《易》理為人所用，而非學術清談，言語裝飾。

對於老莊《易》虛無的批判，司馬光在〈答韓秉國書〉一文中就批評這是空言，不若驗之「實事」；況且虛靜之法也未必真能應世無礙，所以即使能解釋前面的，也無法解釋後面的：

> 秉國又引王輔嗣解「復其見天地之心」，以證虛無為眾本之所自出。夫萬物之有，誠皆出於無；然既有，則不可以無治之矣！常病輔嗣好以老、莊解《易》，恐非《易》之本指，未足以為據也。輔嗣以雷動風行，運變萬化為非天之心，然則為此者果誰邪？夫雷風日月山澤，此天地所以生成萬物者也；若皆寂然至無，則萬物何所資仰邪？天地之有雲雷風雨，猶人之有喜怒哀樂，必不能無，亦不可無也，故《易》曰：「雲行雨施，品物流形。」……抑求之空言，不若驗之實事。〔註33〕

司馬光雖然也認為萬物之有，誠出於無，即贊同王弼的說法；然既然是有，就要以有治之，豈可又以無待之，畢竟這與森然萬象的現實存在根本就無法吻合，因此佛老之言，即此種認知模式是只「可言而不可行」。也就是說王弼的說法雖然解釋了宇宙起源、宇宙生成的問題，認為有生於無；然此並不足以應付世間的萬象。因為萬象的存在既然是事實，既然不可無，也不能否定，人又怎能對「運變萬化」視而不見、聽而不聞，而逕自以為皆是「虛無」呢？這豈不是在自欺欺人？而且如果都是無，萬物又要去仰賴誰？因此，佛老自以為超脫寂然的方法，也未必真是應世的良方上策，還是得回歸儒家的中道才是正途，所以司馬光在文籍中特別強調《大學》與《荀子》「得中而近道」的思想。以「中」來處理現實，而不是以「靜」來逃避實務。因此，司馬光勉勵韓秉國改以「習中之心」取代「習靜之心」，因為為之日久，必然可以領悟其中之道。而對於《溫公易說》的旨趣，《提要》就引這篇文章來說明：

> 「自宋以來，惟說《易》者至夥，亦惟說《易》者多歧，門戶交爭，務求相勝，遂至各倚於一偏。故數者，《易》之本，主數太過，使魏伯陽、陳摶之說而竄而相雜，而《易》入於道家；理者，《易》之蘊，主理太過，使王宗傳、楊簡之說溢而旁出，而《易》入於釋氏。」頁 1-129。

〔註33〕〈答韓秉國書〉，見《傳家集》卷六十三，景印文淵閣四庫全書本，頁 1094-574。

光《傳家集》中有〈答韓秉國書〉，謂王輔嗣以《老》、《莊》解《易》，
非《易》之本旨，不足爲據。蓋其意在深闢虛無元渺之説，故於古
今事物之情狀，無不貫徹疏通，推闡深至。……大都不襲先儒舊說
而有德之言，要如布帛菽粟之切於日用。〔註34〕

《提要》認爲司馬光對王弼以老、莊解《易》頗有微詞，認爲此非《易》之
本旨，並肯定司馬光之《易》說切於日用，不尚玄虛。

　　而郭雍在〈傳家易說自序〉中也討論王弼玄風的負面效應，以及自己成
《易》著的因緣：

正始中，王輔嗣一切革去，易以高尚之言；然輔嗣祖述虛無，其辭
雖美，而無用于天下國家，于是《易》爲空言矣！又非三聖人所謂
《易》之道也。虛無之學，流弊至今，卒無以正之，茲大道所以不
明歟！〔註35〕

郭雍批評王弼玄風的原因在於：一是無用家國，雖有美辭，究屬空言；二是
非三聖人（包犧、文王、孔子）之旨，著實偏離大道。此外，自漢朝以來，
學者研經多爲求利祿，所以大道難明。直到本朝明道、伊川及張載出焉，以
聖人爲師，力復聖人之道，才扭轉這種求功名的青紫之學，可以說是古之豪
傑，而三聖人之道才得以重新彰明於世，「大抵自漢以來，學者以利祿爲心，
明經祇欲取青紫而已，責以聖人之道，固不可得而聞也。宋興百有餘載，有
明道、伊川二程先生，橫渠張先生出焉，監前世儒者之弊，力除千餘載利祿
之學，直以聖人爲師，斯道爲己任，豈非古之所謂豪傑之士也哉！」（同上），
因此郭雍紹述先聖、先人之學，目的就是要繼絕學，以傳于後世。

　　從司馬光、郭雍以及俞琰的説法，可以證明宋儒對王弼道家《易》學理
的深刻反省及修正。

2、以象數之學掃王弼「掃象數」的虛無——此為邵子之系

　　王弼掃象數，宋儒重象數。宋儒對象數的投入及研究，成果是豐碩的，
言數如邵雍、言象如丁易東、言變體如沈該、言互體如林栗，都繼承兩漢之
學，各有特色，值得持續深入探討，這將在下一節介紹。

　　王弼掃象數的後遺症，宋儒頗有不滿的言論，如朱震在〈漢上易傳表〉
中就明確指出王弼此舉的不良影響，而且影響了七百多年，他說：

〔註34〕《四庫全書總目提要・溫公易說》，頁1-64。
〔註35〕郭雍：〈傳家易説自序〉，見《郭氏傳家易說》，庫本，頁13-3。

臣聞商瞿學於夫子，自丁寬而下，其流爲孟喜、京房。喜書見於唐人者，猶可考也。一行所集房之《易傳》，論卦氣、納甲、五行之類。兩人之言，同出於《周易》《繫辭》、《說卦》；而費直亦以夫子《十翼》解說上下經，故前代號《繫辭》、《說卦》爲《周易大傳》。爾後馬、鄭、荀、虞各自名家，說雖不同，要之去象數之源，猶未遠也。獨魏王弼與鍾會同學，盡去舊說，雜之以莊、老之言，於是儒者專尚文辭，不復推原《大傳》，天人之道自是分裂而不合者，七百餘年矣！國家龍興，異人間出，濮上陳摶以先天圖傳种放，放傳穆修，修傳李之才，之才傳邵雍。放以河圖、洛書傳李溉、溉傳許堅，堅傳范諤昌，諤昌傳劉牧。修以太極圖傳周敦頤，敦頤傳程頤、程顥。是時張載講學於二程、邵雍之間，故雍著《皇極經世》之書，牧陳天地五十有五之數，敦頤作《通書》，程頤述《易傳》，載造〈太和〉、〈三兩〉等篇。或明其象，或論其數，或傳其辭，或兼而明之，更唱迭和，相爲表裏，有所未盡，以待後學。臣頃者遊宦西洛，獲觀遺書，問疑請益，徧訪師門，而後粗窺一二，造次不捨，十有八年。起政和丙申，終紹興甲寅，成《周易集傳》九卷，《周易圖》三卷，《周易叢說》一卷。以《易傳》爲宗，和會雍、載之論。上採漢魏吳晉元魏，下逮有唐及今。包括異同，補苴罅漏，庶幾道離而復合，不敢傳諸博雅，姑以自備遺忘。〔註36〕

此段重點有三：一是朱震認爲王弼之前的學者，即兩漢《易》學家，如馬融、鄭玄、荀爽、虞翻等人，解《易》的觀點雖各有不同，但猶能守住象數這個本源而不失；然王弼出，以莊、老之說說《易》，學者遂越走越偏，離《大傳》（指《繫辭》《說卦》）的精神也愈來愈遠。王弼之故，後世儒者專尚文辭，而不論《大傳》。這種學風割裂天人之道，竟也風行七百餘年。空蕩的論《易》形態及內涵，直到本朝（宋朝）能人異士輩出，才開始改變這種情況。這是朱震對魏晉至唐以來《易》學學風的總體檢討。二是本朝因「異人間出」，才得以拯救象數學的瀕臨危亡。所以不管是先天圖、河圖洛書，還是太極圖，都因得到傳承而得以延續。而功臣就是邵雍、陳摶、周敦頤及程頤等人，分別著有《皇極經世》、《通書》、《易傳》等書，甚有功於學術。三是朱震本人自述對此書用功至

〔註36〕 宋・朱震，〈漢上易傳表〉（〈進周易表〉），《漢上易傳》，《通志堂經解》第 1 冊，頁 441。

深，歷時十八年才完成，即便造次亦不曾捨之。其間訪求各地名師，問疑請益，並採各家學說，「補苴罅漏」，冀合「天人之道」，所以對象數學的重建及發皇，極具價值。因此，對於朱震象數之學的功績，《提要》就說：「其說以象數爲宗，推本源流，包括異同，以救莊、老虛無之失。」〔註37〕

　　若問王弼掃象數爲何不妥？原因在於《易》源於圖象、數字，所以象數是《易》之根基，而辭理由其間衍化出來。所以王弼掃象數，去繁尚簡，雖有功於《易》理，亦有清新之妙，但畢竟是砍斷根本的做法，非《易》之原貌，就算道理講得再好，畢竟不是《易經》的原始精神與型態，也顯示不出《易經》有別於其他典籍之最大特色。對於這種缺失，宋儒是有共識的，所以重回象數傳統，以兩漢象數學的內涵，重新挽救《易》學向道家思想淪陷的危機，以回歸《易》學的正宗正統。

　　朱震之外，俞琰也強調畫象爲《易》之本，豈能棄置不理，而專尚辭理，他說：

> 夫《易》始作於伏羲，僅有六十四卦之畫，而未有辭。文王作上下
> 經，乃始有辭。孔子作《十翼》，其辭乃備。當知辭本於象，象本於
> 畫；有畫斯有象，有象斯有辭。《易》之理盡在於畫，詎可捨六畫之
> 象，而專論辭之理哉！捨畫而玩辭，捨象而窮理，辭雖明、理雖通，
> 非《易》也。……奈何世之尚占而宗邵康節者，則以義理爲虛文，
> 尚辭而宗程伊川者，則以象數爲末技。而邵、程之學，分爲兩家，
> 義畫、周經亦爲兩途，遂使學者莫之適從。逮夫紫陽朱子《本義》
> 之作，發邵、程之未發，辭必本於畫，理不外於象，聖人之本旨於
> 是乎大明焉！〔註38〕

俞琰認爲《易經》經由伏羲、文王、孔子三聖人之作，才漸次完備。所以有畫才有象，有象才有辭。而理在畫象之中，捨畫象而專論辭之理，便是沒有源頭的說法。因此，不管是「玩辭而捨畫」，還是「窮理而捨象」，皆非正宗。然宋代，邵雍之象數與程頤之理亦分爲兩派，還文人相輕，互相歧視，貶爲「虛文」或「末技」，致學者莫之所從。直到紫陽朱子合二者，才又大明聖人之旨。雖然俞琰與朱震的說法略有出入，不過對於王、韓、孔的批評則是一致的，都強調象數是根本，不能偏廢。

〔註37〕朱震：《漢上易傳・提要》，庫本，頁 11-1。
〔註38〕宋・俞琰：〈周易集說序〉，《周易集說》，《通志堂經解》第 7 冊，頁 3629。

（二）用《易》的自覺

《易經》本身即有「用」的概念，如〈乾〉卦初九爻就說「潛龍勿用」，表示這個時期並不適合「用」，因為時機未到。而〈繫辭〉也說「顯諸仁，藏諸用。」即用藏在《易》的隱微深處，一般人不易察覺。而宋儒對「用」的主張即非常強調，認為學《易》的重點就在於能不能「用」，不能用，就脫離人事，失去實用價值，能為人所用，才是活的學問，例如張浚在〈遯·九三〉「係遯，有疾厲，畜臣妾吉。」〈象〉曰：「係遯之厲，有疾憊也；畜臣妾吉，不可大事也。」就說：

> 九三有〈乾〉剛德，而位不中正，故先疾厲而後獲吉云。在〈剝〉，貫魚為君道之利；在〈遯〉，畜臣妾為臣道之吉。《易》道通變，聖人用《易》亦通變。未可與權，不足言《易》也。〔註39〕

《易經》談變化，然面對變化，人也要懂得通變，因為不管是以不變應萬變，還是以變應變，都有必要，唯有根據情況，斟酌應對，才能與時俱進，而遠離凶咎。因此，聖人用《易》重在通變，時勢不同，做法也應該跟著修正，以隨機應變。

而郭雍在〈繫辭上〉「易，无思也，无為也。寂然不動，感而遂通天下之故，非天下之至神，其孰能與于此。」則說：

> 《易》无思无為，宜其不能與人事相感，而反能通天下之故者，是《易》為天下之至神也。至于聖人用《易》，以易簡之道得天下之理，亦可謂通天下之故矣。〔註40〕

郭雍認為《易》能通天下之事物者，在於其有「至神」的特質，所以才會看似不相感，其實相感；看似不相通，其實相通。這種神用妙用，唯有《易經》才做得到。而聖人用《易》，原則在於以簡御繁、以簡執理，所以能藉由《易》以通天下之故。

另楊萬里在〈繫辭上傳〉「《易》與天地準，故能彌綸天地之道。……旁行而不流，樂天知命，故不憂。安土敦仁，故能愛；範圍天地之化而不過，曲成萬物而不遺，通乎晝夜之道而知，故神无方而易无體。」則大篇幅解釋用《易》在各方面的成效：

> 夫惟聖人作《易》之道即天地之道，則《易》與天地相似而不違乎

〔註39〕 〈遯·九三〉，張浚：《紫巖易傳》，庫本，頁10-106；通本，頁316。
〔註40〕 〈繫辭上〉，郭雍：《郭氏傳家易說》，庫本，頁13-232；叢本，頁270。

天地矣。……用《易》於一身，可以樂天知命而不憂；用《易》於
眾民，可以安土敦仁而能愛；用《易》於天地，可以範模運量天地
之化；用《易》於萬物，可以致曲成就萬物之生；用《易》於幽明，
可以通達陰陽晝夜之運，皆不得遁吾《易》之道矣。〔註41〕

《易》用於一身，用於眾民，用於天地，用於萬物，甚至用於幽明，皆有其
功效與可達成的任務。

南宋李杞則是用《易》最鮮明者，他說：「聖人之用《易》也，將以
之而通天下之志，以之而定天下之業，以之而斷天下之疑。」〔註42〕
而他的用《易》主張，表現在經史合一、理事合一，即援史證《易》
中。李杞認為聖人作《易》絕非「空言」立說，而是為了有用於世，
所以即使歷經千年仍可歷久彌新，而可作為人事之準則，行動之方
針。而這種用必須藉由史才能進一步彰顯出來，所以李杞說：「然不
質之于史，則何以見聖人之經為萬世有用之學也？」〔註43〕因為經
只有理論上的論述，沒有實際的例子可以說明，若要切合人事，必
須結合歷代的史事，才能更清楚，故雖駁雜，亦不廢之，甚至還有
提倡發揚的必要。

《易》既為「應世」之書，所以能得「用」《易》之妙，才能領略《易》的真
精神，李杞說：

《易》書既作，凡所以避凶趨吉、酬酢泛應者，在天下日用之際，
有不窮之妙。是《易》之為《易》，乃聖人應世之書。吉凶悔吝，
治亂安危，得失禍福之理之所萃焉者也，而奈何以空言學之乎？
〔註44〕

這裡提到《易》有開端成變的實際功效，所以能把《易》應用到人生的各個
層面，以解決日用生活的各項疑難，才是學《易》的最終目的。因此，「學《易》
非難而用《易》為難。」〔註45〕能為世用，並通達治亂得失、安危禍福，乃
至悔吝吉凶所顯示之意涵，才能幫助人們通志立業，以斷天下之疑，而知所
抉擇進退。故「于《易》多證之史，非以臨《易》也，所以見《易》為有用

〔註41〕〈繫辭上〉，楊萬里：《誠齋易傳》，庫本，頁14-722。
〔註42〕〈繫辭上〉，李杞：《用易詳解》，頁19-542。
〔註43〕李杞：《用易詳解·自序》，頁19-351。
〔註44〕李杞：《用易詳解·自序》，頁19-351。
〔註45〕同上，頁19-351。

之學也。」〔註46〕因爲不以史證之，不僅經之理無法昭明於世，更有可能越走越狹隘，與人事脫節，爲人所廢，即便有眞知灼見，亦將淪爲空談虛設。

而歷史上「用易」成功的案例，李杞在〈渙・九五〉「渙汗其大號，渙，王居无咎。」舉陸贄爲例說：

> 當渙之世，宜有赦令，以取斯民之心，故「大號」之出，无反汗之疑，而王又能居中以爲之主，則民情之渙散者，有所係矣！……王居於此，以正其位號，則人有定主，而知所趨向，尚何憂其渙散而弗合乎？奉天之詔書一下，而諸鎮戮力者，皆知乘輿所在，以起勤王之師，陸贄於此，可謂能用《易》矣！〔註47〕

陸贄能凝聚天下渙散之心，使民心知所歸往，在於使王居之，並且運用「大號」赦令，化解政治危機，所以李杞稱讚陸贄能得用《易》之妙，重新維繫君民之心。

另外，在〈坤卦・六五〉「黃裳，元吉。」李杞則提到南蒯將叛並占卜，而子服惠伯勸告之一事。惠伯鄭重地告訴南蒯，「《易》不可以占險」，即不合正道之事，占卜是不靈的。而對於此事，李杞也稱讚惠伯實「得用《易》之妙也」〔註48〕。

明代梁寅在〈繫辭上傳〉「吉凶者，言乎其失得也。悔吝者，言乎其小疵也。无咎者，善補過也。」也說：

> 人之用《易》者，能省其失得，則有吉而无凶；不然，則不免於凶矣。能謹其小疵，則无悔吝；不然則悔吝至矣。能補其過則无咎；
> 不然，則有咎矣。〔註49〕

梁寅認爲用《易》者若能自省得失，謹愼小疵，便能藉由補過而免去凶咎悔吝，這就是典型以《易》趨吉避凶的做法，也就是致用的思想。

（三）理學的滲入——天理與心性

「天理」是理學的核心價值，也是宋儒的獨創思維，不僅是宋明學術的精神指標，也深刻影響中國人的價值觀與道德觀，同時對援史證《易》的義理建構與形上思維，也產生一定的影響，如〈履・九四〉「履虎尾，愬愬終

〔註46〕同上，頁19-351。
〔註47〕〈渙・九五〉，李杞：《用易詳解》，頁19-513。
〔註48〕〈坤・六五〉，李杞：《用易詳解》，頁19-367。
〔註49〕〈繫辭上傳〉，梁寅：《周易參義》，庫本，頁27-365。

吉。」〈象〉曰：「愬愬終吉，志行也。」楊萬里就強調要以天理感動君心，
他說：

> 九四近剛決之君，履危之道也；然能終吉者，九雖體剛而四則志柔，
> 愬愬而祗懼，所以吉也。然柔順以承剛暴之君，免禍而終吉，可也；
> 而能行其志者，何也？志乎忠愛而純乎天理，自有以潛感而默悟也。
> 故三老之悟武帝，不如田千秋之一言；五王之復唐嗣，不如王方慶
> 之一對。柔順之服剛暴，速于剛暴服剛暴矣！（武英殿本作「速于
> 剛暴復剛暴矣」）〔註50〕

《易經》雖尚陽剛，其實也不廢陰柔，畢竟柔能克剛，尤其在面對險惡環境，
若恃剛暴、剛強，恐適得其反，反不如柔順之能獲得生存。〈履〉卦九四爻之
處境即是如此，爻辭說「履虎尾」，是說踩到老虎的尾巴，處境危險，此時只
有以柔應之，才有機會脫困。以人事說之，即是九四爻近剛決之君，只能以
柔順承之，出於忠愛，「純乎天理」，藉此感動君上，以挽救某種危機。如車
千秋（田千秋）與王方慶，以陰柔之道感動武帝及武則天，足證柔順也能行
其志，而發揮積極效用，不能單純地視爲消極或退縮力量。

　　而〈豫‧六五〉「貞疾，恒不死。」〈象〉曰：「六五貞疾，乘剛也。恒不
死，中未亡也。」李過認爲六五居君位，但質本柔弱，易沈於逸樂，所幸有
九四陽剛大臣的牽制，才得以改邪歸正：

> 以柔居尊位，處豐享豫大之世，易耽于逸樂者也。……所賴者有九
> 四之大臣，故六五之君，其中心之有常者，猶得以不死。蓋人之有
> 欲，天理未嘗泯也。能有所畏而爲善，以天理之常者不泯耳。正如
> 伊尹、周公成就太甲、成王爲令主，誠非能于太甲、成王天性上有
> 所增益也。即是還得太甲、成王本性之然，在天理之外不容加毫末
> 也。象曰：「乘剛也」，爲九四之剛所制也；「中未亡」者，以天理在
> 中，未嘗忘也。〔註51〕

李過以「天理」、「人欲」來解釋這一爻，認爲成王、太甲雖曾一時不察，或誤
入歧途，但終知回歸正道。而能夠迷途知返，是因人性中本有之「天理」不曾
泯滅的緣故，所以爻辭說「中未亡」是說天理在中而未嘗忘。不過這種說法使
《易經》的「中」字由「中道」之義轉變成「心中」，與本義是有出入的。

〔註50〕〈履‧九四〉，楊萬里：《誠齋易傳》，庫本，頁14-553；殿本，頁148。
〔註51〕〈豫‧六五〉，李過：《西谿易說》，頁17-676。

　　至於〈井·象曰〉「巽乎水而上水，井。井養而不窮也。」郭雍將井比喻成人，並引《中庸》的話來理解井的德與用：

> 蓋井以靜爲德，以動爲功。動而出，故能致養于无窮。不能動出，特止水而已，非井之義也。由是言之，則井之道，其猶人之性乎？人性本靜，及其盡之也，又足以盡人盡物，而至于參天地贊化育。井之德亦本靜，及其出而應物，則致養而不窮，故《中庸》自「天命之性」，至「脩道之教」，而後其道終。井自其德，以及于有用，而其道亦終焉。〔註52〕

井之性如同人之性，皆靜；然雖靜，卻不能只靜而不動。因爲井動才能上水而養人，才是井之功。人也是，人性本靜，然盡人性，盡物性，才能提升人之存在意義，進而參天地之化育，所以井道與人道皆有無窮之用，其潛力無可限量，更無法事先預期。這也是《中庸》除強調天命之性外，更強調人世的修爲。因爲井動才有功德，人動才能發揮價值，所以動才能讓他們的意義圓滿具足，不僅是對先天本質的延伸，也是超越本能的突破與創造。

　　另外，在〈井·九五〉「井洌，寒泉食。」〈象〉曰：「寒泉之食，中正也。」郭雍將泉水與人性類比，強調泉性與人性的天然本眞，也引用理學思維：

> 九五剛德中正，才德與位兼得之，井道莫善于斯，故言「井洌，寒泉食」也。洌，潔也；寒者，水之性也。寒泉既不失其性，又修潔之，食之美者，莫善于斯；猶人能自脩，不失其性，則德全矣！……「洌」言井之脩潔，主人事而言也；「寒」言泉有自然之性，主天理而言也。人事，學也；天理，命也，兩得之斯爲至矣！〔註53〕

「洌」與「寒」是對泉水的最佳稱讚，表示九五之泉乾淨、清寒，以這種泉水滋養人，是最好不過了，所以郭雍才會說：「井道莫善于斯」。而這就如同人之心性學養，人稟天理之純善，如又加上後天之修爲，以明明德，此種德就如同井水一般，清澈而爲人所飲用崇仰。因此，人之性與泉之性是一樣的，只要泉水不受汙染，人心不受欲望蒙蔽，始終能保持先天的美好，並適時反省修潔，回復本性，不因外物而迷失，大抵都能呈現出最原始的美善良質，而不辜負上天生賢之美意。郭雍這種天理人性的解釋，雖非《易經》之原始意涵，其實也不妨礙對《易經》的另類理解，尤其能發人省思。

〔註52〕〈井·象曰〉，郭雍：《郭氏傳家易說》，庫本，頁13-165；叢本，頁187。
〔註53〕〈井·九五〉，郭雍：《郭氏傳家易說》，叢本，頁189。

至於〈艮・六二〉「艮其腓，不拯其隨，其心不快。」郭雍敍述君子的心志時提到《大學》「正心誠意」的爲學次第，這也是理學所強調的修養工夫：

> 六二有爲之臣位也，君子正心誠意之初，故艮其背，不獲其身，行
> 其庭，不見其人；及其道之大成，施之于天下國家，欲天下各安其
> 所止。蓋伊尹使是君爲堯舜之君，使是民爲堯舜之民。〔註54〕

艮是止之意，郭雍認爲六二這個臣子不管是獨善其身，還是兼善天下，都能恰如其分、適得其止。未出仕時，正心誠意，心無旁鶩，所以能行其庭，不見其人，有不動如山的涵養；俟道業完成，足以兼善天下，便致君爲堯舜之君，使民爲堯舜之民（《孟子・萬章篇》），使天下人各安其所止，可以說做什麼心就止於什麼，如〈艮〉山一般，心無旁鶩，止於其所。

最後是〈艮・象曰〉「兼山艮，君子以思不出其位。」楊萬里也以天理來解釋艮止：

> 艮，山也。山，不動之物也。一山已不動，況二山相重乎！山兼重
> 而二焉，止而不動之至也。……大哉止乎！有止而絕之者，有止而
> 居之者，有止而約之者。艮其背，所以絕人欲而全天理，此止而絕
> 之也；時止時行，必止乎道，此止而居之也；思不出其位，而各止
> 其分，此止而約之也。大哉止乎！夫止一端而已乎！〔註55〕

楊萬里認爲〈艮〉卦的重山，止之又止，表示不動之至，意謂信念堅定，不爲外物所動。而這有三種情況，即絕之者、居之者、約之者。艮其背以「全天理絕人欲」是「絕之」，行止皆合乎道是「居之」，安其本分本位是「約之」。不過雖有不同，其實皆是止於至善之境，都是人生重要的道德修養。

二、宋《易》在體製上的開創

宋《易》在型態、體製上的革新，有三點值得介紹：一是以「作文之體」取代「解經之體」，即以說解體取代注疏體，以義理思想的發揮，取代經文字句的訓詁理解。二是《易》象的大量生成，這是在《易經》原始取象上的進一步推進，即運用歷史情境的比附說明，讓卦爻辭的理解更具體澄澈。三是集成體的大宗興起，這是唐李鼎祚《周易集解》型態規模的擴增，因爲在質與量上，皆有大幅度的超前，甚至有存佚的重要功能，所以成爲一大特色：

〔註54〕 〈艮・六二〉，郭雍：《郭氏傳家易說》，庫本，頁13-177。
〔註55〕 〈艮・象曰〉，楊萬里：《誠齋易傳》，庫本，頁14-670；殿本，頁552。

（一）以「作文體」取代「解經體」──說解體取代注疏體

清代朱駿聲在《六十四卦經解》中說：「宋人說《易》，皆作文之體，非解經之體。」〔註56〕朱駿聲認為宋《易》皆作文之體，這必然也涵蓋史事《易》學。其實從「解經之體」到「作文之體」，意謂著《易經》的注解型態在宋代有二項轉變：

一、從原意的理解跨越到心得的闡述：「解經之體」是指唐以前的注疏，重視經書文句的注解，經文意思的探討。而「作文之體」則是側重思想的發揮，所以不完全會逐字逐句的說明，或只針對某一句而衍伸義理。因此，雖同為解經，宋儒就比較不受經文的束縛，甚至常有脫離經文原意而自創新意的現象。〔註57〕這種解經之法，表面是在解經，骨子裡是在自成一家之言，所謂「借題發揮」「借易立說」〔註58〕。而這種新意在於宋儒加進許多原本不屬於經書自身的思想、材料或史料，如注經者的思想偏好，或當時的學術思潮等。也因旁徵博引，發表高見，所以長篇大論是宋代《易》學，也是史事《易》學的最大特色。

二、從依賴性到自主性、獨立性的提高：唐以前的注解較依賴前說，如唐孔穎達的《周易正義》幾乎就是對魏王弼注的疏通解釋，所以是兩人之學的合成體，作者不只一位；而《周易集解》也是，是集漢魏諸家象數《易》說之大成，李鼎祚本人的意見其實並不多。這兩本著作都很看重前人的意見，或以之為底本而補充說明，或集眾人之說而成。而漢人說經也是同樣情況，由於拘守師法、家法，尊重權威，所以不敢隨便更動前人之說，或背棄祖宗遺制。不過這種情況在宋代比較少見，宋儒疑經改經的風氣，連經書本身都可以懷疑批判，甚至詆毀了，遑論前人之注。這種解經自主性的提高，使宋人很難像唐人或前人一樣，從一而終地守著某一家的注解，從頭解釋到尾而不離不棄；相對的，宋人解《易》更強調自己內心的想法與判斷，超越傳統、檢討傳統，所以不會盲從權威，也不認為前人之說就一定正確，因此很少會

〔註56〕朱駿聲：《六十四卦經解‧易例發揮》，頁1。
〔註57〕參拙著：《化經學為心學──論慈湖之經學思想與理學之開新》第二章的討論。
〔註58〕張瑞君在《楊萬里評傳》中說：「程頤易學對楊萬里影響甚大，但二者也非完全相同。程頤注重探討其中的義理，雖不停留在《周易》經傳文字的訓詁，但畢竟不游離于《周易》本身。楊萬里則借易立說，並不注意對《周易》本身義理研究的開拓，……總結興亡成敗的歷史經驗教訓，為振興南宋國力尋找答案。易外傳的"外"字已透露出不著重本體論的研究。引伸較遠，借題發揮。」頁389。

無條件或全盤接受某一家、某一派的說法，而奉為權威的。這種批判性的精神其實正是宋人超越前人之處，但也因為貴有心得，暢述己見，有時就不免越講越遠，而流於泛濫。不過這種過度解釋、解釋過頭的現象，宋人也不是沒有自覺，如朱子《周易本義》，「本」字即可說明用意與目的，表示有導正之意。〔註59〕

（二）《易》象的大量生成

援史證《易》有助於《易》象的經營形塑，四庫館臣也看出這一點，所以《提要》在評論《用易詳解》時就認為李光、楊萬里等人有「立象」之功，即強化《易經》的取象內涵：「宋世李光、楊萬里等更博採史籍以相證明，……而其推闡精確者，要於立象、垂戒之旨，實多所發明。」這表示象的來源，不一定要取自自然，也可借助人文歷史，藉由歷史人物的一生、功過、成敗或事件的來龍去脈，與卦爻辭的內涵進行比附對應，效果往往更勝於直接說理，如「亢龍有悔」的德宗，「濡其首」的周幽王，「濡其尾」的晁錯，「不恆其德」而「无所容」的呂布，「巽在牀下」的李斯，「包无魚」的項羽，「包有魚」的劉邦，「見金夫」的公孫弘，「括囊无咎」的張安世，「伏戎于莽」的桓溫，「男下女」的劉備，「取女吉」的孔明，「咸其拇」的張良，「柔乘剛」的武則天，「勿用取女」的李林甫……等；或者與政治型態相結合，如「日中見斗」的暗君，「井收勿幕」的仁君，「寒泉之食」的大君，「不家食吉」的賢臣，「能止健」的諍臣，「用拯馬壯」的功臣，「豐其屋」的貪官，「折足之凶」的庸臣，「伏戎于莽」的亂臣，「以杞包瓜」的君臣遇合……等。這些生動的形象、情境，將我們帶入《易經》抽象的思維世界中，與天、地、水、火、山、澤這種自然意象分流，形成特殊的人文意象，構成另類的詮釋系統：

〔註59〕何師澤恆在〈《易・坤・六二》爻義重探〉中說：「自北宋以還，開始有學者疑及《易傳》未必盡出孔子之手，因而也對《易傳》過往的詮釋權威形成了新的挑戰。即如深信孔子作《十翼》以贊《易》的朱熹，也主張要分辨伏羲之《易》、文王周公之《易》、孔子之《易》與後代學者之《易》等幾個不同層次的異同，這一見解無異於承認經、傳間容有差異的存在。……朱子力主《易》為卜筮之書，故雖重視程頤的《易傳》，但說那是程氏之《易》，因此發心自撰《周易本義》。所謂「本義」，與高亨所謂「只考究卦爻辭的原意如何」，義旨固自相近。唯朱熹的願望顯然是失敗的，他對自己這部《本義》便曾表示過並不滿意。」頁 373。

1、八卦的取象

八卦取象自然，以天、地、水、火、山、澤、風、雷的自然狀態爲取象基礎。乾爲天之象，坤爲地之象，震爲雷之象，巽爲風之象、坎爲水之象、離爲火之象、艮爲山之象、兌爲澤之象。即乾代表天、象徵天，坤代表地，象徵地，其它依此類推。而從「社會結構」來說，乾爲君爲父、坤爲臣爲母、震爲長子、巽爲長女、坎爲中男、離爲中女、艮爲少男、兌爲少女。從「人身」來說，乾爲首、坤爲腹、震爲足、巽爲股、坎爲耳、離爲目、艮爲手、兌爲口。從「動物」來說，乾爲馬、坤爲牛、震爲龍、巽爲鷄、坎爲豕、離爲雉、艮爲狗、兌爲羊。從「性質」來說，乾是健、坤是順、震是動、巽是入、坎是陷、離是麗、艮是止、兌是說。總之，八卦的取象不一，隨著場合用途的不同，而有不同的比附內容及象徵意義，基本上是靈活多變的，不是單一形象可以涵蓋的，所以〈說卦傳〉雖然舉出許多名稱，但仍是有限的。

【附表】

	乾	坤	震	巽	坎	離	艮	兌
自然現象	天	地	雷	風	水	火	山	澤
社會結構	父（君）	母（臣）	長子	長女	中男	中女	少男	少女
人身	首	腹	足	股	耳	目	手	口
動物	馬	牛	龍	鷄	豕	雉	狗	羊
性質	健	順	動	入	陷	麗	止	說
五行	金	土	木	木	水	火	土	金
方位	西北	西南	東	東南	北	南	東北	西

2、六十四卦的取象

六十四卦的取象是由八卦衍生出來的，它是以八卦爲基礎，所構成的新意象、新觀念。以〈屯〉卦爲例，上卦爲水、爲坎、爲陷；下卦爲雷，爲動，將這二個意象組合起來，於是產生新的涵義，這新的涵義就是屯難之意。因爲上卦爲前、在外，表示前（外）有坎陷；下卦在後、在內，爲震動之意。合起來的意思是說如果再往前動，就會陷入險中，因爲「動而遇險」、「動在

險中」〔註60〕，因此有屯難之意。而〈蒙〉卦上卦爲山，下卦爲水，爲水出山，山下出泉之象，爲蒙的象徵，因爲「在蒼翠的大山下面，一股清澈的泉水潺潺流出；『蒙』即昧，不明之義，泉水剛剛流出，究竟要流向何方，現在尙不明朗。……就是這樣一種美妙的景色，也只消用一個卦畫符號就可以符示出來了。」〔註61〕這象徵一開始時的混沌不清、矇矓不明。

　　六十四卦的取象雖是以八卦爲基礎，然而比起八卦的單一認知，六十四卦在取象思維的運作上顯然更高一層、更複雜，所以在理解上更具有難度，有些甚至意象不明，或意象艱深。不過以上所述大抵是自然之象，其實除了自然之象外，從歷史取象也是途徑之一，在人事層面塑造另一種人文《易》象，是宋人的開拓之功。以〈乾〉卦爲例，宋儒就以舜的一生來說明六爻的演變，從平民到天子，從「勿用」到「飛龍在天」，舜這個形象就成爲〈乾〉卦的代稱，所以乾除了象徵天、君、父、馬、健的意涵外，也可以代表舜。

3、三百八十四爻的取象

　　三十八十四爻的取象，自然之象外，歷史人文之象也有不少開發，如〈謙〉卦九三爻說：「勞謙君子」，宋儒認爲周公就相當符合這特質，所以可以成爲這一爻的代表，當我們提到周公時，會聯想到勞謙君子的形象及風範。這種以人爲象的比附方式，可以幫助人們更快速地對《易經》晦澀的文意有更清晰而深刻的瞭解。其實形象的建立，在中國小說中是很常見的，如關羽是忠的化身，曹操是奸的代表，林黛玉則是多愁善感柔弱女子的形象，賈寶玉是紈褲子弟的代名詞，薛寶釵是長袖善舞的社會型女子。這些人物與某種特質有了緊密的連結，深刻影響中國人的思維觀點及語言使用習慣。而《易經》也可以比照辦理，我們以〈咸〉卦初六爻「咸其拇」來說，咸是感動，咸其拇是說感動腳趾，從腳開始感覺、感動，不過這當然不是一般人能做到的，畢竟透過腳趾的碰觸就能溝通，表示這二人心意相通，元代陳應潤就舉張良躡足一事來說明，使得這一爻的形象頓時鮮明生動，頗有畫龍點睛之效：

> 君臣相孚，感說之久者，一指顧間，心領意會，如張良之於漢高祖，
> 相孚之久也，至於韓信假王之事，良一躡足而高祖默會其意，豈非
> 「咸其拇」之義乎！〔註62〕

〔註60〕金景芳、呂紹綱：《周易全解》，頁89。
〔註61〕王新春：《解讀不盡的寶藏——神妙的周易智慧》，頁129。
〔註62〕〈咸・初六〉，陳應潤：《周易爻變易縕》，庫本，頁27-106。

秦漢之際，韓信幫劉邦打天下，平定齊國後，欲封「假王」，消息傳到時，劉邦原本因韓信欲自立爲王而震怒，張良在情急之下踩了劉邦的腳，附耳說了幾句話，劉邦由是明白過來而假裝罵道，認爲大丈夫要封就要封眞王，豈能封假王，於是封韓信爲齊王。〔註63〕從這件事就可看出劉邦和張良默契十足，彼此藉由腳的碰觸感應就能傳達訊息，可以說是「咸其拇」的具象說明，所以提到「咸其拇」，自然會想到張良躡足的歷史情境。

至於〈姤‧九五〉「以杞包瓜，含章，有隕自天。」〈象〉曰：「九五含章，中正也。有隕自天，志不舍命也。」楊萬里則以堯、舜二人來說明九五與九二之象：

> 此九五、九二之君臣剛遇中正之盛也。九五以剛明之德，乃舍其耀而不矜，以下逮九二中正之臣，如杞葉之高而俯包瓜實之美。九二以剛正之德，亦奉君命而不舍，以上承九五中正之君，如命從天降，而決起盍歸之志。君臣相遇之盛如此，一小人雖壯，何足慮也！堯下逮舜之側微，「以杞包瓜」之象；舜遇堯爲天人之合，「有隕自天」之象。〔註64〕

堯下接舜，舜上承堯，楊氏認爲這就是「以杞包瓜」與「有隕自天」之象，上者俯納賢良，下者承接君命，君臣相遇之盛即是如此，楊萬里的比喻也很合適。

另外，〈巽〉卦上九說：「巽在牀下，喪其資斧，貞凶。」〈象〉曰：「巽在牀下，上窮也。喪其資斧，正乎凶也。」對於「巽在牀下」，李杞舉周王爲例：

> 上九之「巽在牀下」，與九二不同。二本在下者也，故巽在牀下，而不以爲屈。上處一卦之極，而亦在牀下，此卑辱之甚者也。斧所以割斷之物，權之所在。喪其資斧則失其權矣。有陽剛之德而不能用，卑巽太過，以失其權，自窮于上，雖正，其能免于凶乎？周之衰也，下堂而見諸侯，此「巽在牀下」之象也。〔註65〕

九二與上九雖同「巽在牀下」，然情況不同，意義也不同，所以吉凶也異向。九二巽順有一定的道理，因爲二本處下；然上九居上，卻巽順卑辱，與地位

〔註63〕見《史記卷九十二‧淮陰侯列傳第三十二》。
〔註64〕〈姤‧九五〉，楊萬里：《誠齋易傳》，庫本，頁 14-647。
〔註65〕〈巽‧上九〉，李杞：《用易詳解》，頁 19-508。

及剛德不符，形同自廢武功，如周王以天子之身份卻下堂見諸侯即是，這種「巽在牀下」是凶象，由於自喪其權，所以爻辭才會說「貞凶」。

總之，《易經》的取象，不管是八卦、六十四卦，還是三百八十四爻，大抵取法天地間的自然事物，其實就是模擬世間萬物的各種形態、情況，當然也可以包括歷史人物的一生、性格、功業，以及歷史事件發生的過程、情境、經驗，成爲《易》象的構成元素，是一種造象工程，讓《易》象更豐富，解釋更多元。

（三）集成體的大宗興起

唐朝有《周易集解》，而宋朝集解的《易》著其實也不遜色，其特色爲體積龐大，且大宗收集各家說法，有保存前人《易》說的價值，甚至有輯佚功能，有時甚至成爲傳世的唯一文獻，重要性不言而喻，如房審權《周易義海》、李衡《周易義海撮要》、方聞一《大易粹言》及馮椅《厚齋易學》等皆是：

1、房審權《周易義海》與李衡《周易義海撮要》

《周易義海撮要》十二卷，南宋李衡撰。衡，字彥平，江都人。幼善博誦，爲文操筆立就，登進士第，授吳江主簿。乾道中官秘閣修撰，尋除御史，改起居郎，卒年七十九。〔註 66〕此書的成書緣由，是因北宋房審權之《周易義海》過於繁冗，因此削減之而成此書，《四庫提要》說：

> 先是熙寧間，蜀人房審權病談《易》諸家，或泥陰陽、或拘象數，乃斥去雜學異說，摘取專明人事者百家，上起鄭元，下迄王安石，編爲一集，……篇末名曰《周易義海》，共一百卷。衡因其義意重複，文詞冗瑣，刪削釐定，以爲此書，故名曰《撮要》。〔註67〕

〔註66〕李衡乃一代純儒，雖博通群書，但以《論語》爲依歸，這是受到同學趙孝孫的影響。孝孫之父曾師事程頤，有家學淵源，於是勸李衡讀《論語》，以成聖賢之學。李衡佩服其學，因此以《論語》爲立身行事之準則，至臨終時仍不改其恭謹之心，所以周必大對他讚譽有加，見《宋史卷三百九十·列傳第一百四十九·李衡》：「衡自宣和間入辟雍，同舍有趙孝孫者，洛人也，其父實師程頤，家學有源，勸衡讀《論語》，曰：『學非記誦辭章之謂，所以學聖賢也。不可有絲毫僞實處，方可以言學。』衡心佩其訓，雖博通群書而以《論語》爲根本。臨沒，沐浴冠櫛，翛然而逝。周必大聞之曰：『世謂潛心釋氏，乃能達死生，衡非逃儒入釋者，而臨終超然如此，殆幾孔門所謂聞道者歟。』」《宋史》第 15 冊，頁 11947-11948。

〔註67〕《四庫全書總目提要·周易義海撮要》，頁 1-79。

房審權摘取漢鄭玄至宋王安石百家之說編爲一集，共一百卷，以專明「人事」。然「文詞冗瑣」，李衡因其書，乃刪撮精要，以成此書，並且收錄原書所未收入者，所以比起房書，多了程子、蘇軾、朱震三家之說，而第十二卷的《雜論》也是衡所「補綴」。而其功用，《四庫提要》則說：

> 是書成於紹興三十年，至乾道六年，衡以御史守婺州，始鋟於木。自唐以來，唯李鼎祚《周易集解》合漢以後三十五家之說，略稱該備，繼之者審權《義海》而已。然《宋史·藝文志》但有衡書，而無審權書。陳振孫《書錄解題》亦惟載殘本四卷。豈卷帙重大，當時即已散佚，抑衡書出而審權書遂廢歟？然則採擷精華，使古書不沒於後世，衡亦可謂有功矣。（同上）

雖然房審權《周易義海》有集眾書之功用，然其書後世不傳，只剩下李衡之書，因此衡書更具價值，使古書不沒於後世，有唐朝李鼎祚《周易集解》合眾家之說的遺風。

2、方聞一《大易粹言》

《大易粹言》十卷，南宋方聞一編。聞一，舒州人，淳熙中爲郡博士。《四庫提要》說：

> 時溫陵曾穜守舒州，命聞一輯爲是書，舊〈序〉甚明。朱彝尊《經義考》承《宋志》之誤，以爲穜作，非也。其書《宋志》作十卷，《經義考》作七十卷，又《總論》五卷。蓋原本每卦、每傳皆各爲一篇，刊板不相聯屬，故從其分篇之數稱七十有五。然宋刻明標卷一至卷十，則《經義考》又誤也。所採凡二程子、張子、楊時、游酢、郭忠孝及穜師郭雍七家之說。今忠孝之書已不傳，惟賴是書以存。穜初刻板置郡齋，後摹印漫漶，張嗣古、陳造先後修之。此本出蘇州蔣曾瑩家，即嗣古嘉定癸酉所補刻，佚穜《自序》一篇，而移嗣古之《跋》冠其首。今從《經義考》，補錄穜〈序〉，仍移其跋於卷末焉。〔註68〕

《提要》糾正朱彝尊《經義考》的二個錯誤：一是朱彝尊被《宋志》所誤，誤以爲《大易粹言》是曾穜所作，其實是曾穜守舒州時，命方聞一所輯錄的，因爲根據〈序〉便可知，而曾穜此人之生平已無可考。二是卷數的錯誤，因爲《宋史》作十卷，《經義考》卻作七十五卷，而有這麼大的差異，是因爲朱彝尊將每卦、每傳分開，各爲一篇，從分篇之數來數，即以篇數爲卷數，所

以才會有七十五卷之多。〔註69〕而此書採程顥、程頤、張載、楊時、游酢、郭忠孝、郭雍（曾穜之師）等七家《易說》之精粹者，故稱《粹言》。其中郭忠孝（郭雍之父）之書已佚〔註70〕，此書有保存之功。書前有曾穜之序〔註71〕，書後有張嗣古之跋。

3、馮椅《厚齋易學》

《厚齋易學》五十二卷，南宋馮椅撰。椅字儀之，一作奇之，號厚齋，南康都昌人。《四庫全書》錄《永樂大典》本。馮椅家居授徒，所著易、書、詩等共二百餘卷〔註72〕，今多不傳，惟所輯《易》說尚散見《永樂大典》中，四庫館臣將其錄出，並依馮椅〈自序〉分為三書：即《易輯注》四卷，《易輯傳》二十八卷，《易外傳》十八卷，以及《附錄》二卷。全書採納各家《易》說，間以己意說之，有保存資料的功用。《四庫提要》說：

> 今檢《永樂大典》所載，但有《輯注》、《輯傳》，而無所謂《外傳》者，與舊說殊不相合。以椅〈自序〉核之當日，蓋各為一書。《輯注》止解象、象；《輯傳》則尊象、象為經，而退十翼為傳；《外傳》則以十翼為經，各附先儒之說，而斷以己意。《永樂大典》編纂不出一手，割裂其文，雜附於各卦爻下，遂併《外傳》之名而沒之。今反覆參校，釐為《輯注》四卷，《輯傳》三十卷，《外傳》十八卷，仍分三書以還其舊。〔註73〕

〔註69〕不過《四庫全書》收入的《大易粹言》只有七十三卷，還差二卷，不知原因為何。而這七十三卷的分法為：一卦一卷，所以六十四卦共六十四卷，〈繫辭上〉分四卷（從六十五至六十八卷），〈繫辭下〉分二卷（從六十九至七十卷），〈說卦〉一卷（七十一卷），〈序卦〉一卷（七十二卷），〈雜卦〉一卷（七十三卷），共七十三卷，這與《提要》所說的七十五卷，少了二卷，不知這二卷為何，仍有待考證。

〔註70〕郭忠孝是郭雍之父，郭雍著有《郭氏傳家易說》，以傳其父之學，詳見郭雍條。

〔註71〕曾穜序曰：「《大易粹言》七十卷，總論三卷。集明道先生程顥伯淳、伊川先生程頤正叔，橫渠先生張載子厚，廣平游酢定夫，龜山楊時中立，兼山郭忠孝立之，白雲郭雍子和之說也。」又序曰：「攷其說雖小有不同，要其終則歸乎一致，板之以傳，使夫後之學者由是可以知仁義道德之說、性命禍福之理，君臣父子之大致，誠不為無補。」見《大易粹言》，四庫全書本，頁15-2。

〔註72〕見《宋史卷四百二十五・列傳第一百八十四・馮去非》：「馮去非，……父椅，字儀之，家居授徒，所註《易》《書》《詩》《語》《孟》《太極圖》《西銘輯說》《孝經章句》《喪禮小學》《孔子弟子傳》《讀史記》及詩文、志錄，合二百餘卷。」《宋史》第16冊，頁12677。

〔註73〕《四庫全書總目提要・厚齋易學》，頁85。

根據馮椅的自序，原書分爲《輯注》、《輯傳》、《外傳》三部分，不過在《永樂大典》中只見《輯注》、《輯傳》二書，並沒有見到《外傳》，應該是散附在各卦爻之下，於是四庫館臣重新從《永樂大典》中輯出《外傳》，反覆參校，以恢復原貌。

而三書的內容爲何，《提要》說明如下：

一、《輯注》一書多用古文舊義解說，如「黃裳」作「黃常」、「磐桓」作「般桓」、「丈人」作「大人」、「資斧」作「齊斧」，亦有其根據：「《輯注》多用古文，如〈坤〉卦「黃裳」之裳作常，〈蒙〉卦「瀆蒙」之瀆作黷，〈屯〉卦「磐桓」之磐作般，「邅如」之邅作亶，〈師〉卦「丈人」作大人，〈旅〉卦「資斧」作齊斧，雖異今本，而皆根舊義。」（同上）

二、《輯傳》一書則收錄諸家說法，有保存舊書之功：「《輯傳》各卦，皆分卦序、卦義、象義、爻義、象占諸目，縷析條分，至爲詳悉。其蒐采亦頗博洽，如王安石、張弼、張汝明、李椿年、李元量、李舜臣、閻邱昕、毛璞、馮時行、蘭廷瑞諸家，其全書今皆不傳，尙藉是以存梗概。」（同上），《輯傳》蒐羅博洽，有解釋卦畫、卦名、卦用、卦序、卦義、卦象、象義、爻位、爻義、象占、卦占、占法、六爻等等，條分縷析，至爲詳悉。而諸如王安石、李元量、李舜臣、馮時行、蘭廷瑞等人的說法也在其中，這些人的《易》書皆不傳，藉由《輯傳》才得到沿續，以存梗概。

三、《外傳》一書也是薈萃群言，《提要》說：「《外傳》薈粹群言，亦多所闡發。其以《繫辭》爲《說卦》，宗吳仁傑之本，董眞卿《周易會通》駁之，良允。」（同上）

最後，對於《易輯注》、《易輯傳》、《易外傳》三書的評價，《提要》總括說：「然合觀三書，大抵元元本本，淹貫宏通，要不以一、二微瑕掩也。《啓蒙翼傳》又云：「鄱陽汪標手編諸家《易》解爲一鉅集，名《經傳通解》，以椅《易》解爲底本，求古今解增入。蓋宋元之際，甚重其書。今標書亦不傳，則此書彌可寶貴矣。董眞卿、胡一桂皆稱是書爲《易輯》，《宋史·藝文志》作《易學》，《文獻通考》則作《厚齋易學》。考王湜先有《易學》，宜有所別，故今從《通考》之名焉。」（同上），即三書雖有缺點，但淹貫宏通，瑕不掩瑜，有滙集諸家《易》解之優點。而根據董眞卿、胡一桂、《宋史·藝文志》及《文獻通考》的說法，書名有《易輯》、《易學》、《厚齋易學》三個名稱，四庫館臣則根據《文獻通考》，定名爲《厚齋易學》。

三、宋《易》的類型

宋代《易》學的發展類型，近人大抵分爲儒理闡《易》、心學解《易》、援史證《易》、象數明《易》，不過細分之，象數派的各家，所重各不相同，因此還可以再詳分之，以明其脈絡，茲分成王弼餘韻、理學《易》、史事《易》、心學《易》、圖書象數易、理數兼攝、專論變體、求本義、集成體與其它：

（一）王弼餘韻──「近王弼而多切人事」的蘇軾《東坡易傳》

《東坡易傳》九卷，北宋蘇軾撰。其書又稱《毘陵易傳》，因遭元祐黨禁，所以不敢顯題蘇軾之名，而稱毘陵先生。關於此書的作者、內容、風格、缺點及評價，《提要》說明如下：一、《東坡易傳》雖以東坡爲名，但實際上是蘇軾父子三人的著作，即在蘇洵《易傳》的基礎上，由蘇軾先完成，再加上弟弟蘇轍的意見所成書，其中〈蒙〉卦就是蘇轍的注解：「蘇籀《欒城遺言》記蘇洵作《易傳》未成而卒，屬二子述其志。軾書先成，轍乃送所解於軾，今〈蒙〉卦猶是轍解。則此書實蘇氏父子兄弟合力爲之，題曰軾撰，要其成耳。」〔註74〕

二、蘇洵晚年讀《易》，並對剛柔、遠近、喜怒之情頗有心得，所以朱子說他發明「愛惡相攻，情僞相感」的理論：「籀又稱洵晚歲讀《易》，玩其爻象，因得其剛柔、遠近、喜怒、逆順之情，故朱子謂其惟發明「愛惡相攻，情僞相感」之義，而議其粗疎。」（同上）

三、蘇軾《易》學雜以禪說，因此朱子以雜學視之，並在《雜學辨》中將他列爲第一人；不過四庫館臣認爲朱子的批評實際上只有十四條，其實有限，也就是說雖然有某些卦爻辭的解說，確實有「杳冥恍惚」的缺點，甚至淪爲「異學」，但也有深得曲譬之旨，且文詞博辨之處，能達《易經》難顯之情，因此平心而論，應該是瑕不掩瑜，所以《提要》認爲實不足以病之：「胡一桂記晁說之之言，謂軾作《易傳》，自恨不知數學，而其學又雜以禪，故朱子作《雜學辨》，以軾是書爲首。然朱子所駁不過一十九條，其中辨文義者四條，又一條謂蘇說無病，然有未盡其說者，則朱子所不取者，僅十四條，未足以爲是書病。況《朱子語類》又嘗謂其於物理上亦有看得著處，則亦未嘗竟廢之矣。今觀其書，如解〈乾〉卦〈象傳〉性命之理諸條，誠不免杳冥恍惚，淪於異學，至其他推闡理勢，言簡意明，往往足以達難顯之情，而深得曲譬之旨。」（同上）

〔註74〕《四庫全書總目提要・東坡易傳》，頁 1-65。

四、此書的風格雖近王弼，然多切人事，因此與魏晉玄風並不相同；況且李衡、丁易東、董眞卿之《易》著皆有採錄其說者，可以說亦具有一定的影響：「蓋大體近於王弼，而弼之說惟暢元風，軾之說多切人事。其文詞博辨，足資啓發，又烏可一概屛斥耶？李衡作《周易義海撮要》、丁易東作《周易象義》、董眞卿作《周易會通》，皆採錄其說，非徒然也。」（同上）

（二）理學《易》

宋代理學是儒學的新發展，其基本精神是以「理」爲核心的思想建構，標示了宋代學術的新風貌。而理學是二程所創，也是其哲學最重要的範疇〔註75〕。明道先生嘗說：「吾學雖有所受，天理二字卻是自家體貼出來。」（《程氏外書》卷十二）二程以之建立了思想體系，標示著宋代理學的定型；同時在中國哲學史上，也具有劃時代的意義〔註76〕。程頤以「理」作爲萬事萬物的最高指導原則，同時體現在對《周易》的詮釋上，所以程頤首開儒理闡《易》之風，開啓了《易》學研究的另一個顚峰。〔註77〕因此以宋代《易》學而言，以理解《易》是很大的特色，這種主理的精神反映了宋人理性主義的高度發揚，可見易學、理學的交互影響滲透。

對於理的意涵，程頤以爲理是平鋪俱在的，他說：「『寂然不動，感而遂通』，此已言人分上事。若論道，則萬理皆具，更不說感與未感。」（〈遺書〉卷十五），它更不爲堯桀的存亡而增損一絲一毫，所謂「天理云者，這一個道理，更有甚窮已?不爲堯存、不爲桀亡。……是它元無少欠，百理俱備。」（〈遺書〉卷二上），「只是物不能推，人則能推之。雖能推之，幾時添得一分？不能推之，幾時減得一分？百理具在，平鋪放著。幾時道堯盡君道，添得些君道多；舜盡子道，添得些孝道多？元來依舊。」（〈遺書〉卷二上），天地間的萬理早已存在，程頤說：

〔註75〕「理」字有那些內涵，參考張立文先生的說法：第一，天者理也，以天爲理，理具有宇宙本體的意義。理或道就是天，二程常將天與理併稱，天理是獨立於人的宇宙精神。第二，天理自然、無爲、無形，沒有人爲安排之意，意即不具任何目的性。第三，理必有對，理具有對立統一性。第四，人倫者，天理也，理爲人倫道德，把人類社會特有的道德原則上升爲整個宇宙的普遍規律。第五，物物皆有理，以理爲物理，即事物的規律。二程認爲事物的規律是普遍存在的，有一物就有與之適應的規律存在。詳見張立文主編：《理》），頁124-130。

〔註76〕蔡方鹿：《程顥程頤與中國文化》，（貴州：貴州人民出版社，1996年1月），頁68。

〔註77〕參汪惠敏：《宋代經學之研究》，頁66。

近取諸身，百理皆俱。(〈遺書〉卷十五)

「寂然不動，感而遂通」者，天理具備，元無少欠。不爲堯存、不
爲桀亡。父子君臣，常理不易，何曾動來?因不動，故言「寂然」；
雖不動，感便通，感非自外也。〔註78〕

「就理自身而言，無論有無人事與之相感應，它都是已然存在的，不受人事
的影響，即在物質世界之外有一個不依賴事物而獨立地永恒地存在的理，它
是一切事物的本源，天地萬物都是它的體現。」〔註79〕這說明事中有理，然
理不一定得靠事物的感通才能呈現，因理本即在那，感與未感只是讓理有無
通貫到事物上而已。

不過，落實到具體「氣」的層面，程頤提出「理一分殊」，這是一與多的
關係。「理一分殊」是程頤回答弟子楊時關於張載〈西銘〉所提出的觀點。楊
時認爲〈西銘〉的尊高年，慈孤弱並無遠近親疏之別，恐怕流於墨氏兼愛之
蔽〔註80〕，程頤則以爲不然，他說：

〈西銘〉明理一而分殊，墨氏則二本而無分。分殊之蔽，私勝而失
仁；無分之罪，兼愛而無義。分立而推理一，以止私勝之流，仁之
方也。無別而迷兼愛，至於無父之極，義之賊也。子比而同之，過
矣。(〈答楊時論西銘書〉)。

在程頤看來，張載的〈西銘〉正是理一分殊思想的體現，與墨氏愛無差等是
有區別的，所以二者並不能劃上等號。因爲「天下萬物只是一理，就萬理之
所以然說，理是『一』，就理之無所不在說，理是『多』。」〔註81〕意即「『理』
作爲世界唯一的、絕對的存在，是形式上的、高度抽象的理念，當他體現在
不同的事物中時，又成爲每一事物的本質和特性。這二者之間是一般與個別、
共相與別相的關係。」〔註82〕

南宋朱熹是理學的集大成者，其相關的《易》著也體現了理學的精神。
不過朱子並不單純以理爲主，實際上是融合了象數與義理，對象數之學也相
當重視，他認爲《易經》在上古即爲卜筮之書。不過我們並不將它歸類爲象

〔註78〕〈遺書〉卷二上，頁43，案：此記二先生語，當爲程頤之言。見朱伯崑：《易
　　　　學哲學史》，頁285。
〔註79〕　　　廖名春：《周易研究史》，頁268。
〔註80〕黃慶萱：《周易縱橫談》，頁184。
〔註81〕韋政通：《中國思想史》，頁1134。
〔註82〕張豈之主編：《中國思想史》，頁664。

數學派，朱伯崑認為朱子《易》學乃是「站在義理學派的立場，吸收象數學派的某些觀點，以補其不足。」〔註83〕是注重義理但又不廢取象之說，不過為了貼近朱子的本意，我們以求本義來歸類更適當。

（三）史事《易》

援史證《易》是宋代《易》學的特色之一，尤其在南宋更蔚為大宗。其實以史事參證《易》理的治《易》方法並非始於宋代，更不是李光、楊萬里所獨創。考之《十翼》，其中對六十四卦義的闡說，有不少地方即是「以史證易」。如〈明夷〉卦〈象曰〉說：「明入地中，明夷；內文明而外柔順，以蒙大難，文王以之。利艱貞，晦其明也；內難而能正其志；箕子以之。」《易》傳以周文王被紂王幽禁羑里蒙難殷，以及紂王的諸父箕子被囚佯狂而晦明守正的史例為說。又如〈繫辭下傳〉第二章論及《周易》「觀物取象」的創作特徵時，所述古代制器尚象「蓋取諸」〈離〉、〈益〉、〈噬嗑〉、〈乾〉、〈坤〉、〈渙〉、〈隨〉、〈豫〉、〈小過〉、〈睽〉、〈大壯〉、〈大過〉、〈夬〉等十三卦之例，皆援引上古伏羲、神農、黃帝、堯、舜等聖人的史跡以為論據，這也是「以史證易」的早期例證。〔註84〕

考察宋代引史證《易》學派的特色，最明顯的就是強調致用、實用的精神，例如李光嘗為《胡詮易解》作〈序〉說：

《易》之為書，凡以明人事。學者泥於象數，《易》幾為無用之書。邦衡說《易》，真可與論天人之際。〔註85〕

這雖然是李光寫給胡詮的，不過《提要》認為這其實可看做李光「自明其著述之旨」，也就是李光治《易》的宗旨，即明人事。至於楊萬里作《易》，《四庫提要》也說：「是書大旨本程氏而多引史傳以證之。」〔註86〕

另外，李杞在《用易詳解‧自序》也強調致用，切人事的觀點：「夫經固非史也，而史可以證經，以史證經謂之駁焉可也；然不質之于史，則何以見聖人

〔註83〕 詳見朱伯崑：《易學哲學史‧第七章：南宋時期易學哲學的發展》，頁467-473。

〔註84〕 參張善文：《象數與義理》，頁269。關於史事《易》學的歷史淵源，黃忠天教授在《宋代史事易學研究》論文中有詳細的論述，大抵形成的因素有四項：一、《易》之人事本質。二、《易》中史事之啟發。三、經史互證之傳統。四、義理《易》學之勃興。（國立高雄師範大學國文研究所博士論文，民84年），頁5-30。

〔註85〕 《四庫全書總目提要‧讀易詳說》，頁1-70。

〔註86〕 《四庫全書總目提要‧誠齋易傳》，頁1-83。

之經爲萬世有用之學也耶？」〔註87〕因此，爲了明《易》之有「用」，李杞乾脆將他的《易》著稱爲《用易詳解》。不過此派將另節處理。

（四）心學《易》——「解《易》惟以人心」的楊簡《楊氏易傳》

心學解《易》，此派學者的特色是以心爲準則，以之判斷一切事理〔註88〕，如陸象山就強調「學苟知本，六經皆我註腳。」甚至「六經註我」〔註89〕，因此讀書的目的是重在發明「本心」、「良心」，如果此心清明，六經其實是其次，因此心才是本，而經是末，並非第一順位，而象山也沒有完整的經學著作，對《易經》的見解大抵散見於文集中。不過，象山的大弟子楊簡則有專門的論述。而王宗傳被認爲也是心學《易》的推波助瀾者，不過筆者並不將《童溪易傳》歸類爲心學《易》，而是將之納入史事《易》中，原因將另文討論。

楊簡（1141～1226），字敬仲，慈溪人，乾道五年進士。爲官清廉，奉養菲薄，得百姓愛戴，後制置使劉戟在他的舊居建立「慈湖書院」。〔註90〕關於《楊氏易傳》的流弊，《提要》批評爲「恍惚虛無」，而考其文籍，大抵類此，因爲以心、以意說之，難免有縹緲之感：

> 考自漢以來，以《老》《莊》說《易》始魏王弼，以心性說《易》始
> 王宗傳及簡。宗傳淳熙中進士，簡乾道中進士，皆孝宗時人也。顧
> 宗傳人微言輕，其書僅存，不甚爲學者所誦習。簡則爲象山弟子之
> 冠，如朱門之有黃幹；又歷官中外，政績可觀，在南宋爲名臣，尤
> 足以籠罩一世。故至於明季，其說大行。紫溪蘇濬解《易》，遂以《冥
> 冥篇》爲名，而《易》全入禪矣。夫《易》之爲書，廣大悉備；聖
> 人之爲教，精粗本末兼該，心性之理未嘗不蘊《易》中，特簡等專
> 明此義，遂流於恍惚虛無耳。〔註91〕

〔註87〕 李杞：《用易詳解・自序》，景印文淵閣四庫全書，頁 19-351。

〔註88〕 關於心學解《易》，即是以心學來解說《易經》。而所謂的「心學」，是以儒家的「道德心」爲準所開展出來的學問。因此它不涉及道家講的道心，亦不涉及佛家講的如來藏心或般若智心。而心學，主要指陸象山與王陽明所代表的學問。象山言「心即理」，陽明言「良知即天理」，皆以自具理性的道德心爲行爲律則，認爲理在心中，心與理一，所以反對程朱析心與理爲二。（參蔡仁厚：〈王陽明論「經學即心學」——《稽山書院尊經閣記》之疏解〉，收錄《中國經學史論文選集》，林慶彰先生主編，民 82 年出版），頁 326。

〔註89〕 《陸象山先生全集・卷三十四：語錄》，（中華書局出版，四部備要本），頁 2，4。

〔註90〕 《宋史卷四百七・列傳第一百六十六・楊簡》，頁 12289-12292。

〔註91〕 《四庫全書總目提要・楊氏易傳》，頁 1-80。

《提要》認為楊簡及王宗傳為心性說《易》之開山祖師，然楊簡為象山之大弟子，政績又可觀，在南宋為名臣，在明季其說大行，因此論流傳，比起王宗傳更為廣遠。〔註92〕

　　楊簡除了在《文集》中闡述《易》學思想外，在《楊氏易傳》中，也展現了以「心學」為本位的《易》學觀點，他說：「人心即《大易》之道。」〔註93〕「《易》道自在人心。」〔註94〕以及：「天象，地法，鳥獸之文，地之宜，與凡在身及在物，皆在乎此心光明之中。」〔註95〕即《易》之道，近在人心，人心即《易》之道，所以在〈己易〉中反覆強調這樣的道理，得出萬事萬物皆是此心之變化的結論。〔註96〕所以《提要》就說：

　　　　簡之學出陸九淵，故其解《易》惟以人心為主，而象數事物皆在所
　　　　略。〔註97〕

《提要》說楊簡之《易》學略象數，而惟以「人心」為主。也因為解經專憑此心為準則，因此有時流於主觀評斷的缺失，又妄攻《易傳》，因此遭明代楊時喬的批評，斥為異端，「（簡）甚至謂〈繫辭〉中「近取諸身」一節為不知道者所偽作，非孔子之言。故明楊時喬作《傳易考》，竟斥為異端；而元董真卿論林栗《易解》，亦引《朱子語錄》稱「楊敬仲文字可毀」云云。實簡之務談高遠，有以致之也。」〔註98〕。

　　（五）圖書象數《易》

　　此派學者及著作如朱震的《漢上易傳》、林栗的《周易經傳集解》、丁易東的《周易象義》皆是：

　　1、「以經入仕」的朱震《漢上易傳》

　　《漢上易傳》十一卷，附《漢上易卦圖》三卷、《漢上易叢說》一卷，

〔註92〕關於楊簡的經學思想可參拙著《化經學為心學——論慈湖之經學思想與理學之開新》，臺大中文所碩士論文，民國88年6月。另參鄭曉江、李承貴著：《楊簡》，東大圖書公司出版。至於《四庫提要》對楊簡心學解《易》所產生的負面影響，有嚴屬的批評，亦見王宗傳《童溪易傳》條。

〔註93〕宋‧楊簡：《楊氏易傳‧履卦》，（四明叢書本，新文豐出版社，1988年4月初版），頁238。

〔註94〕宋‧楊簡：《楊氏易傳‧屯卦》，同上，頁220。

〔註95〕見《楊氏易傳》卷二十，頁379。

〔註96〕可參閱拙著：《化經學為心學——論慈湖之經學思想與理想之開新》，頁76-79。

〔註97〕見《四庫全書總目提要‧楊氏易傳》，頁1-80。

〔註98〕見《四庫全書總目提要‧楊氏易傳》，頁1-80。

南宋朱震撰。朱震〔註99〕，字子發，荊門軍人，政和中登進士第，仕州縣以廉稱。南渡後，胡安國、趙鼎向皇上推薦他，因通《易》與《春秋》而被高宗賞識拔擢爲祠部員外郎，官翰林學士。〔註100〕震長於經學，《宋史》以「經學深醇」稱之，也因經學而入仕途。此書歷時十八年而成，書名《漢上》，乃因所居以爲名。《四庫提要》指出其以象數爲宗，並引述各家評論，而諸家對《漢上易傳》有揚有貶，不過推其要，仍是肯定象數之學存在的必要性，所以即使流於煩妄，仍不可廢，即朱震發揚之功具一定程度之價值，《提要》說：

> 其說以象數爲宗，推本源流，包括異同，以救《莊》、《老》虛無之失。陳善《捫蝨新話》詆其「妄引《說卦》，分伏羲、文王之《易》，將必有據〈雜卦〉反對造孔子《易》圖者。」晁公武《讀書志》以爲「多采先儒之說，然頗舛謬。」馮椅《厚齋易學》述毛伯玉之言，亦譏其卦變、互體、伏卦、反卦之失。然朱子曰：「王弼破互體，朱子發用互體。互體自《左氏》已言，亦有道理，只是今推不合處多。」魏了翁曰：「《漢上易》太煩，卻不可廢。」胡一桂亦曰：「變、互、伏、反、納甲之屬，皆不可廢，豈可以爲失而詆之？」觀其取象，亦甚有好處。但牽合處多，且文詞繁雜，使讀者茫然，看來只是不善作文耳。是得失互陳，先儒已有公論矣。〔註101〕

朱震的象數學〔註102〕，後人的評價兩極化，批評者大抵認爲其說「太煩」，使人茫然，所以陳善、晁公武、毛伯玉等就以「妄」、「謬」、「失」譏之。不過

〔註99〕 唐琳在《朱震的易學視域》說：「（朱震）生於公元1072年，靖康年間金兵入汴時，已經55歲。南渡後，他只生活了十一年，殁于高宗紹興八年，公元1138年。」頁1。

〔註100〕 趙鼎向高宗推薦朱震，認爲他「學術深博」，「廉正守道」，必能有益於陛下。皇帝於是召見他。朱震來到朝廷後，被皇帝問及《易》、《春秋》之意旨，因爲回答得很好，皇帝很高興，於是擢爲祠部員外郎，見《宋史卷四百三十五·列傳第一百九十四·儒林五·朱震》：「胡安國一見大器之，薦於高宗，召爲司勳員外郎，震稱疾不至。會江西制置使趙鼎入爲參知政事，上詢以當世人才，鼎曰：『臣所知朱震，學術深博，廉守正道，士之冠冕，使位講讀，必有益於陛下。』」《宋史》第16冊，頁12907-12908。另參唐琳：《朱震的易學視域》第一章〈朱震生平與易學特徵〉，頁1-7。

〔註101〕 《四庫全書總目提要·漢上易傳》，頁1-71。

〔註102〕 唐琳在《朱震的易學視域》說：「朱震有感於魏晉以來義理學盛行而象數學衰退的局面，決心復興象數易學於危難之中。爲此，他將象數視爲易學發展之源，重點闡述象數易學的理論，以凸顯其正統性。」頁8。

也有學者認爲此不可廢，畢竟變體、互體、納甲之說乃先秦舊說，《左傳》也有記載，亦有道理。只是由於資料欠缺，所以考證起來並不容易，但也不能因此而就否定其價值，所以不認同者也大有人在，而反對因噎廢食的就有朱子、魏了翁、胡一桂等，認爲「亦有道理」，「不可廢」，「亦甚有好處」等，皆能持正面的論點來看待古法。不過，對於朱震的圖書之說，《提要》則認爲頗有可疑附會者，即先天圖、河圖、洛書等的傳授系統，認爲猶待商榷：

> 惟所敍圖書授受，所謂摶以先天圖傳种放，更三傳而至邵雍；放以河圖、洛書傳李溉，更三傳而至劉牧；穆修以太極圖傳周敦頤，再傳至程顥、程頤。厥後雍得之以著《皇極經世》，牧得之以著《易數鈎隱圖》，敦頤得之以著《太極圖說》、《通書》，頤得之以述《易傳》。其說頗爲後人所疑。（同上）

朱震認爲先天圖、河圖洛書、太極圖，分別由陳摶、种放、穆修傳至邵雍、劉牧，以及周敦頤與二程，而產生了《皇極經世》、《易數鈎隱圖》、《太極圖說》、《通書》與《伊川易傳》等書。不過此種說法的可信度恐怕並不高，所以不免使人疑惑。

2、「說每卦必兼互體」的林栗《周易經傳集解》

《周易經傳集解》三十六卷，南宋林栗撰。林栗，字黃中，福州福清人，紹興十二年進士，官至兵部侍郎。林栗論《易》及〈西銘〉與朱子不合，遂上疏指責朱子的過失，而太常博士葉適，侍御史胡晉臣皆助朱子彈劾林栗，於是林栗因而罷知泉州，又移明州，卒諡簡肅。﹝註103﹞《四庫提要》說：

> 朱彝尊《經義考》引董眞卿之言，謂其說每卦必兼互體，約象、覆卦爲太泥。時楊敬仲有《易論》，黃中有《易解》。或曰：「黃中文字

﹝註103﹞林栗論《易》與朱子不合，遂生閒隙；朱子又因病請假，來不及就任兵部郎官，林栗遂上疏攻擊朱子，認爲他竊取聖學，態度高傲，應將他免職：「熹本無學術，徒竊張載、程頤之緒餘，爲浮誕宗主，謂之道學，妄自推尊。所至輒携門生十數人，習爲春秋、戰國之態，妄希孔、孟歷聘之風。繩以治世之法，則亂人之首也。今采其虛名，俾之入奏，將置朝列，以次收用。而熹聞命之初，遷延道途，邀索高價，門生迭爲游說，……既經陞對，得旨除郎，而輒懷不滿，傲睨累日，不肯供職，是豈張載、程頤之學教之然也？」對於林栗的攻訐，葉適也上奏爭辯此事，並站在朱子這一邊，認爲林栗以「道學」之名殘害良善，實是「游辭無實，讒言橫生，善良受害。」因此「願陛下正紀綱之所在，絕欺罔於既形，摧抑暴橫以扶善類，奮發剛斷以慰公言。」而侍御史胡晉臣又彈劾林栗，於是林栗出知泉州。（見《宋史卷三百九十四·列傳第一百五十三·林栗》，《宋史》第 15 冊），頁 12031。

可毀」，朱子曰：「卻是楊敬仲文字可毀」。是朱子併不欲廢其書。考陳振孫《書錄解題》，稱其與朱侍講有違言，以論《易》不合。今以事理推之，於時朱子負盛名，駸駸嚮用，而栗之登第在朱子前七年，既以前輩自居；又朱子方除兵部郎中，而栗爲兵部侍郎，正其所屬，詞色相軋，兩不肯下，遂互激而成訐奏。蓋其釁始於論《易》，而其故不全由於論《易》，故振孫云然。後人以朱子之故，遂廢栗書，似非朱子意矣。〔註104〕

林栗論《易》與朱子不合，遂演變成在政治上的對立，然因朱子在學術上的得勢，後人遂因而廢栗書，不過《提要》認爲此恐非朱子之本意。即朱子雖與林栗不合，但並沒有要因學術理念的不合而否定林栗在學術上的成就。何況朱子門人黃勉齋曾爲文祭之，亦肯定林栗在學術上的貢獻。

3、「即象以明理」的丁易東《周易象義》

宋代象數《易》學有專門研究《易》象的，或書名直接就叫「易象」，如宋元之際的丁易東《周易象義》（又名《易象義》）即是。丁氏對於前代《易》說略象的情形，深感不妥。他認爲王弼、程子明于「辭」，朱子明于「變」與「占」，獨于「象」，一直以來並沒有受到太大的重視，因此無所適從，所以丁氏「壯遊四方」，「旁搜傳註」，於百家之說，皆有所考，深知各家之說的缺憾。宋亡後，便隱居鄉野教授，並在「山林无事」之中，「即眾說而折衷之」〔註105〕，把歷代論「象」者彙集成書，撰成一家之言。

丁易東對象的重視，在〈易統論中〉就說：「《易》者，聖人窮理盡性以至命之書，然非若他經之言理也，每即象以明理焉。不得於象，則不得於理，不得於理，則亦不得於象，故尤不可不以象求也。」〔註106〕丁氏認爲《易經》一書與其它經書最大的不同，就在於聖人乃以「象」明理，因爲不明象，很難眞正瞭解《易》理。至於《易》象的內容爲何？丁氏歸納爲十二類：「一曰本體，二曰互體，三曰卦變，四曰應爻，五曰動爻，六曰變卦，七曰伏卦，八曰互對，九曰反對，十曰比爻，十一曰原畫，十二曰納甲。」（同上）

（六）理數兼攝

理數兼攝，表示義理、象數兼治，如張浚的《紫巖易傳》、鄭剛中的《周

〔註104〕《四庫全書總目提要・周易經傳集解》，頁1-75。
〔註105〕丁易東：《周易象義・自序》，景印文淵閣四庫全書本，頁21-477。
〔註106〕丁易東：《周易象義・易統論中》，同上，頁21-481。

易窺餘》、項安世的《周易玩辭》、易祓的《周易總義》、趙汝楳的《周易輯聞》、方寔孫的《淙山讀周易》、俞琰的《周易集說》:

1、「說陰陽動靜皆適義理之正」的張浚《紫巖易傳》

《紫巖易傳》十卷,南宋張浚撰。紫巖,浚自號。關於此書,《四庫提要》說:

> 其曾孫獻之〈跋〉云:「忠獻公潛心於《易》,嘗爲之傳,前後兩著稿,親題第二稿云:此本改正處極多。紹興戊寅四月六日,某書始爲定本矣。獻之嘗繕錄之,附以《讀易雜說》,通爲十卷,藏之於家。」據此,則《雜說》一卷似獻之所續附。然考獻之是〈跋〉在嘉定庚辰,而朱子作浚《行狀》已稱有《易解》及《雜說》共十卷,則獻之特繕錄而已,未嘗編次也。其書立言醇粹,凡說陰陽動靜皆適於義理之正。末一卷即所謂《雜說》,胡一桂議其專主劉牧。今觀所論河圖,信然。朱子不取牧說,而作浚墓誌,但稱「尤深於《易》、《春秋》、《論》、《孟》」,不言其《易》出於牧,殆諱之歟?〔註107〕

此書第十卷爲《讀易雜記》(或《讀易雜說》),應是張浚的曾孫獻之所繕錄,胡一桂議其主劉牧之說。其內容論七八九六……等數,但朱子幫浚作墓誌銘,卻沒有提到這點,原因不甚清楚。《提要》則認爲此書立言醇粹,說陰陽動靜也合於義理,不過在《雜說》一卷採用劉牧河圖之說,則爲人所詬病。

2、「彌縫象義之間」的鄭剛中《周易窺餘》

《周易窺餘》十五卷,南宋鄭剛中撰。剛中,字亨仲,婺州金華人。〔註108〕此書朱彝尊《經義考》以爲「未見」,惟《永樂大典》內尚存其文,四庫館臣採掇裒輯,依經編次,除了〈乾〉、〈坤〉二卦外,尚有七卦闕略〔註109〕,但錄經文而已。而其說別見他書者,亦蒐錄補入,並依原目定爲十五卷。關於《周易窺餘》的著作緣由,剛中在〈自序〉中說:

> 近世程頤正叔嘗爲《易傳》,朱震子發又爲《集傳》,二書頗相彌縫於象、義之間,其於發古今之奧爲有功焉。但《易》之道廣大變通,

---

〔註107〕《四庫全書總目提要・紫巖易傳》,頁1-69。

〔註108〕鄭剛中,紹興二年進士及第,官至禮部侍郎,出爲川陝宣撫副使,謫居桂陽軍,又責授濠州團練副使,復州安置,再徙封州,卒後追復原官,諡忠愍,此見《宋史卷三百七十・列傳第一百二十九・鄭剛中》,《宋史》第14冊,頁11512-11514。

〔註109〕七卦有:〈豫〉〈隨〉〈无妄〉〈大壯〉〈睽〉〈蹇〉〈中孚〉。

諸家不能以一辭盡，有可窺之餘，吾則兼而取之。〔註110〕

鄭剛中認爲程頤及朱震的《易》學對於象、義各有發揮，然《易》道廣大，難以窮盡，仍有可窺之餘，於是參酌兩家，並名之爲《周易窺餘》。

《提要》對它的評價如下：

一、《提要》認爲《周易窺餘》兼採漢、宋，不主一家，能補前人之缺略：

「自唐以王弼注定爲《正義》，於是學《易》者專言名理。惟李鼎祚《集解》不主弼義，博採諸家，以爲刊輔嗣之野文，補康成之逸象，而當時經生不能盡從其學。宋儒若胡瑗、程子，其言理精粹，自非晉、唐諸儒所可及，然於象亦多有缺略。剛中是書，始兼取漢學，凡荀爽、虞翻、干寶、蜀才九家之說，皆參互考稽，不主一家。」〔註111〕因爲王弼《易》學言名理，宋學又主義理，除了唐朝李鼎祚《周易集解》有提到象之外，大多數學者對象的討論並不多，鄭剛中能兼取二者之長，即在理之外，也分析象之意，並參稽荀爽、虞翻、干寶，及蜀才九家之說，調和漢、宋之學，頗有自主之見。

二、《提要》認爲《周易窺餘》解《易》有新意，不爲成說所拘，雖然政治立場依附秦檜，讓人非議，但對經義的闡發，有一定的理解，如解〈泰〉卦、〈大有〉卦等，都有正大的議論，通於治道，亦可取，所以當然不廢之：

「其解義間異先儒，而亦往往有當於理。……能自出新意，不爲成說所拘。至於解〈泰〉之九二、〈大有〉之大象，議論尤正大精切，通於治體。雖其人因秦檜以進身，依附和議，損棄舊疆，頗不見滿於公論；然闡發經義，則具有理解，要爲說《易》家所不廢也。」（同上）

3、「因辭測象以補《程傳》之不及」的項安世《周易玩辭》

《周易玩辭》十六卷，南宋項安世撰，此書主要補《伊川易傳》言象之不足。安世，字平甫，其先括蒼人，後家江陵，淳熙二年同進士出身。〔註112〕《四庫提要》說：

振孫又稱安世當慶元時，謫居江陵，杜門不出。諸經皆有論說，而《易》爲全書。然據其自述，蓋成於嘉泰二年壬戌之秋。〈自序〉謂「《易》之道四，其實則二，象與辭是也。變則象之進退也，占則辭之吉凶也。不識其象，何以知其變？不通其辭，何以決其占？」又

〔註110〕《周易窺餘‧周易窺餘自序》，《景印文淵閣四庫全書》，頁 11-398。
〔註111〕《四庫全書總目提要‧周易窺餘》，頁 1-72。
〔註112〕見《宋史卷三百九十七‧列傳第一百五十六‧項安世》，《宋史》第 15 冊，頁 12088-12090。

自述曰：「安世之所學，蓋伊川程子之書也。今以其所得於《易傳》
者，述爲此書，而其文無與《易傳》合者，合則無用述此書矣。」
蓋《伊川易傳》惟闡義理，安世則兼象數而求之。其意欲於《程傳》
之外，補所不及，所謂各明一義者也。馬端臨、虞集作〈序〉，皆盛
相推挹。而近時王懋竑《白田雜著》中有是書〈跋〉，獨排斥甚力。……
安世又有《項氏家說》，其第一卷亦解《易》，董眞卿嘗稱之，世無
傳本。今始以《永樂大典》所載，裒合成編，別著於錄。合觀兩書，
安世之經學深矣，何可輕詆也！〔註113〕

安世自稱其《易》學雖受程頤影響，然兼探象數之說，欲補《程傳》言義理
而略象數的不足。所以安世在程頤《易傳》的基礎上言象以補其闕，以各明
一義。〔註114〕因《易》之道雖有四（辭、變、象、占），安世認爲其實只有「象」、
「辭」而已。因「變」乃「象」之進退，而「占」則爲「辭」之吉凶，而不
識象就不能知變，不通辭就不能占斷。而《伊川易傳》以辭爲主，安世則取
象以論之。此外，更有《項氏家說》，第一卷即解《易》者，《提要》認爲從
兩書觀之，足見安世經學根柢之深厚，不容詆毀。〔註115〕

4、「於經義多所發明」的易祓《周易總義》

《周易總義》二十卷，南宋易祓撰。祓字彥章，別號山齋，潭州寧鄉人。
《四庫提要》說：

祓人不足重，其書世亦不甚傳，故朱彝尊《經義考》註曰「未見」；
然其說《易》，兼通理數，折衷眾論，每卦先括爲總論，復於六爻之

〔註113〕《四庫全書總目提要‧周易玩辭》，頁1-81。另見項安世：《周易玩辭‧序》，
（通志堂經解本，漢京文化事業出版），頁1569。
〔註114〕其實宋朝陳振孫在《直齋書錄解題》中就頗推崇安世對於「象」的發明之功，
他說：「大抵程氏一於言理，盡略象數，而此書未嘗偏廢。程氏於小象頗欠發
明，而此書爻象尤貫通，蓋亦遍攷諸家，斷以己意，精而博矣。」（見陳振孫：
《直齋書錄解題》卷一，台灣商務印書館，民67年台一版，頁22）。
〔註115〕賴貴三著《項安世《周易玩辭》研究》第五章介紹史事證《易》說：「檢索《玩
辭》中引史事以證《易》義者，粗略統計凡四十一卦，〈上篇〉二十四卦：〈乾〉
〈坤〉〈屯〉〈蒙〉〈需〉〈訟〉〈師〉〈比〉〈小畜〉〈履〉〈泰〉〈否〉〈同人〉〈大
有〉〈謙〉〈豫〉〈觀〉〈賁〉〈剝〉〈復〉〈頤〉〈大過〉〈坎〉〈離〉。〈下篇〉十七
卦：〈恆〉〈遯〉〈晉〉〈明夷〉〈家人〉〈益〉〈夬〉〈姤〉〈困〉〈革〉〈震〉〈漸〉〈歸
妹〉〈豐〉〈中孚〉〈小過〉〈既濟〉。另〈繫辭下〉〈序卦〉〈雜卦〉各一見，雖未
至卦卦援史，爻爻論事之境，然其援史證《易》之特色與方法，較諸史事《易》
家，何遑多讓？」（古典文獻研究輯刊第14冊，花木蘭文化出版社），頁152。

下各爲詮解，於經義實多所發明，與耿南仲之《新講義》均未可以
人廢言也。前有祓門人陳章〈序〉，稱祓侍經筵日，嘗以是經進講。
又稱祓別有《易學舉隅》四卷，衰象與數爲之圖説。與此書可以參
考。今未見傳本。惟所撰《周禮總義》尚散見《永樂大典》中耳。
樂雷發有《謁山齋詩》曰：「淳熙人物到嘉熙，聽説山齋亦白髭。細
嚼梅花讀《總義》，只應姬老是相知。」蓋指此二書。山齋，祓別號
也。則當時亦頗重其書矣。〔註116〕

雖然易祓此人的行徑被人詬病，所以世人不重之，書亦不甚傳〔註117〕，然其
書頗有一己之見解及發明，在當時是有受到一定程度的重視，從樂雷發的詩
便可知，因此《提要》認爲不應以人廢言。祓的著作除《周易總義》外，還
有《易學舉隅》，是討論象與數的，並用圖來解釋，二者可相參酌。張善文提
到《湖南叢書》刊有《周易總義》二十卷，可備參考。〔註118〕

5、「經傳混淆」的趙汝楳《周易輯聞》

《周易輯聞》六卷，附《易雅》一卷、《筮宗》一卷，南宋趙汝楳撰。
汝楳，趙善湘之子，善湘研究《易經》，用功甚久，著作亦豐，汝楳承其家
學〔註119〕，以作此書。而此書《提要》的評價褒貶互見：

〔註116〕《四庫全書總目提要·周易總義》，頁1-87。
〔註117〕易祓因爲諂事蘇師旦而升官，由司業躍升左司諫。當時蘇師旦將任節度使，易
祓幫他寫奏表，內容極其阿諛，諂媚到將蘇師旦比做孔子，連張良都不及他，
所以宣布時輿論一片譁然。後師旦敗死，易祓遂遭貶斥，周密《齊東野語》就
記載此事説：「蘇師旦將建節，學士顏棫、莫子純皆莫肯當制，易祓彥章爲樞
密院檢詳文字，師旦爲都承旨。祓與之昵，欣然願任責。……竟爲師旦草麻，
極其諛佞，……蓋以孔子比之，子房不足道也。既宣布，物論譁然。亟擢祓左
司諫。諸生爲之語曰：『陽城毀裴延齡之麻，由諫官而下遷於司業，易祓草蘇
師旦之制，由司業而上擢於諫官。既而韓誅，蘇得罪，祓遂遠貶。』」（廣文書
局，民58年9月初版，頁164）。蘇司旦此人，憑藉韓侂冑勢力，結黨營私，
恃權貪汙，爲害朝政，《宋史》就記載師旦：「怙恃招權」（宋史卷三百九十八 列
傳第一百五十七·李壁），頁12108）、「贓以巨萬計」（《宋史卷三百九十八·
列傳第一百五十七·倪思》，頁12115）、「怙勢妄作，蒙蔽自肆。」（《宋史卷
四百一十·列傳第一百六十九·婁機》，頁12336）。而他任節度使一事，彭龜
年就說這是禍害：「此韓氏之陽虎，其禍韓氏必矣。及聞用兵，曰：『禍其在此
乎？』」（見《宋史卷三百九十三·列傳第一百五十二·彭龜年》，頁11999）。
〔註118〕張善文：《歷代易學要籍解題》，頁128。
〔註119〕趙善湘，字清臣，濮安懿王五世孫，著有《周易約説》八卷，《周易或問》四
卷，《周易續問》八卷，《周易指要》四卷，《學易補過》六卷，見《宋史卷四
百一十三·列傳第一百七十二·趙善湘》，《宋史》第15冊，頁12402。

一、《提要》認為《周易輯聞》割裂經傳，致二者混淆莫辨：

> 割裂顛倒，殊屬師心。又王弼本雖移傳附經，尚有〈象曰〉、〈象曰〉，
> 〈文言曰〉字，以存識別。汝楳併此而去之，使經傳混淆，茫然莫
> 辨，尤為治絲而棼。其每卦之首，皆以卦變立論，亦未免偏主一隅。
> 然其說推闡詳明，於比應乘承之理，盈虛消長之機，皆有所發揮，
> 不同穿鑿，於宋人《易》說之中，猶為明白篤實。〔註120〕

《周易》經、傳原本分離，王弼本雖移傳附經，將經、傳放在一起，但仍有
〈象曰〉、〈象曰〉、〈文言曰〉的區別，以資辨識，不致雜混。而趙汝楳《周
易輯聞》則完全去之，把〈象曰〉、〈象曰〉……等字都去掉，所以根本分不
清楚何者為經、何者為傳，因此《提要》才會對此強烈批評；不過此書對於
比應乘承、盈虛消長之理的解說，仍有一定的發揮。

　　二、《提要》介紹《易雅》的內容共十八篇，總釋名義：「《易雅》一卷，
總釋名義，略如《爾雅》之釋《詩》，故名曰「雅」。其目曰〈通釋〉，曰〈書
釋〉，曰〈學釋〉，曰〈情釋〉，曰〈位釋〉，曰〈象釋〉，曰〈辭釋〉，曰〈變
釋〉，曰〈占釋〉，曰〈卦變釋〉，曰〈爻變釋〉，曰〈得失釋〉，曰〈八卦釋〉，
曰〈六爻釋〉，曰〈陰陽釋〉，曰〈太極名義釋〉，曰〈象數體用釋〉，曰〈圖
書釋〉，凡十八篇。」（同上）

　　三、《提要》認為《周易輯聞》分辨圖書與數之區別，可謂善於解紛：「其
論圖書曰：『《易》有衍數，有積數。自五衍而為五十者，衍數也；自一二三
四五積而為五十五者，積數也。圖書二數，皆積數之儔，不可以與於揲蓍也。
故舍圖書之名而論二數，則自有妙理；強二數以圖書之名，則於經無據。』
可謂善於解紛矣。」（同上），趙汝楳將《易》數分為積數、衍數，而圖書二
數，都是積數，分析得頗有道理。

　　6、「言道則象數在其中」的方寔孫《淙山讀周易》

　　《淙山讀周易》二十一卷，南宋方寔孫撰。此書舊本名為《讀周易》，朱
彝尊《經義考》稱《淙山讀周易記》，《四庫全書》則作《淙山讀周易》。名稱
不同之外，卷數也有出入，有八卷、十卷、十六卷之異。四庫館臣說當時所
行有二種本子，一本不分卷，另一本則有二十一卷，即《四庫》所收的本子，
上下經各八卷，繫辭二卷，序、說、雜又各一卷，《提要》說：

〔註120〕《四庫全書總目提要・周易輯聞》，頁 1-93。

此書舊本但題曰《讀周易》，案朱彝尊《經義考》作《淙山讀周易記》，蓋此本傳寫脫訛。《經義考》又引曹溶之言曰：「《宋志》八卷，《澹生堂目》作十卷，《聚樂堂目》作十六卷。今世所行凡二本，一本不分卷，不知孰合之。此本上經八卷，下經八卷，〈繫辭〉二卷，〈序卦〉、〈說卦〉〈雜卦〉各一卷，又不知誰所分也。其書取朱子卦變圖，別爲易卦變合圖，以補《易學啟蒙》所未備。〔註121〕

而此書的宗旨，《提要》引方氏的〈自序〉說：「言道則象數在其中矣」，「道自無而有也」，可見是義理、圖書兼治。理宗伊川的說法，圖則取朱子的卦變圖。又根據〈隨〉卦上六爻、〈升〉卦六四爻、〈明夷〉卦象曰等內容，證明爻象非文王所作，也似乎言之成理：

其說多主於爻象，不設空談。〈自序〉有曰：「《易》者，道也，象數也，言道則象數在其中矣。道果有耶？〈繫辭〉曰：「《易》無體。」道果無耶？〈繫辭〉曰：『《易》有太極』，是道自無而有也。」可以識其宗旨矣。其據〈隨〉上六爻「王用亨于西山」，〈升〉六四爻「王用亨于岐山」，〈明夷·象〉「文王以之」，〈革·象〉「湯武以之」，證爻、象非文王作，自爲確義。（同上）

至於優劣，《提要》認爲方實孫解經之風較諸家爲「淳實」，大抵是正確的評價。雖處處引伊川語，但能推陳出新，自鑄新詞，有一己的心得及見識，絕非對伊川的亦步亦趨。

7、「初主程朱後出新義」的俞琰《周易集說》

《周易集說》，俞琰撰。《四庫提要》說：

生平邃於《易》學，初裒諸家之說，爲《大易會要》一百三十卷，後乃掇其精華以著是編，始於至元甲申至至大辛亥，凡四易稿。其初主程朱之說，後乃於程朱之外，自出新義。……然其覃精研思，積三四十年，實有冥心獨造，發前人所未發者，固不可廢也。
〔註122〕

俞琰著此書前後歷經三四十年，凡四易其稿，初以程朱之說爲主，後遂於程朱之外自出新義，除了《周易集說》外，俞琰還有十本《易》著，《提要》說：「據琰自作〈後序〉，尚有《讀易舉要》、《讀易須知》、《易圖纂要》、《易

〔註121〕《四庫全書總目提要·淙山讀周易》，頁 1-95。
〔註122〕《四庫全書總目提要·周易集說》，頁 1-97。

經考證》、《易傳考證》、《六十四卦圖》、《古占法》、《卦爻象占分類》、《易圖合璧連珠》、《易外別傳》諸書。今惟《易外別傳》有本單行，《讀易舉要》、《易圖纂要》見《永樂大典》，餘皆未見。〈序〉稱諸編皆舊所作，將毀之而兒輩以爲可惜，又略加改竄而存於後，則舊刻本附此數書，今佚之矣。」（同上）

（七）專論變體

變體、變卦、變爻，是《左傳》的筮法，此派談論古占法，如沈該的《易小傳》、都絜的《易變體義》：

1、「違時異尚」的沈該《易小傳》

《易小傳》六卷，南宋沈該撰，該字守約，一作元約，未詳孰是。吳興人，登嘉王榜進士，紹興中，官至左僕射，兼修國史，故宋人稱是書爲《沈丞相易傳》，另外尚有《繫辭補注》十餘則，然已佚。《四庫提要》說：

> 其書以正體發明爻象之旨，以變體擬議變動之意，以求合於觀象玩詞、觀變玩占之義。其占則全用《春秋左傳》所載筮例，如蔡墨所謂〈乾〉之〈姤〉曰「潛龍勿用」，其〈同人〉曰「見龍在田」者。林至作《易裨傳》，頗以該說爲拘攣。蓋南渡以後，言《易》者，不主程氏之理，即主邵氏之數，而該獨考究遺經，談三代以來之占法，違時異尚，其見排於至固宜。然《左氏》去古未遠，所記卜筮，多在孔子之前，孔子贊《易》，未聞一斥其謬，毋乃太卜所掌周公以來之舊法，或在此不在彼乎？陳振孫《書錄解題》稱該又有《繫辭補注》十餘則，附於卷末。今本無之，蓋已久佚矣。〔註123〕

沈該全書討論《易經》的「正體」與「變體」。變體是古占法，《左傳》的筮法即用此法。此外，每卦之後，有「論」這個部分的討論，甚得南宋高宗的稱許，曾降敕褒諭。不過宋代因爲流行理數，所以在程、邵之學風靡天下之際，該書可以說是「違時異尚」，在當時並沒有受到重視，甚至被排擠，如林至就認爲「拘攣」。然《提要》認爲古占法去古未遠，且多在孔子以前，孔子也沒批評，可見對周公以來舊法之保存，是有必要的，自有存在價值，因此該書可以說獨闢蹊徑，亦自有功。

〔註123〕《四庫全書總目提要・易小傳》，頁1-70。

2、「瑕瑜互見」的都絜《易變體義》

《易變體義》十二卷，南宋都絜撰，絜字聖與，丹陽人，紹興中，官吏部郎中，知德慶府。《四庫提要》說：

> 是書大旨，謂卦爻辭義，先儒之論已詳，故專明變體。今考《左傳》載《周易》諸占，所謂某卦之某卦者凡十事，似乎因其動爻隨機斷義，不必盡《易》之本旨。……知古來《周易》原有此一義矣。但古書散佚，其說不傳，而絜以義理揣摩求其崖略，其中巧相符合者，如〈坤〉之初六「履霜堅冰至」，則曰此〈坤〉之〈復〉也。月令孟冬，水始冰；仲冬，冰益壯。始則薄而未堅，壯則堅而難泮，故爻曰「履霜」，以〈坤〉為十月之卦。又曰「堅冰至」者，則變體為〈復〉，乃十一月卦也。……亦有涉於牽強者，如〈家人〉六四「富家大吉」。……又多引《老》、《莊》之辭以釋文、周之經，則又王弼、韓康伯之流弊，一變而為王宗傳、楊簡者矣。然宋人遺籍，傳者日稀，是書雖瑜不掩瑕，亦瑕不掩瑜，分別觀之，以備言變體之一家，亦無不可也。〔註124〕

此書專門討論變體，因《左傳》即有變體的例子，如某卦之某卦即是，所以都絜專此言之。這同時也是詳前人之所略，因古書散佚，少有論及，但仍是存在的。不過總體來說，此書是優劣並見，因為有些卦例解釋得很合理，如〈坤〉卦初六爻的變體為〈復〉卦，而〈坤〉卦為十月，〈復〉卦為十一月，從十月到十一月，剛好與「履霜」至「堅冰」的節氣變化相符，頗有創意；然有些卻不免牽強附會，失之穿鑿，因此意義不醇，也難以說服人，因此《提要》說此書是「瑜不掩瑕」，亦「瑕不掩瑜」，實優劣並存。

（八）求本義——朱子《原本周易本義》《周易本義》

《原本周易本義》十二卷，《周易本義》四卷，朱子著。這兩本的區別在於篇章分合的不同，前者經傳分離，是原本；後者經傳合一，是改良本。《原本周易本義》是朱子原著，依《周易》「原始」次序排列，即經在前，傳在後，各成篇章，不相混淆，可以說壁壘分明，所以共分為十二卷〔註125〕，此本乃吳革所刻，前有其〈序〉，不過此本並不流行。而四卷本的《周易本義》會出現，是因

〔註124〕《四庫全書總目提要‧易變體義》，頁1-73。
〔註125〕十二卷《周易本義》為：上經卷一、下經卷二，象上傳卷三、象下傳卷四，象上傳卷五、象下傳卷六，繫辭上傳卷七、繫辭下傳卷八，文言傳卷九、說卦傳卷十、序卦傳卷十一、雜卦傳卷十二。（即十翼自為十卷）

爲受到南宋董楷《周易傳義附錄》及明代《周易大全》的影響，將《易經》的傳附在經下面〔註126〕，後爲明代成矩所重刻，成爲之後的通行本，並爲士子所傳習。爲了瞭解源流，四庫館臣將原本及改良本皆錄出以說明其流變，並且也肯定改良本的這種做法，認爲只要不影響旨意，不妨存異而兼眾本。而且把《周易》經、傳放在一起，其實始於王弼、韓康伯，而唐《五經正義》也採用王弼的本子，就表示認同這種經傳合併的做法，因此《提要》就說：

> 顧炎武《日知錄》曰：洪武初頒五經天下儒學，而《易》兼用程、朱二氏，亦各自爲書。永樂中修《大全》，乃取朱子卷次割裂附程傳之後，而朱子所定之古文仍復淆亂。……其「彖曰」、「象曰」、「文言曰」皆朱子本所無，復依《程傳》添入。後來士子厭《程傳》繁多，棄去不讀，專用《本義》，而《大全》之本乃朝廷所頒，不敢輒改，遂即監板《傳義》之本刊去《程傳》，而以程之次序爲朱之次序。……然割裂《本義》，以附《程傳》，自宋董楷已然，不始於永樂也。……至成矩重刻之本，自明代以來，士子童而習之，歷年已久，驟令改易，慮煩擾難行。且其本雖因永樂《大全》，實亦王、韓之舊本，唐用之以作《正義》者。……自古以來，經師授受，不妨各有異同。即秘府儲藏，亦各兼存眾本。苟其微言大義，本不相乖，則篇章分合，未爲大害於宏旨。故今但著其割裂《本義》之失，而仍附於原本之後，以備參考焉。〔註127〕

明代永樂年間修《五經大全》，將《程傳》、《本義》放在一起，以《程傳》的篇章段落爲主，而割裂朱子的說法附在《程傳》之後，「以程之次序爲朱之次序」，遂造成朱注的淆亂錯雜。後來士子因爲《程傳》繁多，棄去不讀，遂將《大全》中的《程傳》刪去，只刊印《本義》。因此《本義》遂以改良本的形式傳下來，而士子習之已久，也就逐漸忘記朱子《本義》之原貌了，因此四庫收錄之以備參考。而朱子是繼北宋程頤後，對《易》學發展有重大影響者，張善文以「言簡意賅」評之，大抵得其要。〔註128〕至於朱子名爲「本義」，就

〔註126〕四卷《周易本義》爲：卷一爲上經、卷二爲下經，卷三爲繫辭上傳、下傳、卷四爲說卦傳、序卦傳、雜卦傳。（上經、下經包含彖、象、文言）
〔註127〕《四庫全書總目提要·周易本義》，頁1-77。
〔註128〕張善文說：「此書係朱熹易學之代表作，大旨在推本象占，闡發義理：既宗主程頤之學，亦不廢陳摶、邵雍之說。其解說經傳之旨，言簡意賅，寓理深切，對後代易學影響極大。經傳篇次不用王弼注本，乃依呂祖謙所定之《古周易》本，……經傳判然有別。」（見《歷代易學要籍解題·周易本義》，頁111）。

表示宋人的其它著作恐非本義，而有說遠的情形。

（九）集成體與其它

集成體在之前已介紹過，因此省略，在此我們將介紹其它《易》學著作：

1、「求无咎」的耿南仲《周易新講義》

《周易新講義》十卷，南宋耿南仲撰。南仲，字希道，開封人，曾在東宮任職十年，靖康間以資政殿大學士簽書樞密院。金人南渡，與吳幵反對出兵，主張議和，力主割地南渡，後遷謫以終。〔註129〕《四庫提要》說：

> 是書舊本或題《進周易解義》，疑為侍欽宗於東宮時經進之本。前有南仲〈自序〉曰：「《易》之道有要，在无咎而已。要在无咎者何？善補過之謂也。」又曰：「拂乎人情是為小過，拂乎天道是為大過。」南仲是說，蓋推衍尼山「無大過」之旨。然孔子作《文言傳》，稱「知進退存亡而不失其正」，作《象傳》，稱「雲雷屯，君子以經綸。」行止斷以天理，所以教占者之守道；艱險濟以人事，所以教占者以盡道。其曰「無大過」者，蓋論是非，非論禍福也。如僅以「无咎」為主，則聖賢何異於黃老？僅曰「無拂天道」，則唐六臣輩亦將謂之知運數哉？南仲畏戰主和，依違遷就，即此苟求无咎與無拂天道之說有以中之，是則經術之偏，禍延國事者也。然大致因象詮理，隨事示戒，亦往往切實有裨，究勝於高語元虛，推演奇偶，晦蝕作《易》之本者，節取所長可矣。〔註130〕

耿南仲認為《易》道之要在求「无咎」，而无咎即是要「善補過」。《提要》認為南仲之言應是受到孔子「五十以學《易》，亦可以無大過。」說法的影響。不過這種論點，《提要》並不認同，因為學《易》的目的如果僅是在於求无咎，那麼聖賢幾與黃老無異。而這種偏差的論點，恐怕也與孔子原義不符；甚至

〔註129〕耿南仲在南宋初期畏戰主和，又因妒忌吳敏、李綱職位在己之上，於是經常故意和他們唱反調，尤其在講和的議題上，與李綱之主戰派更是頗多齟齬，並且排斥異己之人，因此高宗即位後，由於看不起他的為人，便趁機罷了他的官，此見《宋史卷三百五十二‧列傳第一百一十一‧耿南仲》：「金人再舉鄉京師，請割三鎮以和，議者多主戰守，唯南仲與吳幵堅欲割地。……初，南仲自謂事帝東宮，首當柄用，而吳敏、李綱越次進，位居己上，不能平。因每事異議，擯斥不附己者。綱等謂不可和，而南仲力沮之，惟主和議。」《宋史》第14冊，頁11130-11132。

〔註130〕《四庫全書總目提要‧周易新講義》，頁1-68。

在國事上面，畏懼無所作為，這種心態更難以令人苟同。不過南仲對《易》理的詮釋，也有切實裨益之處，因此《提要》仍肯定其優點。

2、「割裂經文」的李過《西谿易說》

割裂經文是移改經文，也就是將《易經》的經文按照自己的意思重新排列，成為新的版本，如李過的《西谿易說》即是。《西谿易說》十二卷，據董真卿的說法，此書有李過〈自序〉，謂幾二十年而成；不過《四庫全書》此本沒有序，書中闕文也很多，恐非董真卿所見的本子。此書解《易》只及《周易》上下經，而不涉《繫辭》以下諸傳。關於其功過，《四庫提要》認為李過有「亂經之罪」，卻也有「詁經之功」：

> 董真卿《周易會通》稱此書有過〈自序〉，在慶元戊午，謂幾二十年而成。此本佚去其〈序〉，而書中亦多闕文，蓋傳抄訛脫，又非真卿所見之舊矣。其書首為〈序說〉一卷，分上下經，依文講解，不及繫辭以下。馮椅《易學》稱其多所發明，而議其以毛漸《三墳》為信，又多割裂經文，如〈乾〉卦初爻，初九「潛龍勿用」，以下即接以「象曰：潛龍勿用，陽在下也。」又接以「文言曰：潛龍勿用，下也。潛龍勿用，陽氣潛藏，初九曰潛龍勿用，何謂也？」至是以「君子勿用」也。汩亂顛倒，殆不可訓。亦大為胡一桂所譏。〔註131〕

亂經之罪在於李過把《易經》經文前後拼揍，「汩亂顛倒」，因此有混亂、割裂經文之罪，如〈乾〉卦初九爻即是，李過把爻辭、〈小象〉、〈文言〉混淆在一起，重新排序，以致錯亂難解，因此被元胡一桂所譏；不過在解經方面，又能發先儒之所未發，有深刻的見解，功不可沒，馮椅《易學》就稱讚他有自己的發明。因此，既亂經，又詁經，罪功相當。而《提要》認為這可能是因為李過晚而喪明，缺乏師友教正，以致獨自冥造的結果使然，「蓋過晚而喪明，冥心默索，不能與師友相訂正，意所獨造，或不免毅然自為。而收視返聽，用心刻摯，亦往往發先儒所未發。其亂經之罪與詁經之功，固約略可以相當也。」（同上）

第四節　研究目的

本論文之研究目的有三：一、是史事的考正，與歷史情境的還原與攝入。

二、從援史證《易》建構宋代之非主流思維。三、援史證《易》之演變及影響考述。

一、歷史情境的還原與攝入

研究史事《易》學，如果對歷史的解讀有限，或簡單帶過，就容易導致閱讀上的隔閡及模糊。其實宋儒引史證《易》，目的就是要透過歷史來闡明《易》理，《易》理固然是重點，歷史也是關鍵，否則作者就不必大費周章地去選定某個或某幾個歷史人物來當某一卦、某一爻的主要闡述對象及論述的議題了。因此，如果對史事的來龍去脈全然不知，一知半解或交代不清，必然會妨礙對史事《易》的瞭解。而如果忽略史事的考訂，甚至因為艱辛繁瑣而略過，目的只在尋求義理，並認為這是末枝而輕忽，恐怕也不妥當。因為這讓史事《易》和義理《易》幾乎沒有差別，也看不出史事《易》比義理《易》強到那裡，或別出心裁到那裏。雖然兩者同為說理，同樣在闡述某種人生、社會、政治的道理，但方法不一樣，用心必然不同。總之，直接說理，和聚焦在歷史上的某個時間點，並透過那個時間點所發生的人物、事件來說理，效果是截然不同的。

因為在歷史氛圍的薰染下，在故事情節人物的舖陳下，少了教條式的嚴束與刻板，增加了新鮮感及真實性。畢竟這些曾經在歷史上活躍過的人物，對讀者更具震撼力、說服力，同時也證明《易》理和民生日用息息相關，所謂殷鑑不遠，道不遠人。正面的例證，可成為楷模，為後世留下典範。反面的例子則多半從下場的悽慘來分析，企圖讓昏君、奸臣等匪類心生警惕，這是寓有教化人心、移風易俗、懲戒世人之意的。畢竟在成千上萬的歷中人物中，作者會選擇某個人或事件作為引述對象，必然有原因。這種萬中選一的情形，表示作者對這個人、事、物有特別的情感想法，或特別喜歡、尊崇，或特別厭惡，或感觸特別深刻，或比附特別恰當。這通常寄託了作者個人的思維傾向及價值批判。以周公為例，他是宋《易》的常客，宋儒對他的引介可以說不遺餘力，這反映了宋儒對周公人格的推崇、功業的景仰、胸襟氣度的讚揚，其評價是相當高的。他們甚至直接將某個卦、爻與某個人做連結，例如〈謙〉卦九三爻提到「勞謙君子」的形象，宋儒就認為周公足以當之，所以「勞謙君子」就成了周公最典型的代名詞。而會用「勞謙君子」，是因為人少有有功業而不驕傲的，大部分的人都會恃寵而驕、恃勢而驕、恃眾而驕、

恃才而驕、恃功而驕，像周公這樣爲國事勞心勞力，位極人臣，又謙卑待下而得善終者〔註132〕，確屬少數，是相當了不起的人格典範。

因爲有太多例子證明周公的典範是有高度的，不是常人可以踰越的，例如韓信、霍光、李膺、王允、五王（張柬之等）、陸贄等人就可以說明，就值得借鑑。這些人有些曾位極人臣，有些曾號令一時，但不是晚節不保，就是下場淒涼，爲什麼這些忠臣的結局到最後竟然會跟奸臣、權臣如趙高、梁冀、董卓等人的下場幾成同一路，即皆不得善終，原因何在？因爲他們之中有人缺乏憂患意識，有人不知及時謙退，有人不曉得物極必反，有人不黯處置小人之道，有人過於自信，所以雖然都曾輝煌過，但都不了了之。相較之下，能善始善終者，自古以來，宋儒認爲大概也只有伊尹、周公、張良、張安世、衛青、魏徵、郭子儀等人具有這等智慧。因爲權勢如流水，高高低低，起起落落，走到那一步沒人料得準，而他們這群人都具有一種共通的特質，即懂得自我節制，在權勢的欲望中適可而止，收斂減損，所以最後皆能全身而退，保有聲名。

而引證史事的目的當然是希望他們的事蹟風範能廣爲流傳，被更多人瞭解、欣賞、尊崇、複製、發揚、流傳，而長存人心。因爲保留好的精神，使他們永存人世，感染人心，人心愈清澈，好人愈多，社會自然就會愈安定，活著的人會比較有希望，那麼世代的承傳接續才有正面意義，否則亂世沒完沒了，形同人間浩劫，有何意義？所以，這種挾帶人物式的解說，就相當具有傳播性，在經史輝映的情況下，更顯突出而鮮明，並且更形象化，更深植人心。只是歷史人物有常見，有不常見。有些歷史故事家喻戶曉，例如紂王、文王、周公、孔子等，大抵好懂，沒什麼障礙；有些人物事蹟則屬罕見，如果沒有特別注解，根本無從理解。或許有人認爲應該得魚忘筌，知道義理即可，無須在史事上打轉或費心考究。但得魚忘筌也必須先知道筌是什麼，如果連筌都不知道，恐怕連魚都得不到，而這就是研究史事《易》最難的地方，因爲懂不懂歷史，直接影響到對這一卦、這一爻的理解可以到什麼程度，是蜻蜓點水、淺嚐而止，還是心領神會，甚至到可以與作者產生共鳴的對話，因爲這種心意相通，穿透核心的理解是一般不懂歷史的人達不到的。舉個例子來說，〈革・九四〉說：「有孚改命，吉。」王宗傳就說了這一段話：

〔註132〕 李光說：「夫大臣有功，則氣陵于人，鮮有能自全者，能以其功下人者幾希矣。非盛德而知禮者能如是乎！……周公是矣！」見《誠齋易傳》〈謙〉卦九三爻。

四也近而親五以同德佐上而其孚信素結主心故上有所命當改則改之
在我不爲嫌而在君子亦不爲疑嫌疑兩忘此所以吉也……唐太宗嘗欲
以鄭仁基息女爲充革典冊已具魏徵言之帝即詔停其冊高昌王麴文泰
將入朝西域諸國欲因文泰遣使奉獻帝詔迎之徵又言之帝追止其詔至
於遣使立葉護可汗也使者未還復遣使諸國市馬徵又言之帝爲之止凡
此類者所謂改命也然苟非徵也展盡底蘊不事形跡而剴切之誠上當帝
心則改命之吉未易至是也〔註133〕

在這段沒有標點的文字中，引用了不少史料，不過除非對史事很瞭解，否則
很難眞正體會王宗傳到底在講什麼？因此，結果不是不知所云，就是只看懂
了幾行。其實王宗傳在這裏總共舉了三個例子來證明魏徵對唐太宗之修改詔
令，有著決定性的影響。一是充華之諫，另一是高昌國麴文泰事件，最後則
是立葉護可汗一事。但因文辭簡略，在理解上造成不小困擾。這時候還原歷
史眞相及考釋來源就變得很關鍵，否則整段文字幾乎讀不下去，就算知道〈革〉
卦九四爻的意思，恐怕也沒什麼特殊之處。〈革〉，顧名思義就是指改革、改
變。但改變的源頭在心，要從心出發，因爲不是打從心底的轉變，都不會是
眞正而持久的。而改變別人、改變世界更是如此，要以誠意、誠信，才有可
能感動他人，否則人與人之間是很難溝通的，《中庸》不就說「不誠無物」嗎？
而誠信即是「孚」，所以爻辭才會說「有孚」才能改命之吉。這證明了心誠則
靈的重要，至誠可以感人，甚至感天，而這也就是魏徵能以一股赤誠來取得
唐太宗信任，甚至屢次左右、改變太宗決策的最根本力量。因爲有孚，讓原
本爲仇敵的君臣，形同至親。而古往今來，在紛雜的歷史洪流中，恐怕很難
找到比這個更貼切的例證了。因此，這對君臣彼此間推誠置信的典範便自然
成了人間「有孚改命吉」的最佳寫照及見證。瞭解這些，你才能眞正體會到
作者引用這些史事的用心與經營之處。

二、從援史證《易》建構宋代之非主流思維
──愛國精神與經邦濟世思想之發揮

宋代援史證《易》的蓬勃發展，源於愛國思想與匡時濟世、經世濟民
的情懷，這從胡瑗、郭雍、李光、楊萬里這些政治家、思想家的著作即可
說明。不過與宋明理學相較，這股思想顯然是隱伏在學術底層而未受到太

〔註133〕〈革‧九四〉，王宗傳：《童溪易傳》，四庫全書本，頁 17-253。

大的重視。〔註 134〕因爲，在理學的優勢主導及光芒的掩蓋下，這群人的思想、論點顯得孤單而寂寥。此外，從政治氛圍來觀察，在南宋偏安局勢的底定及朝野一片苟安氣氛的帶動下，主戰派的意見相對弱勢（李光、楊萬里），尤其被壓抑。這種雙重弱勢，使得他們在學術思想史的研究中，幾乎是被遺忘的一群，鮮少人關注。只是政治層面的挫敗，並沒有減低他們的愛國熱忱，入世的情懷與對朝政的憂慮，促使他們轉向文字領域去建構現實層面的思想體系，落實在《易經》的述作中抒發一己之孤憤與表達對時事的關注，而這就是愛國意識的具體呈現。其實如果撇開思想層面來說，從宋朝積弱不振的國勢，以及靖康之難官員百姓逃亡的情況來看，恐怕宋人更需要的是愛國精神的加強，而不是理學思維的辨證，畢竟覆巢之下無完卵。所以面對南宋偏安之局，以及國土殘破不堪的事實，他們努力思考的就是如何重建一個更強盛、更堅固而清明的國家，這時《易經》〈屯〉卦的「利建侯」，〈比〉卦的「建萬國」、「親諸侯」，就成爲他們的治國處方之一，認爲有必要恢復古代的封建制度，以分封諸侯的方式強化百姓對國家的向心力，增強愛國意識與作戰能力，才能挽救危急的國勢，而這就是南宋史事《易》著有著強烈政治性的緣故。

三、宋儒援史證《易》之演變及影響考述

　　元、明、清三代以及近代對宋代史事《易》學的內容、方法有繼承、創新，也有修正之處，以《伊川易傳》、《誠齋易傳》的影響最廣泛而深遠，如元代胡震的《周易衍義》就引用許多楊萬里的說法例證作爲論述的依據。而清代史事《易》學更發達，不僅在數量或類型上都有超越前代之處，值得一窺其奧。總之，學術有繼承，然更重視影響及開創，所以鼇清學術思想承先

〔註 134〕理學是宋代思想的主流，探討的對象是《中庸》天命之性，《孟子》性善觀，《易傳》天道觀，以及《大學》格物致知的工夫修養，重視內在形上實體的探索，以及道德主體、道德本心的顯揚。而宋代史事《易》學直接關懷的對象是社會國家，是一種愛國情操的落實與發揚，所以兩者的關懷重點不同，林益勝也說：「胡瑗的周易口義爲宋代義理派易學的始創者，……宋義理易非但沒有玄學的成分在，反而全部從最現實最實用的政治理論著眼。就以眞正純儒家的立場來說，胡瑗的口義，伊川的易傳，李光的詳說，才是眞正符合孔子思想的儒家見解。宋代理學已違反了孔子不談性與天道的原則，充其量也只能說是宋儒的學說罷了。故而宋儒的義理易與宋儒的理學實在是性質截然不同的兩種學說。」（《胡瑗的義理易學》，台灣商務印書館出版，民 63 年），頁 155。

啓後的脈絡關係，以確定宋代史事《易》學在時代變遷中的定位及價值，也是學術研究的重點所在。

第二章 「義理易」的大本營——
宋代史事易學之義理風華提要

　　本章論述的重點為：一、宋朝是義理《易》的大本營，從「研究材料」即可顯示宋《易》之雙軌分化，是宋人努力及成果的具體呈現。二是宋人解《易》何以大規模援引史事，原因大致有四，然其實不出時代因素、歷史淵源與思想家的思維特質。三是宋代史事《易》學之歷史分期，其關鍵指標人物，以胡瑗、程頤、楊萬里、李杞等人為代表，貢獻各異，以之為分期之依據。四是宋代史事《易》學之義理風華解析，從「研究架構」、「議題凝聚」及「儒理精神」三方位透視其義理全貌與特色：

第一節　宋朝是「義理易」的大本營
　　　　——從「研究材料」顯示宋易之雙軌分化

　　宋朝是義理《易》，也是象數《易》的大本營。象數與義理是《易》之雙翼。兩漢是象數學的昌盛期，魏晉時期，由於玄風大暢，王弼義理《易》遂風行天下，影響所及，唐奉敕官修之孔穎達《周易正義》即宗王弼之學，致象數學衰頹不振，僅李鼎祚《周易集解》幾為象數派碩果僅存之代表作；至宋，才平衡發展，雙軌並行，並在質、量上皆有重大突破，象數的推衍極緻精微，有不少偉大思想家的創造，如劉牧、邵雍、周敦頤、朱震、項安世、蔡淵、俞琰……等，致圖書之學大盛；然反觀義理《易》其實也不遑多讓，理論的闡述亦大放異彩，名家輩出，如胡瑗、司馬光、蘇軾、程頤、郭雍、李光、楊簡、楊萬里、王宗傳、李杞、胡宏、李中正……等。本論文探究宋代史事《易》學之理論思維、義理風華，即聚焦於「義理易」之大規模整理。

因爲史事《易》是義理《易》之一環，因此經由義理《易》之提煉分析，建構史事《易》之系統內涵。

而史事《易》源於援史證《易》。其實援史證《易》是注解經書的一種方式，任何學派皆可採用，差別只在於局部還是全部，量多還是量少，簡略還是詳盡，主體還是附屬。量多而詳盡者，成爲典型、代表，偶一論述者，則爲現象的呈現或提供。因此，研究史事《易》學可從幾大家入手，也可從援史這個方式、現象切入，而後者即爲本文之論述模式。雖不免仍以幾大家爲主，卻不侷限於這幾大家。

另外，本論文之取材以《景印文淵閣四庫全書》〔註1〕所著錄者爲主，至於《武英殿聚珍版》、《通志堂經解》〔註2〕，及其它叢書〔註3〕有收錄者，亦

〔註1〕《四庫全書》是中國歷史上規模最大的一套叢書（其次爲明代的《永樂大典》），涵蓋了幾乎中國古代所有的學術領域。乾隆三十八年（1773年）成立「四庫全書館」，開始從事編纂工作，到乾隆四十六年完成第一部（文淵閣），共歷時九年。參與編纂的學士文人就多達三千六百多人。《四庫全書》完成後，共抄寫七部，放置在七閣，即「北四閣」與「南三閣」。北四閣爲：紫禁城的「文淵閣」、潘陽故宮的「文溯閣」、熱河避暑山莊的「文津閣」，及圓明園的「文源閣」。南三閣爲：江蘇揚州的「文匯閣」、鎮江金山寺的「文宗閣」，及浙江杭州的「文瀾閣」。但南三閣不及北四閣精美。近代由於中國戰亂頻繁，《四庫全書》也歷經滄桑，有被燒毀（文源閣本被英法聯軍火燒圓明園時所焚毀，文宗閣、文匯閣在太平天國期間被毀），有部分散佚（文瀾閣在太平天國期間失散而殘缺不全），有差點被賣掉（文溯閣），也有轉移他處者。其中文淵閣本就被運往台灣，現藏台北國立故宮博物院，所以七部今只存四部（即文淵閣、文溯閣、文津閣，及殘缺的文瀾閣）。台灣商務印書館將全書整套印出，題名《景印文淵閣四庫全書》。1999年迪志文化出版公司發行了《文淵閣四庫全書電子版》，對學者的研究有一日千里之效，是相當便捷的搜尋檢索系統，甚有功於學術研究。不過《四庫全書》的版本，依歷來學者之見，都認爲不是最好的（由於資料不全，以及清廷意識形態的操控），但其實也不是最差的，因此研究國學，還是幾種版本互相參酌比較，結論會比較客觀，任何先入爲主的觀點或看法都只能當成參考。

〔註2〕《通志堂經解》是清初納蘭成德（或納蘭性德，爲滿人）、徐乾學所刊刻，納蘭成德出錢寫序，也參與校勘，徐乾學與其它志趣相同的收藏家則提供藏書，合力完成，所以叫「通志堂」。從康熙十二年（1673）開始刊刻，約康熙十九年（1680）完成，歷經八年的時間。此書采輯唐、宋以來說經之書一百四十種，共一千七百八十八卷。不過大部分仍以宋、元人的著作爲主，其中「易類」有三十九種三百三十卷。高宗諭旨稱其「薈萃諸家，典贍賅博，實足以表彰六經。」這一套叢書的刊行，對保存經學文獻及開導清代續編經解叢書的風氣，有很大的影響。因爲有些古書就僅有《通志堂經解》這個版本，成爲傳世的唯一文獻，因此是經學研究的重要材料。之後《四庫全書》的修纂

不廢之,皆可參酌。研究方式則是打破象數、義理之界限,從原始文獻入手,期在原始資料中搜尋援史證《易》之足跡,考察其發展脈絡,探究其義理思維與價值取向,以爲論述之依據目的。因爲有些象數派的《易》著其實也引證不少史事,例如項安世的《周易玩辭》,朱震的《漢上易傳》即是。至於心學派的《易》著也不例外,因象數、義理本即有相通之處,因此可合而觀之,以更宏觀的角度來分析,呈現其貌。

一、《四庫全書總目提要》之著錄——經部／易類

依《四庫全書總目提要》的次序排列:〔註4〕

作 者	書名（總冊數）	《四庫全書》本	其它版本
劉牧	《易數鉤隱圖》8	浙江吳玉墀家藏本	《通志堂經解》

也有直接取自《通志堂經解》的,可見四庫館臣對它的重視。而此書編輯的目的在於保存宋、元人的經說,原因在於:一自從明代永樂年間編纂《四書大全》、《五經大全》,並成爲科舉考試的用書後,考生只讀這兩本,致使其他宋、元人的著作逐漸湮沒,乏人問津,流通的愈來愈少,因此有搶救這批經學文獻的必要。二是清代漢學的興起,宋學遭貶抑攻擊,幸有《通志堂經解》,否則將流失更多,對學術必然是一大損失。而此書編纂的學術傾向是程、朱之學的脈絡,尤其對朱子特別尊崇,所以「易類」三十九類中就有不少著作即是對朱子易學的闡述發揚,如《易學啓蒙通釋》、《易學啓蒙小傳》、《周易傳義附錄》、《周易本義通釋》、《周易本義集成》便是,反應了納蘭成德的思想偏好及纂書的宗旨。(詳參劉德鴻:〈滿漢學者通力合作的成果——通志堂經解述論〉,林慶彰:〈通志堂經解之編纂及其學術價值〉,收入在林慶彰、蔣秋華主編:《通志堂經解研究論集》中,中研院文哲所出版,2005年8月出版。)

〔註3〕中國「叢書」的種類、數量繁多,其中最著名,規模最大的一套叢書即是清乾隆下令編修的《四庫全書》,囊括經史子集四大類,其它如:《武英殿聚珍版叢書》、《四部叢刊》、《四部備要》、《百衲本二十四史》、《玉函山房輯佚書》、《范氏二十一種奇書》、《漢魏叢書》、《粵雅堂叢書》、《墨海金壺》、《學海類編》、《學津討源》、《百川學海》、《津逮祕書》、《抱經堂叢書》、《拜經樓叢書》、《二酉堂叢書》、《知不足齋叢書》、《經訓堂叢書》、《守山閣叢書》、《岱南閣叢書》、《古經解彙函》、《惜陰軒叢書》、《功順堂叢書》、《古逸叢書》、《佚存叢書》、《經苑叢書》、《嶺南遺書》、《湖北叢書》、《豫章叢書》、《涇川叢書》、《藝海珠塵》、《金陵叢書》……等。台灣新文豐出版社及北京中華書局出版的《叢書集成》,即是這些叢書中的精華版,每一部書皆挑選其中較好的版本刊印,是重要的經學研究用書。

〔註4〕《易》著版本的介紹可參張善文:《歷代易學要籍解題》,(頂淵出版社,2006年2月初版)。

作　者	書名（總冊數）	《四庫全書》本	其它版本
胡瑗	《周易口義》8	浙江吳玉墀家藏本	
司馬光	《溫公易說》8	永樂大典本	《叢書集成》印《聚珍版》
張載	《橫渠易說》8	內府藏本	《通志堂經解》
蘇軾	《東坡易傳》9	副都御史黃登賢家藏本	《叢書集成》印《學津討源》
程頤	《伊川易傳》9	直隸總督採進本	《四部備要》印江寧刻本《叢書集成》印《古逸叢書》
邵伯溫	《易學辨惑》9	永樂大典本	
陳瓘	《了翁易說》9	浙江吳玉墀家藏本	
張根	《吳園易解》9	湖北巡撫採進本	《武英殿聚珍版》《叢書集成》印《聚珍版》
耿南仲	《周易新講義》9	浙江巡撫採進本	《叢書集成》
張浚	《紫巖易傳》10	兩江總督採進本	《通志堂經解》
李光	《讀易詳說》10	永樂大典本	
沈該	《易小傳》10	直隸總督採進本	《通志堂經解》
朱震	《漢上易傳》11	兩江總督採進本	《通志堂經解》
鄭剛中	《周易窺餘》11	永樂大典本	
吳沆	《易璇璣》11	兩江總督採進本	《通志堂經解》
都絜	《易變體義》11	永樂大典本	
林栗	《周易經傳集解》12	浙江朱彝尊家曝書家藏本	
程大昌	《易原》12	永樂大典本	《叢書集成》印《聚珍版》
程迥	《周易古占法》12	兩淮鹽政採進本	《叢書集成》印《范氏二十一種奇書》
朱子	《原本周易本義》12	並內府刊本	
郭雍	《郭氏傳家易說》13	浙江鄭大節本藏本	《武英殿聚珍版》《叢書集成》印《聚珍版》
李衡	《周易義海撮要》13	兩淮馬裕家藏本	《通志堂經解》
張栻	《南軒易說》13	內府藏本	
趙彥肅	《復齋易說》13	兩江總督採進本	《通志堂經解》
楊簡	《楊氏易傳》14	浙江吳玉墀家藏本	《四明叢書》
項安世	《周易玩辭》14	兩江總督採進本	《通志堂經解》

作　者	書名（總冊數）	《四庫全書》本	其它版本
趙善譽	《易說》14	永樂大典本	《叢書集成》印《守山閣叢書》
楊萬里	《誠齋易傳》14	江西巡撫採進本	《武英殿聚珍版》《叢書集成》印《經苑本》〔註5〕
方聞一	《大易粹言》15	蘇州蔣曾瑩家藏本	
吳仁傑	《易圖說》15	兩江總督採進本	《通志堂經解》
呂祖謙	《古周易》15	兩江總督採進本	《通志堂經解》
	《易傳燈》15	永樂大典本	《叢書集成》印《經苑本》
林至	《易裨傳》15	兩江總督採進本	《通志堂經解》
馮椅	《厚齋易學》16	永樂大典本	
王宗傳	《童溪易傳》17	直隸總督採進本	《通志堂經解》
易祓	《周易總義》17	副都御史黃登賢家藏本	
李過	《西谿易說》17	浙江吳玉墀家藏本	
李心傳	《丙子學易編》17	兩江總督採進本	《通志堂經解》
趙以夫	《易通》17	江蘇巡撫採進本	
蔡淵	《易象意言》18	永樂大典本	《叢書集成》印《聚珍版》
蔡淵	《周易經傳訓解》18	浙江吳玉墀家藏本	
魏了翁	《周易要義》18	副都御史黃登賢家藏本	
鄭汝諧	《東谷易翼傳》18	兩江總督採進本	《通志堂經解》
朱鑑	《朱文公易說》18	編修勵守謙家藏本	《通志堂經解》
稅與權	《易學啟蒙小傳》19	兩江總督採進本	《通志堂經解》
趙汝楳	《周易輯聞》19	內府藏本	《通志堂經解》
李杞	《用易詳解》19	永樂大典本	
方實孫	《淙山讀周易》19	山東巡撫採進本	
董楷	《周易傳義附錄》20	兩江總督採進本	《通志堂經解》
胡方平	《易學啟蒙通釋》20	內府藏本	《通志堂經解》
朱元昇	《三易備遺》20	內府藏本	《通志堂經解》
俞琰	《周易集說》21	內府藏本	《通志堂經解》
俞琰	《讀易舉要》21	永樂大典本	

〔註5〕然《經苑本》覆《聚珍本》，惟多尹耕序及楊氏後序二篇。（見《誠齋易傳》，北京中華書局出版）

作　者	書名（總冊數）	《四庫全書》本	其它版本
丁易東	《周易象義》21	永樂大典本	
雷思齊	《易圖通變》21	兩江總督採進本	
李中正	《泰軒易傳》	續修四庫全書本	《叢書集成》印《佚存叢書》

二、本論文之取材

宋《易》雖分許多類型，但為精密之分類，其大體猶是「象數」、「義理」兩派。本論文之取材以義理為主，因此文中有提及者，大致都有介紹，今總結如下：

（一）胡瑗《周易口義》（二）司馬光《溫公易說》（三）蘇軾《東坡易傳》（四）程頤《伊川易傳》（五）張根《吳園易解》（六）耿南仲《周易新講義》（七）張浚《紫巖易傳》（八）李光《讀易詳說》（九）沈該《易小傳》（十）朱震《漢上易傳》（十一）鄭剛中《周易窺餘》（十二）都絜《易變體義》（十三）林粟《周易經傳集解》（十四）朱子《原本周易本義》《周易本義》（十五）郭雍《郭氏傳家易說》（十六）李衡《周易義海撮要》（十七）楊簡《楊氏易傳》（十八）項安世《周易玩辭》（十九）楊萬里《誠齋易傳》（二十）方聞一《大易粹言》（二一）馮椅《厚齋易學》（二二）王宗傳《童溪易傳》（二三）易袚《周易總義》（二四）李過《西谿易說》（二五）鄭汝諧《東谷易翼傳》（二六）趙汝楳《周易輯聞》（二七）李杞《用易詳解》（二八）方實孫《淙山讀周易》（二九）董楷《周易傳義附錄》（三十）俞琰《周易集說》（三一）李中正《泰軒易傳》（三十二）胡宏《易外傳》（收入在集部《五峰集》中）

以上三十幾部著作，除沈該《易小傳》、朱震《漢上易傳》及項安世《周易玩辭》強調對象數的重視發揚，可歸類為象數派（然亦不廢義理），其餘幾為義理派之作品，足見宋《易》為義理《易》之大本營，洵非虛言。

第二節　宋儒解易何以大規模援引史事

宋儒在《易》著中援引史事，在南宋尤為普遍而興盛。而考察這種學風的成因為：

一、《易經》本身的史學價值。《易經》經文本即有上古史的記錄，為商、周之際的史料呈現，反映人類社會發展的軌跡。胡樸安《周易古史觀》就是立

於古史的立場來解說的〔註6〕，認爲《屯》卦是原始部落的酋長制度；《比》卦是建萬國、親諸侯之事；《明夷》卦、《解》卦、《損》卦、《益》卦、《夬》卦等與文王有關；《革》卦是周革殷命，《漸》卦，是殷頑民遷徙以後，教以組織家庭之事。胡氏的說法，有些雖然言之成理，也符合歷史發展次序，但卻不是全部都說得通，不過卻也說明了《易》與歷史的緊密相關。〔註7〕因此，宋儒援史以證《易》，可以說正是這一精神的延續與發揚，是其來有自，而非獨創。

　　二、受到史學家引《易》說理的影響。張善文說：「視司馬遷、班固以來的歷代史家，在其歷史著作中每每引《易》以評述史事，或亦未嘗不給李光、楊萬里「援史證易」的方法以一定的影響。」〔註8〕因爲自《史記》以來，史學家向來有借《易》理以說明歷史，或評價歷史人物〔註9〕，因此《易》學家反

〔註6〕胡樸安本《序卦》之說，又融入古史的見解，將六十四卦與原始時代到殷周之時的農耕生活、社會組織、建國諸侯，以及文王紂王之事進行比附說明，他在〈自序一〉說：「《屯》卦，是草昧時代建立酋長之事；《蒙》卦，是酋長領導民眾而教誨之事；《需》卦，是教導民眾耕種之事；《訟》卦，是民眾爭奪飲食而訟之事；《師》卦，是行師解決兩團體互相爭鬥之事；《比》卦，是開國之初，建萬國親諸侯之事；《小畜》卦，是建國以後會獵之事；《履》卦，是以履虎決定履帝位之事；《泰》卦，是履帝位以後巡狩朝覲之事；《否》卦，是天子失德，諸侯不朝之事；《同人》卦，是民眾聚會，謀覆共主之事；《大有》卦，是推一人爲之長，組織民眾之事；《謙》卦，是會合民眾，教以稼穡之事；……」（《周易古史觀》，上海古籍出版社，2005 年 8 月第 1 版），頁 5-7。

〔註7〕然對於《周易古史觀》的論點，呂紹綱也提出三點質疑，修正其不足與難以自圓其說之處，他在〈導讀：論胡樸安的《周易古史觀》〉一文說：「第一個問題，說《周易》六十四卦是記事的史書，應當從史中找到「時」的痕迹。胡氏書沒有找到。只是說穴居野處，田獵游牧、定居農耕、飲食遷徙、爭訟戰爭等等邏輯上的先後次序，不免流於泛論，極似社會發展史。……第二個問題，把《易傳》說成記事之史或有史的意味，實難自圓其說。說《序卦》有史的意味，尚可接受。《彖傳》與《大象》，分明講卦爻象，由卦爻象講到人間倫理道德。一定要說它是平鋪直敘，據事講史，豈非強詞以奪理。……第三個問題，以爲《周易》是記事史書，把注意力全用在文字訓詁上，不講卦爻象，與《周易》實情難副。」（見《周易古史觀》），頁 16-17。

〔註8〕張善文：《象數與義理》，頁 282。

〔註9〕《後漢書卷八十三》就引用〈遯〉卦上九爻「不事王侯，高尚其事。」來評價逸民（隱逸之人）的志趣，（北京：中華書局出版），頁 2755。《三國志卷五·魏書·后妃傳第五》也引〈家人〉卦來說明男女正位的重要：「《易》稱『男正位乎外，女正位乎内；男女正，天地之大義也。』古先哲王，莫不明后妃之制，順天地之德，故二妃嬪媯，虞道克隆，任姒配姬，周室用熙，廢興存亡，恆此之由。」（北京：中華書局出版），頁 155。（參楊樹達：《周易古義老子古義》，上海古籍出版社，2007 年 6 月第 1 版第 2 次印刷）。

過來引史以證《易》也無不可。因為《易》與史在精神上本即相通，張善文就說：「《周易》的義理內涵，遂與古今人物的榮衰進退之道，歷史朝代的興亡更迭之運無不相通。因此，述《易》理以鑒史事，或觀史事以論《易》理，也就成為切實可行的治《易》方法。」（同上），所以彼此可以相互汲取印證。

　　三、是宋代史學的昌盛。對史料及歷史的重視〔註 10〕，可以說是宋代超越前人之處。宋代文人往往多角度涉獵，經史子集自成一家，不少文學家也都曾注《易》、修史，例如歐陽脩即是，他雖是詩文革新運動的領袖，在經學、史學領域也各具成就。〔註 11〕除了和宋祁等合編《新唐書》，也私撰《新五代史》。而司馬光更花十九年的時間完成《資治通鑑》，對於編史負責認真的態度直是史家之典範，而他也有《溫公易說》傳世。李心傳有《丙子學易編》，在史學方面也有《建年以來繫年要錄》這本名著，可見宋代文風之盛，學習角度之多元。這種通學的情況與兩漢經學家謹守門戶之見、執守一家之說的情形是不同的，因此影響所及，宋儒在《易》著中表達對歷史的看法，也就不足為奇了，而在《易經》的闡述中所呈現的義理思維，所開展的價值體系當然就是一項重要的觀察指標。

　　四、是現實政治的衝擊。宋朝國勢向來衰弱不振，而南宋偏安之局，半壁江山淪為異族之手，更讓有志之士憂心忡忡，因此在《易》注中表達對朝政的看法，反映經世致用，以史戒今的意圖是鮮明的。也就是在古代的歷史事件、人物中獲取智慧、經驗、教訓、法則、靈感，作為今日取法學習之對象。而這種強烈的政治性也傳達了對古代聖王治國平天下典範之嚮往。

　　五、是挽救《易》學免於空洞疏離，強化實用價值。這是從易學史的演變發展來看。比起兩漢經學的繁瑣，王弼《易》學以玄學釋之，雖然簡易清新，但也有玄虛偏離人事之弊，與日用人生脫離關係。這種將《易經》懸在空中的注解方法，或只講天道的模式，總欠缺親切性，也容易與一般人的生命脫節，所以有必要導正之，朝向另一個面向發展，如李杞就強調以「用易」的實用精神來作為著作之旨趣。而「用易」相當成功的例子為唐朝陸贄勸德宗學習《易經》〈咸〉卦「聖人感人心而天下和平」的做法，在奉天之圍的兵變中，下詔罪

〔註10〕　由於經濟發達，印刷術的發明，以及各種學校的設立，宋代文人對歷史文化知識的掌握要比前人更豐富而便捷，尤其宋人藏書的豐富更對史學的發展有莫大的貢獻。（參潘德深、王仲孚：《中國史學史》，五南圖書公司出版，民83初版），頁 159。

〔註11〕　參何師澤恆：《歐陽修之經史學》，（臺大文史叢刊，1975 年出版）。

己，真切反省，結果果真感動藩鎮，緩和唐室災難，免於崩解之局，這就是學以致用的例證，因此李杞在《用易詳解》中就相當推崇陸贄這種通經致用的做法，爲治道政道，現實人生服務。而重視用，是因爲理事本合一，經言理，史記事，理事本不可分，然後世尊經太過，導致經學研究有愈走愈「虛無」之傾向，所以李杞有意導正之，特別重視經史合一。而且也唯有透過史的印證、檢驗，才能證明經書之理言之成理，即以史的流動性、變易性去彰顯經書的價值，這是超越時空的肯定。何況聖人言理，豈是空言立說？必有深意，因此李杞的觀點及做法可謂直契聖人之心，是真正聖人之學的再現。

總之，史學的昌盛與引史證《易》之蓬勃發展，不僅展現了時代特色，也回應時代的特殊需求。其次，宋代的《易》學，尤其是南宋，其範圍和類型比前代更爲廣泛而多元，不僅深化同時也開拓了《易》學研究的新內涵。在世代交替遞變中，宋《易》能不斷更新，以突顯其特殊面貌，而流傳至今，自有其俾益世人之處。

第三節 宋代史事易學之歷史分期

北宋的發端者是胡瑗，奠基者是程頤，其影響最深遠；而南宋的李光、楊萬里、王宗傳是光大者；李杞則爲用易者：

（一）胡瑗是發端者

胡瑗是宋代儒學《易》的宗師，《四庫提要》評論他爲宋代「義理說《易》之宗」，即義理《易》學的創發者，而同時也是史事《易》學的先驅。因爲胡瑗《易》學引證史事的例子相當多〔註12〕，在宋初就有此種規模，實屬難得。而在義理的吸收上，程頤受胡先生不小的影響，也成爲儒理《易》的奠基者，因此胡瑗的地位，具承先啓後之影響力。另外，司馬光也是儒學《易》的提倡者，他批評老莊說《易》非《易》家正宗，因此不足爲據，意在闡揚儒學宗旨，以日用爲要：

〔註12〕 胡瑗在史事《易》學方面的影響，林益勝在《胡瑗的義理易學》一書中說：「推究宋義理派引史證易之祖，當推胡瑗。他的周易口義明引經史諸家之處，計有二百零一條，較諸最盛的李光三〇九條來說，雖然少了一百零八條，但在開派伊始，已有如此數目，不可不說甚爲驚人了！何況！這只是明引的記錄，若要查及暗引的話，那以胡瑗全本儒理的情形來說，卦卦俱引，爻爻俱史，當非過言。」頁93。

1、「重人事」的胡瑗《周易口義》

《周易口義》十二卷，北宋胡瑗撰。瑗，字翼之，泰州人。七歲善屬文，十三歲通五經，即以聖賢自期。〔註13〕以經術教授吳中，范文正愛而敬之，聘爲蘇州教授，諸子從學焉。後來滕宗諒爲湖州知州，亦聘胡瑗爲湖州教授。〔註14〕胡瑗一生最主要的成就在教育方面，門弟子眾多，而且他教過的學生都具有獨特的氣質，所以很容易就可以辨識出來〔註15〕，由於氣質類似，一看就知道是胡瑗門生。〔註16〕又因教法別具一格〔註17〕，因此被朝廷採納爲太學的教學典範，以掌理太學〔註18〕，後以太常博士致仕，告老還鄉。

〔註13〕胡瑗自小即表現出非凡器度，與常人不同。家貧往泰山求學，與孫復、石介爲同學，一去十年不歸，凡得家書見「平安」二字即投入澗中，不復看，以免煩心，足見其向學專注如此，才能在日後學有所成，提攜後進，《宋元學案卷一‧安定學案》就說：「鄰父見而異之，謂其父曰：『此子乃偉器，非常兒也！』家貧無以自給，往泰山，與孫明復、石守道同學，攻苦食淡，終夜不寢，一坐十年不歸。得家書，見上有『平安』二字，即投之澗中，不復展，恐擾心也。」（華世出版社，第一冊），頁24。

〔註14〕滕宗諒即滕子京，河南人，與范仲淹同年考中進士，因被誣告，貶爲岳州知州，當時的范仲淹也因政治改革受挫而被貶，於是寫了一封信勉勵他，這封信就是後來相當知名的〈岳陽樓記〉。

〔註15〕胡瑗的學生很多，太學的空間不夠用，於是借用旁邊的官舍容納。其弟子皆有所成，常被禮部錄取任用，因此學生有很多當官的。此外，又氣質獨具，一眼就能辨識出來，見《宋史卷四百三十二‧列傳第一百九十一，儒林二‧胡瑗》：「瑗既居太學，其徒益眾，太學至不能容，取旁官舍處之。禮部所得士，瑗弟子十常居四五，隨材高下，喜自修飭，衣服容止，往往相類，人遇之雖不識，皆知其瑗弟子也。」《宋史》第16冊，頁12837。

〔註16〕《宋元學案卷一‧安定學案》百家謹案就曾提到伊川曾形容胡瑗的弟子有「醇厚和易」之氣，往往知稽古愛民：「（伊川）又嘗語人曰：『凡從安定先生學者，其醇厚和易之氣，一望可知。』又嘗言：『安定先生之門人，往往知稽古愛民矣，于從政乎何有！』」（華世出版，第一冊），頁26。

〔註17〕胡瑗將學科分成「經義」、「治事」二科，經義重視心性，主要講授六經；而治事則類似今日的技職工業課程，如武術、水利、算數等，見《宋元學案卷一‧安定學案》：「其教人之法，科條纖悉具備。立『經義』、『治事』二齋：經義則選擇其心性疏通，有器局，可任大事者，便之講明六經。治事則一人各治一事，又兼攝一事，如治民以安生，講武以禦其寇，堰水以利田，算曆以明數是也。凡教授二十餘年。慶曆中，天子詔下蘇、湖，取其法，著爲令于太學。」（華世出版，第一冊），頁24。

〔註18〕胡瑗是一位非常重視身教的老師，平時一定穿著公服，坐在課堂上，即便盛夏也是如此。此外，重視師生倫理，把學生當成自己的子弟，所以師生相處融洽如親人。而胡瑗教導學生也有一定的方法，所以從游者甚眾，還因此被太學所取法，見《宋史卷四百三十二‧列傳第一百九十一，儒林二‧胡瑗》：

〔註 19〕卒年六十七，謚文昭。根據《四庫全書總目提要》（簡稱《四庫提要》
或《提要》）的說法，有下列幾點要說明：一、胡瑗《易》學應是胡瑗在任國
子直講時所教授，因未及著書，由門人倪天隱所述，所以叫《口義》，表示非
其師之手著，《四庫提要》說：

> 王得臣《麈史》曰：「安定胡翼之，皇祐至和間國子直講，朝廷命主
> 太學，時千餘士日講《易》。」是書殆即是時所說。《宋志》載瑗《易
> 解》十卷，《周易口義》十卷。朱彝尊《經義考》引李振裕之說云：
> 「瑗講授之餘，欲著述而未逮，其門人倪天隱述之，以非其師手著，
> 故名曰《口義》。」後世或稱《口義》、或稱《易解》，實無二書也。
> 其說雖古無明文，然考晁公武《讀書志》有云：「胡安定《易傳》，
> 蓋門人倪天隱所纂，非其自著，故〈序〉首稱『先生曰』。」其說與
> 《口義》合，又列於《易傳》條下，亦不另出《口義》一條。然則
> 《易解》、《口義》爲一書明矣，《宋志》蓋誤分爲二也。〔註 20〕

至於胡瑗的《易》著到底是一本還是二本，經朱彝尊的考證，雖有《易解》、
《周易口義》這二個名稱，實際上應該只有一本，因爲內容相同，所以《宋
志》所記載的二本，資料應該是錯誤的。

二、胡瑗是宋代以義理說《易》之宗師〔註 21〕，對程頤《易》學有一定的影
響，而此並不爲人所知，《四庫提要》說：

> 考《伊川年譜》，皇祐中游太學，海陵胡翼之先生方主教道，得先生
> 試文，大驚，即延見，處以學識。意其時必從而受業焉。世知其從
> 事濂溪，不知其講《易》多本於翼之也。其說爲前人所未及，今核
> 以《程傳》，良然。《朱子語類》亦稱：胡安定《易》，分曉正當。則
> 是書在宋時，固以義理說《易》之宗也。（同上）

程頤在《與謝湜書》中曾說：「讀《易》當先觀王弼、胡瑗、王安石三家。」

「瑗教人有法，科條纖悉備具，以身先之。雖盛暑必公服坐堂上，嚴師弟子
之禮。視諸生如其子弟，諸生亦信愛如其父兄。從之游者常數百人。慶曆中，
興太學，下湖州取其法，著爲令。」《宋史》第 16 冊，頁 12837。

〔註 19〕見《宋史卷四百三十二·列傳第一百九十一，儒林二·胡瑗》：「嘉祐初，擢
太子中允，天章閣侍講，仍治大學。既而疾不能朝，以太常博士致仕，歸老
於家。諸生與朝士祖餞東門外，時以爲榮。既卒，詔賻其家。」《宋史》第 16
冊，頁 12837。

〔註 20〕《四庫全書總目提要·周易口義》，頁 1-63。

〔註 21〕徐芹庭在《易學源流》說：「胡安定易解肇宋易之先河。」頁 691。

足見程頤對安定《易》說的推崇，而且《伊川易傳》也多次提及胡瑗之語，足見其學之本源，非只如一般人所認定的源於周敦頤。因為考察《伊川易傳》，無一語言及太極，與周子學風格不類，卻與胡瑗說《易》的情況非常類似，因二者同以「人事」為主軸，較不涉玄虛空論，著眼於儒家道德倫常，及對仁義教化的關注，因此朱子也以「分曉正當」稱譽胡瑗《易》學。

2、「切日用」的司馬光《溫公易說》

《溫公易說》六卷，北宋司馬光撰。光，字君實，陝州夏縣人。光生七歲，凜然如成人，聞講《左氏春秋》，愛之，退為家人講，即了其大旨。自是手不釋書，至不知飢渴寒暑。而孝友忠信，恭儉正直，居處有法，動作有禮，誠信自然，天下敬信。自認平生所為，未嘗有不可告人者，因此能以德行感化他人。於學無所不通，但不喜佛老，認為荒誕不經，不可信。著有《資治通鑑》，卒年六十八。〔註22〕此書乃《四庫全書》所錄《永樂大典》本，《四庫提要》評論說：

> 考蘇軾撰光《行狀》，載所作《易說》三卷，注《繫辭》二卷；《宋史·藝文志》作《易說》一卷，又三卷，又《繫辭說》二卷。晁公武《讀書志》云：「《易說》雜解《易》義，無詮次，未成書。」《朱子語類》又云：「嘗得《溫公易說》於洛人范仲彪，盡〈隨〉卦六二，其後缺焉。後數年，好事者於北方互市得版本，喜其復全。」是其書在宋時所傳本，已往往多寡互異，其後乃並失其傳，故朱彝尊《經義考》亦註為「已佚」。今獨《永樂大典》中有之，而所列實不止於〈隨〉卦，似即朱子所稱後得之本；其釋每卦或三四爻、或一二爻，且有全無說者，惟〈繫辭〉差完備，而〈說卦〉以下僅得二條，亦與晁公武之言相合。又以陳友文《集傳精義》、馮椅《易學》、胡一桂《會通》諸書所引光說核之，一一具在，知為宋代原本無疑。其解義多闕者，蓋光本撰次未成，亦如所著《潛虛》，轉以不完者為真本，並非有所殘佚也。〔註23〕

司馬光《溫公易說》的傳本在宋時就已多寡互異，並失其傳，朱彝尊《經義考》還說「已佚」。然四庫館臣在《永樂大典》中輯得，且應為宋代之本無疑，

〔註22〕參《宋史卷三百三十六·列傳第九十五·司馬光》，《宋史》第13冊，頁10757-70。或《宋元學案卷七·涑水學案》關於司馬溫公生平及學術之介紹，第2冊，頁273-362。

〔註23〕《四庫全書總目提要》，頁1-64。

只是缺義甚多，不過這應該是司馬光原本就沒有完成的緣故，並非之後有所殘佚，因爲每卦有時只解說一二爻，或三四爻，有些卦甚至也沒有解釋，所以原本即不完整。而司馬光對於王弼以老、莊解《易》頗有微詞，認爲此非《易》之本旨。《提要》也肯定司馬光《易》說切於日用，不尚玄虛，爲有德之言。

3、「註文簡略」的張根《吳園易解》

《吳園易解》九卷，又名《吳園周易解》，北宋張根撰。根，字知常，饒州德興人，年二十一登進士第，性至孝。大觀中官至淮南轉運使，以朝散大夫終於家，年六十。〔註24〕《四庫提要》說：

> 此爲徐氏傳是樓所鈔。自〈說卦傳〉「乾，健也」節以下，蠹蝕殘缺。末有康熙壬申李良年〈跋〉，亦稱此本不易得。然《通志堂經解》之中遺而不刻，豈得本於刻成後耶？書中次第，悉用王弼之本，詮義理而不及象數，不襲河洛之談。註文簡略，亦無支蔓之弊。末有〈序語〉五篇，〈雜說〉一篇，皆論〈繫辭〉，於經義頗有發明；又〈泰卦論〉一篇，於人事天道、倚伏消長之機，尤三致意焉。蓋作於徽宗全盛時也，亦可云識微之士矣。〔註25〕

《提要》認爲此書對經義頗有發明，亦無支蔓之弊，於人事天道消長之理有一定的啓發，可說是識微之士。總括張根解《易》有幾項特色值得注意：一是用王弼的次序。二是不談河洛。三是注文簡略，往往三言兩言而已。四是常以歷史人物論之，所以也算是史事《易》學脈絡的成員。

（二）程頤是奠基者

宋代史事《易》學雖由胡瑗開其端，然以程頤、楊萬里之影響最爲深遠，所以程頤爲奠基者，其追隨者不少：

1、「言理」的程頤《伊川易傳》

《伊川易傳》四卷，北宋程頤撰。頤，字正叔，世稱伊川先生。〔註26〕

〔註24〕《宋史卷三百五十六・列傳第一百十五・張根》，《宋史》第 14 冊，頁 11217-11219。

〔註25〕《四庫全書總目提要・吳園易解》，頁 1-68。

〔註26〕《宋史卷四百二十七・列傳第一百八十六・道學一・程頤》：「（頤）平生誨人不倦，故學者出其門最多，淵源所漸，皆爲名士。涪人祠頤於北巖，世稱爲「伊川先生」。嘉定十三年，賜諡曰「正公」。淳祐元年，封伊陽伯，從祀孔子廟庭。」《宋史》第 16 冊，頁 12722。

程顥之弟，世居中山，後從開封徙河南。游太學時，受到胡瑗之賞識，而處以學職。其學以希聖爲要〔註 27〕，張載就稱讚其兄弟二人「卒得孔、孟不傳之學。」而其門人多爲名士，如謝良佐、游酢、呂大臨等，爲南宋重要之理學家。頤窮畢生精力成《易傳》一書〔註 28〕，是宋代義理《易》學之代表作，影響後世深遠，更是瞭解其學術思想最重要之依據，《四庫提要》說：

卷首有元符二年〈自序〉，考程子以紹聖四年編管涪州，元符三年遷峽州，則當成於編管涪州之後。王偁《東都事略》載是書作六卷，《宋史‧藝文志》作九卷，《二程全書》通作四卷。楊時《跋語》稱：「伊川先生著《易傳》，未及成書，將啓手足，以其書授門人張繹。未幾繹卒，故其書散亡，學者所傳無善本。謝顯道得其書於京師，以示余，錯亂重複，幾不可讀。東歸侍次毘陵，乃始校正，去其重複，踰年而始完。」云云。則當時本無定本，故所傳各異耳。其書但解上下經，及象、象、文言，用王弼注本，以〈序卦〉分置諸卦之首，用李鼎祚《周易集解》例，惟〈繫辭傳〉、〈說卦傳〉、〈雜卦傳〉無注，董眞卿謂亦從王弼。今考程子〈與金堂謝湜書〉，謂《易》當先讀王弼、胡瑗、王安石三家。謂程子有取於弼，不爲無據，謂不注〈繫辭〉、〈說卦〉、〈雜卦〉以擬王弼，則似未盡然。當以楊時草具未成之說爲是也。程子不信邵子之數，故邵子以數言《易》，而程子此《傳》則言理，一闡天道，一切人事。蓋古人著書，務抒所見而止，不妨各明一義。守門戶之見者，必堅護師說，尺寸不容踰越，亦異乎先儒之本旨矣。〔註 29〕

〔註 27〕 程頤從少年時期便已立定志向，欲師法聖人，《宋史卷四百二十七‧列傳第一百八十六‧道學一‧程頤》就說：「頤於書無所不讀，其學本於誠，……動止語默，一以聖人爲師，其不至乎聖人不止也。張載稱其兄弟從十四五時，便脫然欲學聖人。」《宋史》第 16 冊，頁 12720。

〔註 28〕 程頤有感於天地之間，士農工商各有其職，因此感嘆若不能有功於世人，徒浪擲歲月，實爲天地之一蠹蟲，因此編纂聖人之遺書，成《易傳》一書，見《宋史卷四百二十七‧列傳第一百八十六‧道學一‧程頤》：「(頤) 嘗言：『今農夫祁寒暑雨，深耕易耨，播種五穀，吾得而食之；百工技藝，作爲器物，吾得而用之；介冑之士，被堅執銳，以守土宇，吾得而安之。無功澤及人，而浪度歲月，晏然爲天地間一蠹，唯綴緝聖人遺書，庶幾有補爾。』於是著《易》、《春秋傳》以傳於世。」《宋史》第 16 冊，頁 12720。

〔註 29〕 《四庫全書總目提要》，頁 1-66。

《提要》對於《程傳》的卷數、著成時間以及著作意旨皆有所考證。首先是卷數的差異，有六卷、九卷、四卷之不同。其次，是程頤未及成書，臨終時交給弟子張鐸，不久鐸卒，此書遂散佚。後爲謝顯道所得，以示楊時，楊時校正去其重複錯亂而始完成。另外，是關於《程傳》只注解經文、彖、象、文言，而不注〈繫辭傳〉、〈說卦〉、〈雜卦〉的原因，董眞卿認爲這是程頤學王弼的，因爲王弼也沒注，而且程頤對王弼注也頗爲推崇，所以應是受其影響；但《提要》則不以爲然，認爲應是楊時所說的才對，是程頤未完成之作，並非刻意不注解。最後是關於著作意旨的探討，《提要》認爲《程傳》大抵以闡發人事爲要〔註30〕，與邵雍言數，可謂各明一義，一闡天道，一切人事，雖各有門戶之見，然不妨礙其各有所得。〔註31〕

2、程頤的追隨者

宋代史事《易》學以程頤、楊萬里〔註32〕的影響最爲深遠，由南宋至元明清皆是如此。不管是義理，還是史事方面的論述，有不少是承繼此二人之說，或以之爲基礎而加以發揮，或修正其說；至於朱子《易》學的影響則在元代以後，南宋時期仍有限，這與朱子在理學方面掌控優勢的地位大不相同。朱子《易》學被看重應始於董楷，董楷爲宋末之人，他把《伊川易傳》與朱子《周易本義》合在一起，元代修五經大全，又採用朱子之說，遂爲科舉考試之定本，所以因官方力量的介入，影響力漸增。又因程頤《易》學繁多，朱子《易》學簡易，所以明代以後學者遂棄程子之學而以朱子學爲主。〔註33〕而考查南宋學者對程頤《易》學的沿續及發揚者有：

1、朱震《漢上易傳》：常引程頤之說。

〔註30〕這是繼承胡瑗說《易》之傳統，見胡瑗條。

〔註31〕劉樂恒：《《程氏易傳》研究》，華東師範大學哲學系碩士論文，2006年。

〔註32〕何以楊萬里的影響最大？黃忠天教授認爲是因爲李光、李杞、李中正之書，外面久無傳本，連朱彝尊也說未見，因此影響有限：「惟何以上述歷代援史證《易》諸家，多淵源於楊萬里《誠齋易傳》，而罕及李光、李杞與李中正耶？此或因《誠齋易傳》於宋代已有書坊合程子《易傳》並刊以行，明清以來，均不乏刊本也。而李光《讀易詳說》、李杞《用易詳解》，外間久無傳本，即以博觀群書之朱彝尊，亦曰未見，則他人更遑論矣！今所見，乃《四庫全書》自《永樂大典》薈萃成編也，至於李中正《泰軒易傳》，則久已不傳，即如《四庫全書》亦未收錄是書，今所見乃楊守敬自日本攜回之《佚存叢書》也，由此觀之，諸家多淵源於楊萬里之故者，可謂昭然若揭矣！」見《宋代史事易學研究》，頁410。

〔註33〕參第一章：《緒論》中《周易傳義附錄》的介紹。

2、郭雍《郭氏傳家易說》：郭雍之父忠孝，師事程頤二十餘年，著《兼山易解》，雍幼承父之學，撰是書，以承繼先生之業。

3、項安世《周易玩辭》：安世自序說：「程子平生所著，獨《易傳》為全書，安世受而讀之，三十年矣。今以其所得於《易傳》者，述為此書，而其文无與易傳合者，合則无用述此書矣。」〔註34〕

4、楊萬里《誠齋易傳》：《四庫提要》說他繼承程頤《易傳》的旨趣，而多引史傳以證之：「是書大旨本程氏，而多引史傳以證之。」〔註35〕是程頤義理學的系統。

5、方聞一《大易粹言》：此書採二程子、張載、楊時、……等七家《易說》之精粹者，亦取程頤之說。

6、王宗傳《童溪易傳》：引用程頤之說者甚多。

7、李過《西谿易說》：在〈復‧卦辭〉引程氏之說。

8、鄭汝諧《東谷易翼傳》：解《易》宗程頤之說，因此書名《易翼傳》就是要羽翼程《傳》。不過雖承襲程子，亦有其獨創性。

9、朱子《周易本義》：朱子在理學及易學對程子皆有所繼承及發揮，然其旨趣則不同，大抵程子重義理的闡述，朱子認為《易》為卜筮之書。〔註36〕

10、董楷《周易傳義附錄》：書名《傳義》就是指以《程傳》及朱子的《周易本義》為解說的對象。

因此從《四庫提要》對南宋沈該《易小傳》的評論就可以證明南宋《易》學的實況：

蓋南渡以後，言《易》者不主程氏之理，即主邵氏之數。〔註37〕

這表示朱子《易》學在南宋學術界的影響仍有限，與他在理學傳播的強勢不可同日而語。至於元代經學則是程、朱子之學的天下，元《易》有一大部分是對程、朱《易》學的羽翼及發展，書名為「集傳」、「集成」、「纂疏」者，幾乎都是以程、朱《易》學為底本而進行闡釋的〔註38〕，足見影響之鉅。

〔註34〕〈周易玩辭自序〉，庫本，頁14-220。

〔註35〕《四庫全書總目提要》，頁1-83。

〔註36〕參江超平：《伊川易學研究》，（台灣師範大學國文研究所碩士論文，民75年），頁158-162。

〔註37〕《四庫全書總目提要‧易小傳》，頁1-70。

〔註38〕書名已標明是闡發朱子《周易本義》、《易學啟蒙》而作者，有胡炳文的《周易本義通釋》，熊良輔的《周易本義集成》，胡一桂的《易本義附錄纂疏》、《易學啟蒙翼傳》。而折中程、朱者，有趙采的《周易程朱傳義折衷》。

「明大道而盡象」的郭雍《郭氏傳家易說》

郭雍，字子和，其先洛陽人，號白雲先生。宋南渡後，隱居峽州，放浪長楊山谷間，乾道中峽守任清臣薦之於朝，召之不起，遂賜號沖晦居士，後更賜稱頤正先生。〔註39〕父忠孝，師事程頤二十餘年〔註40〕，著《兼山易解》〔註41〕，號兼山先生。〔註42〕郭雍幼承父之學，撰是書，故以傳家為書名〔註43〕，《宋元學案·兼山學案》也有述其生平說：

> 乾道中，峽守任清臣、湖北帥張孝祥薦，徵召不起，賜號沖晦處士。孝宗稔知其賢，問侍講謝諤曰：「郭雍學問甚好，向曾見程頤否？」諤奏：「雍父忠孝嘗事頤，雍所傳蓋得于父。」于是命所在州郡歲時致禮存問。淳熙中，封頤正先生，又令部使者就問先生所欲言，時年八十有三。學者述其言曰：「《易》貫通三才，包括萬理。包犧氏之畫得于天，文王之重得於人。……」其發明精到如此，卒年九十七。〔註44〕

〔註39〕 見《宋史卷四百五十九·列傳第二百一十八·隱逸下·郭雍》，第 17 冊，頁 13465。

〔註40〕 郭雍在〈郭氏傳家易說自序〉中說：「先人受業伊川先生二十餘年，雍始生之時，橫渠、明道久已謝世，甫四歲而伊川歿。獨聞先人言先生之道，其所學、所行、所以教授，多見于《易》與《春秋》、《中庸》《論語》、《孟氏》之書，是以門人率于此盡心焉。」四庫全書本，頁 13-3。

〔註41〕 《兼山易解》收入在方聞一編的《大易粹言》中，詳見《大易粹言》條。

〔註42〕 郭忠孝，字立之，號兼山先生，在南宋屬主戰派，因斥和議而上書陳追擊之策。後金人南渡，與郭重死守永興，在與金人的作戰中殉難，贈太中大夫，《宋元學案·兼山學案》說：「郭忠孝，字立之，河南人。受《易》、《中庸》于小程子。以陰補官，第進士，不忍去親側，多仕于河南管庫間。宣和中，為河東路提舉，忤宰相王黼，免。靖康初，召為軍器少監，入對，斥和議，陳追擊之策，謂『兵家忌深入，若不能擊其歸，他日安能禦其來。』復條上戰守十餘事，不用。改永興軍路提點刑獄，措置保甲。金人犯永興，與經略使唐重分城而守，城陷，與重俱死之。贈太中大夫。子雍。」（華世出版，第 2 冊），頁 1026。另見《宋史卷四百四十七·列傳第二百六·忠義二·郭忠孝》，第 17 冊，頁 13188。

〔註43〕 郭雍承其父之學，從《郭氏傳家易說自序》中即可知，郭雍述其著作旨趣說：「念先人之學，殆將泯絕，先生之道，亦因以息，惟懼無以遺子孫，于是潛稽易象，以述舊聞，用傳于家，使毋忘先生之業。道雖不足，志則有餘矣。」（《景印文淵閣四庫全書》，頁 13-3）。郭雍在書中直接及間接引用《兼山易解》者不在少數，其以「先人曰」稱之，表示引用先父的說法，而「伊川曰」則為程頤之說。此可參盧佩宏：《《郭氏傳家易說》研究》之附錄一至附錄四，內有資料的整理，（高師大國文所教學碩士論文，民 95 年），頁 191-230。

〔註44〕 《宋元學案·兼山學案》，頁 1028。

郭雍承家學，解《易》頗有精要獨到之處，《宋史》以「發明精到」稱之。
〔註45〕關於此書的學術傾向、風格、卷數，《提要》說法如下：

一、是關於郭雍父子的《易》學傾向，宋人意見分歧，朱子認爲溺於象數，陸游則認爲實傳程子義理之學。對於二派意見，《提要》認爲陸游所說較切實際，而筆者認爲也是如此。即郭氏《易》學大抵乃剖析義理，而主程氏，非如朱子所言主象數：「朱子云：『《兼山易》溺於象數之學。』陸游跋《兼山易說》則謂：『程氏《易》學，立之父子實傳之。』立之，忠孝字也。忠孝書自《大易粹言》所引外，別無完本。今觀雍書，則大抵剖析義理，與《程傳》相似。其謂『《易》之爲書，其道其辭，皆由象出，未有忘象而知《易》者，如首腹馬牛之類，或時可忘，此象之末也。』云云，實非專主象數者，游所跋或近實耶？」〔註46〕

二、是朱彝尊在《經義考》中認爲雍書已失傳，實則不然，《四庫》所收錄者應爲舊本，爲朱彝尊所未見者：「朱彝尊《經義考》謂雍原書不傳，僅散見《大易粹言》中。此本十一卷，與《宋志》相合，蓋猶舊本，彝尊偶未見也。陳振孫《書錄解題》作六卷，考《中興書目》別有雍《卦爻旨要》六卷，殆誤以彼之卷數爲此之卷數歟？」（同上）

「羽翼程傳」的鄭汝諧《東谷易翼傳》

《東谷易翼傳》二卷，簡稱《易翼傳》，南宋鄭汝諧撰。汝諧，字舜舉，號東谷，處州人。對於此書，《四庫提要》評論說：

> 其言《易》宗程子之說，所謂《翼傳》者，翼《程傳》也。然亦時有異同，其最甚者，如程子解「艮其背，不獲其身。行其庭，不見其人。」以爲外物不接，內欲不萌。郭忠恕得其說而守之，遂自號「兼山」，以是爲儒者之至學也。朱子所解雖微異，然亦以是爲克己復禮之義。獨汝諧以爲「艮其背」者，所謂不見可欲，使心不亂也。不見而後不亂，見則亂矣，故僅爲「无咎」而已。……蓋聖賢精義，愈闡愈深。沈潛先儒之說，其有合者疏通之；其未合於心者，別抒所見以發明之，於先儒乃爲有功。是固不必守一先生之言，徒爲門

〔註45〕盧佩宏：《《郭氏傳家易說》研究》，（高雄師範大學國文教學碩士論文，民94），此論文的第四章《郭氏傳家易說》釋易之方式〉第三節〈援引史事以說易〉，從121頁到124頁，介紹了郭雍引用上古三代及漢代史事的例子共10則，並作概略性的解說。

〔註46〕《四庫全書總目提要・郭氏傳家易說》，頁1-78。

戶之見也。（案：郭忠恕爲郭忠孝之誤）〔註47〕

鄭汝諧解《易》宗程頤之說，因此書名《易翼傳》就是羽翼程子之《傳》。然雖承襲程子，亦有其獨創性，例如在〈艮〉卦卦辭「艮其背，不獲其身。行其庭，不見其人。」的解釋上即有異於程朱之處。不過《提要》認爲這是正面現象，畢竟經典的解釋，原本即存在不同面向，沒有必要因固守門戶之見而固步自封；若能後出轉精，才能有所超越精進。

「羽翼程朱」的董楷《周易傳義附錄》

《周易傳義附錄》十四卷，南宋董楷撰。楷字正叔，台州臨海人，寶祐四年進士，官至吏部郎中。對於此書，《四庫提要》評論說：

> （董楷）其學出於陳器之，器之出於朱子，故其說《易》惟以洛閩爲宗。是編成於咸淳丙辰，合程子《傳》、朱子《本義》爲一書，而采二子之遺說附錄在下，意在理數兼通。又引程、朱之語，以羽翼程、朱，亦愈於逞臆鑿空，務求奇於舊說之外者。惟程子《傳》用王弼本，而朱子《本義》則用呂祖謙所定古本。楷以程子在前，遂割裂朱子之書，散附《程傳》之後。沿及明永樂中，胡廣等纂《周易大全》，亦仍其誤。至成矩專刻《本義》，亦用《程傳》之次序，鄉塾之士遂不復知有古經，則楷肇其端也。然楷本以經文平書，而《十翼》之文則下一格書之，其《本義》無所附麗者，則仿諸經疏文「某句至某句」之例，朱書其目以明之，猶爲有別。今本經、傳一例平書，而《本義》亦意爲割綴，則愈失愈遠，又非楷所及料矣。〔註48〕

董楷之書羽翼程、朱，將程頤《易傳》及朱子《周易本義》合在一起，並將二人之說散見於他處者收入在《附錄》中，以爲參考，所以書名爲《傳義附錄》。不過強把兩本湊在一塊，就必須委屈其中一本去適應另一本，難免有削足適履的問題存在。因爲這兩本的次序不同，《程傳》用王弼本，朱子《本義》則用古本，因此在排列上本即存在差異。而董楷此書將程頤的解釋放在前面，勢必要割裂朱子之說而置其後，造成朱子注的斷層，影響其一貫性，在朱注的閱讀上造成不小困擾，因此是否有其必要性，也見人見智。而這也影響明代以後的朱子傳本，使得朱子《本義》遂以改良本的形態流傳下來，而原本形貌卻鮮爲人知。（參朱子《周易本義》）。

〔註47〕《四庫全書總目提要·東谷易翼傳》，頁 1-91。
〔註48〕《四庫全書總目提要·周易傳義附錄》，頁 1-95。

（三）李光等人是光大者

1、「因事抒忠」的李光《讀易詳說》

《讀易詳說》十卷，南宋李光撰。光，字泰發，越州上虞人，崇寧五年進士，官至參知政事，諡號莊簡。李光兒時不喜玩耍，父認為他是雲間之鶴，將使吾家興盛。〔註49〕光為劉安世門人，學有師法。〔註50〕在南宋力主抗金，因此與當權派不合，更對朝廷畏憚之心態頗有微詞〔註51〕。後忤秦檜〔註52〕，自請求去，為資政殿學士，知紹興府，改提舉臨安府洞霄宮。《四庫提要》說：

> 紹興庚申以論和議忤秦檜，謫嶺南，自號「讀易老人」。因攄其所得，以作是書，故於當世之治亂，一身之進退，觀象玩詞，恒三致意。……
> 光嘗作《胡銓易解》序曰：「《易》之為書，凡以明人事，學者泥於象數，《易》幾為無用之書。邦衡說《易》，真可與論天人之際。」
> 又曰：「自昔遷貶之士，率多怨懟感憤，邦衡流落瘴鄉，而玩意三畫，可謂困而不失其所亨，非聞道者能之乎！」其序雖為銓作，實則自明其著述之旨也。〔註53〕

《提要》認為李光《易》學以「君臣」立言，以「人事」為要，以「治亂」為意，反對拘泥象數，使《易》淪為無用之學，因此《提要》以「切實近理，為有益於學者」稱譽之。而其書屢屢強調明哲保身之道或與其貶官生涯不無

〔註49〕《宋史卷三百六十三·列傳第一百二十二·李光》：「童稚不戲弄，父高稱曰：『吾兒雲間鶴，其興吾門乎！親喪，哀毀如成人，有致賻者，悉辭之。及葬，禮皆中節。除服，遊太學，登崇寧五年進士第。』」（第14冊，頁11335）。

〔註50〕劉安世，字器之，大名人，學者稱元城先生，事蹟見《宋元學案卷二十·元城學案》。

〔註51〕李光在南宋初期屬於主戰派，因此跟朝廷當權派不和，《宋史卷三百六十三·列傳第一百二十二·李光》就載光曾奏疏表達對朝廷態度軟弱的不滿：「淮甸咫尺，了不經營，長江千里，不為限制，惴惴焉日為乘桴浮海之計。晉元帝區區草創，猶能立宗社，修宮闕，保江、浙。劉琨、祖逖與逆胡拒戰於井、冀、兗、豫、司、雍諸州，未嘗陷沒也。石季龍重兵已至歷陽，命王導都督中外諸軍以禦之，未聞專主避狄如今日也。」《宋史》第14冊，頁11339。

〔註52〕李光反對秦檜欲撤淮南守備，認為金人乃狼子野心，根本不可信；又在朝廷指責檜之罪過，認為他是奸臣誤國，盜弄權勢，於是得罪秦檜，見《宋史卷三百六十三·列傳第一百二十二·李光》：「既而檜議撤淮南守備，奪諸將兵權，光極言戎狄狼子野心，和不可恃，備不可撤。檜惡之。檜以親黨鄭億年為資政殿學士，光於榻前面折之；又與檜語難上前，因曰：『觀檜之意，是欲壅蔽陛下耳目，盜弄國權，懷姦誤國，不可不察。』檜大怒。明日，光丐去。」《宋史》第14冊，頁11341。

〔註53〕《四庫全書總目提要·讀易詳說》，頁1-69。

關係。至於書名、卷數及佚脫的部分，《提要》說：

> 自明以來，久無傳本，朱彝尊《經義考》亦云未見，茲從《永樂大典》
> 薈萃成編，原缺〈豫〉、〈隨〉、〈无妄〉、〈睽〉、〈蹇〉、〈中孚〉六卦，
> 及〈晉〉卦六三以下。其〈復〉與〈大畜〉二卦，《永樂大典》本不缺，
> 而所載光解〈復〉卦，缺大象及後四爻，〈大畜〉則一字不存。〈繫辭
> 傳〉以下亦無解，其為原本如是，或傳寫佚脫，均不可知，姑仍其舊。
> 其書《宋史》作《易傳》，《諸家書目》或作《讀易老人解說》，或作《讀
> 易詳說》，殊不盡一，而十卷之數則並同，殆一書而異名也。今從《永
> 樂大典》，題為《讀易詳說》，仍析為十卷，存其舊焉。〔註54〕

此書乃《四庫全書》錄《永樂大典》本。根據《宋史》、《諸家書目》及《永
樂大典》的記載，書名有《易傳》、《讀易老人解說》以及《讀易詳說》這三
種名稱。不過名稱雖異，卷數相同，皆為十卷，所以應為同一本。《提要》則
根據《永樂大典》名為《讀易詳說》。而缺卦有〈豫〉〈隨〉〈无妄〉〈睽〉〈蹇〉
〈中孚〉等，脫落不全者有〈晉〉〈復〉〈大畜〉等卦。而此書是南宋史事《易》
學的代表作之一〔註55〕，對史事《易》學的發展及推進有一定的貢獻。至於
李光著書之要旨，《提要》認為是「因事抒忠」、「依經立義」。

2、「引史證經」的楊萬里《誠齋易傳》及其追隨者

《誠齋易傳》二十卷，南宋楊萬里撰，初名《易外傳》〔註56〕，後才改
定為今名。萬里，字廷秀，自號誠齋〔註57〕，吉州吉水人，官至寶謨閣學士

〔註54〕 《四庫全書總目提要·讀易詳說》，頁1-70。

〔註55〕 林麗雯《李光史事易研究》的第三章〈李光易著中經學與史學的交涉〉第二
節，介紹經史會合的二種類型，即「引史證易的經學立場」以及「以易解史
的史學關懷」。而第五章〈李光史事易中的史學觀點〉，也提到李光對古代史
事取用的一些特色及精神闡述，和對當代事件的處理，例如靖康之禍、朋黨
之禍的影響，大抵集中在義理層面的析論。

〔註56〕 張瑞君在《楊萬里評傳》說：「楊萬里不注重對《周易》經傳本身的解釋而注
重闡發自己對歷史、社會、人生的觀點，明顯地表現出非《周易》本身注釋
類的著作，故初名易外傳，"外"者，即非正傳之意。」（南京大學出版社，2006
年4月出版），頁380。

〔註57〕 時張浚貶謫永州，萬里前去探視，張浚遂以正心誠意之學來勉勵他，楊萬里
於是將自己的書室題名為「誠齋」，並終身服其教，見《宋史卷四百三十三·
列傳第一百九十二·儒林三·楊萬里》：「（萬里）中紹興二十四年進士第，為
贛州司戶，調永州零陵丞。時張浚謫永，杜門謝客，萬里三往不得見，以書
力請始見之。浚勉以正心誠意之學，萬里服其教終身，乃名讀書之室曰「誠
齋」。《宋史》第16冊，頁12863。

致仕。韓侂冑召之不起，開禧間聞北伐啓釁，憂憤而卒〔註58〕，年八十三，諡文節，學者稱「誠齋先生」。《誠齋易傳》，楊萬里以十七年的時間才完成，足見用功之深，是宋代史事《易》著之一。對於引史證《易》之解經方式，前人雖有褒有貶，然《四庫提要》則給予正面評價：

> 是書大旨本程氏，而多引史傳以證之。……宋代書肆曾與《程傳》並刊以行，謂之《程楊易傳》。新安陳櫟極非之，以為足以聳文士之觀瞻，而不足以服窮經士之心。吳澄作〈跋〉亦有微詞。然聖人作《易》，本以吉凶悔吝示人事之所從，箕子之貞，鬼方之伐，帝乙之歸妹，周公明著其文，則三百八十四爻可以例舉矣。舍人事而談天道，正後儒說《易》之病，未可以引史證經病萬里也。〔註59〕

《提要》認為楊萬里之《誠齋易傳》是在《伊川易傳》的基礎上，而多引史事來印證。這在當時或後代雖受到部分文士之議論，如陳櫟即是，認為不足以服士子之心，也不贊成書商把《誠齋易傳》和《伊川易傳》合刊，名為《程楊易傳》，甚至連胡一桂也拒採其說；然而相對於其他治《易》者「舍人事而談天道」的不良風氣，《提要》認為《誠齋易傳》不無導正之功效，可補前說之弊，以人事之平實來彌補前人論述之不足，所以是缺點，也正是優點之所在，自有不可磨滅之價值。〔註60〕

　　而受楊萬里《誠齋易傳》影響的有元胡震的《周易衍義》、明葉山的《葉八白易學》、張獻翼的《讀易紀聞》、清喬萊的《喬氏易俟》、曹為霖的《易學史鏡》，及民國劉百閔的《周易事理通義》等。

3、「易所以發明人心之妙用」的王宗傳《童溪易傳》

　　《童溪易傳》三十卷，南宋王宗傳撰。王氏生平，《四庫提要》說：「宗

〔註58〕參《宋史卷四百三十三·列傳第一百九十二·儒林三·楊萬里》：「韓侂冑用事，欲網羅四方知名士相羽翼，嘗築南園，屬萬里為之記，許以挍垣。萬里曰：『官可棄，記不可作也。』侂冑恚，改命他人。臥家十五年，皆其柄國之日也。侂冑專僭日益甚，萬里憂憤，怏怏成疾。家人知其憂國也，凡邸吏之報時政者，皆不以告。忽族子自外至，遽言侂冑用兵事。萬里慟哭失聲，亟呼紙書曰：『韓侂冑姦臣，專權無上，動兵殘民，謀危社稷。吾頭顱如許，報國無路，惟有孤憤！』又書十四言別妻子，落筆而逝。」第16冊，頁12870。

〔註59〕《四庫全書總目提要》，頁1-83。

〔註60〕簡世和《〈誠齋易傳〉研究》即將楊萬里引證史事的內容融入義理之介紹中，（國立中興大學中文所碩士論文，民93）。

傳，字景孟。寧德人，淳熙八年進士，官韶州教授。」〔註61〕而宗傳注《易》
的特色，《提要》認爲與胡瑗、程子一樣，受到王弼《易》學影響。弼《易》
受《老》《莊》影響，祖尚玄虛，闡發義理，是一種新的治《易》方法，而宋
代《易》學某種程度即是在王弼學的基礎上向前推進的，不過胡、程二人關
注人事，王、楊則轉向禪學發揮，因此《提要》對此有不小的批評：

> 宗傳之說，大概祧梁、孟而宗王弼。故其書惟憑心悟，力斥象數之
> 弊。……焞〈序〉述宗傳之論，有「性本無說，聖人本無言」之語，
> 不免涉於異學，與楊簡《慈湖易傳》宗旨相同。蓋弼《易》祖尚元
> 虛，以闡發義理，漢學至是而始變。宋儒掃除古法，實從是萌芽。
> 然胡、程祖其義理，而歸諸人事，故似淺近而醇實。宗傳及簡祖其
> 元虛，而索諸性天，故似高深而幻窅。考沈作喆作《寓簡》，第一卷
> 多談易理，大抵以佛氏爲宗。作喆爲紹興五年進士，其作《寓簡》
> 在淳熙元年，正與宗傳同時。然則以禪言《易》，起於南宋之初。特
> 作喆無成書，宗傳及簡則各有成編，顯闡別徑耳。《春秋》之書事，
> 《檀弓》之記禮，必謹其變之所始。錄存是編，俾學者知明萬曆以
> 後，動以心學說《易》，流別於此二人。（同上）

《提要》認爲王宗傳、沈作喆，以及楊簡之《易》注，皆有淪於虛幻之弊病。
由於索諸性天，開啓了南宋初年心學解《易》的流派，是心學《易》、禪學《易》
的開山祖師，影響明代萬曆以後的《易》學著作。因此《提要》於此錄之，
就是要源其所始，謹其所變，目的是要讓世人瞭解誰是始作俑者，因此錄之
實是貶之。由於《提要》的影響，近人將之歸納爲心學解《易》派〔註62〕，
不過這種判定，筆者並不認同，而是認爲它是史事《易》的發揚者。

4、「以史證經」的胡宏《易外傳》

胡宏的《易外傳》收入在《四庫全書》集部《五峰集》中，《五峰集》是
胡宏的著作。關於《易外傳》，《提要》的評價是：「其《易外傳》皆以史證經。」
〔註63〕考其內容，確是如此。該書對卦爻辭的解釋雖然很有限，也很零散，

〔註61〕《四庫全書總目提要》，頁1-86。

〔註62〕康雲山《南宋心學易研究》之第六章就是討論《童溪易傳》，與陸九淵、楊簡
　　　　等同爲心學《易》之代表。不過雖爲心學《易》，引史數量也不少，康氏統計
　　　　《童溪易傳》共引史事197則，（國立高雄師範大學國文系博士論文，民國84
　　　　年6月），頁219-223。

〔註63〕《五峰集·四庫提要》，四庫全書本，頁1137-87。

只有解釋〈屯〉卦、〈蒙〉卦、〈需〉卦、〈訟〉卦、〈師〉卦、〈比〉卦、〈小畜〉卦、〈履〉卦、〈賁〉卦、〈剝〉卦等不過十卦，但有不少創見，是援史證《易》這一脈絡系統下的創見，觀點獨到，相當具有參考價值，只可惜沒有完整的著作流傳下來，否則必爲傑出之作。

（四）李杞為用易者

《用易詳解》十六卷，南宋李杞撰，《四庫全書》錄《永樂大典》本。此書爲南宋史事《易》之一，在繼承李光、楊萬里之後，欲以史證經，以明經爲萬世有用之學。然其生平事跡不詳，據《四庫提要》云：

> 《用易詳解》十六卷，宋李杞撰。杞字子才，號謙齋，眉山人，仕履未詳。考宋有三李杞，其一爲北宋人，官大理寺丞，與蘇軾相唱和，見烏台詩案。一爲朱子門人，字仲良，平江人，即嘗錄甲寅問答者，與作此書之李杞均非一人，或混而同之者誤也。〔註64〕

《提要》說宋代有三個李杞，一是北宋人，另一爲朱子門人，而此書之作者李杞則生平不詳。《用易詳解》原本有二十卷，後因散佚只存十六卷，而書名也有《謙齋詳解》、《周易詳解》之異稱，不過四庫館臣認爲從李杞的〈自序〉來看，「用易」之名應該更符合作者本意。而其特色乃引史證之，欲《易》之切合人事，故《提要》云：

> 其書原本二十卷，焦竑《經籍志》作《謙齋詳解》。朱彝尊《經義考》作《周易詳解》。考杞〈自序〉：稱經必以史證，……以用易名篇，其述稱名之意甚詳。竑及彝尊蓋未見原書，故傳聞訛異歟。外間久無傳本，惟《永樂大典》尚散見各韻中，採掇裒輯，僅缺〈豫〉、〈隨〉、〈無妄〉、〈大壯〉、〈睽〉、〈蹇〉、〈中孚〉七卦，及〈晉卦〉後四爻，其餘俱屬完善。謹排次校核釐爲十六卷，書中之例於每爻解其辭義，復引歷代史事以實之。……明《易》之切於人事也。（同上）

《提要》認爲李光、楊萬里等人博採史籍以相證明，雖不免稍涉汎濫，不過對於其中推闡精確者，仍是諸多肯定，並且在立象垂戒之旨方面，也多所發明，實有功於聖道。而李杞說《易》即是有志於此，惟其中不可訓者，往往援引老、莊之語，故《提要》略有微詞，並於別白存之，以作爲崇尙清談者之警戒。如在〈乾卦〉卦辭「元亨利貞」中李杞引用《老子》第十六章歸根

〔註64〕李杞：《用易詳解》，四庫全書本，頁 19-349。

復命之言〔註65〕作解釋，並在〈乾卦〉上九中引《莊子》天地有大美而不言以明之〔註66〕。另外在〈升卦〉九三中亦引《莊子》人間世「虛世生白」之語〔註67〕，皆足明李杞儒道相通之內涵。

第四節　宋代史事易學之義理風華提要

宋代史事《易》學之義理風貌爲：一、從「研究架構」分離思想層級；二、從「議題凝聚」收斂義理歸趨；三、從「孔門精神」觀其儒理風華：

一、從「研究方法」分離思想層級

思想、義理、哲學，其實三位一體，大同小異，即探究一個人、一個學派、一個時代，甚至一個民族的精神指標、思想歸趨、價值取捨。本論文研究宋代史事《易》學之義理，而何謂「義理」？義理其實就是典籍中的「內容意義」與「精神特質」，何師澤恆在《先秦儒道舊義新知錄》中有一段細緻的講解：

> 所謂義理，若謂指事物之原則，則凡天地萬物，莫不預焉，近世所日重之自然科學的種種研究，當然可以包含在內。然古代自然科技在社會所占地位，遠遜於近世，故前人所稱義理，尤重在指稱經籍所蘊含的意義與道理，亦即偏重自整體上探究經籍，尤其是儒家經籍的內容意義與精神特質。〔註68〕

中國義理之學大抵是偏重儒家經籍之研究，即儒家義理的探討。而其特質也有幾點值得說明：一是以人、人文爲中心，這或許是缺點，但換個面向來看，也就是優點：「自今人視之，或不免認爲過偏於人文之理的一面，而有不足之憾。但若換一視角，此豈不正呈顯我國古人以人爲本、以人文爲主體的堅決主張。」（同上）。

二是義理的發展是人類文明的資產，前人之說可爲後人參考，又由於累積傳承而繼進，因此可以世代相承，人文化成，不必如禽獸般，永遠只能從頭開始：「然古今人心皆原本於天，宜不相遠，陸象山所謂『此心同，此理同』者，正是此意。人心既有此大同，則古人所研尋既得之義理，後人當然應該

〔註65〕李杞：《用易詳解》，頁 19-352。
〔註66〕李杞：《用易詳解》，頁 19-361。
〔註67〕李杞：《用易詳解》，頁 19-479。
〔註68〕參何師澤恆：《先秦儒道舊義新知錄‧自序》，（大安出版社，2004 年 8 月第一版第一刷），頁 2-6。

優先參考。夫何故？蓋惟人爲萬物之靈，人之所以異於禽獸者，其中重要的一項，即在人類可產生文化，而禽獸不能。亦可謂禽獸只有自然一面，而人類則可根於自然而發展出所謂『人文化成』。故任何禽獸，降生之初，所賦惟有自然之性，從生到死，不過將其父母乃至始祖之一生重複翻演一過，一切生命歷程皆須從頭做起。惟人不僅其心最靈，益之以圓顱方趾，頂天立地，空出兩手，可以發明種種工藝，又加之以口能言語，更進則發明文字，著於竹帛，可以突破時間、空間的隔閡，以傳播其經驗知識而日趨高明，故可以累積而有歷史、有文化傳承。因此任何時代的新生兒呱呱墜地，除卻自然天性以外，彼亦連帶獲得過去先輩所厚積之文化遺產，其一生之進程自然不必如禽獸般從頭做起，而是循著前人的軌轍，接承既有的成績而邁步繼進。故千萬年前的禽獸，與今之禽獸並無大異，而今日人類與原始人類則相去何啻天壤。」（同上）。

　　三是人文之理與自然之理不同，人文之理在「止於至善」，自然之理則「知也無涯」。以科技來說，推陳出新是必然，但在人文的發展上，今人卻未必超越古人。科技代有重大的突破，然人心、人性卻難有重大的發現，因爲今之心類古之心，而一人之心實即千萬人之心，因此典範樹立在前，後人瞻仰，除非天降奇才，否則難以登峰造極，別開生面。而對一般凡夫俗子來說，更是望塵莫及，多半只能有仰之彌高，鑽之彌堅之嘆：「自然之理與人文之理還有一點相異之處：即在自然之理的探究上，『知也無涯』，可以日進無已；而人文之理則有所謂『止於至善』。如研究物理學，現代物理學家之所知，有超過了牛頓的；但若論人格卓犖，乘風萬葉，則未聞有超於孔子、佛陀和耶穌的。即就文學而言，屈原、陶潛、李白、杜甫，永爲典範；其在西方，如莎翁、歌德、後人亦苦於超越爲難。人文義理至善之境，就好比一座矗然高峻的巔峰，可供古今之人共同辛勤攀登，而非峰外有峰，永無盡止；然亦惟絕出人倫之士才可以登峰造極。此無他，正因古今人心大同，故人事亦不甚懸遠，古人有人倫社會，後人亦有人倫社會。如古有父母子女，今亦有之，父母子女如何相處而相得相安，古人發明之義理，豈不仍可供今人參考？」（同上）。

　　四是中國在人文義理的建樹上是早熟的，遠在先秦時期便已確立發展的面向，並影響中國數千年的民性：「我國在人文義理的發明建立上，可說是早熟的，遠在先秦時期，便已經確立了清晰的方向，奠定了堅實的基礎，而爲後代國人所繼承和發展。就中尤以儒、道兩家的貢獻最爲卓著而影響深遠。

後世無論帝王將相、讀書學人，以至販夫走卒，或施於治平政策，或發於著述，乃至呈露爲日用人生，莫不或多或少都可看到這兩家義理思想濡染的痕跡。是故如要瞭解中國傳統文化，瞭解中國古人的人生義理價值，這兩家學術是決當最先注意的。也可說，我國古代聖哲傑出的人生經驗與智慧，在先秦時期這兩家典籍中已充分展現，好讓後世子孫來汲取受用。」（同上）。

宋代史事《易》學之義理，也同樣具備以上的特質，即以人、人世爲重點，同時也是前人智慧的持續開拓，並以善爲目標，而精神也是儒家的入世情懷；不同的是，是更偏向治國平天下的面向，所以建構的思維是強烈的經世題材；此外，即是藉由象數符號來闡述，張善文就說：「《周易》的「義理」內涵，即是六十四卦、三百八十四爻所蘊蓄的象徵意義及哲學理致。」〔註69〕至於方法則是落在義理結構、義理內蘊，及義理思維的剖析探原上，期能從體態、精神，以至於元神，逐步深入其核心思維：

（一）義理結構的剖析

結構即架構，也就是脈絡、理路。這是史事《易》學的內部組織、肌理。藉由剖析，對於各個組成因子、元素、零件，希望能如實呈現，並將之系統化、脈絡化。這是一種內部構造的發現與還原，如庖丁解牛般，除了外貌之外，還能對內在世界有相應的瞭解。爲了將原本存在的理路更具體而清晰地挖掘出來，我們從標題顯示，以標題來審視史事《易》學的骨架。而骨架是源於現象的歸納與分析，即將相同、相似的元素類聚，形成骨架，再將骨架歸類排序，以整合出一有意義的整體，自然可以建構出宋代史事《易》學的義理全貌，並看出其體態之豐腴、輕盈，還是飄逸、篤實。例如對於道德的批判，我們發現宋儒除了對行徑的怪異偏離有強烈的指責外，在態度方面也有不少分析，意即心態的偏差與行爲的疏離是一樣的，皆不合正道，雖然無形，仍是一股破壞力量，意謂著動機是不能忽視的。又如制度運用的原理原則，宋儒也有不少著墨，然大抵是以平衡、中道爲考量的依據。另外，對君臣遇合的闡述及型態的評介，也讓我們從中勾勒出古代君臣的各種臉譜，形象深刻。至於治亂興衰的探討，主要集中在君子、小人身上。因爲治亂還原到最後，其實只是君子、小人的對決而已。由君子、小人的存在方式、數量、運作，來分析治世與亂世的成形，因爲如果沒有小人，沒有奸臣，國君再怎麼昏庸，其破壞力仍有限。而這些論述散佈在各個典籍中，在三十幾家的《易》

〔註69〕 參張善文：《象數與義理》，頁32。

著中，將這些例子統合整理，而有共性的歸納。有了這些骨架，才能化爲形體，並進一步尋求精神、元神。

（二）義理內蘊的闡發

骨架之外，便是肌膚的清瘦、飽滿。史事《易》學是透過史事來闡明《易》理，所以史事是《易》理的肌膚，而肌膚能否與骨架密合，是要檢視的。因此，在易與史之間，《易經》是史事《易》學的神，史事是史事《易》學的形，形是神的實體化，神是形的形上依據。所以，研究史事《易》學需以形觀神，神以運形，形神合一，才能避免體用渙散，形神疏離。所以論文在分析時，要注重《易》與史的溝通、比附是否切當。因爲史入經，經納史，二者統合爲一，彼此交融，才能相得益彰、相映成輝；否則貌合神離，會變成只是形體上的機械組合而已。簡言之，即史證經，能否恰如其分。這就是理事之間的對照，即歷史人物、歷史事件能否百分之百，或有意義地融入《易》理之中，而《易》理又能否解釋這些變化的原因。其次，便是義理內蘊的取向，宋代史事《易》學多爲治道與政道的關懷，與理學的純思辨是不同的，所以經邦濟世、經世致用，是宋儒論述的主軸與情感歸宿，也是愛國意識表達的一種方式，因此其精神是憂國憂民，是歷經「歷史滄桑」的憂患，不是清心灑脫，也不是閒情逸致，更不是遺世獨立，而是堅決、堅強、堅定地面對現實，並提供智慧法則、經驗傳承，而這也可以看成是孔子仁學最實際的彰顯。最後，便是語言的使用。文字語言是義理闡發之工具，也是思想流通、滲透之媒藉，因此在文字的運用上，必然要達到眞善美的目標。眞，才能如實地反應宋代史事《易》學的義理內涵、思維型態，而不走位；善才能發揚宋代史事《易》學入世、戒世的功能；美是語言文字的藝術化呈現，唯美流暢的敘事條理，才能引人入勝，啓發人一探究竟的興趣，學術文化有進一步傳播的可能，才是研究人員貢獻心力之處。

（三）義理思維的探原

這是宋代史事《易》學的本體研究。其實史事《易》學的本體即是《易》之本體，而《易》之本體是陰陽，陰陽的本體是太極，〈繫辭上傳〉說：「《易》有太極，是生兩儀，兩儀生四象，四象生八卦，八卦定吉凶，吉凶生大業。」太極分化爲兩儀陰陽，陰陽的交感形成世間萬態，當然也包括人文歷史。所以太極是陰陽之體，陰陽是太極之用。因此，人世間看似錯綜複雜的萬象，表面雖紛擾，其實原理是簡單的，即無不源於太極陰陽這兩股力量的作用與

變化，所以莊子才會說：「《易》以道陰陽」。否則，史事《易》談人事，孔孟諸子百家也談人事，而史書更是人事的記錄，都談人事，差別又何在？差別即在於出發點、立足點的不同，從陰陽談人事，以陰陽爲形上依據，所以運作的型態也必然相異。

因爲世間的變化大抵是源於陰陽的對立、交感、轉化、調和而來。簡言之，陰陽是世間變化的內在動力。而陰陽爲何會有這些作用，因爲陰陽有「動靜」、「尊卑」、「剛柔」、「健順」、「正邪」……等不同的質性，這些質性相反相成，交錯運行，所以變化萬千。因動靜而有「往來」、「消長」、「升降」、「進退」、「盛衰」、「和合」之情；因尊卑而有「上下」、「貴賤」之分；因剛柔而有「寬嚴」、「緩急」、「情理」、「險易」之用；因健順而有「先後」、「主從」、「唱隨」〔註70〕之序；因正邪而有「君子」、「小人」之異。而有和合才有「男女」、「夫妻」之別；有男女才有「內外」之義〔註71〕；有上下才有「君臣」、「父子」、「兄弟」、「長幼」之道。以君民臣來說，人稟天地陰陽而生。有人才有社會國家，才有君臣體制，所以陰陽是生命之源、萬化之本。治亂則是陰陽的消長與失調，政策則務求調和，透過陰陽的互補，達到節制的目的，不使過度偏離。至於道德則是陰陽的錯亂與歸位。道德的根源，其實與《易經》強調尊卑、健順、中正、剛柔、比應等概念息息相關。總之，這兩股力量的分化、消長、交融、對決（陰消陽，陽決陰）、爭戰，便形成世間的諸多紛擾。因此，我們可以說二元思想便是史事《易》學的義理根基。也就是說「陰陽」是本論文的中心思路及脈絡，以此貫穿全文，猶如城市與城市間的水運、陸路，以連結各大城市，而互通有無，傳達訊息。

而陰陽概念也已成爲中國文化之骨髓，並融入中國人之日常生活中，因此從陽剛陰柔、陽尊陰卑、陽健陰順、陽動陰靜、陽正陰邪、陽儒陰釋、陰盛陽衰、陽實陰虛、陽往陰來、陽男陰女、陽奉陰違、陰錯陽差、陰陽怪氣、陰陽和合、陰陽失調……等，便可看出《易經》對中國人文、思維影響之深、之至。所以，陰陽便是史事《易》學之元神。

總之，宋代史事《易》學的元神是陰陽，精神是憂世，形體則是治國。

〔註70〕關於「乾唱坤和」、「乾唱坤隨」的意涵可參何師澤恆〈易‧坤‧六二〉爻義重探〉的分析：「所謂不習，乃謂坤德主和主隨而不主唱，故『不敢先有所習』，一切隨順乾之動而動，此正其所以『无不利』。」（見屈萬里先生百歲誕辰國際學術研討會論文集，國立臺灣大學中國文學系主編，2006 年 12 月），頁 367。

〔註71〕〈家人‧彖曰〉：「家人，女正位乎內，男正位乎外，男女正，天地之大義也。」

二、從「議題凝聚」收斂義理歸趨與終極關懷

宋儒大規模援史證《易》，在眾多史事中，如何與《易經》經文產生內在的連繫，即在《易》與史之間如何找到溝通的橋樑，使二者可以交互印證理解而不各失原意，甚至還可以豐富各自的內涵，這是值得探究的。也就是說，我們可以從援史證《易》所呈現的思維來解讀宋《易》之價值取向，意即宋儒是站在什麼立場、角度，基於什麼動機、目的來引證這些史事的。其實歸納言之，大抵是從下列這幾個面向來探討的，也就是說七八成是圍繞在這些議題上展開論述的：

一是君臣議題的看重及發揮。尤其是對臣子的著墨特別多，翻開典籍，隨處可見這些例子，對忠臣、奸臣、諍臣、能臣的描述揚抑，足見「辨忠奸」、「彰善惡」是宋儒關注的。

二是治亂興衰的彰顯與示戒。在神秘變化無常的天道下，人該如何避免、預防亂世提早來到，甚至在亂世逐漸成形之際，如何挽救、修補，以降低其殺傷力，以及在亂世中如何自處，明哲保身，以待清平之世。這是一種智慧，一種必須經過學習、涵化的智慧，除卻少數聖人天生就具備這種能力，少數君子後天的主動學習外，一般凡夫俗子不是無知，就是知之而略之，這時《易》理、史則就具有提醒的作用，提前告誡，具有引導功能，企圖阻止悲劇的重複發生，所以「觀興替」、「知成敗」是宋儒關注的。

三是風俗政策的形成及探討。國事多如牛毛，政策的訂定及推行本即複雜，難以十全十美，影響的層面更是難以估計，所以如何拿捏得恰到好處，在理、法、情之間取得平衡，是要經過討論、練習，以及長期觀察監控的，所以「識優劣」、「別良窳」是宋儒關注的。

四是道德價值的開展與會通。關於道德，儒家有儒家的道德，道家也有道家的道德，雖不同，但不妨礙彼此對道的理解及詮釋。而倫理道德是人類社會存在的一股正面推進力量，有穩定秩序的功效，宋儒在《易》著中有不少的論述，可見「明是非」、「達進退」也是宋儒關注的。

總之，立典範、垂訓示可說是宋儒的終極關懷，好的留下典範，供後人學習緬懷；壞的談教訓，讓世人更心生警惕，而避免重蹈覆轍。

而這些議題為什麼是他們所關切的？因為他們大多是為人臣子，是有承擔之人。身為朝臣，關心國家大事，關心君王的一言一行，關心朝政的良窳，關心百姓的憂樂，關心道德價值的式微與重建，也同時憂心奸臣禍國殃民，

憂心小人當道，所以把這些關心、憂心付諸文字，形諸著作，成一家之言，也就變得自然而然，甚至必然。因為他們是站在治國、平天下的心情來闡述的，所以是以淑世、濟世、警世、憂世、勸世、戒世、救世、經世的觀點及目的來述作的。〔註72〕又因為他們都具有實際治國的經驗及背景，甚至長期為官，為朝廷服務，在官場載浮載沈幾十年，對於人心、人性、朝廷、朝政有一定的孰悉瞭解，是飽經世患之人，所以這些內容恐怕就是其經驗談，甚至是積累一生的心得智慧，對後人有一定的啟示作用，因此假使對這些著《易》者的背景、動機、意旨不瞭解的話，是很難能透視出他們的用心與經營的。

　　而這些議題正好也是《易》與史可以相通之處。其實《易》與史可以相通，當然不會是在文字上相通，因為《易經》本身的文辭極其簡略，而史書是一大票過往人事物的推陳考究，二者其實不相類，似乎也很難湊在一塊。但如果拋開文字的差異，從義理思想層面來看，則不無相通之處。正因為《易經》的經文簡略，所以附會什麼議題似乎都說得通。其次，《易經》雖論天道，也談人事，所以在人這個部分，與史相關。何況《易經》本身就有上古史的記錄，甚至是研究上古史的材料，如〈明夷〉卦就提到箕子之事，而〈升〉卦也有關於文王的描述。這表示上古時期，經與史的界限原本就沒有那麼明顯，這在《詩經》中也可以得到證實，清代的章學誠不就說「六經皆史」嗎？意即在某種程度上說明了經離不開史的事實，或是史蛻化為經的現象，所以援史證《易》也可以說是《易經》本身史事性的加強，並非無中生有，所以這不僅不會妨礙對《易經》經文的瞭解，甚至有助於《易經》義理的深刻化，也同時提供另一個管道去解讀吸收。

三、從「孔門精神」觀其儒理風華

　　宋代史事《易》學重建《易經》的儒學價值，是儒家價值體系的另一種展延，也是孔門精神的發揚與強化，所以王宗傳在〈升・六四〉「王用亨于岐山，吉，无咎。」就引孔子之語說：

李博士曰：孔子曰：『我欲托之空言，不如載之行事為深切著明也。』

〔註72〕胡楚生在〈引史證經　義取鑑戒——楊萬里《誠齋易傳》試探〉一文中說：「歷史名人與史上重要事件，善可為法，惡可為戒，皆可使讀者明了經中之理趣，記取歷史之教訓，進而惕勵自警。」（見興大人文學報第三十二期，2002年6月），頁8。

　　蓋謂示後世已然之事，其功過於空言，故〈明夷〉取於箕子，〈升〉

　　取文王岐山。凡此亦載之行事，欲其深切著明也。〔註73〕

空乏的理論，一般人不容易進入其深邃的哲學體系中，對其建構的思維理論，
也難有相應的瞭解，所以不如「載之行事」之「深切著明」，例如〈明夷〉卦
提到箕子，〈升〉卦也舉文王，皆可說明。

　　其實若論宋代史事《易》學何以是孔門精神的展延，原因有三：一是《論
語》喜談君子、小人的性格與行事風格，而宋代史事《易》學基本上也是這
種基調，環繞在君子、小人身上，對君子的肯定，與對小人的批判。二是《論
語》重視道德修養，宋代史事《易》學也常融入道德批判，以儒家的尺來衡
量歷史人物的是非對錯。三是《論語》強調治國、平天下的政治理想〔註74〕，
宋代史事《易》學也同樣著眼於此，相當看重事功這一環，所以宋代史事《易》
學是儒學的展延。宋代儒者將孔門的精神、價值投射在《易經》這部古老的
經典中，藉由史事的牽引，變幻萬千，直是令人眼花撩亂。

　　《論語》一書對君子、小人的論述很多，例如：

子曰：「君子食無求飽，居無求安，敏於事而慎於言，就有道而正焉，可謂好
學也已！」(《學而》)

君子周而不比；小人比而不周。(《為政》)

君子不器。(《為政》)

君子懷德，小人懷土。(《里仁》)

君子懷刑，小人懷惠。(《里仁》)

君子喻於義，小人喻於利。(《里仁》)

君子欲訥於言，而敏於行。(《里仁》)

君子坦蕩蕩，小人長戚戚。(《述而》)

君子不憂不懼。(《顏淵》)

〔註73〕〈升・六四〉，王宗傳：《童溪易傳》，庫本，頁 17-239；通本，頁 1110。

〔註74〕孔子從政的理想、理念在《論語》中處處可見，如〈堯曰〉篇就記載子張問
　　　　政的情況：「子張問於孔子曰：『何如斯可以從政矣？』子曰：『尊五美，屏四
　　　　惡，斯可以從政矣！』子張曰：『何謂五美？』子曰：『君子惠而不費，勞而
　　　　不怨，欲而不貪，泰而不驕，威而不猛。』……子張曰：『何謂四惡？』子曰：
　　　　『不教而殺謂之虐；不戒視成謂之暴；慢令致期謂之賊；猶之與人也，出納
　　　　之吝，謂之有司。』」〈子路〉篇也記載子夏問政的情況：「子夏為莒父宰，問
　　　　政。子曰：『無欲速，無見小利。欲速，則不達，見小利，則大事不成。』」
　　　　此皆可見孔子對政治獨到與長遠的見解。

君子成人之美，不成人之惡；小人反是。(《顏淵》)

君子和而不同；小人同而不和。(《子路》)

君子易事而難說也；小人難事而易說也。(《子路》)

君子恥其言而過其行。(《憲問》)

子曰：「君子道者三，我無能焉：仁者不憂，知者不惑，勇者不懼。」子貢曰：「夫子自道也！」(《憲問》)

君子疾沒世而名不稱焉。(《衛靈公》)

君子義以爲質，禮以行之，遜以出之，信以成之。(《衛靈公》)

君子病無能焉，不病人之不己知也。(《衛靈公》)

君子不以言舉人，不以人廢言。(《衛靈公》)

君子求諸己，小人求諸人。(《衛靈公》)

　　《論語》中，孔子對君子、小人的討論，多半是對比的，即同一事件，君子會如何，小人又會如何；君子怎麼想，小人又是怎麼想。這是一種心術、作風的觀察，與長期體會的心得，如小人成人之惡，小人結黨營私，小人同流合污，小人器量狹小，小人不學無術。但是，要如何應付，甚至解決小人，《論語》在這方面顯然是欠缺的。因爲就算知道小人的心術，如果不知治之之法，也沒什麼用，因爲君子仍很危險，而宋代史事《易》學即特別著重此面向。宋儒從《易經》的靈感、思維與運作的模式，再配合歷史的教訓，歸納出，甚至創造出一套專門應付小人的作戰計畫，以及如何瓦解小人的共犯結構。從這一點來看，是君子、小人這對概念、範疇的豐富與發展，直接彌補孔門言君子、小人不足之處，這是方法論的深入。其次，君子、小人從何而來？《論語》並沒有討論，因爲孔子罕言天道，對形上學，玄學的探討欠缺理論。所以，同樣是人，爲何差異懸殊？有人忠厚善良，有人卻邪惡自私，原因何在？《論語》顯然不能解答世人的這個疑惑，然《易經》可以。因爲《易經》的形上思維，清楚地說明其根源，即源於天地陰陽的正邪之氣。陽氣光明，開放，能動，喜歡開創，願意付出；陰氣幽暗、閉塞，趨靜，等著接收，擅長破壞。一正一反、一成一敗、一生一殺。其實若從天道的層面來看，這只是自然界兩股氣流的運轉，沒有誰對誰錯、誰是誰非的問題。因爲只生不殺，只成不敗，如何新陳代謝？因此這兩股力量勢必要同時存在，才能成就生化之道，缺一不可。但問題是一旦落實到人間，這兩種氣流交錯凝聚在人的身上，便不免扯上倫常道德，而開始有了是非對錯的感覺。然雖千

變萬化，大抵也只是偏剛偏柔、偏陰偏陽而已。陽剛者為君子，陰柔者為小人。而這種形上的連結，是天道隱微層面的接收，也是宋儒引以對抗老、佛之利器，並企圖重新拿回學術主導權之努力。

其次，論道德修養也是宋代史事《易》學的強項。因為不管是修身、治國還是平天下，都應該以高尚的人格為基礎。心中有道德的人，才會為國家帶來福祉，以大利謀天下，以公義自省、以中正自修、以誠信待人、以有所不為自制；否則只是奸險之人、陰邪之輩、逐利之徒、僭越之夫、篡逆之臣、放蕩之君，為害社稷，難以勝數。因為在紛然錯綜的歷史洪流中，其實治亂的根源在人心，在道德修為。

至於政治思想，《論語》強調提拔正直之人，如「舉直錯諸枉」（《為政》）、「舉賢才」（《子路》）；以及用君子，用正去邪，「君子之德，風；小人之德，草；草上之風，必偃。」（《顏淵》）；更應行正道，「政者，正也。」（《顏淵》），「其身正，不令而行。」（《子路》）；並重視犯顏直諫，「勿欺也，而犯之。」（《憲問》），而宋代史事《易》學也同樣重視反求諸己，對君子與人才的裁成任用，以及對諍諫之臣的推崇肯定，這些其實都是儒家精神的反射。

因此，援史證《易》使《易經》的講解及發揮回歸到人倫日用的平實取向，是儒家的色彩、路數，大抵偏向儒家的思維、道德觀，而非道家、法家的脈絡。因為不管是道家論《易》，還是儒家論《易》，走到極端，在某種程度上都有空談義理的傾向，難免有空虛、空洞的缺點，只是談的內容不同而已，如楊簡的心學《易》即是。而史事這一塊，剛好可填補空虛，強化《易經》人事、人文、人生、人倫、人物、人世之成分，所以援史入《易》有直接的作用，即將《易經》拉回儒家的價值系統，如對寬仁好善、中正、節制、公義、誠信、女德等的推崇，與對窮達進退及其原則的堅持。即人可否因求富貴通達，便可寡廉鮮恥，毫不在乎；反之，更有對無德無行的譴責，如翻覆妄從、阿順媚說、奸險陰邪、貪婪虛詐、僭越篡逆，放蕩失德等的不齒，以及對同流合汙、軟弱姑息、縱容剛愎態度的檢視，這些莫不與儒家強調的道德修養密切相關，因此直接與道家《易》、佛理《易》分庭抗禮，甚至更顯出色，所以張善文就說：「李光、楊萬里透過援引史事來論證推闡《周易》哲理，就其對《易》理本身的認識而言，仍是沿承北宋程頤以來所盛行的「以儒理闡《易》」的基本趨勢。……這也是「援史證《易》」派仍然從屬於宋《易》義理學的分支之所以然。故《四庫全書提要》稱李光的《讀易詳說》「切實近

理」、「有益於學者」，又稱楊萬里的《誠齋易傳》「大旨本程氏，而多引史傳以證之」，實非虛言。」〔註75〕而《提要》在稱讚李光《易》著時也說「切實近理」，而這「理」當然是儒家之理。至於林益勝對胡瑗易學及李光《詳說》的評價也如是說：「胡瑗的周易口義爲宋代義理派易學的始創者，……宋義理易非但沒有玄學的成分在，反而全部從最現實最實用的政治理論著眼。就以眞正純儒家的立場來說，胡瑗的口義，伊川的易傳，李光的詳說，才是眞正符合孔子思想的儒家見解。」〔註76〕足見這一派的方式應該才是最接近原始儒家精神的。

其實從《提要》對李光《讀易詳說》的評論也可知其貢獻：

> 聖人作《易》以垂訓，將使天下萬世無不知所從違，非徒使上智數人矜談妙悟，如佛家之傳心印，道家之授丹訣。自好異者推闡性命，鉤稽奇偶，其言愈精愈妙，而於聖人立教牖民之旨愈南轅而北轍，轉不若光作是書，切實近理，爲有益於學者矣。〔註77〕

李光引證史事，對學者是有益的，遠紹聖人垂訓之旨，以別於佛家、道家之傳心印、授丹訣的說法，雖言論精妙，但與民生漸行漸遠，致生流弊。

〔註75〕張善文：《象數與義理》，頁282。
〔註76〕林益勝：《胡瑗的義理易學》，頁155。
〔註77〕《四庫全書總目提要》，頁1-70。

第三章 「乾健坤順」的理想與典範—— 君臣型態的關注與發揮

　　人稟天地陰陽之氣而生，然人生的際遇與造化卻又因人而異，即便身爲帝王亦是如此。帝王的修爲、選擇、努力；朝臣的素質、心態、作爲，共同決定一個朝代的走向。什麼樣的君配什麼樣的臣，什麼樣的臣又遇到什麼樣的君，效果是截然不同的，而開創的治世型態，或種下的亂世因緣，也必然因人而異，如殷高宗之於傅說；文王、武王之於姜太公呂尚；成王之於周公；秦二世之於李斯、趙高；高祖之於張良、蕭何、韓信；昭帝、宣帝之於霍光；劉備、劉禪之於孔明；唐太宗之於房玄齡、杜如晦、魏徵；武則天之於狄仁傑；玄宗之於姚崇、宋璟、李林甫、楊國忠；德宗之於陸贄、盧杞、裴延齡；憲宗之於裴度；文宗之於李訓、鄭注……等，可以各具特色，各顯風采，也可以各留遺憾，而各自面對歷史的評價。

　　以《易經》的思維來說，君當健〔註 1〕，臣當順〔註 2〕，因爲君健，「剛明果斷」，方向正確，則臣子只要配合執行國君的意志即可，稍有過失，修正便可，不致太離譜，這是最理想的政治型態。如以卦爻的位置來看，〈乾〉卦「九五」與「九二」的組合，便是君臣的良好狀態，因爲一健一順、一剛一柔，互相扶持。九五之君，陽爻居陽位，又正位居中，因此雖以剛健爲體，卻無過剛之失。而九二之臣，陽爻居陰位，亦剛亦柔又居中，因此亦不失爲

〔註 1〕楊萬里在〈乾〉卦說：「〈雜卦〉曰：乾，健。〈說卦〉曰：乾，剛。又曰：乾爲天、爲君，故君德體天，天德主剛，風霆烈日，天之剛也。剛明果斷，君之剛也。君惟剛，則勇於進德，力於行道，明於見善，決於改過。主善必堅，去邪必果，建天下之大公，以破天下之眾私，聲色不能惑，小人不能移，陰柔不能奸矣。」庫本，頁 14-515；殿本，頁 19。
〔註 2〕〈坤・文言〉：「坤道其順乎！承天而時行。」

人臣子中順之道。而這絕佳組合，以上古的君臣居多，如堯與舜、舜與禹、成湯與伊尹、高宗與傅說、文王與呂尚便是。而如果君過健，則臣當柔化之，如魏徵對唐太宗的牽制畜止便是。太宗稍剛，幸有魏徵等諸大臣的輔弼，才能免於悔吝，所以宋《易》常以〈大畜〉來形容魏徵的地位。因為〈大畜〉卦爲上〈艮〉下〈乾〉。艮爲山爲止，乾爲健爲君，表示臣子能擋在前面，以止君之不善，將國君過度的行爲或決策制止，以免造成傷害，所以〈象傳〉才會說「能止健」〔註3〕。而武后雖剛，也幸有狄仁傑柔以順承之，才能免去悔吝。相反的，如果君不健，則臣子當健，因爲要承擔主導天下之重責大任，否則天下事無人支撐，這種情況即是「六五」與「九二」的組合，如周公對成王、霍光對昭帝、孔明對後主劉禪即是。以上這些組成，大抵一健一順、一剛一柔，還算理想；然現實政治，不必然如此，君臣有可能皆過健或過順（「六五」與「六二」），以致執政成效不彰，或難以長久，如始皇的過剛、過健，用在行師統一天下，可以說無往不利；然守天下，則少了一份溫柔，底下又缺乏如狄仁傑這般忠臣的柔性牽制，才會愈走愈偏，終因看不清楚帝國崩盤的危機，而錯失挽救之機。而唐文宗亦然，雖恥爲凡主，然底下臣子又幾無一可用，甚至用錯人，才會導致甘露之變的失策而抑鬱以終。因此，君強臣強，天下才能大治；若君弱則臣要強，才能穩定天下；而如果君臣皆弱，則後果恐怕不堪，因此健順、剛柔之際，豈能不慎哉！

君臣是治亂之關鍵，宋儒解《易》喜從君臣的角度立說，在書中寄託君臣倫理的思想及褒貶之情，如對聖君、賢君的期待與讚揚，對昏君、暴君的指責與批判；對忠臣、諍臣等良臣的推崇與景仰，對佞臣、奸臣之撻伐與貶抑。目的是要端正世風，以垂戒後世。而對於君臣「關係」之論述，也是重點之所在，畢竟有良好的互動，才能彼此互信互助，在穩定的基礎上尋求發展，而開創前進。其實君民臣是構成國家主體之三大要素，缺一不可，不過臣子大抵是君與民之橋樑，有良好的幕僚，自然能爲百姓謀福祉，是國家最重要的資產，因此綜觀中國歷史，盛世之明君向來是不吝舉才的，表示對人才的極度看重，因爲這是國家的命脈，《舊唐書卷六十五・列傳第十五・長孫無忌》就引了唐太宗李世民的一段話：

> 朕之授官，必擇才行。若才行不至，縱朕至親，亦不虛授，襄邑王

〔註3〕張浚《紫巖易傳》在〈大畜・象曰〉說：「商高宗恭默思道，夢寐求賢，得傅說，置諸左右，而說爲旁招俊乂，列之庶位。尚賢止健，高宗得之矣！」《文淵閣四庫全書》本（以下簡稱庫本），頁10-84。

神符是也；若才有所適，雖怨讎而不棄，魏徵等是也。朕若以無忌
居后兄之愛，當多遺子女金帛，何須委以重官，蓋是取其才行耳。
　　無忌聰明鑒悟，雅有武略，公等所知，朕故委之台鼎。〔註4〕

唐太宗想升長孫無忌爲司空，而無忌卻爲避嫌而推辭。對於無忌的推辭，太
宗不以爲然，於是說了這段話以回應無忌及群臣，目的是希望無忌勿謙讓推
辭。而內容無非是肯定無忌的才能，「聰明鑒悟，雅有武略」，因此才委以重
任，絕非因后兄的緣故而虛授官職；另外，更藉此表明自己用人之原則，既
不徇私護短，也不濫授職權，所以不管是至親還是讎怨，都擺在一邊，一律
以「才行」爲考量之依據。身爲帝王，能有如此胸襟氣度，難怪他能在中國
歷史上創造貞觀盛世，並獲得如潮之佳評。

　　提到君臣，其實《易經》本身就有提及，如〈蹇・六二〉就說：「王臣蹇
蹇，匪躬之故。」對於「王臣」二字，程頤解釋其義：

　　二以中正之德，居艮體，止於中正者也；與五相應，是中正之人爲
　　中正之君所信任，故謂之「王臣」。〔註5〕

王臣即是中正之臣，爲君主所信任。如果有這種臣子爲國分憂，則國君大可
高枕無憂，則何蹇之不能濟。而考察宋代以君臣說《易》的《易》學家，幾
乎是無人無之，用這種方法解釋《易經》，有其便利性，材料信手拈來，數千
年的歷史，可以發揮的空間相當大，如《提要》評論李光《讀易詳說》時就
說：「書中於卦爻之詞皆即君臣立言，證以史事。」〔註6〕並認爲這對後學是
有益的。而由於普遍，量多，所以重要性當然不言而喻。不過必要說明的是，
宋《易》對臣子的著墨，顯然是比較多的，而其要求也比較嚴格而全面，這
種「尊君」的思想〔註7〕，反應了古代帝王政治的本質，與封建皇權脫離不了

〔註4〕《舊唐書卷六十五・列傳第十五・長孫無忌》，中華書局出版，頁2447。
〔註5〕〈蹇・六二〉，程頤：《伊川易傳》，叢書集成本（以下簡稱叢本），頁188。
〔註6〕《四庫全書總目提要・讀易詳說》，頁1-70。
〔註7〕關於宋《易》「尊君」的思想，李杞《用易詳解》在〈小過・六二〉「過其祖，
　　遇其妣，不及其君，遇其臣，无咎。象曰：不及其君，臣不可遇也。」中就提
　　到「尊君」的重要，說明君臣之分、君臣之義不可過的基本倫常：「祖謂四也，
　　妣謂五也。過四之剛，遇五之柔，是過其祖、遇其妣也。雖然五君位也，而以
　　柔居之，吾其可過之哉！故不及其君，乃得无咎。不及其君者，所以示尊君抑
　　臣之義也。蓋祖與妣，主恩而言之也；君與臣，主義而言之也。恩可過而義不
　　可過，聖人於君臣之分嚴矣。」文淵閣四庫全書本（因爲只此一版本，因此以
　　下皆略，直接標示頁碼），頁19-518。此外，亦可參林麗雯：《李光史事易研究》
　　的介紹，（臺灣師範大學國文所碩士論文，民84年），頁133、155。

關係。畢竟君權神授，天子高高在上，有其威權，本就不是一般人可以輕易挑戰的，所以焦點自然擺在臣子上面。而君臣二字，當然是君求臣的意義更大，因此政治清不清明，主要關鍵仍在君主身上，若國君願意誠意正心，親賢臣、遠小人，納諫從善，則國家自然比較可以上軌道；反之，則是敗壞朝政，總之，君主的心態以及取捨，其實某種程度已決定一個朝代的結局。

以下分成「君的類型」、「臣的類型」、「君臣關係」與「君臣強弱」來論述：

第一節　君的類型

一、「孚于嘉」的聖君賢君

中國政治史上，堯舜禹湯向來就是聖王之代表，也是後代帝王之楷模，所以宋《易》中經常討論這批人，例如在〈隨・九五〉「孚于嘉」中，楊萬里就稱美堯、舜爲聖君，而漢高祖及唐太宗則爲賢君，他說：「堯之舍己從人，舜之聞見一善，上也。高祖從諫轉圜，太宗導人使諫，次也。堯、舜聖之隨，高祖、太宗賢之隨。」〔註8〕

其次，楊萬里在〈既濟・六二〉「婦喪其茀，勿逐，七日得。」也描述太平盛世的情形。因爲有聖君在位，所以賢臣得行其道，即便被小人中傷，而有婦喪其茀的情形（茀爲蔽，車無蔽不可行），也能因主上之聖明而得到理解。「勿逐」表示不必主動追回，或刻意解釋，因爲「七日得」，時間到了，自然物歸原主，誤會自然澄清，楊氏說：

> 六二有文明中正之德，太平之賢臣也。當險難既濟之後，太平之盛時也。上有九五剛陽中正之君，太平之聖君也。以賢臣當盛時，遇聖君行吾道，以守盈成，吾見其易易也。然一有小隔於其間，則此道柅而不得行，此衆人之所躁而競，君子之所靜而俟者也。躁而競者，勝負未可知；靜而俟者，不久而自定，故曰「勿逐，七日得。」然非以中道自處而不躁，安能如此？……故管、蔡之謗周公，公不辯而王自悟。燕王、上官之譖霍光，光不言而帝自察。（殿本作「公不辨而王自悟」）〔註9〕

〔註8〕〈隨・九五〉，楊萬里：《誠齋易傳》，庫本，頁 14-573。

〔註9〕〈既濟・六二〉，楊萬里：《誠齋易傳》，庫本，頁 14-708；叢本，頁 238；殿本，頁 684。

〈既濟〉雖是太平之世，險難之後，不過仍有攻擊賢臣的陰謀言論；然明君能審慎辨別，不落入奸小之圈套中。如成王對於毀謗周公的言論，能明辨是非；而昭帝對於不利霍光的說詞，也能冷靜思考，表現出聖主治國之風範，及對賢臣的敬重之心，因此能「自悟」、「自察」，絕非一般流言所能輕易動搖。

另外，在〈蠱‧六五〉「幹父之蠱，用譽。」李杞舉唐明皇及周武王爲例，認爲他們都是能發揚其父之德者，讓祖先增添不少光彩，所以是善用「譽」者：

> 柔居尊位而得中正，故能承之以德，而以譽歸之，此善則稱親之義也。睿宗在唐本中材之主，惟明皇有大功而推尊於父，故睿宗至今猶得賢君之名，可謂「幹父用譽」者矣。武王卒伐商，以廣文王之聲，亦此類是耶？〔註10〕

唐睿宗及周文王都是因爲其子之功業（玄宗開創盛世及武王伐紂之功），而得以水漲船高，或聲名更加遠播。因爲有賢能子弟，所以能完成父親志業，或解決父輩問題，以振衰起弊。證明有繼無繼，存乎有子無子。不肖子孫固然可能葬送祖業，卻也不乏克紹箕裘，出類拔萃者。

而〈震‧卦辭〉說：「震，亨。震來虩虩，笑言啞啞。震驚百里，不喪匕鬯。」〈象〉曰：「震亨。震來虩虩，恐致福也；笑言啞啞，後有則也。……出可以守宗廟社稷，以爲祭主也。」王宗傳認爲周成王足以當之，即符合「震來虩虩」（虩虩、憂懼也）的憂懼精神。能以誠惶誠恐，謹慎從事的態度主宗廟祭祀，因此可以「震驚百里」，使廣大的民眾悅服，順利完成「不喪匕鬯」的祭祀重責。可說是始於恐懼，而終獲福慶者，因此〈象傳〉說「笑言啞啞，後有則也。」其實對於成王之德，王宗傳也引《詩經‧周頌》的篇章來印證，他說：

> 昔者成王蓋足以語此矣！嘗觀之《詩》，〈清廟〉之祀、〈執競〉之祀，此有事於宗廟也。〈載芟〉之祈、〈良耜〉之報，此有事於社稷也。而天下後世徒知成王能守宗廟、主祭祀如是也，而不知〈清廟〉之作，固有所謂「閔予小子，遭家不造，嬛嬛在疚」之懼。〈我將〉之享，又有所謂「我其夙夜，畏天之威，于時保之」之懼。則成王恐懼之心，蓋未嘗一日忘于懷也。嗚呼！此其所以荷太平之休，享假樂之福歟！〔註11〕

〔註10〕〈蠱‧六五〉，李杞：《用易詳解》，頁 19-410。
〔註11〕〈震‧卦辭〉，王宗傳：《童溪易傳》，庫本，頁 17-261；通志堂經解本（以下簡稱通本），頁 1127。

王宗傳認為一般人讀到〈周頌‧清廟之什〉之〈清廟〉與〈執競〉，以及〈周頌‧閔予小子之什〉之〈載芟〉與〈良耜〉等詩篇，大都可以看出成王對宗廟祭祀，以及對社稷、農事的祈禱。不過，在王宗傳看來，除了感傷與悼念先人之外，在其它篇章，如〈閔予小子〉及〈我將〉的詩篇中，其實反映出成王的另一種情懷，即憂懼之情。例如〈我將〉一詩言「我其夙夜，畏天之威，于時保之」，而〈閔予小子〉一詩亦言「閔予小子，遭家不造，嬛嬛在疚」，都傳達了對先祖，對天命的畏懼之意，而未嘗一日忘懷。尤其戰戰兢兢，以祈求上天降下福慶，而能永保帝國之康樂。王宗傳認為這就是成王能享有太平之樂的原因。由於憂患意識，了解天命靡常，因此修德以俟之。

至於〈旅‧上九〉「鳥焚其巢，旅人先笑後號咷。喪牛于易，凶。」〈象〉曰：「以旅在上，其義焚也。喪牛于易，終莫之聞也。」楊萬里也舉帝王為例說：

> 有天下者，高亢可恃，剛強可肆乎？堯之恭遜，舜之溫恭，湯之寬仁，文王之徽柔，武王之容德，高祖之豁達大度，光武之柔理天下，此帝王之盛德也。〔註12〕

楊氏提到堯、舜、湯、文王、武王、高祖以及光武帝之盛明德行，當中有恭遜者，有寬仁者，有徽柔者，有容德者，更有豁達大度，柔理天下者，可以說從不同面向展現了帝王之盛德。

二、「君子之光」的明君

關於明君，〈未濟〉卦六五爻便是。〈未濟‧六五〉說：「貞吉，无悔。君子之光，有孚吉。」〈象〉曰：「君子之光，其暉吉也。」郭雍便在此爻稱讚六五具柔中之德，所以即使處未濟，形勢似乎不被看好，亦可因得群賢之助，而成為文明之君，並且有孚吉：

> 六五，柔中文明之君，虛己而有容，故賢者樂為之輔，以濟天下之難。是以九二有曳輪之吉，而九四有鬼方之伐也。人君不以尊位自居，而樂于虛己待賢，固守是道，宜其吉而无悔矣。貞吉而无悔，是以未濟之悔，可亡于九四也。為君之德，孰有光于是者乎？此其所以為文明之君，有孚虛中也。虛中故能尊賢而容眾，是以吉也。

〔註12〕〈旅‧上九〉，楊萬里：《誠齋易傳》，庫本，頁14-687；叢本，頁211。

上言「貞吉」，始之吉也；下言「有孚吉」，終之吉也，此所謂能續終者也。〔註13〕

火水未濟，表示事情仍未圓滿，而恐有悔吝。然郭雍認為六五柔中文明，樂於虛己待賢，所以九二及九四之賢者，皆樂於輔助之以濟天下之難，因此未濟之悔可以消弭，因此卦辭才會說「无悔」，甚至「貞吉」。不過吉的先決條件是「虛心以求下之助」（《周易本義》）。而對於文明之君，郭氏認為周文王足以當之，能發揚〈未濟〉「君子之光」之德，他說：

昔文王之為君也，徽柔懿恭，所謂柔中也。光于四方，顯于西土，非「君子之光」乎？至于得賢而用之，則有若虢叔、閎夭、散宜生、泰顛、南宮适之徒，以為疏附先後奔走禦侮之臣，故在《詩》，則文王獨稱「大明」；而在《易》，則〈未濟〉六五亦獨為「君子之光」也。（同上）

「徽柔懿恭」見《尚書‧無逸》，是稱美文王和柔、恭敬、良善的特質，而且懷保小民。至於「光于四方，顯于西土」見於《尚書‧泰誓下》，意謂文王之德，如日月照臨大地，光芒顯耀四方。此外，文王能得賢而用之，所以閎夭、散宜生、南宮适之徒先後奔附，所以《詩經‧大雅‧文王之什‧大明》一詩就稱讚文王有大明之德，「維此文王，小心翼翼。昭事上帝，聿懷多福。厥德不回，以受方國。」因為文王行事謹慎，以光明之德事奉上帝，所以招來許多福氣；又由於品德端正，所以受到四方諸侯之愛戴。〔註14〕

〈晉〉卦六五爻也是離明之君。上卦離為火，火為光明之意，所以楊萬里在〈晉‧六五〉「悔亡，失得勿恤，往吉无不利。」〈象〉曰：「失得勿恤，往有慶也。」就舉古代君王來比喻這種類似「朝日」的明君，他說：

〈晉〉之主德，如日之出地，此朝日也。……惟柔，故明而不虐，燭而不察，淑而不烈。大抵日中非日之盛，而莫盛於朝日；剛明非晉之盛，而莫盛於柔明。蓋日之為明，朝則升，中則傾；君之為明，柔則容，剛則窮。六五，晉之盛明之主也，宜其福之盛也，孰謂其

〔註13〕〈未濟‧六五〉，郭雍：《郭氏傳家易說》，庫本，頁13-213；叢本，頁247。

〔註14〕從《史記》對文王的稱美，可知文王確為柔仁之君，修德行善，敬老慈少，且禮賢下士，而深得民心，因此賢士多歸之，《史記卷四‧周本紀第四》說：「西伯曰文王，遵后稷、公劉之業，則古公、公季之法，篤仁，敬老，慈少。禮下賢者，日中不暇食以待士，士以此多歸之。伯夷、叔齊在孤竹，聞西伯善養老，盍往歸之。太顛、閎夭、散宜生、鬻子、辛甲大夫之徒皆往歸之。」頁116。

柔而不立哉！大則如商高宗之不言，小則如齊威王之不鳴。《書》曰：
「柔而立」，又曰「高明柔克」，六五以之。……六五，離也，為日、
為火，雖柔猶剛也。〔註15〕

〈晉〉卦之德為朝日，非烈日。即六五之君有「盛明之福」，如朝日之柔明，
旭日之初升，然非烈日中天，因此「不虐」、「不察」、「不烈」。但是其德雖
柔，卻不害為剛，所以《尚書》就有「高明柔克」的德行形容，表示柔也有
剛強的質性，是柔中帶剛，「雖柔猶剛」。古代君王有柔明之德者，楊萬里認
為殷高宗武丁及齊威王即是。前者三年不言，言而後治〔註16〕；後者三年不
鳴，卻一鳴驚人〔註17〕。齊威王由於不理朝政，九年中，國家陷入空前的危

─────────────────────────

〔註15〕 〈晉·六五〉，楊萬里：《誠齋易傳》，庫本，頁 14-618；武英殿本（以下簡稱
殿本），頁 375；叢本，頁 131。

〔註16〕 殷高宗（武丁）的事跡，宋人津津樂道者三：一是恐懼修德。二是三年不言。
三是夜夢聖人。恐懼修德是源於武丁在祭祀成湯時，有一隻山雞飛到鼎上啼
叫起來，對於此種怪異現象，武丁恐懼，祖己則安慰武丁，勉勵他勤修政事，
靠自己的努力修德行善，武丁從其言，殷道於是復興，《史記卷三·殷本紀第
三》：「帝武丁祭成湯，明日，有飛雉登鼎耳而呴。武丁懼。祖己曰：『王勿憂，
先修政事。』祖己乃訓王曰：『唯天監下典厥義，降年有永有不永，非天夭民，
中絕其命。民有不若德，不聽罪，天既附命正厥德，乃曰其奈何。……』武
丁修政行德，天下咸驩，殷道復興。」頁 103，另《書序》也有這段記錄。二
是三年不言：武丁曾經三年沈默不語，臣子們擔憂，認為王不出令，將無所
適從，武丁則書曰，認為治理天下，害怕自己德行不夠，所以不講話，以思
考正道，《國語·楚語》就說：「昔殷武丁能聳其德，至於神明，以入於河，
自河徂亳，於是乎三年，默以思道。卿士患之，曰：『王言以出令也，若不言，
是無所稟令也。』武丁於是作書，曰：『以余正四方，余恐德之不類，茲故不
言。』」三是夜夢聖人：武丁在夢中夢到傅說，四方旁求，才在傅巖尋得，
舉以為相諫己，而殷治，《國語·楚語》說：「如是而又使以象夢，旁求四方
之賢，得傅說以來，升以為公，而使朝夕規諫。」《書序》也說：「高宗夢得
說，使百工營求諸野，得諸傅巖，作《說命》三篇。」（關於雉飛到鼎上的警
訊，根據《漢書卷二十七中之下·五行志第七中之下》的分析，原因有二：
一是繼嗣將易。二是小人敗國之兆，「鼎，宗廟之器，主器奉宗廟者長子也。
野鳥自外來，入為宗廟器主，是繼嗣將易也。一曰，鼎三足，三公象，而以
耳行。野鳥居鼎耳，小人將居公位，敗宗廟之祀。野木生朝，野鳥入廟，敗
亡之異也。武丁恐駭，謀於忠賢。」頁 1411。

〔註17〕 齊威王沈湎遊樂，不理朝政，百官荒亂，九年之中，諸侯侵略，國家快要滅
亡了，淳于髡用隱諫的方式才讓威王振作。髡向威王介紹宮庭中有一隻很特
殊的鳥，這隻鳥很奇怪，三年來，也不飛也不叫，不知道是什麼樣的鳥？威
王則回答淳于髡說，這隻鳥是不飛則已，一飛沖天；不鳴則已，一鳴驚人。
之後便開始修政，並朝見七十二個縣令，「賞一人，誅一人」，結果各國震
驚，歸還侵略的土地，威行三十六年之久，見《史記卷一百二十六·滑稽列

機中，身邊的近臣又不敢進諫，淳于髡於是用「隱」語去勸說，威王會意，賞一人，烹一人，於是威望大增。又整頓軍隊，擊敗敵人，各國大爲驚恐，皆把侵略的土地歸還，「齊國大治」，聲勢維持了幾十年，沒人敢興兵齊國。從「國且危亡」到「諸侯振驚」，轉變確實驚人。〔註18〕殷高宗也是，三年沒有聲音，但沒有聲音不代表沒有作爲，而是在寧靜致遠。這兩人表面上看起來，都不怎麼強悍，溫溫的、軟軟的，甚至悶不吭聲，所以就不被人當回事，也就沒那麼光彩奪目，令人目光投注；但一旦發憤有爲，積極振作，其實表現一點也不遜色，如齊威王就是這種黑馬。平常感覺好像沒什麼，但一出手，就是不同凡響，根本不是我們表面所看的那樣，直是深不可測，讓人摸不著底。這證明靜默不是弱者，而是蓄積能量的儲備狀態。畢竟旭日比起烈日，往往有撐得更久的耐力。總之，烈日雖有烈日的剛猛燦爛，目炫神移；旭日也有旭日的柔和持續，細水長流，只能說，世間萬態，各有各的特色與展現的型態。

　　傳第六十六》：「齊威王之時喜隱，好爲淫樂長夜之飲，沈湎不治，委政卿大夫。百官荒亂，諸侯並侵，國且危亡，在於旦暮。左右莫敢諫。淳于髡說之以隱曰：「國中有大鳥，止王之庭，三年不蜚又不鳴，王知此鳥何也？」王曰：「此鳥不飛則已，一飛沖天；不鳴則已，一鳴驚人。」於是乃朝諸縣令長七十二人，賞一人，誅一人，奮兵而出。諸侯振驚，皆還齊侵地。威行三十六年。」頁3197。

〔註18〕 齊威王所賞之人，爲即墨大夫；而所誅之人，爲阿大夫。證明身邊的近臣都在亂講話，即左右毀譽之言，根本與事實背道而馳。因爲經過威王的查證，群臣所譽之人（即阿大夫），實際上治國不力，所以田野不闢，人民貧苦；但因爲善於攀緣，很會巴結，所以得到美譽。而所毀之人（即墨大夫），治理之地，卻田闢民給，生活安寧，但因不善於言辭，所以得不到別人的讚譽。結果，威王烹了阿大夫，以及曾經稱讚過他的臣子，也一併煮了，而賞賜即墨大夫。由於辨明事理，賞罰得宜，所以威王能一舉整飭齊國內政，而震驚諸侯，從此沒人敢興兵齊國達二十餘年，印證了不鳴則已，一鳴驚人的事實，見《史記卷四十六・田敬仲完世家第十六》：「威王初即位以來，不治，委政卿大夫，九年之閒，諸侯並伐，國人不治。於是威王召即墨大夫而語之曰：『自子之居即墨也，毀言日至。然吾使人視即墨，田野闢，民人給，官無留事，東方以寧。是子不事吾左右以求譽也。』封之萬家。召阿大夫語曰：『自子之守阿，譽言日聞。然使使視阿，田野不闢，民貧苦。昔日趙攻甄，子弗能救。衛取薛陵，子弗知。是子以幣厚吾左右以求譽也。』是日，烹阿大夫，及左右嘗譽者皆并烹之。遂起兵西擊趙、衛，敗魏於濁澤而圍惠王。惠王請獻觀以和解，趙人歸我長城。於是齊國震懼，人人不敢飾非，務盡其誠。齊國大治，諸侯聞之，莫敢致兵於齊二十餘年。』頁1888。

三、「井收勿幕」的仁君

關於仁君，張浚在〈旅‧象曰〉「山上有火，旅。君子以明慎用刑而不留獄。」說：

> 魯莊公小大之獄，雖不能察，必以情，曹劌謂可以一戰，以其用心
> 近夫先王之仁也。在〈旅〉而於刑慎用獄復不留，明之所及，雖近
> 而仁心敷暢，散者可聚，離者可合，其用為大。噫！〈旅〉莫大於
> 得人心。自古人心得失常在於刑獄間，先王之明德猶難之也，而況
> 居〈旅〉之君可不慎邪？〔註19〕

張浚認為春秋時魯莊公用獄的精神近乎仁。齊國由於公孫無知的內亂，兩位
公子（公子糾與公子小白）流亡在外。公子小白因捷足先登，所以順利回國
當上國君（齊桓公）。然公子糾不甘勢弱，遂請求魯莊公協助其重返齊國，卻
也因此與齊桓產生閒隙。桓公為報復魯國對公子糾的幫助，於是興兵攻魯。
由於魯是小國，勝算本就不大，因此戰爭前，曹劌頗為憂心，認為肉食者鄙，
為官者無遠謀，因此主動前去詢問莊公將以何而戰？結果莊公的前二項回
答，都被曹劌予以否定。曹劌認為施捨人民一些衣食及犧牲玉帛，只是小惠、
小信，難以普及大眾，根本不足以使民作戰，也難以得到神明的降福。唯有
用「獄」以明，盡己之情察審，才是真正利民之舉，才能得民心。能得民心
才有可能打勝戰，結果長勺之役，憑著「一鼓作氣」，魯軍果然擊敗齊師，足
見曹劌洞見民心。〔註20〕對於曹劌論戰一事，張浚認為自古為政者欲得民心，
關鍵在刑獄訴訟。執法者要學習〈旅〉卦之精神，上卦為離、為火，下卦為
艮、為山，表示山上有火，象徵高處不寒，人間高處也有光明，官吏能以「明
慎」的心態用刑。因為明才能明察秋毫，慎才能避免冤獄，能勿枉勿縱，便
是忠於人民。能忠於人民，以公正服人，自然能得百姓追隨，則一旦發生戰
爭，百姓焉有不從之理。

而〈井‧上六〉「井收勿幕，有孚，元吉。」〈象〉曰：「元吉在上，大成
也。」李杞舉堯、舜為例，稱讚這種聖王的胸襟：

> 收，成也。幕，蓋也。上六，井之極功也。井道之成，天下皆汲而
> 收之，苟有所蓋覆於其間，則所施狹也。故勿幕而人皆信之，是以

〔註19〕〈旅‧象曰〉，張浚：《紫巖易傳》，庫本，頁10-176。

〔註20〕《左傳》莊公十年：「公曰：『小大之獄，雖不能察，必以情。』對曰：『忠之
屬也。』可以一戰，戰則請從，公與之乘，戰于長勺。公將鼓之，劌曰：『未
可。』齊人三鼓，劌曰：『可矣。』齊師敗績。」十三經注疏本，頁147。

獲元吉也。夫井之養人，以无窮爲用，則惟恐一夫之不被其澤，於
是而或有以幕之，則及其一不能及其二，而豈足以爲井道之大成哉！
博施濟眾，堯舜之仁也。〔註21〕

井道以養民爲功，如不能養民，就失去井的功用。而上六爻表示井道已成，
可以普施眾人，因此有「元吉」之譽。不過井道之元吉，強調「勿幕」，也就
是井口不須覆蓋，意謂著井水的取用，應該是公開、公共的資源，而不是私
有財產，更不是僅能私惠一、二人而已，因此〈小象〉以「大成」來形容，
表示其養人之功無窮，源源不竭，活人無數。而這種精神，李杞認爲堯、舜
足以當之，因爲堯、舜的「博施濟眾」〔註22〕，就如同井道之勿幕惠眾，能
爲大眾所用，所以孔子嘉許其爲仁者之表現。而這種「功用大成」，郭雍也說：

井无他道，特以上出爲功用耳，故至上六，爲功用大成，而元吉也。
收者，功之成也，勿以功成，而遂吝其博施濟眾之德，故云「勿幕」。
戒其勿幕，所以終井道也。其功既成，其施愈博，天下信之，是以
元吉。〔註23〕

郭雍認爲「勿幕」的勿字就是在告戒君主應不吝博施惠眾，以成元吉之功。

四、「寒泉之食」的大君

關於大君，宋儒認爲大君有大知，能用中、行中；此外，有養人之德，
如寒泉，可供天下人汲飲。關於行中，李杞在〈臨・六五〉「知臨，大君之宜，
吉。」〈象〉曰：「大君之宜，行中之謂也。」以《易傳》解釋《易經》，即以
「行中」來解釋「大君」：

夫大君之所謂智，非智也，乃中也。人君以中道待天下，與天下蕩
然同爲皇極之歸，天下之智，蓋未有大于此者也。《中庸》曰：「舜
其大知也歟！舜好問而好察邇言，隱惡而揚善，執其兩端，用其中
于民。」夫舜之智可謂大矣，而不過用其中于民，然則行中以爲智，
非大君之宜哉！〔註24〕

〔註21〕〈井・上六〉，李杞：《用易詳解》，頁 19-484。

〔註22〕見《論語・雍也篇》：「子貢曰：如有博施於民，而能濟眾，何如？可謂仁乎？
子曰：何事於仁，必也聖乎！堯、舜其猶病諸。夫仁者，己欲立而立人，己
欲達而達人。」（《十三經注疏》第 8 冊，台北：藝文印書館，民國 82 年 9 月
出版），頁 55。

〔註23〕〈井・上六〉，郭雍：《郭氏傳家易說》，庫本，頁 167；叢本，頁 190。

〔註24〕〈臨・六五〉，李杞：《用易詳解》，頁 19-413。

〈臨〉卦六五爻之所以為大君之宜，是因為知臨，不過其知為大知，而非小知。何謂「大知」？李杞舉《中庸》說明。《中庸》稱讚舜有大知，而考其言行，不過「執兩用中」，隱惡揚善，而防極端，因此李杞認為大知即是用中之意，大為中，所以大君就是中道之君。能以中道待天下，與天下同為皇極之歸者，即是舜成為「大知」之因。由於舜好詢問，又善於察淺近之言語，對於極端之二方，能運用折中之道去調和，因此無過與不及之失，可以說是大君之典型，所以大君就是「行中以為智」，即〈小象〉所說的，「大君之宜，行中之謂也」。

而在〈井‧九五〉「井冽寒泉，食。」〈象〉曰：「寒泉之食，中正也。」楊萬里形容「寒泉之食」為大君：

> 一井主乎泉，天下主乎君。泉有德，一邑汲之；君有德，天下汲之。冽而寒者，泉之德；中而正者，君之德。九五以陽剛中正之德，居大君之位，猶泉以甘潔清寒之德，為一井之主也。天下之人，酌而飲之，若渴者之於井也，孰能禦之。泉而不冽不寒，君而不中不正，人有吐井泥、羞汙君而去之耳。故傳說非其后不食，伯夷非其君不事，君天下者，可不懼哉！〔註25〕

井水「甘潔清寒」，可供世人飲用。泉可養一邑之人，大君可養天下之人。但條件是，泉要寒冽，君要中正，才能被人汲取與誠心追隨，因二者有惠人之德與清潔之修。清泉與賢君都有讓人渴而飲之、趨而往之的力量，而這股力量是任何人都難以抵禦的。因此，君若無德，君子必不屑而去之，以示人君當有所戒懼，所以楊萬里說：「君天下者，可不懼哉！」

五、善處「既濟」的柔理之君

善處既濟的柔理之君，是宋儒對漢光武帝劉秀的極高評價，不過這其實也是光武帝對自己執政理念的闡述，即以「柔」理天下〔註26〕，偃武修文，不

〔註25〕〈井‧九五〉，楊萬里：《誠齋易傳》，庫本，頁14-659；殿本，頁512。
〔註26〕以「柔道」治理天下，是光武帝在宗祠舊宅與宗室諸母談話時的內容。諸母以「謹信直柔」來形容光武小時侯的模樣及性情，而光武也說明自己正是以「柔」理天下，見《後漢書卷一下‧光武帝紀第一下》：「甲申，幸章陵。脩園廟，祠舊宅，觀田廬，置酒作樂，賞賜。時宗室諸母因酺悅，相與語曰：『文叔少時謹信，與人不款曲，唯直柔耳。今乃能如此！』帝聞之，大笑曰：『吾理天下，亦欲以柔道行之。』乃悉為春陵宗室起祠堂。有五鳳皇見於穎川之郟縣。」頁68。

尙剛暴。對於這一點，楊萬里在〈既濟・九三〉「高宗伐鬼方，三年克之，小人勿用。」〈象〉曰：「三年克之，憊也。」就說光武是「善處既濟」者，在平定天下後，以文德取代武力，一切措施皆以安定百姓爲前提，避免軍事征伐：

> 未濟求濟者寧，既濟求過於濟者傾。九三當既濟之後，挾重剛之資，居炎上之極，有求過於濟之心，此小人之好大喜功而不可用者也。雖以中興之賢君，一入其說，輕用軍師以伐遠方之小夷，猶久而後勝，既勝，而中國之民亦憊且困矣。……武帝承文景之後而伐匈奴，太宗當貞觀之隆而征高麗，皆此類也。善處既濟者，其惟光武却臧宮、馬武之請乎！〔註27〕

九三這一爻是說，以高宗之賢君伐鬼方，猶耗時三年而「憊」，可見勞民傷財，曠日廢時，何況是下者，所以對高宗來說，是決策的失誤。然光武則不同，「雖身濟大業」，猶自謹愼勤敏，兢兢如不及〔註28〕，深得處〈既濟〉之智慧。光武在統一天下後，不輕言用兵，而是「退功臣進文吏」，以「審黃石、存包桑」爲戒。〔註29〕所以當臧宮、馬武建議他應趁匈奴災變之際襲擊時，就被他斷然否決，認爲考量時機，並不恰當，因爲猶有內憂。〔註30〕兩相對照，漢武

〔註27〕〈既濟・九三〉，楊萬里：《誠齋易傳》，庫本，頁 14-709。

〔註28〕光武勤於國事，兢兢如有不及，其敬愼之心，至無過失。退朝後，又與群臣講論經義，半夜才休息，因此連皇太子都不免要勸父皇稍事休養，「頤愛精神」，學習道家黃老養生優游之道；然光武自認樂在其中，不以爲疲。可以說是退功臣，進文吏，眞正做到止戈爲武的帝王，見《後漢書卷一下・光武帝紀第一下》：「（光武）每旦視朝，日仄乃罷。數引公卿、郎、將講論經理，夜分乃寐。皇太子見帝勤勞不怠，承閒諫曰：『陛下有禹湯之明，而失黃老養性之福，願頤愛精神，優游自寧。』帝曰：『我自樂此，不爲疲也。』雖身濟大業，兢兢如不及，故能明愼政體，總攬權綱，量時度力，擧無過事。退功臣而進文吏，戢弓矢而散馬牛，雖道未方古，斯亦止戈之武焉。」頁 85。

〔註29〕光武帝的治國理念，《後漢書卷十八・吳蓋陳臧傳列第八・臧宮》的「論曰」說：「光武審黃石、存包桑、閉玉門以謝西域之質，卑詞幣以禮匈奴之使，其意防蓋已弘深。」即光武能守住國家的根本，慮患之心深遠。而存包桑是〈否〉卦九五爻辭，言聖人居天位，不可以安，常自危懼，乃是繫於包桑也。頁 697。

〔註30〕臧宮、馬武曾上書光武帝，認爲匈奴貪利無禮，所以應趁其旱蝗疫困、天災變亂之際襲擊之，以建萬世之功，認爲這是千載難逢，時不可失，勸光武不應只固守文德而棄武力。然光武不以爲然，並詔擧《黃石公記》爲例，認爲柔能制剛。柔是德、剛是賊，所以有德之君以所樂樂人，不以所樂樂己。而今天下初定，災變不息，「百姓驚惶」，人不自保，政局未安，如又在此時去謀邊疆之事，根本是在舍近謀遠，必然勞而無功。此外，匈奴實力仍強，而邊報的消息傳聞，又經常失誤，貿然行事，也沒有十足致勝的把握；況且，如眞能以半個中國的

帝與唐太宗，就都分別留下不良記錄。前者有伐匈奴的過度瘋狂舉措與懊悔，後者有征高麗的失策與自責〔註31〕。以唐太宗來說，其實功業已成，當時天下是安定的，既無內憂，也無外患；然太宗為開疆闢地，親征高麗，雖取得勝利，但也付出極大代價，戰爭死傷離散，老父孤兒、寡婦慈母，摧心掩泣，此又何辜？〔註32〕更有甚者，因而疲憊中國，如漢武帝即是。由此更可見光

力量就一舉滅掉匈奴這個「大寇」，又何樂而不為，不正是我的大願嗎？然如果時機不宜，那還不如休息，息事寧人。而詔書一下，諸將就沒人再敢言及軍事者。這是因為光武用兵良久，所以厭倦軍事，也深知民間苦於戰亂，「疲耗」不堪，除非緊急不得已，否則不復言軍旅，更不希望與太子談論攻戰之事，見《後漢書卷十八·吳蓋陳臧傳列第八·臧宮》：「宮以謹信質樸，故常見任用。後匈奴飢疫，自相分爭，帝以問宮，宮曰：『願得五千騎以立功。』帝笑曰：『常勝之家，難與慮敵，吾方自思之。』二十七年，宮乃與楊虛侯馬武上書曰：『匈奴貪利，無有禮信，窮則稽首，安則侵盜，緣邊被其毒痛，中國憂其抵突。虜今人畜疫死，旱蝗赤地，疫困之力，不當中國一郡。萬里死命，縣在陛下。福不再來，時或易失，豈宜固守文德而墮武事乎？……』詔報曰：『《黃石公記》曰：『柔能制剛，弱能制彊。』柔者德也，剛者賊也，弱者仁之助也，彊者怨之歸也。故曰有德之君，以所樂樂人；無德之君，以所樂樂身。樂人者其樂長，樂身者不久而亡。舍近謀遠者，勞而無功；舍遠謀近者，逸而有終。……今國無善政，災變不息，百姓驚惶，人不自保，而復欲遠事邊外乎？孔子曰：『吾恐季孫之憂，不在顓臾。』且北狄尚彊，而屯田警備傳聞之事，恆多失實。誠能舉天下之半以滅大寇，豈非至願；苟非其時，不如息人。』自是諸將莫敢復言兵事者。」頁696；而《後漢書卷一下·光武帝紀第一下》也提到光武對太子詢問軍事時的回應：「初，帝在兵間久，厭武事，且知天下疲耗，思樂息肩。自隴、蜀平後，非儌急，未嘗復言軍旅。皇太子嘗問攻戰之事，帝曰：『昔衛靈公問陳，孔子不對。』此非爾所及。」頁85。不過臧宮、馬武等人的建議，也並非不可行，畢竟匈奴為患，由來已久，若能趁其國內災變之際，一舉滅之，正是為民除害；不過風險顯然太大，能否行之，猶有變數。

〔註31〕太宗征高麗，事後卻感嘆若魏徵在，必無此行，可見後悔征遼。因而想起魏徵的可貴，於是召見其家人，重新禮遇，並重修徵的墓碑（先前因侯君集的事件，太宗懷疑徵阿黨而不悅，於是將徵碑仆倒），見《新唐書卷九十七·列傳第二十二·魏徵》：「遼東之役，高麗、靺鞨犯陣，李勣等力戰破之。軍還，悵然曰：『魏徵若在，吾有此行邪！』即召其家到行在，賜勞妻子，以少牢祠其墓，復立碑，恩禮加焉。」頁3881。另《舊唐書卷一百九十九下·列傳第一百四十九下·北狄》史臣曰：「我太宗文皇帝親馭戎輅，東征高麗，雖有成功，所損亦甚。及凱還之日，顧謂左右曰：『使朕有魏徵在，必無此行矣。』則是悔於出師也可知矣。」頁5364。

〔註32〕對於征遼之役，太宗態度堅決，群臣束手無策，無人敢諫，唯房玄齡在危慄彌留之際，仍憂心懸念不已，上書勸太宗要適可而止，學習老子「知足不辱，知止不殆」的智慧，並舉《易經》進退存亡之道，認為「進有退之義」、「存有亡之機」、「得有喪之理」，莫再勞民傷財、離散天下。況且所得

武帝的思考以及所做的決定，是經過仔細推敲的，既不好大喜功，也不坐失良機，務求在動靜之間取得最好的狀態。

楊萬里在〈解‧初六〉「无咎。」〈象〉曰：「剛柔之際，義无咎也。」也有提到光武的治國方略：

> 六當患難解散之初，以柔道處剛位，適剛柔之宜，得「來復」之義矣，何咎之有？此光武謝西域，禮匈奴，却臧宮、馬武之請之事也。
>
> 〔註33〕

〈解〉卦指大難剛解之際，所以實不宜再徒增紛擾。因爲兵荒馬亂之後，長期驚赫惶恐，人民極需休息，土地也需要恢復生產力，所以不管是民力、物力、生畜，都需要一段時間的再生，因此要以柔靜處之，政策也要盡量簡薄輕便，若能息武，更是上策，所以卦辭才會說「无所往」，即表示此時盡量不要再有什麼行動，若能在剛柔之間取得平衡，最爲理想，所以〈小象〉才會說剛柔之際可以無咎。而楊萬里也同樣舉臧宮、馬武的事件，來說明光武以柔克剛的決心及貫徹。

至於〈大壯‧六五〉「喪羊于易，无悔。」〈象〉曰：「喪羊于易，位不當也。」朱震也說：

> 兌爲羊，羊群行善觸，諸陽並進之象。六五柔不當位，陽剛方長，

者小，所失者大。畢竟戰爭，犧牲的都是無辜的老百姓，直是「變動陰陽」，「傷害和氣」，耗損國力，其實無補於民。何況高麗又無過失，既無失臣節，也無侵擾百姓，更無遺患後世，如此無端興兵，直是「坐敝中國」，於道理上也說不過去。而此舉讓太宗感動不已，認爲此人在病榻之際，卻仍「憂吾國事」，爲天下之心，昭然可見，見《新唐書卷九十六‧列傳第二十一‧房玄齡》，：「（玄齡）晚節多病，……少損，（帝）即喜見于色。玄齡顧諸子曰：『今天下事無不得，惟討高麗未止，上含怒意決，群臣莫敢諫，吾而不言，抱愧沒地矣！』遂上疏曰：『上古所不臣者，陛下皆臣之；所不制者，陛下皆制之矣。……惟高麗歷代逋命，莫克窮討。陛下責其弒逆，身自將六軍，徑荒裔，不旬日拔遼東，虜獲數十萬，殘眾、尊君縮氣不敢息，可謂功倍前世矣。《易》曰：『知進退存亡不失其正者，其惟聖人乎！』蓋進有退之義，存有亡之機，得有喪之理，爲陛下惜者此也。傳曰：『知足不辱，知止不殆。』陛下威名功烈既云足矣，拓地開疆亦可止矣。……今士無一罪，驅之行陣之間，委之鋒鏑之下，使肝腦塗地，老父孤子、寡妻慈母望檋車，抱枯骨，摧心掩泣，其所以變動陰陽，傷害和氣，實天下之痛也。使高麗違失臣節，誅之可也；侵擾百姓，滅之可也；能爲後患，夷之可也。今無是三者，而坐敝中國，爲舊王雪恥，新羅報仇，非所存小、所損大乎？……』」頁3855-3856。

〔註33〕〈解‧初六〉，楊萬里：《誠齋易傳》，庫本，頁14-632。

宜有悔；然持以和易，則諸陽无所用其壯，而剛彊暴戾之氣屈矣，
此所以无悔歟。……蓋位尊則能制下，德中則和而不流，以此用和，
其誰不服。光武曰：「吾治天下亦柔道」，六五之謂乎！〔註34〕

〈大壯〉的六五爻處大壯之時而不壯，行中道，因此不會有悔，表示在大壯
之時，能喪剛陽，而取和易，所以諸陽無所用其壯。如臧宮、馬武想趁匈奴
危亂之際進攻，然這個提議並沒有得到光武帝的認可。因爲光武傾向以柔道
治天下，而不用剛戾之氣，所以詔書一下，諸將沒人再敢言及軍事者。

而〈否・九五〉「休否，大人吉，其亡其亡，繫于苞桑。」〈象〉曰：「大
人之吉，位正當也。」李杞也以「繫于包桑」來肯定光武戒懼的智慧：

休，止也。九五有大人之德，能止夫否者也。天下方否，而五能止
之以復於泰，則其吉可知矣。然五未嘗恃此以爲安也，而方且有其
亡其亡之戒焉。再言之者，戒之切，而憂之深也。……西漢否於新
莽之亂，而光武中興，光武可謂能休否者也。而天下既平，兢兢如
不及，審黃石，存苞桑，閉玉門，以謝西域之質，茲非戒之切，而
憂之深也哉！〔註35〕

李杞認爲光武能「休否」而復爲泰，結束王莽之亂，成爲中興之君，已屬不
易；然更難能可貴的是，在泰後又能不自以爲安，而有「其亡其亡」之戒，
足見憂國憂民之心。

六、「迷復失則」的昏君

「迷復」（〈復・上六〉）是迷而不知復，「失則」（〈明夷・上六〉）是失去
界限準則，君主若爲此，必爲昏君無疑。關於昏君的形態，李杞在〈兌・九
五〉「孚于剝，有厲。」說：

剝，小人之道也。六三之「來兌」，上六之「引兌」是也。九五以陽
剛居尊位，不信乎君子，而信乎小人，是危道也。漢元帝之信恭、
顯，唐明皇之信李林甫，德宗之信盧杞，皆不免乎危，是「孚于剝」
者也。〔註36〕

剝是小人，「孚于剝」是信任小人，所以有危厲。小人就是六三與上六之「來

〔註34〕〈大壯・六五〉，朱震：《漢上易傳》，庫本，頁11-122；通志堂經解，卷四，
頁516。

〔註35〕〈否・九五〉，李杞：《用易詳解》，頁19-398。

〔註36〕〈兌・九五〉，李杞：《用易詳解》，頁19-510。

兌」與「引兌」。九五是君位，因此上六之小人就近在君側興風作浪。而君王寵信小人，遠斥君子，必然自取凶禍，陷己身於危境，如漢元帝被弘恭、石顯蒙蔽。唐玄宗也晚節不保，寵幸李林甫而開亂階。以及唐德宗重用奸臣盧杞等，皆是自掘墳墓，敗壞國政。

〈復·上六〉「迷復，凶，有災眚。用行師，終有大敗，以其國君，凶。至于十年不克征。」〈象〉曰：「迷復之凶，反君道也。」李杞認爲上六爻迷不知復，因此有凶險。若以之行師，必遭敗績；以之治國，則有國君之凶。更由於危害深重，反君道，所以禍延子孫，即便十年仍無法解除災難，他說：

> 迷復者，昏迷而不自復也。長惡不悛，縱情肆欲，而不之悔。災眚已見而猶不悟，方且用師以求逞于人，故終至于大敗。國破君亡，雖十年之久，而不克征焉。蓋其反君道之常，是以禍敗如此之極也。楚靈王不能自克，以取乾谿之禍。至于平王之世，救死扶傷，日不暇給，而不敢起南征之師，此豈特十年也哉！仲尼曰：「古也有志，克己復禮，仁也。」信善哉！楚靈王若能如是，豈其辱于乾谿。〔註37〕

李杞更以楚靈王爲例，其敗於乾谿之禍，證明剛愎執迷之凶險，不僅自取其辱，更導致平王之世，仍受其害。

另外，〈豐·初九〉「遇其配主，雖旬无咎，往有尚。」〈象〉曰：「雖旬无咎，過旬災也。」楊萬里認爲初九之陽剛與九四同德相應，可謂遇其配主，功業應卓然有成，不過卻遇六五柔暗之君，致有壯志未酬之憾：

> 六五柔暗之君也，初九在下之遠臣，與九四在上之邇臣，安能以己之昭昭啓君之昏昏乎！故四老能從子房以安惠帝，而不能振惠帝之柔。劉更生、張猛、周堪能從望之以傳元帝，而不能開元帝之暗，諸君子豈不遇明盛之世哉！然明未久而昧生，盛未久而衰至。……故漢再衰而望之死，惟子房、四老幸免者，子房退而四老去也。〔註38〕

〈豐〉卦六五爻爲柔暗之君，像這種扶不起的阿斗，楊萬里舉漢惠帝及漢元帝爲例，說明明主難遇，而盛衰無常。

〈小畜·九三〉的「輿說輻，夫妻反目。」楊萬里描述夫之制於婦，以致不能正家室的後果。其實，不僅夫婦如此，君臣亦然。如果君權旁落，爲權臣所竊，就如同夫之受制於妻一般，最後甚至演變成夫妻反目之局，楊氏就說：

〔註37〕 〈復·上六〉，李杞：《用易詳解》，頁 19-426。
〔註38〕 〈豐·初九〉，楊萬里：《誠齋易傳》，庫本，頁 14-681；叢本，頁 204。

> 九三過中則不正，過剛則不和。不正而昵于六四，愈不正也。昵於
> 彼必制於彼，愈不和也。不正則不可行，故有「輿說輻」之象。……
> 豈惟夫婦，君臣亦然，二世之於趙高，明皇之於祿山是已。〔註39〕

楊萬里舉秦二世、唐明皇為例，說明君主昏弱，被近臣奸邪蒙蔽，不能正治
道，甚而禍國殃民，此即如〈小畜〉卦的九三爻，受制於六四之陰柔小人，
起先是昵於六四，最後就是被六四所制。

而〈兌‧上六〉說「引兌。」王宗傳就引周幽王脫軌的行徑來說明這一
爻的荒謬：

> 夫〈兌〉之所以為兌者，六三、上六是也。上六之位尤高於三，此
> 又陰小之尤見幸者，故其為媚說也，必九五引之而後發，非若三之
> 左右逢迎以求容悅也。……昔者褒姒不好笑，萬方皆不笑。幽王為
> 燧燧以召諸侯，寇至則舉燧燧，諸侯悉至，至而无寇，褒姒乃大笑。
> 幽王說之，為之數舉燧燧。然雖得笑於一女，而失信於諸侯，此所
> 謂「引兌」也。〔註40〕

王宗傳認為〈兌〉卦之所以名為兌，是因為六三及上六的緣故。不過六三及上
六媚說的方式不同，所以為害也有深淺之異。大抵六三乃主動獻媚，左右逢迎
以求上悅，所以為害尚淺。至於上六因處於被動之勢，必待九五之引而後至，
因此為害更大。對於上六「引兌」之禍，王氏舉周幽王寵幸褒姒以致失信於諸
侯為例，說明小人為害之深，不可不戒。幽王為博得褒姒一笑〔註41〕，百般牽
就，費盡心思，甚至以國家安全為賭注，結果這種視軍事如兒戲的態度，也
終於讓他成為亡國之君。

對於幽王的昏昧行徑，王宗傳認為也印證了〈未濟〉卦上九爻的情況，
不僅「有孚失是」，而且「飲酒濡首，不知節也。」這種沒有節制的逸樂，使
得亡國指日可待，所以《詩經》之〈魚藻〉篇就是諷刺幽王之無道，王氏引
用此詩說：

〔註39〕〈小畜‧九三〉，楊萬里：《誠齋易傳》，庫本，頁14-549；叢本，頁41。

〔註40〕〈兌‧上六〉，王宗傳：《童溪易傳》，庫本，頁17-297；通本，頁1156。

〔註41〕《史記卷四‧周本紀第四》：「褒姒不好笑，幽王欲其笑萬方，故不笑。幽王
為烽燧大鼓，有寇至則舉烽火。諸侯悉至，至而無寇，褒姒乃大笑。幽王說
之，為數舉烽火。其後不信，諸侯益亦不至。幽王以虢石父為卿，用事，國
人皆怨。石父為人佞巧，善諛好利，王用之。又廢申后，去太子也。申侯怒，
與繒、西夷犬戎攻幽王。幽王舉烽火徵兵，兵莫至。遂殺幽王驪山下，虜褒
姒，盡取周賂而去。」頁148。

〈未濟〉至上九，濟道既成，此武王在鎬飲酒樂豈之時也。夫武王
在鎬之樂，至幽王之時，君子猶思之而為之賦〈魚藻〉焉。……若
夫濟道既成，而无思患預防之念，如幽王之荒廢无度，而興衛武公
初筵之刺焉，則沈湎淫佚而有濡首之失矣。故威儀一也，而有反反
幡幡、抑抑怭怭前後之異焉，豈不失是孚也哉！故其《詩》曰：「不
知其秩」，又曰：「不知其郵」，此象所謂「飲酒濡首，亦不知節也。」
然則飲酒亦一也，為武王，則君子思之；為幽王，則武公刺之，此
无他，有是孚與失是孚之異故也。〔註42〕

王宗傳提及周武王及周幽王同為飲酒之樂，然百姓卻有著兩樣情。對於武王，
百姓是懷念；對於幽王，百姓則是怨懟。這是因為武王之飲有孚，有誠意在
心中；而幽王之飲則失是孚，其荒廢無度，沈湎享樂，不知自制，所以不得
民心，因此百姓失望。

　　至於紂王的放蕩昏溺也是失則，李光在〈明夷‧上六〉「不明晦，初登于
天，後入于地。」〈象〉曰：「初登于天，照四國也；後入于地，失則也。」
便說：

紂之无道，雖尚擁虛器，已不為人心所歸，是貴而无位，高而无民
也，故以上六處之。上六體至陰之極，當〈明夷〉之終，其傷已甚，
故不明而晦，昏君之象也。人主居尊極之位，如日之升于天；一旦
沈溺聲色，嗜欲所昏，如日之入于地，象曰：「初登于天，照四國也；
後入于地，失則也。」失則者，以欲敗度，縱敗禮，而失其典則也。
〔註43〕

〈小象〉認為〈明夷〉卦的上六爻會有初登于天，後入于地的天差地別，原
因即在於「失則」，如紂王的縱欲敗度，失去典則即是。因為嗜欲所昏，所以
如日之入地，一片昏暗，最終更以亡國了結。

七、「日中見斗」的暗君

　　〈豐〉卦六五爻是柔暗之君，又加上上六這個小人的蒙蔽，暗上加暗，
所以對於此爻，六二及九四爻才會都以「日中見斗」來形容。不過對於日中
見斗之因，楊萬里認為非他者之罪，乃是日本身的問題。因為日昏，才會有

〔註42〕〈未濟‧上九〉，王宗傳：《童溪易傳》，庫本，頁 17-317；通本，頁 1173。
〔註43〕〈明夷‧上六〉，李光：《讀易詳說》，頁 10-370。

日中見斗的昏暗；若日本身清明，則外物根本不足以揜之，因爲「世无不霧
之晨，而霧不能以晨爲昏。」楊萬里在〈豐〉卦六二說：

> 至昏不可瑩，至明不可揜，故矇不可以爲鏡，晝不可以爲夜。可揜
> 者非至明也，其資根乎暗也。世无不霧之晨，而霧不能以晨爲昏；
> 世无不雲之晝，而雲不能以晝爲夜，蓋青天白日之清明，非雲霧所
> 能揜故也。今日中至明，至盛之時，而見斗，是能以晝以爲夜也。……
> 然則「日中見斗」，非其明之可揜也，以其日之至昏也。〔註44〕

日中見斗，是日本身就昏暗，才會見斗（大白天看到星斗），不完全是外物掩
蓋的關係，所以不必牽連他物。因爲如果白日本身清明，雲霧根本無法掩蓋
其光芒，就算能遮蔽，影響也有限。而這種暗君，楊氏就舉唐德宗與群臣之
事爲例，認爲德宗之性情就是「日中見斗」的最好說明：

> 六五，柔暗之君也，无上六猶暗也，況加之以上六乎！其陸贄事德
> 宗之事。德宗根於柔暗之資，而力爲強明之跡。夫君道之所在，強
> 不在於折敵衝，而莫強於折邪佞；明不在於察淵魚，而莫明於察姦
> 欺。德宗強不足以折盧杞，而以刻薄爲強；明不足以察延齡，而以
> 猜忌爲明。故怒公輔、疑蕭復、仇陸贄，皆「日中見斗」，「往得疑
> 疾」之類也。〔註45〕

不管是「怒公輔」〔註46〕、「疑蕭復」〔註47〕，還是「仇陸贄」〔註48〕，都說

〔註44〕〈豐・六二〉，楊萬里：《誠齋易傳》，庫本，頁14-682。
〔註45〕〈豐・六二〉，楊萬里：《誠齋易傳》，庫本，頁14-682。
〔註46〕奉天之難，德宗逃亡，途中唐安公主去世，因爲是長公主，又聰敏仁孝，所
以德宗非常悲傷，打算營造寺塔安置並厚葬。姜公輔則上奏，認爲不久必能
回京歸葬，所以途中不妨儉薄，以濟軍心，結果德宗就很不高興，認爲宰相
管太多，況且花費也不多，便以爲公輔是在「賣直」，只是在指責朕的過失，
於是向翰林學士陸贄訴苦。雖然陸贄強調公輔上諫乃是職責所在，是論是
非，非論事之大小，但是德宗還是聽不進去，並認爲公輔才能有限，本就不
宜任宰相，先前在奉天時，即欲罷免，因李懷光背叛才擱置；如今卻藉由造
塔之事以求取聲名，可見此人用心不良善。雖然陸贄也再三勸說，但德宗仍
是恚怒不已，於是將公輔罷爲左庶子，右庶子，而且久不得升遷，見《舊唐
書卷一百三十八・列傳第八十八・姜公輔》：「建中四年十月，涇師犯闕，德
宗蒼黃自苑北便門出幸，……從幸山南，車駕至城固縣，唐安公主薨。上之
長女，昭德皇后所生，性聰敏仁孝，上所鍾愛。……及薨，上悲悼尤甚，詔
所司厚其葬禮。公輔諫曰：『非久克復京城，公主必須歸葬，今於行路，且
宜儉薄，以濟軍士。』德宗怒，謂翰林學士陸贄曰：『唐安夭亡，不欲於此
爲塋壟，宜令造一磚塔安置，功費甚微，不合關宰相論列。姜公輔忽進表章，

明德宗猜忌又刻薄的情性，使臣子動輒得咎。而分析原因，不過都是些小事。由於意見相左，德宗便對臣子感到憤怒，甚至仇視。如唐安公主夭亡，流亡途中適不適宜建塔以勞師動眾一事，公輔上奏，認爲不妨回京再行安葬，德宗就因而怒斥姜公輔，認爲他是在賣弄正直，並且貶官，長期不得升官；而

都無道理，但欲指朕過失，擬自取名。朕比擢拔爲腹心，及負朕如此！』贊對曰：『公輔官是諫議，職居宰衡，獻替固其職分。本立輔臣，置之左右，朝夕納誨，意在防微，微而弼之，乃其所也。……』帝又曰：『卿未會朕意。朕以公輔才行，共宰相都不相當，在奉天時已欲罷免，後因公輔辭退，朕已面許。尋屬懷光背叛，遂且因循，容至山南。公輔知朕擬改官，所以固論造塔，賣直取名。據此用心，豈是良善！朕所惆悵者，只緣如此。』贊再三救護，帝怒不已，乃罷爲左庶子。尋丁母憂，服闋，授右庶子，久之不遷。」頁 3787。

〔註47〕 蕭復，字履初，太子太師蕭嵩之孫，新昌公主之子。門望高華，志礪名節，而臨事不苟。德宗奉天之變，蕭復隨駕，因不滿宦官用事而上奏，認爲宦官自國事艱難以來，便開始監軍，如今又恩寵過重。而此輩之人根本就不宜參與軍機大事，只合從事宮庭之事，結果德宗聽了很不高興。接著蕭復又上奏，認爲楊炎、盧杞秉政，昏暗朝政，致今日之事變。又對盧杞阿諛奉承的奏對，正色指責其言詞不正，德宗感覺錯愕震驚，退朝後向左右說，認爲蕭復是在輕視他，於是便把蕭復派往江南宣撫，見《舊唐書卷一百二十五·列傳第七十五·蕭復》：「扈駕奉天，拜吏部尚書、平章事。復嘗奏曰：『宦者自艱難已來，初爲監軍，自爾恩倖過重。此輩只合委宮掖之寄，不可參兵機政事之權。』上不悅，又請別對，奏云：『陛下臨御之初，聖德光被，自用楊炎、盧杞秉政，惛瀆皇猷，以致今日。今雖危急，伏願陛下深革睿思，微臣敢當此任。……」盧杞奏對於上前，阿諛順旨，復正色曰：『盧杞之詞不正。』德宗愕然，退謂左右曰：『蕭復頗輕朕。』遂令往江南宣撫。」頁 3551。

〔註48〕 奉天之變後，德宗檢討自己的過失，潸然淚下，陸贄也流淚極言盧杞之罪，然德宗表面雖認同，其實內心並不高興，還刻意掩飾盧杞的罪過；此外，裴延齡奸究，然因被皇上寵信，所以天下人莫敢言之者，獨贄以身當之，結果也被貶官。之後還因裴延齡的中傷，險些被賜死，幸陽城力諫，才得幸免，而貶忠州別駕。之後陸贄便在忠州瘴疫之地閑居十年去世，足見德宗性情之刻薄寡恩，見《舊唐書卷一百三十九·列傳第八十九·陸贄》：「奉天解圍後，德宗言及違離宗廟，嗚咽流涕曰：『致寇之由，實朕之過。』贄亦流涕而對曰：『臣思致今日之患者，群臣之罪也。』贄意蓋爲盧杞、趙贊等也。上欲掩杞之失，則曰：『雖朕德薄，致茲禍亂，亦運數前定，事不由人。』贄又極言杞等罪狀，上雖貌從，心頗不說。」又「戶部侍郎，判度支裴延齡，姦究用事，天下嫉之如讎，以得幸於天子，無敢言者，贄獨以身當之，屢於延英面陳其不可，累上疏極言其弊。延齡日加譖毀。十年十二月，除太子賓客，罷知政事。贄性畏慎，及策免私居，朝謁之外，不通賓客，無所過從。十一年春，旱，邊軍芻粟不給，具事論訴；延齡言贄與張滂、李充等搖動軍情，語在《延齡傳》。德宗怒，將誅贄等四人，會諫議大夫陽城等極言論奏，乃貶贄爲忠州別駕。」頁 3799，3817。

蕭復批評盧杞上奏的內容阿諛奉承，以及評論宦官不宜參與軍機大事而過度寵信，德宗聽了也不高興，就懷疑蕭復在輕視自己，把他調到江南。至於陸贄，因上書言盧杞、裴延齡之罪，德宗也不悅，最後甚至聽信讒言，要誅陸贄。可見德宗性情之褊狹，常因小事記恨，容不下臣子。臣子上奏，評論朝政，一言不合，便懷恨在心，不是貶官，便是疏遠〔註49〕，因此楊萬里才會用「日中見斗」來形容。畢竟比起唐太宗的納諫，相去實在甚遠，以「柔暗之資」而自以為強明，缺乏自知、知人之明，又執迷不悟，才會讓朝政一蹶不振，而難有起色。

也因「日中見斗」，所以「往得疑疾」。「往得疑疾」是爻辭對忠貞之臣此時狼狽處境的可能預告。即臣子遇到這種國君，不是被疑忌，就是被疾恨，也就是原本的一片忠心，很有可能被懷疑成別有用心，而得到難堪的回應，變成狗咬呂洞賓的結果。所以爻辭才會告戒六二爻，如欲有所行動，前去勸諫，恐怕情況不會很樂觀，要有心理準備，而要不要前往，三思會更恰當，因此楊萬里才會說六二爻是「動而見疑」、「舉而見疾」；然雖說如此，身為朝臣就真能為了避禍而坐視不理嗎？這樣豈不有負職責，因此爻辭才會又進一步提供解決之道，即告訴六二要改變此種困境，只有靠「有孚」二字。因為孚信是感「發」昏昧之君的一種方法，能「信以發志」，或能得吉，所以楊萬里在〈豐·六二〉「豐其蔀，日中見斗，往得疑疾；有孚發若，吉。」〈象〉曰：「有孚發若，信以發志也。」就說：

> 六二，為〈離〉之主而居中，宅大臣之位而居正，此明盛之至，而中正之至也。以此事君，致之堯舜之上可也；然往而事君，動而見疑，舉而見疾者，何也？有小人以揜吾君之明而蔽之也。小人者誰

〔註49〕盧杞，唐德宗時的奸臣，曾要調任澧州刺史，結果給事中袁高認為盧杞姦佞，於是拒絕發佈詔令並堅持上表，皇上於是改任杞為澧州別駕。某一天，德宗問李勉，為何人們都說盧杞姦邪，而朕卻不知情，李勉回答正因天下人都知道，而唯獨陛下不知，這才是盧杞姦邪之處。對於李勉的直言，時人很稱讚，然卻因此而被德宗疏遠，見《舊唐書卷一百三十一·列傳第八十一·李勉》：「無何，盧杞自新州員外司馬除澧州刺史，給事中袁高以杞邪佞蠹政，貶未塞責，停詔執表，遂授澧州別駕。他日，上謂勉曰：『眾人皆言盧杞姦邪，朕何不知！卿知其狀乎？』對曰：『天下皆知其姦邪，獨陛下不知，所以為姦邪也。』時人多其正直，然自是見疏。」頁 3636。《元史卷一百八十六·列傳第七十三·陳祖仁》：「昔唐德宗云『人言盧杞姦邪，朕殊不覺』。使德宗早覺，杞安得相，是杞之姦邪，當時知之，獨德宗不知爾。」頁 4274。

乎？上六是也。上六何以揜君之明也？六五，柔暗之君也。无上六
猶暗也，況加之以上六乎！……雖然，臣子之道不以君之明暗而二
其心也，一于至誠孚信以發吾志而已。〔註50〕

因爲六五自身昏暗，又加上上六這個小人的催化，暗君奸臣，一拍即合，所
以「往得疑疾」，忠諫之士不免處境艱難，而其歷史應驗就是在蕭復、姜公輔、
陸贄等人身上，因爲其際遇就是最好的證明。

第二節　臣的類型

　　臣子有好有壞，良臣雖是肱股之臣，是百姓的寄託；奸臣則令人不齒，
因爲禍害蒼生。不過不管是良臣也好，奸臣也罷，這兩者都必然存在，而且
同時存在。大抵來說，良臣就如同〈大有〉卦的九二爻〔註51〕，爲大有之臣，
可以任重而道遠，如大車般，無所不載；更如同〈益〉卦的初九爻，可以大
有爲於天下，爲庶民蒼生造福。而奸臣則如同〈明夷〉卦的六四爻，「入於左
腹」，總能以邪術迷惑君主，動搖國之根本。總之，臣子的形象各異，而宋《易》
的評介也非常多，茲述如下：

一、良臣

（一）「有命无咎」的忠臣

　　忠臣即是忠貞之臣，〈繫辭上傳〉提到〈謙〉卦九三爻的「勞謙，君子有
終，吉。」胡瑗認爲此爻唯周公之德足以當之：

在古之時，惟周公可以當也。夫周公是文王之子，武王之弟，成王
之叔。當周之時，而相武王伐紂，一戎衣而天下定。迨夫成王幼弱，
已居三公之責，攝天子之位，握天下之重權。位非不尊也，權非不
重也，天下非不歸也，而周公盡人臣之忠節，竭人臣之思慮，以事
於沖君。復制禮作樂，朝諸侯於明堂，天下臣民陶然而歸之。然周
公之心，猶且吐哺握髮，以下白屋之士。〔註52〕

胡瑗認爲周公佐武王伐紂，終結暴政，平定天下。然武王死後，成王繼位，

〔註50〕〈豐‧六二〉，楊萬里：《誠齋易傳》，庫本，頁 14-682；殿本，頁 591。
〔註51〕〈大有‧九二〉：「大車以載，有攸往，無咎。象曰：有車以載，積中不敗也。」
〔註52〕〈繫辭上〉，胡瑗：《周易口義》，《文淵閣四庫全書》本（以下皆略，直接標
　　　　示頁碼），頁 8-479。

由於幼弱，周公主管朝政，「居三公之責，攝天子之位。」可以說位高權重。不過雖掌天下之大器，猶克盡人臣之忠節，憂在天下。除盡心輔佐外，又制禮作樂，禮賢下士〔註53〕，朝諸侯於明堂，使天下歸心，而己並無僭越之思，因此胡瑗甚為稱許，認為自古至今，未有如周公之謙德者。

而〈大有‧六五〉「厥孚，交如，威如，吉。」楊萬里舉漢武帝命霍光輔佐「少子」〔註54〕，劉備向孔明託孤之事，稱讚這兩位臣子的忠誠，可謂君臣交心，無須防備，然小人則不可，楊氏說：

> 六五為〈大有〉盛治之君，……以柔專任誠信，故能感發其下之志，媿服其下之心。下感發則君臣之孚不約而自交，下媿服則道德之威不猛而自洽。「信以發志」，以我之誠信發彼之誠信也；「易而无備」，以我之和易徹彼之周防也。武帝信霍光，託以周公之事；昭烈信孔明，至有君自取之之語。然二臣者，終身不忍負二主之託，又焉用周防也哉！然必如大有之群賢然後可，始皇信斯、高，順帝信梁冀，易而无備可乎！〔註55〕

「厥孚，交如」是說六五之君以孚誠交接臣下，卻能不失威嚴，帝王託孤往往即需如此。不過楊萬里認為託孤也要看對象，唯有大有之賢者方能勝任，若為李斯、趙高或梁冀〔註56〕之流，把國之大事交到這種奸臣匪類，心術不正的人手上，無疑羊入虎口，國君恐怕也難以無備，因為所託非人，必然適得其反。

〔註53〕「下白屋之士」參治亂論。
〔註54〕武帝臨終之際，觀察群臣，獨霍光可任大事，「可屬社稷」，於是將八歲的昭帝託付給霍光，並命其行「周公之事」，要霍光學習周公輔佐成王之事，輔助少主，攝政當國，見《漢書卷六十八‧霍光金日磾傳第三十八》云：「征和二年，衛太子為江充所敗，而燕王旦、廣陵王胥皆多過失。是時上年老，寵姬鉤弋趙倢伃有男，上心欲以為嗣，命大臣輔之。察群臣唯光任大重，可屬社稷。上仍使黃門畫者畫周公負成王朝諸侯以賜光。後元二年春，上游五柞宮，病篤，光涕泣問曰：『如有不諱，誰當嗣者？』上曰：『君未諭前畫意邪？立少子，君行周公之事。』……帝年八歲，政事壹決於光。」頁2932。
〔註55〕〈大有‧六五〉，楊萬里：《誠齋易傳》，庫本，頁14-564；殿本，頁189。
〔註56〕梁商之女分別為順帝的皇后及貴人，梁冀則是梁商之子。順帝對梁商極為看重，委以國政，因此梁商死後，順帝便封其子梁冀為大將軍，見《後漢書卷三十四‧梁統列傳第二十四》：「商薨未及葬，順帝乃拜冀為大將軍，弟侍中不疑為河南尹。」頁1179。

　　至於〈否·九四〉「有命，无咎，疇離祉。」〈象〉曰：「有命无咎，志行也。」李杞說：

> 四居近君之地，蓋大臣欲助其君以濟夫否者也。〈否〉之世，小人擅作威福，不知有君命之可從，而九四能有其君命，以忠義自守，故小人不得以為之咎；而君子之疇，皆相附麗以獲其福祉，而其志行矣。武后屏中宗於外，當時之臣豈知有中宗之命令哉！而狄仁傑從容之間，未嘗一日不以中宗為言，故五王之徒引類而進，以成取日虞淵之功，所謂「離祉」，其是之謂歟！〔註57〕

〈否〉卦指昏暗之世，朝政昏暗，無人以君命為先，只有近君側的九四爻仍不改忠臣本色，欲助其君以濟否而秉除小人。李杞認為當武后屏棄中宗於外時，朝中無人知有中宗之命，只有狄仁傑未嘗不以中宗為念，並於從容間引五王以行其志〔註58〕，終於復辟而迎中宗復位。而五王同類之助，即「疇離祉」之意，疇是類，離是附，意即同類相附以成其功，所以能眾志成城。

〔註57〕　〈否·九四〉，李杞：《用易詳解》，頁 19-398。

〔註58〕　狄仁傑薦舉賢才不遺餘力，甚至多達數十人。五王之張柬之、桓彥範、敬暉，以及竇懷貞，甚至名相姚崇，即皆受其拔擢，尤其對「荊州長史」張柬之更是舉薦再三。武后曾向狄仁傑詢問有沒有「好漢」、「奇士」，也就是「將相」之才，將任使之，否則文士「齷齪」，實在成不了天下事。仁傑即力薦柬之，而且前後推薦二次。並且向武后特別強調，一定要提拔他當宰相，因為柬之年紀雖大，但「真宰相才」，只因「久不遇」，今若能重用之，必能盡心國事。後柬之能居相位，結合五王（張柬之、崔玄暐、桓彥範、敬暉、袁恕己），與將軍李多祚等人，以謀略誅除張氏兄弟（張易之、張昌宗），擁護中宗復位，匡復唐室，溯其源，即仁傑薦引之功，見《舊唐書卷八十九·列傳第三十九·狄仁傑》：「仁傑常以舉賢為意，其所引拔桓彥範、敬暉、竇懷貞、姚崇等，至公卿者數十人。初，則天嘗問仁傑曰：『朕要一好漢任使，有乎？』仁傑曰：『陛下作何任使？』則天曰：『朕欲待以將相。』對曰：『臣料陛下若求文章資歷，則今之宰臣李嶠、蘇味道亦足為文吏矣。豈非文士齷齪，思得奇才用之，以成天下之務者乎？』則天悅曰：『此朕心也。』仁傑曰：『荊州長史張柬之，其人雖老，真宰相才。且久不遇，若用之，必盡節於國家矣。』則天乃召拜洛州司馬。他日，又求賢，仁傑曰：『臣前言張柬之，猶未用也。』則天曰：『已遷之矣。』對曰：『臣薦之為相，今為洛州司馬，非用之也。』又遷為秋官侍郎，後竟召為相。柬之果能興復中宗，蓋仁傑之推薦也。」頁 2894-2895。另《新唐書卷一百二十·列傳第四十五·張柬之》也記載姚崇曾在武后面前推薦張柬之，認為「沈厚有謀」、「能斷大事」，可任宰相，勸武后要馬上重用：「崇曰：『張柬之沈厚有謀，能斷大事，其人老，惟亟用之。』即日召見，拜同鳳閣鸞臺平章事，進鳳閣侍郎。」頁 4323。

　　不過臣子對國君的規諫及行爲的修正，有時也不是單靠一片赤誠便可，即光有忠心也未必能成事，因此在方法的運用上也要因人而異，或剛柔相濟，或情理兼施，如不能單刀直入，則不妨委屈引導，才能讓國君更樂意接納，在〈坎・六四〉「樽酒簋貳，用缶，納約自牖，終无咎。」〈象〉曰：「樽酒簋貳，剛柔際也。」李杞就說坎險之世，二五皆陷險中，很難彼此照應，所幸有六四在旁協助，又剛柔相濟，因此頗得九五之信任，又因時局艱難，所以一切從簡，以誠意爲要，因此樽酒簋貳，納約自牖：

> 〈坎〉之世，二五皆險，不能相應，而四以陰柔居近君之地，乃能上從于五，四之從五，是五之所喜也。當險難之世，而君臣有剛柔相濟之德，則其爲合也甚易而无難，故雖以樽酒貳簋之薄，瓦缶之陋，而亦足以納約自牖，而得其君之信焉，是以禮雖簡約，而終无咎也。夫人君之心，雖有所蔽于外，而亦必有開明之處洞然于其中，惟其爲物所遷，是以迷而不自覺，然其至明之處，則未始與之俱晦也。善諫其君者，必先自其明處入之，則諫无不從。……牖者，開明之地也。漢武帝惑于江充之譖，唐武后溺于三思之愛，是其蔽也。然其天屬父子之親，其明處實未嘗與之俱室，故車千秋、狄仁傑俱自其明處動之，而二君釋然感悟。〔註59〕

「納約自牖」是從洞明處讓國君開悟。牖是窗戶，通向光明，自牖就是從開明處入手，才會更容易成功。漢朝的車千秋及唐朝的狄仁傑就是很好的示範。李杞認爲車千秋及狄仁傑都能審度情勢的利弊，因勢利導，因此都能達到勸諫的目的。如車千秋爲戾太子抱不平〔註60〕，得到武帝正面的回應。中宗被放逐房陵時，吉頊、李昭德都曾進言要讓中宗復位，不過都沒成功，衹有狄仁傑多次委婉提起，並從天人未厭唐德〔註61〕，中宗較得人心，以及母子親

〔註59〕〈坎・六四〉，李杞：《用易詳解》，頁19-438。

〔註60〕戾太子兵敗自殺，然車千秋知道太子是無辜冤枉的，於是向武帝進言，希望武帝赦免其罪，武帝也知道太子舉兵實因惶恐，別無他意，也甚爲自責，於是造「思子宮」，見《漢書卷六十三・武五子傳第三十三・戾太子》：「久之，巫蠱事多不信。上知太子惶恐無他意，而車千秋復訟太子冤，上遂擢千秋爲丞相，而族滅江充家，焚蘇文於橫橋上，及泉鳩里加兵刃於太子者，初爲北地太守，後族。上憐太子無辜，乃作思子宮，爲歸來望思之臺於湖。天下聞而悲之。」頁2747。

〔註61〕武后欲立武三思爲太子，以問宰相，沒人敢回答。狄仁傑則上奏，認爲匈奴犯境，陛下使三思募勇士，結果廢時而少兵，一個月也招不到千人；反觀廬陵王，卻能一二天內就招募五萬人，這表示上天未厭唐德，民心歸李，因此應由廬陵

情,「廟不祔姑」等後果勸說〔註62〕,才終於讓武后感悟,召還中宗,復爲太子。

〈剝‧六三〉「剝之无咎。」〈象〉曰:「剝之无咎,失上下也。」李杞則舉呂強爲例,說明小人也有忠心之輩:

> 上下謂二與四也,二與四皆三之黨也。三有應于上,能去其黨而從乎上九之正,蓋小人而能爲君子之助者也。舍陰即陽,雖失上下之朋,而在我者得其正,可以无咎矣。東漢呂強雖在宦者之列,而清忠奉上,數有危言正論,謂曹節等佞邪徼寵,而欲罷其封,「剝之无咎」,其斯人歟?〔註63〕

〈剝〉卦的六三爻因爲失上下,不與小人同列,而獨應於上九,所以可以剝之無咎。因爲六三能舍陰從陽,離開六二與六四之朋黨,棄小人而從君子,所以得其正,因此爻辭以「无咎」斷之。能以此自省者,李杞舉東漢之呂強爲例,認爲呂強雖爲宦寺之徒,然清忠耿介,直言極諫〔註64〕,就

王繼承帝業,才更合適,見《新唐書卷一百一十五‧列傳第四十‧狄仁傑》:「會后欲以武三思爲太子,以問宰相,眾莫敢對。仁傑曰:『臣觀天人未厭唐德。比匈奴犯邊,陛下使梁王三思募勇士於市,踰月不及千人。盧陵王代之,不浹日,輒五萬。今欲繼統,非盧陵王莫可。』后怒,罷議。」頁4211。

〔註62〕武則天寵幸武三思,甚至想把帝位傳給他,雖有臣子好幾次進言要匡復中宗,但武后始終沒有復辟意。唯獨狄仁傑每從親情倫理入手,流淚奏對,以「母子天性」曉喻,認爲姑姪之親何能勝過母子之親,才終於感動武后迎回盧陵王。因爲兒子當皇帝,才能修建宗廟祭祀母親,卻沒聽說過姪子當皇帝在祭祀姑姑的,武則天這才覺醒,把太子接回宮中。因此使武后改絃易轍,成功讓中宗復位,恢復唐嗣,仁傑功勞最大,見《新唐書卷一百一十五‧列傳第四十‧狄仁傑》:「……久之,(武后) 召謂曰:『朕數夢雙陸不勝,何也?』於是,仁傑與王方慶俱在,二人同辭對曰:『雙陸不勝,無子也。天其意者以儆陛下乎!且太子,天下本,本一搖,天下危矣。文皇帝身蹈鋒鏑,勤勞而有天下,傳之子孫。先帝寢疾,詔陛下監國,陛下掩神器而取之,十有餘年,又欲以三思爲後。且姑姪與母子孰親?陛下立盧陵王,則千秋萬歲後常享宗廟;三思立,廟不祔姑。』后感悟,即日遣徐彥伯迎盧陵王於房州。王至,后匿王帳中,召見仁傑語盧陵事。仁傑數請切至,涕下不能止。后乃使王出,曰:『還爾太子!』仁傑降拜頓首,曰:『太子歸,未有知者,人言紛紛,何所信?』后然之。更令太子舍龍門,具禮迎還,中外大悅。初,吉頊、李昭德數請還太子,而后意不回,唯仁傑每以母子天性爲言,后雖忮忍,不能無感,故卒復唐嗣。」頁4211。

〔註63〕〈剝‧六三〉,李杞:《用易詳解》,頁19-423。

〔註64〕呂強清忠奉公的事蹟見《後漢書卷七十八‧宦者列傳第六十八‧呂強》:「呂強字漢盛,河南成皋人也。少以宦者爲小黃門,再遷中常侍。爲人清忠奉公。靈帝時,例封宦者,以強爲都鄉侯。強辭讓懇惻,固不敢當,帝乃聽之。……中平元年,黃巾賊起,帝問強所宜施行。強欲先誅左右貪濁者,大赦黨人,料簡刺史、二千石能否‧帝納之,乃先赦黨人。」頁2528-2533。

是六三爻「剝之无咎」的典型。

（二）「不家食吉」的賢臣

〈大畜・卦辭〉說：「利貞，不家食吉，利涉大川。」對於「不家食吉」，胡瑗說：

> 「不家食吉」者，夫人君之治天下，必有貴爵重祿養于賢者，使天下之賢皆進于朝廷，受祿于國而不食于家，故邪欲不行而正道日興，以樹成天下之治而獲其吉也。〔註65〕

程頤也說：

> 莫大於天，而在山中，〈艮〉在上而止〈乾〉於下，皆蘊畜至大之象也。在人，爲學術道德充積於内，乃所畜之大也。……既道德充積於内，宜在上位以享天祿，施爲於天下，則不獨於一身之吉，天下之吉也。若窮處而自食於家，道之否也，故不家食則吉。〔註66〕

不家食吉，是因國家養賢，賢者行其道，居上位，「享天祿」，與君王共治天下，因此當然不食於自家。而賢者用事，連帶百姓也得其利，因此當然吉且利涉大川，所以〈象傳〉才會說：「不家食吉，養賢也。」反之，「若窮處而自食於家」，則表示「道之否」，豈能是好徵兆？因此，李中正強調人君用賢即是報答上天「生賢」之美意：

> 人君養賢，使之皆願立於朝，而不食於其家，將以與之共濟其事功。……使賢者不食於其家，則徧得天下之賢而用之，故能享天下之福，而與之弘濟乎艱難，乃所以答天祐生賢之意。〔註67〕

天生賢，人君養賢，而使之立於朝，必能享有天下之福。

其實賢臣是國家的中堅，其道德涵養必然有過人之處，楊萬里就以〈既濟・六二〉之「婦喪其茀，勿逐，七日得」來形容賢臣之冷靜沈穩，對危機之處置得宜，才能成功化解不必要的波折，楊氏說：

> 六二以陰居中，婦象也。九三在前，爲婦車之蔽，茀象也。然九三之火逼近六四之水，火將進而隔于水，喪茀之象也。婦車有蔽而後可行，喪其蔽，不可行之象也。六二有文明中正之德，太平之賢臣也。……上有九五剛陽中正之君，太平之聖君也。以賢臣當盛時，

〔註65〕〈大畜・卦辭〉，胡瑗：《周易口義》，頁 8-296。
〔註66〕〈大畜・卦辭〉，程頤：《伊川易傳》，叢本，頁 126。
〔註67〕〈大畜・卦辭〉，李中正：《泰軒易傳》，叢本，頁 100。

> 遇聖君行吾道，以守盈成。……然一有小隔於其間，則此道梗而不
> 得行，此眾人之所躁而競，君子之所靜而俟者也。〔註68〕

既濟雖是盛世，但不代表盛世就沒有危機，六二爻就是危機的說明。婦喪其
茀，表示婦人乘車的蔽茀遺失了，以致車子無法前行，但爻辭說「勿逐」，即
表示不必主動尋找，七日之後失物自能尋回。以喻賢臣處太平之世，對於無
風起浪之謗言，不必隨之起舞，只要不爲流言所動，假以時日，必能水落石
出，真相大白。此時謠言不攻自破，又何須勞師動眾，以傷其神。意即卜到
這一爻當以靜制動，沈著應變。這是因爲君子坦蕩蕩，俯仰無愧，所以可以
泰然自若。不然，盲進躁動，愈描愈黑，反弄巧成拙，則勝負未可知，卻已
先自亂陣腳，所以楊萬里說：

> 躁而競者，勝負未可知，靜而俟者，不久而自定，故曰：「勿逐，七
> 日得。」然非以中道自處而不躁，安能如此。……故管、蔡之謗周
> 公，公不辯而王自悟；燕王、上官之譖霍光，光不言而帝自察。（武
> 英殿本作「公不辨而王自悟」）（同上）

楊氏認爲臣子遇到這種情形，要有不躁而安的智慧及修養，即如〈小象〉所
言，以「中道」自處，不急於辯駁，待事實還原，主上自能「自悟」、「自察」，
如周公及霍光〔註69〕就是最好的例子，雖然都曾經被懷疑過，但最後都能還
以清白，證明清者自清。

（三）「能止健」的諍臣

諍臣是諍諫之臣，能規勸帝王之失，對於諍臣的重要，王宗傳在〈蠱．
九三〉「幹父之蠱，小有悔，无大咎。」就說：

> 昔者曾子問於孔子曰：敢問子從父之令，可謂孝乎？子曰：是何
> 言歟！是何言歟！天子有爭臣七人，雖无道不失其天下；諸侯有
> 爭臣五人，雖无道不失其國；大夫有爭臣三人，雖无道不失其家；
> 士有爭友，則身不離於令名；父有爭子，則身不陷於不義。故當
> 不義，則子不可以不爭於父，臣不可以不爭於君。故當不義，則

〔註68〕〈既濟．六二〉，楊萬里：《誠齋易傳》，庫本，頁14-708；殿本，頁684。
〔註69〕霍光雖受武帝遺詔輔政，然鄂邑蓋長公主及上官桀父子因與霍光爭權而產生
　　　　閒隙，又知燕王旦怨恨霍光，因而與之私通，意圖謀反，以迎立燕王旦；後
　　　　昭帝覺其有詐，遂親近霍光而疏遠上官桀等人，見《漢書卷六十三．武五子
　　　　傳第三十三．燕刺王劉旦》：「是時昭帝年十四，覺其有詐，遂親信霍光，而
　　　　疏上官桀等。桀等因謀共殺光，廢帝，迎立燕王爲天子。」頁2756。

　　爭之，從父之令，又焉得爲孝乎？〔註70〕

　〈蠱〉卦的九三爻比起九二顯然有過剛之失（因陽爻居陽位，稍欠陰柔），不免超出中道；不過對於幹父之蠱，即拯救父親的弊端來說，有時不得不如此，否則難以見效。王宗傳也舉曾子問孝於孔子的例，說明行孝不表示事事皆應順從於父，一旦父有過咎，爲人子者，亦應直言不諱，以免放縱父親一錯再錯。孔子就提到天子因有「爭臣」七人，所以即使無道，亦不至於失天下；諸侯因爲有爭臣五人，所以即使無道，亦能免於失國。而下至大夫、士子，與父子之間亦然，遇到不義，臣可以爭君，子可以爭父。因此，如果對於君父的過咎，爲臣爲子者視而不見，甚至包庇，則等於是陷君父於不義，如此又焉得爲忠臣、孝子？所以子之爭父，雖不免於小有悔，然於大節則可全之，因此〈小象〉才會說「終无咎也」，即不會有過咎。

　　胡瑗在〈大畜‧象曰〉「能止健，大正也。」也認爲唯有「大正至賢」之臣子，才能在君上行事偏離之時，止君之邪欲而促使其回歸正道，如同汲黯可讓武帝畏憚而收斂其行，胡瑗說：

　　　能止健，大正者。健謂乾。夫人君有威嚴之勢，而臣能止之，必有大
　　　正之道則可也。是故漢武不冠不見汲黯。夫以汲黯之才，但一直臣耳，
　　　然尚畏憚之如此，則其大正至賢之臣，其君之畏敬可知矣。〔註71〕

汲黯乃直臣，能止君之不善，所以能指責武帝之缺失，因此武帝不戴帽子時就不敢接見他，可見對汲黯的重視。〔註72〕

〔註70〕〈蠱‧九三〉，王宗傳：《童溪易傳》，庫本，頁17-105；通本，頁999。
〔註71〕〈大畜‧象傳〉，胡瑗：《周易口義》，頁8-297。
〔註72〕汲黯的個性直「戇」，「不能容人之過」，經常給武帝難堪，或當著群臣面指責武帝的缺失，武帝怕他、敬他，可由他接見臣子們的態度看出：如武帝就曾蹲在廁所裡見大將軍衛青，而平日見公孫弘，有時也沒戴帽子，但遇到汲黯一定端正衣冠，戴上帽子。有一次沒戴帽子卻望見汲黯要上奏，於是匆忙避入帳中，不敢接見他，而派人「可其奏」，可見汲黯對武帝的影響，見《史記卷一百二十‧汲鄭列傳第六十》說：「黯爲人性倨，少禮，面折，不能容人之過。……好直諫，數犯主之顏色。……天子方招文學儒者，上曰吾欲云云，黯對曰：『陛下內多欲而外施仁義，奈何欲效唐虞之治乎！』上默然，怒，變色而罷朝。公卿皆爲黯懼。上退，謂左右曰：『甚矣，汲黯之戇也！』群臣或數黯，黯曰：『天子置公卿輔弼之臣，寧令從諛承意，陷主於不義乎？且已在其位，縱愛身，奈辱朝廷何！』……大將軍青侍中，上踞廁而視之。丞相弘燕見，上或時不冠。至如黯見，上不冠不見也。上嘗坐武帳中，黯前奏事，上不冠，望見黯，避帳中，使人可其奏，其見敬禮如此。」頁3106。

關於〈大畜〉卦，上〈艮〉下〈乾〉，一般解釋成臣止君之意，因艮為山，有止之意，即臣能止君之不善，防君之惡，所以在〈大畜・象曰〉「大畜，剛健篤實輝光，日新其德。剛上而尚賢，能止健，大正也。不家食吉，養賢也。利涉大川，應乎天也。」楊萬里說：

> 以〈艮〉〈乾〉二體言，為臣止君。〈乾〉為君，〈艮〉為少男。乾健
> 欲上進，而艮止之於下，此臣之止其君之不善者也。曷為能止君之不
> 善，有大人正己之德，而潛格其非心也。……故袖中之鶚，恥魏徵之
> 見；苑中之游，畏韓休之聞，夫豈待面折禽荒章交盤遊哉！〔註73〕

楊萬里舉魏徵、韓休〔註74〕之事為例，說明二人對君王的規諫之功。而在〈大畜〉卦九二爻「輿說輹。象曰：輿說輹，中无尤也。」楊萬里認為在他卦，九二爻多為臣子，而在此卦則為君主之象，這是相當特別的解釋，並且輿之前行，若無說輹，則不能止之，車子就會停不下來，而發生危險，就如同九二之君須賴六五爻之止，方能免咎無過，楊萬里說：

> 輿所以行也，說輹所以不行也。二居中得正，而受六五之止，故中
> 而无尤。太宗欲幸東都，畏魏徵之諫而止，「輿說輹」之義也。凡卦
> 二為臣，此九二乾為君。〔註75〕

不過臣子對君主的規勸之功，不僅要有勇氣，更要有誠意，王宗傳認為唯有剴

〔註73〕〈大畜・象曰〉，楊萬里：《誠齋易傳》，庫本，頁 14-596；叢本，頁 101；殿本，頁 297。

〔註74〕韓休性「訐直」、「峭鯁」，對於時政得失，言無不盡；遇聖上有過失，或同僚意見需要糾正處，往往進諫直言，不假辭色，連當初推薦他的蕭嵩也不例外，照樣糾正，使得嵩不免為此而感到不平；然宋璟卻因此稱讚他有「仁者之勇」，表現令人驚豔，而玄宗對他更是畏懼。玄宗曾獵苑中，就害怕玩樂過度，沒有節制會被韓休知道而馬上上奏，因此老是悶悶不樂，簡直沒有一天快樂的。左右也曾勸玄宗「逐去」韓休，但帝終以天下社稷而重用韓休。因為和蕭嵩的只會「順」從比起來，玄宗認為韓休更可靠，國家大事交由他發落，才能安然入睡；若交由蕭嵩，則必然睡不安穩，可見玄宗早期勵精圖治，頭腦清楚的英明，與後期快速墮落的離譜表現，簡直不可同日而語，見《新唐書卷一百二十六・列傳第五十一・韓休》：「休直方不務進趨，既為相，天下翕然宜之。……初，嵩以休柔易，故薦之。休臨事或折正嵩，嵩不能平。宋璟聞之曰：『不意休能爾，仁者之勇也。』嵩寬博多可，休峭鯁，時政所得失，言之未嘗不盡。帝嘗獵苑中，或大張樂，稍過差，必視左右曰『韓休知否？』已而疏輒至。嘗引鑑，默不樂。左右曰：『自韓休入朝，陛下無一日歡，何自戚戚，不逐去之？』帝曰：『吾雖瘠，天下肥矣。且蕭嵩每啟事，必順旨，我退而思天下，不安寢。韓休敷陳治道，多訐直，我退而思天下，寢必安。吾用休，社稷計耳。』」頁 4433。

〔註75〕〈大畜・九二〉，楊萬里：《誠齋易傳》，庫本，頁 14-596；殿本，頁 299。

切之誠才能感動君上，而改變君主的意志，使其轉而接納臣下之意見，不過這
當然不是一二天就能做到的，須要長期累積，有良好的關係，才能彼此心照不
宣，不以爲疑，如同〈革·九四〉所言，「有孚」才能「改命之吉」，王宗傳說：

> 四也近而親五，以同德佐上，而其孚信素結主心，故上有所命，當
> 改則改之。在我不爲嫌，而在君子亦不爲疑，嫌疑兩忘，此所以吉
> 也。……唐太宗嘗欲以鄭仁基息女爲充華，典冊已具，魏徵言之，
> 帝即詔停其冊。高昌王麴文泰將入朝，西域諸國欲因文泰遣使奉獻，
> 帝詔迎之，徵又言之，帝追止其詔。至於遣使立葉護可汗也，使者
> 未還，復遣使諸國市馬，徵又言之，帝爲之止。凡此類者，所謂「改
> 命」也，然苟非徵也，展盡底蘊，不事形跡，而剴切之誠上當帝心，
> 則改命之吉，未易至是也。〔註76〕

歷史上最有名的諫臣就是魏徵。魏徵能屢次諫止唐太宗之詔令，就是因爲
君臣間有嫌疑兩忘的默契，有互信的基礎，才能改命而得吉。這也是魏徵
能讓太宗言聽計從，甚至不惜收回詔命的主要原因。王氏也舉三個例子證
明魏徵對太宗之改詔令，有著決定性的影響，即讓政策從此逆轉：一是充
華之諫，另一是高昌國麴文泰事件，最後則是立葉護可汗之事。關於充華
之事，魏徵認爲太宗不應強娶民女，宜推恩百姓，太宗也引咎自責，追回
成命〔註77〕。而高昌王麴文泰以及西域諸國將入朝一事〔註78〕，魏徵也上

〔註76〕〈革·九四〉，王宗傳：《童溪易傳》，庫本，頁 17-253。通本，頁 1121。
〔註77〕唐太宗貞觀二年，隋朝通事舍人鄭仁基之女，年十六、七，容色絕代，所以文德
　　　皇后預備立爲嬪妃。詔書雖下，然冊令尚未發布。此時魏徵聽說鄭女已許配陸家，
　　　於是立即進諫，向太宗上陳，認爲陛下應將心比心，不應強搶民媳，以虧聖德，
　　　並期望太宗停止冊封。對於魏徵之諫，太宗下詔以表自咎，並停止冊封之事。不
　　　過房玄齡等人則另有說法，認爲大禮已行，不應冒然停止，況且陸氏也表明與鄭
　　　家並無婚約。對於二派意見，太宗猶豫不決，於是又向魏徵詢問，魏徵以陸氏怕
　　　得罪聖上，所以才會故意撇清關係。最後太宗爲杜絕陸氏之疑慮，遂發出敕令，
　　　以明己過，表示因未能詳察，以致錯封嬪妃，而如此之舉也受到百姓的讚許，見
　　　《新唐書卷九十七·列傳第二十二·魏徵》：「鄭仁基息女美而才，皇后建請爲充
　　　華，典冊具。或言許聘矣。徵諫曰：『陛下處臺榭，則欲民有棟宇；食膏粱，則
　　　欲民有飽適；顧嬪御，則欲民有室家。今鄭已約昏，陛下取之，豈爲人父母意！』
　　　帝痛自咎，即詔停冊。」頁 3869；又見《貞觀政要·論直諫》。
〔註78〕高昌王麴文泰將入朝，其它各國也想跟進，太宗於是派厭怛紇干前往迎接，
　　　不過此舉魏徵認爲不妥。因爲十幾個國家的使者入貢，賓客不下千人，費用
　　　全由中國支出，對州縣財政是一大負擔；而如果是以商人的名義往來，則是
　　　雙邊獲利，實無不可。何況中國剛安定，不應再行擾民。對於魏徵的議論，

諫，認爲天下初定，不宜勞師遠迎，勞民傷財，於是太宗也緊急停止。最後是遣使立可汗及買馬一事，魏徵認爲事有本末先後、輕重緩急之別，既然要立可汗，就別又急著前往西域買馬，買馬一事不必操之過急，於是太宗也下令停止買馬，以立可汗爲要。〔註79〕

　　而〈艮‧初六〉「艮其趾，无咎，利永貞。」〈象〉曰：「艮其趾，未失正也。」楊萬里說：

> 止不善必在初，止之於初猶不能止之於末，而況肆之於初者乎！顏
> 子之不遠復，止一己之不善於初者也。漢文即位之初，喜嗇夫之辯
> 捷，而張釋之極言其害，止其君之不善於初者也。〔註80〕

艮爲山，山有止之意，而趾是初始，所以「艮其趾」就是止其始。表示在一開始就阻止不好的事情發生，所謂「止不善必在初」。楊氏也舉張釋之爲例，說明釋之能止漢文帝之失於初始，向皇帝陳述巧言之弊，強調看一個人不能

　　　　太宗認爲很有道理，於是馬上下令追回，見《舊唐書卷七十一‧列傳第二十一‧魏徵》：「時高昌王麴文泰將入朝，西域諸國咸欲因文泰遣使貢獻，太宗令文泰使人厭怛紇干往迎接之。徵諫曰：『中國始平，瘡痍未復，若微有勞役，則不自安。往年文泰入朝，所經州縣，猶不能供，況加於此輩？若任其商賈來往，邊人則獲其利；若爲賓客，中國即受其弊矣。漢建武二十二年，天下已寧，西域請置都護、送侍子，光武不許，蓋不以蠻夷勞弊中國也。今若許十國入貢，其使不下千人，欲使緣邊諸州何以取濟？人心萬端，後雖悔之，恐無所及。』上善其議‧時厭怛紇干已發，遽追止之。」頁2548。

〔註79〕　貞觀十五年，唐太宗派遣使者到西突厥，欲冊立葉護爲可汗，不過使者尚未返國，太宗又派遣使者多帶金錢絹帛，準備到西域各國買馬。對於此事，魏徵進諫，認爲派遣使者是以立可汗爲名，而可汗尚未定，旋又派使者到各國買馬，如此一來，葉護必定會認爲聖上本意是要買馬，而不是爲了專立可汗而來。因此，即使可汗即位，也不會心存感激；如果不得立，也必然心生怨恨。而西域各國如果知道了，也必然不會尊重中國。至於求馬之事，魏徵認爲只要四海安寧，不必求馬，也會有人自動獻上，如漢文帝及光武帝的情況即是，所以買馬之事實應緩之，見《舊唐書卷七十一‧列傳第二十一‧魏徵》：「先是，遣使詣西域立葉護可汗，未還，又遣使多齎金銀帛歷諸國市馬。徵諫曰：『今以立可汗爲名，可汗未定，即詣諸國市馬，彼必以爲意在市馬，不爲專意立可汗。可汗得立，則不甚懷恩。諸蕃聞之，以爲中國薄義重利，未必得馬而失義矣。昔漢文有獻千里馬者，曰：吾凶行日三十里，吉行五十里，鑾輿在前，屬車在後，吾獨乘千里馬將安之？乃賞其道里所費而返之。漢光武有獻千里馬及寶劍者，馬以駕鼓車，劍以賜騎士。陛下凡所施爲，皆邁踰三王之上，奈何至於此事，欲爲孝文、光武之下乎？又魏文帝欲求市西域大珠，蘇則曰："若陛下惠及四海，則不求自至，求而得之，不足爲貴也。"陛下縱不能慕漢文之高行，可不畏蘇則之言乎？』太宗納其言而止。」頁2559。

〔註80〕　〈艮‧初六〉，楊萬里：《誠齋易傳》，庫本，頁14-671；殿本，頁553。

只看口才言語，而忽略實質面。並舉周勃、張相如爲例，認爲此二人雖不善言語（「此兩人言事曾不能出口」，即口才不好，遇到事情連話都說不出來），卻不妨害爲長者；並以秦任刀筆吏，結果二代就玩完了的歷史教訓，來向文帝分析「徒文具」的爲害，遂使文帝改變封嗇夫官位的念頭。〔註81〕畢竟口才不能完全等同於能力，也未必是治亂之關鍵，因爲有能力的人未必善於言語，而「利口」之人也未必眞有才學，所以孔子才會稱讚質木之人，認爲「剛毅木訥，近仁。」（《論語・子路篇》）

在〈兌・九四〉：「商兌未寧，介疾有喜。」王宗傳說：

> 夫當〈兌〉之時，九五，兌之主也。六三、上六皆五之疾也。當此之時，欲去五之疾，所賴者誰歟？九四是也。蓋四以剛德處近君之位，則進謀獻議，欲去君之疾而後已。吾君之疾未去，則吾之所以商此二兌也。……二疾既去，此九四之喜而天下之慶也。……昔楚莊王日夜爲樂，令國中曰：有敢諫者死。伍舉入諫，莊王左抱鄭姬，右抱越女，坐鐘鼓之間。伍舉曰：願有進隱。莊王曰：舉退矣！吾知之矣！居數日，淫益甚。大夫蘇從入諫，王曰：若不聞令乎？對曰：殺身以明君，臣之願也。莊王於是罷淫樂，任伍舉、蘇從以政，國人大悅，此所謂「九四之喜，有慶也」。〔註82〕

〈兌〉之世，人心安逸，而九四近君側，其任務就在去九五之疾。九五之疾就是六三及上六這兩個小人，九四必去此二疾，而後有喜而天下大慶。對於

〔註81〕漢文帝曾到虎圈參觀，張釋之隨行。文帝詢問上林尉禽獸的種類數量，十幾個問題下來，尉皆不能對，而在旁的嗇夫因爲熟稔，所以代上林尉回答得很詳細。文帝很欣賞他，想越級提拔，封他爲「上林令」，而釋之則提出反對的意見，認爲因爲口才好而升官，則恐怕天下人皆追逐利口而無其實，「隨風靡靡」，形成不良風氣，文帝聽後稱善，於是打消升嗇夫官的念頭，見《史記卷一百二・張釋之馮唐列傳第四十二》：「釋之從行，登虎圈。上問上林尉諸禽獸簿，十餘問，尉左右視，盡不能對。虎圈嗇夫從旁代尉對上所問禽獸簿甚悉，欲以觀其能口對響應無窮者。文帝曰：『吏不當若是邪？尉無賴！』乃詔釋之拜嗇夫爲上林令。釋之久之前曰：『陛下以絳侯周勃何如人也？』上曰：『長者也。』又復問：『東陽侯張相如何如人也？』上復曰：『長者。』釋之曰：『夫絳侯、東陽侯稱爲長者，此兩人言事曾不能出口，豈斅此嗇夫諜諜利口捷給哉！且秦以任刀筆之吏，吏爭以亟疾苛察相高，然其敝徒文具耳，無惻隱之實。以故不聞其過，陵遲而至於二世，天下土崩。今陛下以嗇夫口辯而超遷之，臣恐天下隨風靡靡，爭爲口辯而無其實。且下之化上疾於景響，舉錯不可不審也。』文帝曰：『善。』乃止不拜嗇夫。」頁2752。

〔註82〕〈兌・九四〉，王宗傳：《童溪易傳》，庫本，頁17-296；通本，頁1155。

這種諍諫之臣，王宗傳舉春秋五霸楚莊王之臣子伍舉及蘇從爲例，說明這兩人是讓莊王痛改前非的主要功臣。楚莊王原本淫逸不理朝政，不僅寵幸女子，又欲誅殺上諫者，幸伍舉之曉喻，及蘇從之死諫，不惜「殺身以明君」，才讓莊王回心轉意〔註83〕，而力圖振作，著實應驗了〈兌〉卦九四爻之「介疾有喜」，所以值得慶祝。

另外，〈蹇・六二〉「王臣蹇蹇，匪躬之故。」〈象〉曰：「王臣蹇蹇，中无尤也。」王宗傳提及韓愈對陽城的批評勸諫，因爲韓愈認爲陽城徒取充位，有愧職守：

> 昔退之作〈爭臣論〉，嘗引此爻與〈蠱〉之上九以譏陽城矣。而曰：
> 若〈蠱〉之上九居无用之地而致匪躬之節，以〈蹇〉之六二在王臣
> 之位而高不事之心，則冒進之患生，而曠官之刺興，志不可則，而
> 尤之不能无也。亦曰：居此位者，則必及此事，若視政之得失，若
> 越人視秦人之肥瘠，忽焉不加休戚於其心，則過矣。〔註84〕

韓愈作〈爭臣論〉來諷刺諫議大夫陽城尸位素餐，無所事事，使得其職幾形同虛設。〔註85〕因陽城在朝後，不發一語，雖深諳朝政之利弊，卻視而不見，聽而不聞，始終未嘗進言，就如同「越人視秦人之肥瘠」一般，一副事不關己的態度，並以爲清高不涉議論。對於這樣的臣子，韓愈認爲根本毫無諫績可言。不僅沒有盡到諍諫之責，也實在看不出有什麼作爲，完全失去諫議大夫「言責」的功能。對於韓愈的〈爭臣論〉，王宗傳也表示讚同說：「夫諫諍，

〔註83〕 楚莊王荒廢政治，日夜作樂，還嚴禁國人進諫，並且下令有敢進諫者處死。後因伍舉的隱諫，以及蘇從的死諫，才開始聽政而勵精圖治，成爲春秋五霸之一，見《史記卷四十・楚世家第十》「莊王即位三年，不出號令，日夜爲樂，令國中曰：『有敢諫者死無赦。』伍舉入諫，莊王左抱鄭姬，右抱越女，坐鐘鼓之間。伍舉曰：『願有進。』隱曰：『有鳥在於阜，三年不蜚不鳴，是何鳥也？』莊王曰：『三年不蜚，蜚將沖天；三年不鳴，鳴將驚人。舉退矣，吾知之矣。』居數月，淫益甚。大夫蘇從乃入諫。王曰：『若不聞令乎？』對曰：『殺身以明君，臣之願也。』於是乃罷淫樂，聽政，所誅者數百人，所進者數百人，任伍舉、蘇從以政，國人大說。是歲滅庸。六年，伐宋，獲五百乘。」頁1700。

〔註84〕 〈蹇・六二〉，王宗傳：《童溪易傳》，庫本，頁17-202；通本，頁1078。

〔註85〕 〈爭臣論〉說：「今陽子在位，不爲不久矣。聞天下之得失，不爲不熟矣。天子待之，不爲不加矣，而未嘗一言及於政。視政之得失，若越人視秦人之肥瘠，忽焉不加喜戚於其心。問其官，則曰：『諫議也。』問其祿，則曰：『下大夫之秩也。』問其政，則曰：『我不知也。』有道之士，固如是乎哉？」（見《韓昌黎全集》，中華書局出版，四部備要本，民55年3月台一版），頁10。

言官也，猶不可曠，而況居大臣之位，而當蹇難之時，其可以自處於靜止之地而已乎？」（同上）。總之，陽城在野雖有令譽，但在朝則毫無建樹，所以韓愈質疑這種缺乏責任感的人可以稱得上是「有道之士」嗎？而目的無非是要勸陽子及時悔悟，善補其過，發揮諫官之職責。何況天下興亡，匹夫有責，六二又居人臣之位，上應九五之君，在蹇難之時，更是責無旁貸，因此不應置身事外，所以王宗傳又說：

> 六二以柔靜知止，在蹇之時，爲遠於難，可以无蹇矣。然身雖无蹇，而與九五大人居相應之地，蹇而不濟，難而不救，將焉用居此位也，故必盡王臣之義，而後居此中位可以无愧矣！蹇蹇，謂時之方蹇，而吾當力任此蹇之責，此雖非其躬之蹇也，而上而吾君，下而天下之民，皆予賴也，予其敢謂其非躬之故，而不以爲蹇也乎？（同上）

而〈爭臣論〉到底有沒有效果，楊萬里在〈小過・初六〉「飛鳥以凶。象曰：飛鳥以凶，不可如何也。」就提到陽城欲壞白麻以諫德宗之事：「故陽城欲壞白麻，而德宗不相裴延齡。」〔註 86〕說明了〈爭臣論〉似乎發揮了功效，成功制止裴延齡之野心，也阻止德宗昏庸之舉。〔註87〕

〈既濟・九三〉「高宗伐鬼方，三年克之，小人勿用。」〈象〉曰：「三年克之，憊也。」李光說九三雖非君位，然以陽居陽，剛健之至，故以當高宗威武之君，然也因此有過剛之失：

> 鬼方，幽陰之方，遠役也。三年克之，疲憊之甚。傅說嘗誨以干戈省厥躬，則高宗之失，蓋在于此。使當時已有一傅說，必能諫止之，以此知高宗嘗用小人矣！故《易》舉以爲萬世之戒。唐太宗伐遼之役，其勞人費財，後亦悔悟，乃歎曰：使魏徵在，必无此行。然則興衰撥亂之主，既濟之後，乃欲貪土地、求貨財，用兵不已，以疲憊中國，未有不亂亡者。〔註88〕

李光認爲高宗伐鬼方，結果三年克之，造成國力大量消耗，當時若有傅說之賢臣，必能諫而止之。而唐太宗也是如此，其伐遼之役，勞人費財，連太宗

〔註86〕〈小過・初六〉，楊萬里：《誠齋易傳》，庫本，頁 14-705；殿本，頁 671。

〔註87〕楊萬里認爲〈小過〉卦諸爻皆有過度的情況，尤其初六之陰柔小人，由於居下層，常有進居高位之企圖，一心想要攀升以居二爻，成爲朝中大臣。此時有道君子應該出面加以制止，以免小人得逞，爲害天下，如唐朝的陽城諫德宗即是，目的就是不讓裴延齡爲相。

〔註88〕〈既濟・九三〉，李光：《讀易詳說》，文淵閣四庫全書本（以下皆略，直接標示頁碼），頁 10-454。

自己都不免感歎若魏徵在，必能適時諫止之〔註89〕，以避免憾事發生。這說明即便大有爲之君，爲興衰撥亂之主，在功業成就之後，仍需有人在旁適時監督提醒，以規戒其過。

（四）「曳其輪」的謀臣

謀臣，是謀略之臣，能運籌帷幄，決勝千里之外，如〈未濟·九二〉「曳其輪，貞吉」即是，李杞以陳平爲例，說明呂后擅政之際，陳平表面不動聲色，看似無所作爲，實則深謀慮審，以待時機反制：

> 九二，濟難之臣也。以剛中之才，上應六五離明之君，當〈未濟〉
> 之世，人君方望之以有爲，而二乃遲緩不決，曳其輪而不往，宜乎
> 不貞矣！然其以中正自守，深謀審慮而不敢輕發，則夫所謂遲鈍者，
> 是乃所以行其正者也。呂氏之禍，陳平不敢出一語，而燕居深念，
> 若无所能爲，嗟夫！孰知夫燕居深念，乃有爲之大者乎！〔註90〕

〈未濟〉表示功業未成，而九二處未濟之時，雖具陽剛濟世之才，卻仍在〈坎〉陷中，未能出險（下卦坎爲險），所以只好曳其車輪（曳是拖著），放慢腳步，先行觀望，而未敢輕進妄動。如同陳平在呂后主事之際，不敢出一語，似無所能爲，然「燕居深念」，「遲緩不決」正是深思熟慮，積蓄力量的再現，並非平庸不知所措。陳平之外，陸賈亦然，呂后欲封諸呂爲王時，害怕大臣們說東說西的，陸賈看情勢不對頭，又「自度不能爭之」（自認說不過呂后），於是「病免家居」，回家過清閒的日子，再思考對策，以免與呂后直接對立生患。

〈未濟〉卦九二爻外，〈需·九二〉「需于沙，小有言，終吉。」〈象〉曰：「需于沙，衍在中也；雖小有言，以吉終也。」也跟謀臣有關。因爲這一爻很接近險難（上卦爲坎險），卻能安然無恙，表示此爻有過人之處，應非等閒之輩。王宗傳就舉陸賈爲例，證明解決小人也不一定要跟他「交相爲敵」，仍可表面相安無事，以寬裕自處處物，再且戰且走：

> 沙，平衍之地也。九二以剛居中，故又曰「衍在中也」。故君子之濟

〔註89〕《舊唐書卷一百九十九下·列傳第一百四十九下·北狄》史臣曰：「我太宗文皇帝親取戎輅，東征高麗，雖有成功，所損亦甚。及凱還之日，顧謂左右曰：『使朕有魏徵在，必無此行矣。』則是悔於出師也可知矣。」頁5364。而《新唐書卷九十七·列傳第二十二·魏徵》：「遼東之役，高麗、靺鞨犯陣，李勣等力戰破之。軍還，悵然曰：『魏徵若在，吾有此行邪！』即召其家到行在，賜勞妻子，以少牢祠其墓，復立碑，恩禮加焉。」頁3881。
〔註90〕〈未濟·九二〉，李杞：《用易詳解》，頁19-522。

夫難也，豈務與之交相爲敵歟！夷然以寬裕自處，亦還以寬裕處夫
物，而期於吾不彼攖，彼不吾傾而已矣。夫如是，則始焉雖不免薄
有所嫌，小有所疑，終焉釋然禍去而難平矣，故曰「小有言，終吉。」
此君子之善濟夫難也。昔諸呂之難亟矣，而陸賈乃從容於平、勃之
間，未嘗少激其勢也。俄而將、相交歡，而左袒一呼，呂宗覆矣。
若賈者，可與論〈需〉之終吉也，其能身位俱榮，宜哉！〔註91〕

九二比初九更接近坎險，但九二以剛居柔，又得中位，因此不致過於剛躁，
即便小有不順，最終仍吉祥。因九二處平沙之地，對待敵人不失寬裕，所以
能在敵我之間游刃有餘，而不被險難所波及。因爲一旦與小人勢不兩立，可
能己先不保，又何能拯濟災難？所以此時不妨先與小人和平共存，再作打算。
而過程中或許令人心生疑慮，但最終必可渙然冰釋，而有良好的結局，如陸
賈計除諸呂，即是此種情況。呂后亂政之際，陸賈懂得暫時引退，卻仍不忘
向陳平傳授解決之道。認爲國家承平之時，丞相很重要；然危難之際，就要
特別注意將領，能夠「將相和調」，就能穩住士子，大權便不致分散。因此，
陸賈告訴陳平，當今國之安危，就掌握在您和太尉周勃手中，只有您二人聯
手，才能除諸呂。陳平聽其言，交驩太尉，果眞在日後合作，成功扳倒諸呂。
關於陸賈的從容，王宗傳認爲符合〈需〉卦的精神，能周旋在平、勃間，不
與諸呂正面交鋒，也不激化呂氏的危機意識，以謀略除諸呂〔註92〕。這在當

〔註91〕 〈需·九二〉，王宗傳：《童溪易傳》，庫本，頁 17-44；通本，頁 952。
〔註92〕 呂后當權，危及劉氏政權時，陳平雖爲右丞相，然力不足以爭之，又懼有禍患，
所以常在家中沈思。有一天，陸賈來到家中，過了一會，陳平都沒注意到他。
陸賈便問他在想什麼，想這麼入神？陳平要他猜猜看？陸賈則認爲不過是在
憂患諸呂擅權一事，結果果眞被陸賈說中。陳平於是向陸賈請教解決之道。陸
賈便告訴陳平要注意將領，並多去跟周勃「深相結」，培養默契，讓士子親附，
因爲「將相和調」，權力自然不會分散。陳平用用其計，送五百金向周勃祝福，
而周勃也回敬之，因此二人互動良好。之後果然靠兩人合力剷除諸呂，迎立孝
文皇帝，見《史記卷九十七·酈生陸賈列傳第三十七》：「呂太后時，王諸呂，
諸呂擅權，欲劫少主，危劉氏。右丞相陳平患之，力不能爭，恐禍及己，常燕
居深念。陸生往請，直入座，而陳丞相方深念，不時見陸生。陸生曰：『何念
之深也？陳平曰：『生揣我何念？』陸生曰：『足下位爲上相，食三萬戶侯，可
謂極富貴無欲矣。然有憂念，不過患諸呂、少主耳。』陳平曰：『然。爲之奈
何？』陸生曰：『天下安，注意相；天下危，注意將。將相和調，則士務附；
士務附，天下雖有變，即權不分。爲社稷計，在兩君掌握耳。臣常欲謂太尉絳
侯，絳侯與我戲，易吾言。君何不交驩太尉，深相結？』爲陳平畫呂氏數事。
陳平用其計，迺以五百金爲絳侯壽，厚具樂飲；太尉亦報如之。此兩人深相結，
則呂氏謀益衰。……及誅諸呂，立孝文帝，陸生頗有力焉。」頁 2700。

時雖被王陵批評，認爲有貳心，依附呂后，然其實只是過程，是權變，最終會證明一切。這便是〈需〉卦九二爻的情況，即便「小有言」，被人誤解，而有言語上的不滿，然終吉，因此不必急於一時說清楚。至於楊萬里在《誠齋易傳》〈大壯〉九四爻「貞吉，悔亡。藩決不羸，壯于大輿之輹。」〈象〉曰：「藩決不羸，尚往也。」也說：「九四居近君之位，得眾陽之助，而能以剛居柔，不用其壯，此其所以貞也。……此陸賈調和平、勃，以安劉滅呂之事耶！（殿本作「九四居近臣之位」）」〔註93〕楊氏稱讚陸賈不用其壯，不以硬碰硬，而是穩紮穩打，以能安定政局爲前提。

〈鼎・九四〉「鼎折足，覆公餗，其形渥，凶。」王宗傳認爲〈鼎〉卦之九四爻，其才德比起九二及九三，都顯不足，因此不足以承擔大任，如果謀大事，亦不免壞事而致凶禍，如戰國的吳起及漢朝的王陵，謀略不及田文與平、勃，卻意欲居高位、任大任，王氏說：

> 昔吳起與田文論功，起發三問，而文皆應之曰：「不如子。」起曰：「此三者皆居吾下，而位居吾上，何也？」文乃曰：「主少國疑，大臣未附，百姓不親，方是之時，屬之子乎？屬之我乎？」起默然良久，曰：「屬之子矣。」王陵讓平、勃，以阿呂后意，背高帝約，平曰：「於面折庭爭，臣不如君；全社稷，定劉氏，君亦不如臣。」卒之誅呂安劉者，平與勃也。夫田文、陳平方之古大臣，雖曰未可，然位高位、謀大謀、任重任，言與事符，亦庶幾於能信者。〔註94〕

吳起認爲自己的能力勝過田文〔註95〕，卻屈居田文之下而不悅。然田文則以安主定內反駁吳起之言，使之知難而退。另外，漢朝王陵也責備陳平、周勃，認爲二人背棄與高祖的盟約，即非劉氏不得稱王，甚至要「共擊之」的約定，

〔註93〕〈大壯・九四〉，楊萬里：《誠齋易傳》，庫本，頁 14-616；殿本，頁 366。

〔註94〕〈鼎・九四〉，王宗傳：《童溪易傳》，庫本，頁 17-258；通本，頁 1124。

〔註95〕田文任魏相，吳起不滿，於是與田文論功，質問三事，結果田文皆自認不如：一是統率三軍，二是治理百官萬民，三是守西河，使秦兵不敢犯。不過田文也反過來詢問吳起，認爲主少國疑，百姓未安之際，又誰適合承擔重任，吳起思考了一下，覺得田文更合適，才發覺自己的才能確實不如田文，見《史記卷六十五・孫子吳起列傳第五》：「吳起爲西河守，甚有聲名。魏置相，相田文。吳起不悅，謂田文曰：『請與子論功，可乎？』田文曰：『可。』起曰：『將三軍，使士卒樂死，敵國不敢謀，子孰與起？』文曰：『不如子。』起曰：『治百官，親萬民，實府庫，子孰與起？』文曰：『不如子。』起曰：『守西河，而秦兵不敢東鄉，韓趙賓從，子孰與起？』文曰：『不如子。』」頁2167。

竟然贊成呂后大封諸呂為王，削減劉氏。不過陳平卻對王陵說，或許在諍諫方面，自己比不過他；然如要「全社稷」，「定劉氏之後」，則恐怕是不遑多讓，非我莫屬。即王陵未必有這種本事。而王陵聽了也無言以對，認同此事。[註96] 總之，人才各有其用，適合這個位置未必適合那個位置，無法相提並論。而對於田文、陳平、周勃此等人，王宗傳認為其能「謀大謀」、「任重任」，與德薄而位尊，知小卻謀大者不同，即此種人才華比較高明。

（五）「用拯馬壯」的功臣

這種臣子通常功高望重，卻也功高震主，因此要如何避開危機，是一大考驗，李光認為應該學習〈既濟‧六四‧小象〉之言，即「終日戒，有所疑也。」的精神，深自戒懼，才能免於主上猜疑：

> 處〈既濟〉之時也，四在高位，當既濟之後，功業已盛，主所疑也，非深自戒慎，其能免乎！自古人臣有濟難之才，功高位重而主不疑者，漢有張良、唐惟郭子儀。蓋其自處有道也，故象曰：「終日戒，有所疑也。」[註97]

李光舉郭子儀之善處，與張良的智慧，稱許他們「自處有道」，雖有濟難之才，且功業隆重、地位崇高，不過君臣間並沒有緊張的關係，或是嫌疑猜忌等心結，所以保君之後又能自保，無疑為君臣相處提供良好的示範。

在〈未濟‧九四〉「震用伐鬼方，三年有賞于大國。」李光也說：

> 九四當〈未濟〉之時，……能以剛行正，拯君之難，以盡臣道，……鬼方，夷狄之險遠者也。震用伐鬼方，先聲所至，如雷之震動，此人臣假君之威權，以震懾遠方，或不戰而屈人兵者。故雖三年之久，而有賞于大國，如李牧之守雁門，以備匈奴是也。[註98]

〈未濟〉表示功業未成，仍需努力，與〈既濟〉相反。對國君而言，表示此

[註96] 《史記卷九‧呂太后本紀第九》：「太后稱制，議欲立諸呂為王，問右丞相王陵。王陵曰：『高帝刑白馬盟曰："非劉氏而王，天下共擊之。"今王呂氏，背約也。』太后不說。問左丞相陳平、絳侯周勃。勃等對曰：『高帝定天下，王子弟，今太后稱制，王昆弟諸呂，無所不可。』太后喜，罷朝。王陵讓陳平、絳侯曰：『始與高帝喋血盟，諸君不在邪？今高帝崩，太后女主，欲王呂氏，諸君從欲阿意背約，何面目見高帝地下？』陳平、絳侯曰：『於今面折廷爭，臣不如君；夫全社稷，定劉氏之後，君亦不如臣。』王陵無以應之。」頁 400。

[註97] 〈既濟‧六四〉，李光：《讀易詳說》，頁 10-454。

[註98] 〈未濟‧九四〉，李光：《讀易詳說》，頁 10-457。

時仍需賢才，九四爻即是這種賢才，以剛行正，盡人臣之道，在未濟之時，能輔君之事、拯君之難。如同將領，長期戍守在邊疆，憑藉著人君的威勢，震懾遠方，達到不戰而屈人之兵的效果；更由於功績卓著，所以獲得賞賜。這種任重道遠的將領，李光認爲戰國時期趙國的良將李牧即可當之。由於策略得宜，所以可以在匈奴的長期軍事威脅下，保持邊境的安寧，對趙國貢獻良多。在李光看來，李牧著實應驗了〈未濟〉卦九四爻的情況，能夠「震用伐鬼方」，所以「三年有賞于大國」，因爲得到國君的重用，所以建功立業，並且封侯拜將。〔註99〕

　　〈蹇・九三〉「往蹇來反。」〈象〉曰：「往蹇來反，內喜之也。」王宗傳說：

> 九三，〈艮〉之主也，內之二陰所以能自立於蹇難之世者，以三爲之捍蔽也。三若舍內而之外，則往而蹇矣。故莫若來而反諸內體之上，以爲二陰之主，則在內者得所附矣，其喜慰之心宜如何哉？〔註100〕

王宗傳認爲〈蹇〉卦之九三爻爲下卦〈艮〉之主，因爲爲二陰之主，又居二陰之上，所以是二陰可以立足於蹇難之世的依靠，因此若能退居內卦（下卦），就會受到陰爻的歡迎，往外（外卦）則有艱難，因此不利前往。關於這種情形，王宗傳認爲春秋時「季子來歸」之事足以當之，他說：

> 《春秋》書「季子來歸」，穀梁子曰：「其曰『季子』，貴之也。其曰『來歸』，喜之也」。蓋當莊公死，子般弒，慶父主兵，季友力不能支，固嘗避難而出奔矣。當是時也，魯國方危，內難未定，國人思得季友以安宗社，故閔公即位之元年，書公及齊侯盟於落姑，盟納季子也。而公羊子亦曰：「其言來歸，何喜之也？」何休釋之曰：「季子來歸，則國安，故喜之。」此則〈蹇〉之九三所謂「往蹇來反，內喜之也」之謂也。（同上）

〔註99〕李牧是趙國鎮守在北方邊境上的良將，經常行軍駐紮在代郡、雁門郡一帶以防備匈奴。平時教士兵們演習操練，放牧草原，並犒勞士兵；如果匈奴入侵，則舉烽火示警，退居陣營，採取守備的策略，並不主動應戰。由於不願與匈奴正面衝突，所以幾年下來，趙國本身雖沒什麼傷亡，對匈奴來講，其實也毫無所獲。然而長期下來，大家卻以爲李牧是膽小怕事才會如此，而趙王也因此誤以爲李牧毫無作爲，於是將他撤換。然而新任將領的連吃敗仗，使得趙王不得不重新任命李牧。此時，李牧除了沿襲舊有的策略外，也加緊軍事訓練，由於統御有術，左右挾擊，所以能一舉擊潰匈奴，迫使單于遠遁，其後十餘年不敢再犯趙國的邊境。此見《史記卷八十一・廉頗藺相如列傳第二十一》。

〔註100〕〈蹇・九三〉，王宗傳：《童溪易傳》，庫本，頁17-202；通本，頁1079。

王宗傳認為《春秋經》書「季子來歸」這四個字蘊含深意，穀梁子就認為季友稱季子，是因為尊貴之，所以以「子」稱之。而書「來歸」是說齊桓公護送季子回魯國，國人皆喜。而國人皆喜是因為季子回國後平定「慶父之亂」，解除魯國危機，安定政局〔註101〕，印證了九三爻所言，「內喜之也」，即返回自己的國家，平定內難，因此魯人皆喜之。

〈明夷·六二〉「明夷，夷于左股，用拯馬壯，吉。」〈象〉曰：「六二之吉，順以則也。」李杞舉文王遇難之事明之：

> 此文王之事也。紂囚文王于羑里，可謂明夷于左股矣。明夷于左股，
> 傷不能行，欲有以拯之，必得馬壯而後吉。此文王羑里之拘，必賴
> 閎夭之徒，獻美女、文馬、九駟于紂，而後始得釋也。〔註102〕

明夷指光明受到傷害，如文王被紂王囚禁一事。西伯文王承繼先祖之業，修德行仁，禮賢下士，因此士多歸之，伯夷、叔齊、閎夭、散宜生等賢士皆前往歸附。然崇侯虎卻向紂王誣陷，認為西伯積德累善，使天下諸侯歸附，對大王實為不利，紂王聽信讒言，於是將文王拘禁在羑里。這使閎夭等人頗為擔心，所以獻上有莘氏的美女，驪戎的駿馬，以及珍奇異物等，才讓紂王大悅，而放了西伯〔註103〕。李杞認為文王被拘羑里，就如同〈明夷〉卦的六二爻，「夷于左股」，在險難之世傷及左股，致不良於行，此時必得壯馬以拯之，

〔註101〕魯莊公（魯桓公之子）有慶父（共仲）、叔牙、季友三個弟弟（號稱「三桓」，由於勢力逐漸壯大，在魯宣公之後，已實質瓜分魯國的政權）。而在莊公臨終前，季友曾答應哥哥莊公，要誓死輔佐嫡子般（班）為國君。然子般即位不到兩個月，就被慶父派人殺了，季友則逃到陳國。由於哀姜無子，所以魯人就立滕妾叔姜所生之子啟為國君，是為閔公。閔公請求齊桓公的協助，才把季友送回國。然此時慶父又與哀姜私通，哀姜希望慶父當國君，於是二人又合力謀殺閔公，所以閔公即位不到兩年又被殺了。由於連弒二君，不容於魯國，魯人要殺慶父，慶父奔莒，最後自縊。哀姜則因為是齊國人，所以被齊人殺死。於是季友便立莊公之妾成風之子申為國君，即為僖公，魯國才得以安定，所以魯國的政局可以恢復平靜，季友功勞不小。（見《左傳》莊公32年至閔公2年的記載》）。

〔註102〕〈明夷·六二〉，李杞：《用易詳解》，頁19-455。

〔註103〕紂王囚禁西伯文王，關在羑里。閎夭等人相當擔心，於是找來有莘氏的美女，驪戎的駿馬，有熊氏的良馬，及其它奇珍異物，獻給紂王。紂王大悅，於是赦免了西伯，見《史記卷四·周本紀第四》：「崇侯虎譖西伯於殷紂曰：『西伯積善累德，諸侯皆嚮之，將不利於帝。』帝紂乃囚西伯於羑里。閎夭之徒患之。乃求有莘氏美女，驪戎之文馬，有熊九駟，他奇怪物，因殷嬖臣費仲而獻之紂。紂大說，曰：『此一物足以釋西伯，況其多乎！』乃赦西伯，賜之弓矢斧鉞，使西伯得征伐。」頁116。

方能得吉。而此「馬壯」的角色及功用，就是閎夭等臣子，緊急時獻上美女、文馬，才順利幫文王脫困。

（六）「益之用凶事」的能臣

能臣是有才能的臣子，如〈渙‧六四〉「渙其群，元吉。渙有丘，匪夷所思。」〈象〉曰：「……光大也。」即是。李光以唐朝陸贄比擬六四爻，說明六四爻能渙其群、渙有丘，有過人之智，因此能大有功於家國，他說：

> 六四體巽居下，至柔弱也。處近君之位，而以柔巽爲體，上輔剛健
> 之君，是能渙其群，合天下于一，而獲至善之吉也。「渙有丘，匪夷
> 所思」者，丘，不平之處也；夷，常也。天下泮渙，險難方殷，一
> 旦欲鉏頹夷荒，使之適平，必有超然之見，消患于冥冥者，豈庸常
> 思慮所能及哉！故「渙其群，元吉。」然後繼之以「渙有丘，匪夷
> 所思」也。……唐陸宣公足以當之。方德宗之狩奉天，謀聽計從，
> 所下制書，雖武人悍卒，無不感動流涕，李抱眞之賊不足平也。」
> 〔註104〕

李光認爲六四這個大臣既要渙其群，清除黨羽；又要渙其丘，克服艱險，把不平處夷平，「消釋險難」，因此任務艱巨，自非一般庸碌之臣所能勝任。唯有像六四之臣，以柔順之質，挾「超然之見」，才能上輔其君，下渙其群，從而消患於冥冥，使局勢轉危爲安。如唐朝的陸贄勸德宗引咎自責，感動武夫，化解諸鎭之反叛，緩解危機，所以〈小象〉說「光大也」。〔註105〕

〈益‧六三〉「益之用凶事，无咎。有孚中行，告公用圭。」王宗傳認爲古今天下皆不乏意外之患，而遇到凶難，六三就是拯難之才，可以幫助君上度過難關，他說：

> 夫天下未嘗无凶患之事，此古今之所固有也。然亦未嘗无善救凶患
> 之才，則六三是也，故象又曰：「益用凶事，固有之也。」漢武帝時，
> 河內失火，上使汲黯往視之。黯還報曰：家人失火，不足憂；臣過
> 河內，河內貧人傷水旱萬餘家，或父子相食。臣謹以便宜持節，發

〔註104〕〈渙‧六四〉，李光：《讀易詳說》，頁10-444。
〔註105〕《新唐書卷一百五十七‧列傳第八十二‧陸贄》：「嘗爲帝言：『今盜徧天下，
宜痛自咎悔，以感人心。……陛下誠不吝改過，以言謝天下，使臣持筆亡所
忌，庶叛者革心。』帝從之。故奉天所下制書，雖武人悍卒無不感動流涕。
後李抱眞入朝，爲帝言：『陛下在奉天、山南時，赦令至山東，士卒聞者皆感
泣思奮。臣是時知賊不足平。』」頁4932。

河內倉廩，以賑貧民。請歸節，伏矯制罪，上賢而釋之。夫〈益〉

之六三，无用事之咎，而有見信之實，汲黯以之。〔註106〕

對於六三，王宗傳認為漢之汲黯可為代表。漢武帝時，汲黯受命滅火，途經河內，發現水旱，百姓窮困。由於情況緊急，汲黯於是權宜從事，私自矯詔令發河南倉粟，以賑濟災民。之後回歸請罪，以示武帝；不料武帝不僅沒有責怪他，還稱讚他的賢能，並且遷為滎陽令。王宗傳認為六三之舉因為處置得宜而為上所稱許，不僅沒有用事之咎，更有見信之實，實為救凶患之才，因此益用凶事，在災難時有特別之功。〔註107〕

其實汲黯之才與隨機應變的能力，除非有沈鷙淵謀之才，擁有過人之智慧及勇氣，否則難以勝任，因此王宗傳說：

夫古今天下，固有所謂凶患之事也。苟坐視而不之救，此豈居民上

者之職歟？雖然，用是事也，類非拘常而襲故者所能為也，是必有

所謂沈鷙淵謀之才，而後能處此。……撫機應變，以盡其所以益之

之道，乃其所長者，故天下之人賴我以得益。〔註108〕

這種善於解決問題的人，並非一般拘泥窠臼，蹈常襲故者所能企及，因為這種應世的能力，要在恰當時機做出正確抉擇，連帶百姓也受惠，這當然是社稷之福。

另外，周公也是不世之才，李杞在〈大過‧九四〉「棟隆，吉。有它，吝。」〈象〉曰：「棟隆之吉，不橈乎下也。」就說：

四居近君之地，大臣之象也。有陽剛之德以勝天下之重任，故能卓

然自立，以支大廈之傾。四之為棟，可謂隆矣。然必專力一心而後

可，苟不能專一而有他志，則未免乎吝也。蓋柱石之臣，出而任扶

危持顛之責，惟能確然不為浮議之所搖，是以所為而无不成；若屈

橈于下，則其不能以自固，而尚何以有立也哉！〔註109〕

九四之臣，李杞稱之為「柱石之臣」，實國之楨幹，如同大廈將傾時，能支柱

〔註106〕〈益‧六三〉，王宗傳：《童溪易傳》，庫本，頁17-218；通本，頁1092。

〔註107〕汲黯的事蹟見《史記卷一百二十‧汲鄭列傳第六十》：「汲黯字長孺，濮陽人也。……河內失火，延燒千餘家，上使黯往視之。還報曰：『家人失火，屋比延燒，不足憂也。臣過河南，河南貧人傷水旱萬餘家，或父子相食，臣謹以便宜，持節發河南倉粟以振貧民。臣請歸節，伏矯制之罪。』上賢而釋之，遷為滎陽令。」頁3105。

〔註108〕〈益‧六三〉，王宗傳：《童溪易傳》，庫本，頁17-218；通本，頁1091。

〔註109〕〈大過‧九四〉，李杞：《用易詳解》，頁19-436。

者,是能扶危持顛,承擔天下之重任者。因此,只要能堅定自守,不爲浮議所搖,必然是大過之時國家最強有力的基石。然而想獲吉慶,光靠「棟隆」(美的材質)是不夠的,必須如爻辭所言,沒有「有它」,即沒有「橈乎下」的干擾,才能眞正獲吉。因爲「有它」,就表示心有他志,不能專一;不能專一,就會有「吝」而「橈乎下」,表示爲流言所動,定力不夠,意志不堅,以致心緒浮搖,屈橈于下,如此則己身不立,又何能立他?而對於這種「棟隆之吉」者,當然非周公莫屬,因此李杞稱讚周公之才德,如棟隆般,是家國的依賴,不因管叔、蔡叔的中傷而改易信念,仍一心輔佐幼主而終獲吉祥,李杞說:

> 周公之于成王,其負荷亦重矣。作室、肯堂之任,梓材、樸斲之勤,皆周公以身任之,是「棟隆之吉」者也。而周公之心,欲天下之一乎周,是以終身不之魯焉,夫豈爲流言之變而有所橈哉?嗚呼!大臣若周公,可謂能任重矣!(同上)

因此周公對於成王,可以說任重道遠,鞠躬盡瘁。

二、「闚觀」的順臣

對於〈觀・六二・象曰〉「闚觀,女貞,亦可醜也。」王宗傳說:「六二以陰柔之才,居〈坤〉之正位,其與九五正相應之地也。然以陰柔暗弱之才,上觀九五,未必能盡見之也。故曰「闚觀」,如所謂闚豹之一班是也。」〔註110〕即六二雖以陰柔之才,上應九五之君,不過因才能有限,對於九五,難以承擔觀察之職,因此叫「闚觀」,王宗傳就舉唐朝長孫无忌爲例說之:

> 夫當〈觀〉之時,處大臣之位,而與九五居相應之地,不能盡見剛中正大之道,而以女子之貞爲貞,則是長孫无忌輩之事太宗也。昔唐太宗嘗謂无忌等曰:朕欲自聞其失,公等宜直言无隱。无忌等曰:陛下无失。他日又問无忌等曰:人苦不自知其過,卿等可爲朕明言之,无忌等又曰:陛下武功文德,臣等將順之不暇,又何過之可言?夫居大臣之位,當觀之時,其他无所見也,而務以女子之貞爲貞焉,陋哉!斯見也,故曰:「闚觀,女貞,亦可醜也。」(同上)

闚觀表示躲在門縫裏窺人,所以所觀不大,猶如女子之觀,只能顧及內事,無法及於外觀,因此所見未免狹隘。王宗傳認爲長孫无忌對於唐太宗的言辭順應,就如同女子之觀一般,缺乏見識。唐太宗由於勵精圖治,所以常以不

〔註110〕〈觀・六二〉,王宗傳:《童溪易傳》,庫本,頁 17-113;通本,頁 1006。

知己過爲惕，並藉由詢問臣下，以明己之過失，以利修飭。然无忌卻奉承「順之」，歌功頌德，「妄相諛悅」〔註111〕，所以根本無法達到直言宏諫的目的，對於此種行徑，王宗傳認爲實在有失臣子諍諫之責。尤其无忌又位極人臣，所見不夠開闊，實印證了〈小象〉所言，「亦可醜也」。

三、「折足之凶」的庸臣

庸臣即平庸之臣，如〈鼎〉卦的九四爻。〈鼎・九四〉說：「鼎折足，覆公餗，其形渥，凶。」九四爲鼎腹，居大臣之位；而初六爲鼎足，是九四任用之人；然如果鼎折足，以致於傾覆鼎中之食物，則罪不在初六，而在九四。因爲初六是九四所用，九四不能求賢以自助，因而敗壞國政，故有失職之過，罪不可免，如房琯、關播即是，李杞說：

> 四與初爲應，初爲足，四爲腹。四，大臣之事也，有腹心之象焉。
>
> 鼎而折足，則鼎中之實必覆矣，然不以罪初，何也？折足固初之罪，而所以任之者，則四之責也。四居大臣之位，不能求賢以爲助，而

〔註111〕唐太宗希望群臣能規諫他的缺失，同時也善於分析臣子們的性情及才能優劣，以便督促他們改過，例如他說長孫無忌善於避嫌，應對敏捷，但統兵作戰，則非其所長；高士廉涉獵古今，臨難有氣節，但缺少鯁直的規勸；楊師道品行純良，但性情怯懦，不能任事，以致危急之際無所使，發揮不了作用；唐儉爲人和善，言論滔滔；然從朕三十年，卻從不論國家大事。岑文本性情敦厚，擅長文章，然議論常引經據典，以致遠離世事；劉洎性格堅貞，重然諾，能自補缺失；馬周見事敏銳，評斷人物，持論公正，所以近來對朕助益良多；褚遂良則品行端正忠誠，猶如小鳥依人，惹人憐愛。甚至和侍臣論及房玄齡「深識機宜，足堪委任」。其實從唐太宗對臣子們的評論，即可見一代明主的識見及恢宏氣度，既重自知，也重知人，而知人者智，自知者明，見《舊唐書卷六十五・列傳第十五・長孫無忌》：「太宗嘗謂無忌等曰：『朕聞主賢則臣直，人苦不自知，公宜面論，攻朕得失。』無忌奏言：『陛下武功文德，跨絕古今，發號施令，事皆利物。《孝經》云：『將順其美。』臣順之不暇，實不見陛下有所愆失。』太宗曰：『朕冀聞己過，公乃妄相諛悅。朕今面談公等得失，以爲鑒誡。言之者可以無過，聞之者可以自改。』因目無忌曰：『善避嫌疑，應對敏速，求之古人，亦當無比；而總兵攻戰，非所長也。高士廉涉獵古今，心術聰悟，臨難既不改節，爲官亦無朋黨；所少者骨鯁規諫耳。唐儉言辭俊利，善和解人，酒杯流行，發言啓齒；事朕三十載，遂無一言論國家得失。楊師道性行純善，自無愆過；而情實怯懦，未甚任事，緩急不可得力。岑文本性道敦厚，文章是其所長；而持論常據經遠，自當不負於物。劉洎性最堅貞，言多利益；然其意上然諾於朋友，能自補闕，亦何以尚。馬周見事敏速，性甚貞正，至於論量人物，直道而行，朕比任使，多所稱意。褚遂良學問稍長，性亦堅正，既寫忠誠，甚親附於朕，譬如飛鳥依人，自加憐愛。』」頁2453。

委任小人，以敗乃公事，故覆公餗則憂及其君矣。……初之不勝任，初不足道也，而乃至于誤國家，則四尚可逃其責哉？房琯之用劉秩，關播之用李元平，卒以用非其人，而至於敗，是「折足之凶」也。〔註112〕

李杞舉房琯重用儒生劉秩討伐安史叛賊，結果傷亡慘重〔註113〕，以及關播推薦李元平去汝州抵禦叛軍李希烈，結果也是喪師辱名〔註114〕，來說明這二人

〔註112〕〈鼎・九四〉，李杞：《用易詳解》，頁 19-489。

〔註113〕安史之亂時，房琯自請討賊，欲收復京都，而肅宗對他也期望甚深，於是琯與郭子儀、李光弼等人各自進兵。琯兵分三路（分南軍、中軍、北軍），採用春秋時期的車戰之法，結果被叛軍「大敗」於咸陽附近的陳濤斜，死四萬餘人，僅剩殘眾數千，根本潰不成軍；最後房琯逃回，「肉袒」向肅宗請罪，肅宗雖恨房琯喪師，卻仍寬宥他，而予重用。其實若究房琯失敗之因，《舊唐書》與《新唐書》皆有論及，原因大抵為：一、缺乏自知之明：房琯性好談論，喜佛老，然統兵作戰根本非其所長，卻自以為可以擔此重任，實是高估自己才能，才會一敗塗地，帶來巨大災難，《舊唐書卷一百十一・列傳第六十一・房琯》就說：「琯好賓客，喜談論，用兵素非所長，而天子採其虛聲，冀成實效。琯既自無廟勝，又以虛名擇將吏，以至於敗。」頁3321。二、也無知人之明：房琯竟認為靠一名儒生劉秩，即可抵擋安史叛軍，這種天真，過度「自負」，又缺乏遠略的做法，導致敗績，亦不足為奇，《舊唐書》就說：「琯之出師，戎務一委於李揖、劉秩，秩等亦儒家子，未嘗習軍旅之事。琯臨戎謂人曰：『逆黨曳落河雖多，豈能當我劉秩等。』」（同上）。所以，《新唐書卷一百三十九・列傳第六十四・房琯》贊曰就評論他說：「知人不明，以取敗橈，故功名隳損云。」頁4627。三、是名過其實，「名之為累」：即房琯的聲名其實大過實質，《新唐書》說他：「高談有餘，而不切事。」「盛名之下，為難居矣。」並且認為肅宗也是因為虛名而重用他，「琯既有重名，帝傾意待之，機務一二與琯參決，諸將相莫敢望。」而且竟然還相信他真有能力討伐叛軍。只是這種識人不明的罪過，肅宗本人是要負相當大責任的，因為當玄宗得知肅宗任用房琯為將時，就認為必敗，然如果是姚崇，則不足慮；可見房琯的能力，連玄宗都不看好，甚至否定，而肅宗竟會任之為將，敗師之因，不是很清楚嗎？見《新唐書卷二百二十三上・列傳第一百四十八上・姦臣上・李林甫》就說：「時肅宗在鳳翔，每命宰相，輒啟聞。及房琯為將，帝（玄宗）曰：『此非破賊才也。若姚元崇在，賊不足滅。』」頁6349。

〔註114〕關播生性軟弱，易受人控制，盧杞就是看準了這一點，才會向德宗舉薦他任宰相，《舊唐書卷一百三十・列傳第八十・關播・李元平》說：「盧杞以播柔緩，冀其易制，驟稱薦之。」頁3628。此外，播喜好「大言虛誕」者，李元平、陶公達、張彪等人即因「言談詭妄」，誇大功名，而被關播所親信喜悅。關播還數次向德宗推薦，認為李元平等人具「將相」之才，德宗竟也信以為真，以元平為「左補闕」。因此當淮西節度使李希烈叛變時，汝州因位居要鎮，德宗想選刺史前去抵禦，關播就頗有自信地推薦李元平前去主管州務。然元平到任後不過十天，就被李希烈活捉，並羞辱一番，汝州也隨之淪陷。然事後對關播

皆有「用非其人」之過，也印證了〈繫辭下傳〉所說的：「德薄而位尊，知小而謀大，力小而任重，鮮不及矣！……言不勝其任也。」即智慧有限，卻妄想圖謀大事業，很難不有敗事，「折足之凶」。此警告世人，做事要審慎，三思而後行。

庸祿之才卻居高位，當然是國家的不幸，不僅無法爲主上分憂，又往往因爲錯誤的決策而造成傷害，就如同〈履·六三〉之所言，爲「眇能視，跛能履，履虎尾，咥人凶。武人爲于大君。」〈象〉曰：「眇能視，不足以有明也。跛能履，不足以與行也。咥人之凶，位不當也。武人爲于大君，志剛也。」的情況，說明了職責如果超出自己的能力，難免力不從心，甚而招致禍患，楊萬里說：

> 聖人之于六三，憐其志而恨其才。曷憐乎其志也？以陰居陽，其志非不剛也；曷恨乎其才也？陰柔而不足與有爲也。若眇而自任以能視，若跛而自任以能履。以跛眇之質，柔懦之才，介乎五剛之間，而欲履天下之至危，以求立天下之大功，其禍敗也必矣！……聖人所以恨其才而惜其居位之不當也，若夫其志則可憐矣！甚武而欲有爲於吾君，甚剛而欲有立于當世，夫何罪哉！故前言其凶，而後止言志剛而已，亦不深咎之也。〔註115〕

六三是陰柔之質，卻立志學武人之「剛」，妄求立天下之大功，實在是不自量力，所以爻辭說「履虎尾，咥人凶」，意思是說六三這時的處境就如同去踩老虎的尾巴而被咬一般，是有凶險的。此即告誡欲有爲之君子，宜量己之才力，審度而爲之；否則自陷危境，甚至貽害家國；屆時，自保尚且不免，還能有什麼作爲，所以爻辭才會說「凶」，而晉之殷浩與唐之房琯便是這類型人，所謂「殷浩不出，房琯不相，晉唐君臣之訾庸有，……世之君子欲出而有爲，其亦量己之才而勿冒其位也。」（同上）

而〈恒·上六〉「振恒，凶。」〈象〉曰：「振恒在上，大无功也。」也有庸人之擾的情況，王宗傳說：

> 人有恒言，天下本无事，庸人擾之。上六以陰柔之才，居振動之極，而且在一卦之上，此所謂擾亂天下之庸人也。……夫當天下守常而

的失職，德宗竟沒有貶黜，以致天下譁然，後雖罷爲「刑部尚書」，議論仍未平。因此對於關播，《舊唐書》的批評一針見血：「居位取容，舉人敗事。」頁3630。（另見《新唐書卷一百五十一·列傳第七十六·關播》頁4818）。

〔註115〕〈履·六三〉，楊萬里：《誠齋易傳》，庫本，頁14-552；殿本，頁146。

> 无事之時，而以庸人加諸上位，彼庸人者，豈能爲吾守常而无事也
> 哉！天下被其擾亂之禍也必矣。〔註116〕

〈恒〉卦之上六爻本庸才，又處〈恒〉卦之極，無端擾動，萌生事端，使天下之人不得安寧，無辜百姓遭池魚之殃，王宗傳以漢朝王恢爲例，說明庸人獻計，成爲黎民蒼生之夢魘，他說：

> 如大漢之業，至建元、元光間，已七十餘載矣。文、景恭儉富庶之
> 餘，天下廓然无事，而王恢一唱馬邑之謀，以致匈奴侵擾北邊，兵
> 連而不解。天下共其勞，干戈日滋，行者齎、居者送，財賂耗衰而
> 不贍。入利者補官，出貨者除罪。武力進用，法令嚴具，興利之臣
> 自此而始。而桑弘羊、孔僅輩言利事，析秋毫矣。然則首漢世騷擾
> 之禍者，王恢也。若恢者，其庸人哉！〈恒〉之上六曰「振恒，凶。
> 象曰：振恒在上，大无功也。」此正爲恢等生事者設也。（同上）

王宗傳認爲漢興六七十年，在文景之治的休養生息下，原本安定富庶，豈知王恢獻馬邑之謀，擾亂原本太平之日，導致匈奴與漢反目〔註117〕，從此埋下心結，而漢朝也因此兵連禍結，備受戰爭威脅，反而勞苦天下。

四、「伏戎于莽」的亂臣

這裡要探討亂臣、賊臣、強臣、權臣的歷史教訓。亂臣賊子，由於權傾

〔註116〕〈恒・上六〉，王宗傳：《童溪易傳》，庫本，頁17-168；通本，頁1050。
〔註117〕馬邑人聶翁壹通過大行王恢此人向漢武帝進言，欲以馬邑城爲餌，誘使匈奴入境，而伏兵三十餘萬以襲擊之。不料卻被匈奴機警識破，未至馬邑就及時撤退，以致漢軍無所得，沒有成功攔截到單于。受到這次教訓，匈奴「絕和親」，不斷侵擾北邊，以爲報復。而事後武帝也以王恢首造其事，卻懼怕不敢出兵而斬了他，見《史記卷一百十・匈奴列傳第五十》：「漢使馬邑下人聶翁壹奸蘭出物與匈奴交，詳爲賣馬邑城以誘單于。單于信之，而貪馬邑財物，乃以十萬騎入武州塞。漢伏兵三十餘萬馬邑旁，御史大夫韓安國爲護軍，護四將軍以伏單于。單于既入漢塞，未至馬邑百餘里，見畜布野而無人牧者，怪之，乃攻亭。是時鴈門尉史行徼，見寇，葆此亭，知漢兵謀，單于得，欲殺之，尉史乃告單于漢兵所居。單于大驚曰：「吾固疑之。」乃引兵還。出曰：「吾得尉史，天也，天使若言。」以尉史爲「天王」。漢兵約單于入馬邑而縱，單于不至，以故漢兵無所得。漢將軍王恢部出代擊胡輜重，聞單于還，兵多，不敢出。漢以恢本造兵謀而不進，斬恢。自是之後，匈奴絕和親，攻當路塞，往往入盜於漢邊，不可勝數。」頁2905。《漢書卷二十四下・食貨志第四下》：「及王恢謀馬邑，匈奴絕和親，侵擾北邊，兵連而不解，天下共其勞。」頁1157；又見《史記卷一百八・韓長孺列傳第四十八》。

朝野，把持朝政，爲禍不小；又由於心懷不軌，犯上欺下，罪無可逭，所以結局往往是以夷滅收場，在〈噬嗑‧上九〉「何校滅耳，凶。」〈象〉曰：「何校滅耳，聰不明也。」中，李光就以強臣爲例，認爲權臣如果爲患朝中，以至罪孽深重，積重難返，人主即應斷然以刑戮加之，以懲其罪，方能正示天下，以儆效尤，他說：

> 上九，強臣也。強臣而無位，雖嘗爲大臣，而積稔罪惡，至于不可掩覆解免，固可以刑戮加之。驩兜証人功罪，唐堯戮之。管、蔡挾武庚以叛，周公誅之，豈以位尊職重而不敢加以刑辟哉！……上九「何校滅耳，凶」，以聰不明，故以校滅耳而懲之，惡積罪大，无自新之理矣。〔註118〕

〈噬嗑〉卦的卦象是口中有物，妨礙咬合，若要發揮正常功用，必須將異物咬碎，除去障礙，而應用在人事上，就是說明去小人的必要。因爲上九是強臣之甚者，這種罪大惡極者，若不以重刑處置，恐難以弔民伐罪，平息眾怒，因此驩兜、管蔡作亂，唐堯、周公必要誅之，即是這個緣故。〔註119〕

晉朝的桓溫，此強臣爲患，楊萬里遂以〈同人‧九三〉之「伏戎于莽，升其高陵，三歲不興。」〈象〉曰：「伏戎于莽，敵剛也。三歲不興，安行也。」來形容，他說：

> 九三挾初九同剛暴之德，覆之于六二之下，伏戎于林莽之中也。據下卦之極，而居其上，升于高陵也。九三何爲而然也？忌六二應乎九五之君，而欲劫之以同己也。使六二肯同己，則九三奸雄之心濟矣！……桓溫忌王、謝之忠，壁人以圖之而不能，此「伏戎」者也。欲得九錫以升高，而王、謝緩其事，未幾死焉，此「升于高陵，三歲不興」者也。〔註120〕

〈同人〉卦，上〈乾〉下〈離〉，全卦只有六二這一個陰爻，所以五個陽爻都想據爲己有。但是六二實爲九五之正應，所以其它四爻都沒份，只能在旁虎視眈眈，其中九三爻最不安分，爻辭說「伏戎于莽」、「升其高陵」，即表示九三潛伏在草莽高陵中窺視，隨時準備伺機而動，以攔截六二；然因力量不足，不敵九五之剛，所以「三歲不興」，即便歷經三年，仍不敢與之正面衝突，故

〔註118〕〈噬嗑‧上九〉，李光：《讀易詳說》，頁10-332。

〔註119〕《尚書‧皋陶謨》孔氏傳曰：「（驩兜）佞人亂眞，堯憂其敗政，故流放之。」十三經注疏本，頁60。

〔註120〕〈同人‧九三〉，楊萬里：《誠齋易傳》，庫本，頁14-561；殿本，頁177。

亦無所得。這種權臣，楊萬里認爲像桓溫即是。桓溫想謀奪九五君位，但因謝安的緣故，掣肘難行，因此忌謝安、王坦之之忠心（即六二之臣），欲壁人以圖之〔註121〕，最後甚至還欲得九錫〔註122〕，幸謝安以拖延戰術成功抵制，才不讓桓溫得逞，而度過九錫的風暴，因此桓溫可以說是到頭來白忙一場，毫無所獲。

而漢朝梁冀、董卓的亂政，李杞在〈離·九四〉「突如其來如，焚如，死如，棄如。」〈象〉曰：「突如其來如，无所容也。」則說作惡多端，必有被收拾的一天：

> 九四之離，恃其剛以犯上者也。其來也，突如；其炎也，焚如，其勢若不可嚮禦矣；而其極也，卒至于死如、棄如，何也？以其惡爲人之所共棄，而无所容于天地之間也。〔註123〕

〈離〉卦九四爻自恃剛強而犯上，或能得逞於一時，但終必得到應有的懲罰。對於九四恃剛犯上的例子，李杞舉東漢梁冀、董卓爲例：

> 梁冀之跋扈、董卓之暴逆，氣焰炎炎，不可制遏，適足以戕其軀而已矣！《商書》言惡之易也，若火之燎于原，不可嚮邇，其猶可撲滅，其九四之謂乎？（同上）

〔註121〕簡文帝去逝後，桓溫意圖篡奪皇位，但又礙於謝安、王坦之的忠心，所以想除掉此二人，因此召此二人於新亭，欲將其殺害。王坦之非常害怕，嚇得汗流浹背；謝安則從容入席，一派輕鬆。坐定後，謝安便詢問桓溫說，爲何要在壁後藏人，桓溫聽罷，知道計謀被識破而遂止，而謝安也因鎮定而死裡逃生，逃過一劫，此見《晉書卷七十九·列傳第四十九·謝安》：「簡文帝疾篤，溫上疏薦安宜受顧命。及帝崩，溫入赴山陵，止新亭，大陳兵衛，將移晉室，呼安及王坦之，欲於坐害之。坦之甚懼，問計於安。安神色不變，曰：「晉祚存亡，在此一行。」既見溫，坦之流汗沾衣，倒執手版。安從容就席，坐定，謂溫曰：「安聞諸侯有道，守在四鄰，明公何須壁後置人邪？」溫笑曰：「正自不能不爾耳。」遂笑語移日。坦之與安初齊名，至是方知坦之之劣。」頁2073。

〔註122〕桓溫病重之際，要求朝廷加封「九錫」，並使袁宏起草奏章，而謝安遂以修改爲由，故意拖延，又聽説桓溫病重，於是與王坦之商議密緩其事。不久桓溫病逝，九錫之封賜遂不了了之，此見《晉書卷七十九·列傳第四十九·謝安》：「時孝武帝富於春秋，政不自己，溫威振內外，人情噂 ，互生同異。安與坦之盡忠匡翼，終能輯穆。及溫病篤，諷朝廷加九錫，使袁宏具草。安見，輒改之，由是歷旬不就。會溫薨，錫命遂寢。」頁2074；另《晉書卷九十八·列傳第六十八·桓溫》云：「諷朝廷加己九錫，累相催促·謝安、王坦之聞其病篤，密緩其事·錫文未及成而薨。」頁2579。

〔註123〕〈離·九四〉，李杞：《用易詳解》，頁19-441。

梁冀的跋扈〔註124〕和董卓的暴逆〔註125〕，其氣焰之囂張，雖然都曾權傾一時，但最終也都難逃「焚如」、「死如」、「棄如」的下場，可以說罪孽深重，自食惡果，且人神共憤，天地不容，印證了〈小象〉所言，「无所容也」。

五、「入于左腹」的奸臣

　　奸臣就是奸佞之臣，專門蠱惑君心，即所謂腹心之臣。因為能入腹即表示能深入君心，如〈明夷〉卦六四爻即是。胡瑗在〈明夷・六四〉「入于左腹，獲明夷之心，于出門庭。」〈象〉曰：「入于左腹，獲心意也。」就舉飛廉、惡來說之：

> 六四以陰居陰，履得其位，上近明夷之主，是小人而得志者也。夫
> 以小人得志，又附于昏闇之主，以甘言美色、柔邪佞媚，從君之情，

〔註124〕梁冀是梁商之子，靠著外戚的身份顯達。梁商死後，梁冀被封為大將軍，又因擁立桓帝有功，帝甚禮遇之，還以蕭何、鄧禹、霍光之等級待之。然冀日漸驕縱猖獗，又大權獨攬，連皇帝都不放在眼裡，桓帝心生不滿，遂與宦官合謀，誅殺其黨羽，滅其族。綜觀梁冀之跋扈，由下見之：一、廢立、僭殺皇帝，因質帝曾當群臣的面數落他跋扈，冀懷恨在心，便毒死質帝，「及帝崩，沖帝始在繈褓，太后臨朝，詔冀與太傅趙峻、太尉李固參錄尚書事。……沖帝又崩，冀立質帝。帝少而聰慧，知冀驕橫，嘗朝群臣，目冀曰：『此跋扈將軍也。』冀聞，深惡之，遂令左右進鴆加煮餅，帝即日崩。」二、性情凶殘，誅殺忠良，對於批評他之人，便派人殺害。沖帝死後，李固、杜喬擁立清河王劉蒜，認為蒜年長有德，而冀卻立八歲的質帝。而質帝被他毒死後，李固又堅持立劉蒜，與梁冀唱反調，於是被梁冀誣陷害死。另外，下邳人吳樹因拒絕梁冀的私人請託，也一樣被冀派人毒死，「樹後為荊州刺史，臨去辭冀，冀為設酒，因鴆之，樹出，死車上。」三、專擅朝政，一門權貴，封侯者七人，為后者即有三人，權傾朝野達二十年之久，「在位二十餘年，窮極滿盛，威行內外，百僚側目，莫敢違命。」見《後漢書卷三十四・梁統列傳第二十四》，頁1178-1188。參見白壽彝總主編：《中國通史》修訂本，秦漢時期下冊，上海人民出版社，2004年07月第1版，頁511-515。

〔註125〕漢末董卓之亂堪稱人間浩劫，其凶殘暴逆之行徑，簡直慘絕人寰，才會讓百姓對他是恨之入骨，不僅將屍體暴尸街道，燃燒幾天幾夜，還燒成灰燼灑在路上。觀其塗炭生靈，令人髮指之行徑如下：一、放縱士兵，淫略婦女，淫樂縱恣，「是時洛中貴戚室第相望，金帛財產，家家殷積。卓縱放士兵，突其廬舍，淫略婦女，剽虜資物，謂之『搜牢』。人情崩恐，不保朝夕。」二、徙洛陽數百萬人口至長安，道途中有被踩死、有餓死、有被搶劫者，遂造成「積尸盈路」的景象，「於是盡徙洛陽人數百萬口於長安，步騎驅蹙，更相蹈藉，飢餓寇掠，積尸盈路。」三、殘殺無辜之人，對於不服者，極盡凌虐，甚至誘而殺之，手段泯滅天良，「卓施帳幔飲設，誘降北地反者數百人，於坐中殺之。」見《後漢書卷七十二・董卓列傳第六十二》，頁2325。

迎君之欲，納之于惡，依違曲順，入于左腹之間，復得明夷之主之
心也。〔註126〕

胡瑗認爲小人以甘言美色從君之情欲，依違曲順，然後于出門庭，散播罪惡，
「以至騰播天下，罪形萬世，皆小人之所致也。若崇侯、飛廉、惡來之類是
也。門庭者，言宣露于外也。」（同上）。而左腹指隱避之地，乃小人專行之
路，程頤就說：「夫小人之事君，未有由顯明以道合者也，必以隱避之道，自
結於上。……人之手足，皆以右爲用，世謂避所爲僻左，是左者隱僻之所也。
四由隱僻之道，深入其君，故云『入于左腹』。」〔註127〕

　　南宋李杞在此爻也提到飛廉、惡來，說明小人有「入于左腹」，「獲心意」
的本事，這些本事都是君子望塵莫及的：

此爻當爲紂用事之臣，飛廉、惡來之徒是也。〈坤〉爲腹，故入于左
腹。左腹者，隱僻之地也。以陰居陰，不中不正，而近乎上六之闇。
既入于左腹，而又獲其心意，其所以深交于上者至矣！夫既得其腹
心，是以出乎門庭，則擅權縱恣，靡所不至焉。故武王數紂之惡，
有曰：「乃惟四方之多罪逋逃，是崇是長，是信是使，是以爲大夫卿
士，俾暴虐于百姓，以姦宄于商邑。」然則若飛廉、惡來之徒，其
紂所謂腹心之臣也歟！〔註128〕

紂王的臣子，飛廉、惡來這種奸臣，「以陰居陰」，「不中不正」，即小人居高
位者。專門以陰邪之思虜獲主上之歡心，因此爻辭說「入于左腹」，也就是得
其腹心，因此能成爲紂王心腹用事之臣，出門庭作威作福，危害天下。而武
王伐紂，數紂之罪惡，便是指責他廢棄賢人，專門採用罪惡多且逃亡四方之
人，令其作大夫和卿士，以暴虐人民，爲惡朝中，因此罪不可赦。〔註129〕

六、「豐其屋」的貪官

　　〈豐〉卦上六爻是貪官、貪殘之君的象徵。「豐其屋、蔀其家」，是形容
小人聚斂搜括，貪財納賄，富厚自家，而金玉滿堂的情況。「闚其戶，闃其无
人。」則是描述貪官的結局，被抄家滅族，最後空無一人。

〔註126〕〈明夷·六四〉，胡瑗：《周易口義》，卷6，頁8-335。
〔註127〕〈明夷·六四〉，程頤：《伊川易傳》，叢本，卷4，頁174。
〔註128〕〈明夷·六四〉，李杞：《用易詳解》，頁19-456。
〔註129〕見《尚書·牧誓篇》：「王曰：『古人有言曰："牝雞無晨。牝雞之晨，惟家之
　　　　索。"今商王受，惟婦言是用。昏弃厥肆祀，弗答；昏弃厥遺王父母弟，不
　　　　迪。乃惟四方之多罪逋逃，是崇是長，是信是使。』」

　　因為上六居一卦之上，處最頂端的地位，象徵貪官或帝王的豪奢已達極限，無以復加，此時若不知自我悔損，結果不是亡國絕滅，便是敗家喪身，所以爻辭才會有窺戶而無人的荒涼慘況的形容。意謂空無人跡，只剩下鬼魅光臨的寂靜陰森，與先前豐屋蔀家的金碧輝煌相較，直是天壤之別，所以干寶在〈豐·上六〉「豐其屋，蔀其家，闚其戶，闃其无人，三歲不覿，凶。」〈象〉曰：「豐其屋，天際翔也；闚其戶，闃其无人，自藏也。」才會舉紂王為例，感嘆室成人亡。因為不惜民力，揮霍民心，所以雖有璿室玉臺，傾國之女，又有何用？還不是成為亡國末代之君，以自焚朝歌來自我了結：

> 在豐之家，居〈乾〉之位，〈乾〉為屋宇，故曰「豐其屋」。此蓋記紂之侈造為璿室玉臺也。蔀其家者，以記紂多傾國之女也。社稷既亡，宮室虛曠，故曰「闚其戶，闃其无人。」闃無人貌也。……故曰「三歲不覿，凶。」然則璿室之成，三年而後亡國矣。〔註130〕

紂王的例子，警戒世人，執政者殘害百姓，其實是在自戕，因為傷人必傷己，成為一人之天下，最後沒有人跟他同心，必然走向「社稷既亡」，「宮室虛曠」，而杳無人跡的景象。李光就說這是「古之愚人」：

> 「豐其屋」，謂壯大其所居也；「蔀其家」，謂屏蔽其所藏也。此大臣之營私自奉者，古之愚人，莫不皆然。……六居卦終，震動之極，失處〈豐〉之義，其荒虛闚寂，卒為狐兔之場，若鳥失其巢，去人遠矣！本乎絕物，乃以自絕：本乎多藏，反致空闃，禍災之至，咸其自取焉爾。……闃其无人，陸氏以為家空人亡，如漢梁冀之徒是已。〔註131〕

李光以梁冀的「營私自奉」，屏蔽所藏（遮蔽掩藏金銀財寶），以及被滅的結局，說明「家空人亡」，而鳥失其巢，最後淪為「狐兔之場」，然亦皆由自取。至於郭雍則說：

> 〈序卦〉曰：「窮大者，必失其居。」其是之謂歟！班固言許、史、三王、丁、傅之家，皆重侯累將，窮貴極富，見其位矣，未見其人也，豈「闃其无人」之謂乎！〔註132〕

〔註130〕〈豐·上六〉，李鼎祚：《周易集解》，庫本，頁7-784。
〔註131〕〈豐·上六〉，李光：《讀易詳說》，頁10-432。
〔註132〕〈豐·上六〉，郭雍：《郭氏傳家易說》，頁13-189；叢本，頁217。

郭雍舉漢朝許、史、三王、丁、傅的例子〔註133〕，證明貪得無厭之人都很難有好下場。然而歷史教訓卻似乎難以被世人留下記憶。因爲豐其屋之人，從來就不認爲會有此等結局，等到大難臨頭，才來了悟歷史常態不是偶然，而不能等閒視之時，已經來不及了，只好留給後人當作省思的教材，因此聖人爲此戒之曰：「苟務豐，而不知善終之道，聖人无取焉。故「豐其屋，蔀其家」，固非有期于「闚其戶，闃其无人」，而其爲應，必至是而後已，可不戒哉！」〔註134〕而沈該也舉春秋時公子曼滿的例子來說明：

> 「豐其屋」，貪而盈也；「蔀其家」，暗之極也。「闚其戶，闃其无人」，自絕也。處〈豐〉之上，居動之極，盈而猶貪，富其家而尤其室，是以豐其屋也。滿盈之志，妄動无極，而不善之積，幽昏實甚，是以蔀其家也。无德而貪，眾所不與，鬼瞰其室，自絕於人，是以闚其戶，闃其无人也。……昔鄭公子曼滿與王子伯廖語，欲爲卿，伯廖告人曰：「无德而貪，其在《周易》〈豐〉之〈離〉，弗過之矣。間一歲，鄭人殺之。」取此義也。〔註135〕

鄭國的公子曼滿欲爲卿士，然時人認爲此人「无德而貪」，因此料其必有大禍，並且引用了《易經》〈豐〉卦上六爻所言，預告有「闚戶闃其无人」的凶兆。果然不出三年，曼滿被鄭人殺了。〔註136〕杜預注就說：「義取無德而大其屋，不過三歲，必滅亡。」而楊伯峻也說：「豐其屋，猶言高大其屋。蔀，遮蔽陽光之意。蔀其家，猶言庭院架布棚或窗牖挂簾幕。屋宇雖高大出，而門庭寂靜，三年不見其人焉，故凶。」（同上）。這無非是警告世人，人不知足，則禍將隨之，而尸位素餐，更是大忌。總之，無端飛來的富貴，或求來的地位，人當戒懼，而不是以爲喜，因爲禍福根本難測。這世間以爲是福的，結果卻變成禍的，根本不可勝數。

〔註133〕《漢書卷八十二‧王商史丹傅喜傳第五十二》的「贊曰」說：「自宣、元、成、哀外戚興者，許、史、三王、丁、傅之家，皆重侯累將，窮貴極富，見其位矣，未見其人也。陽平之王多有材能，好事慕名，其勢尤盛，曠貴最久。然至於莽，亦以覆國。」指宣、元、成、哀四朝，因外戚身份而顯達者，如許、史、三王諸家，雖有顯著的官位，卻沒有相伴的功業，只能說「見其位，未見其人」，而這種華而不實的人間富貴，終究難逃覆滅的命運。頁3382。
〔註134〕〈豐‧六五〉，郭雍：《郭氏傳家易說》，頁13-188；叢本，頁217。
〔註135〕〈豐‧上六〉，沈該：《易小傳》，頁10-625。
〔註136〕這是《左傳》宣公六年之事：「鄭公子曼滿與王子伯廖語，欲爲卿。伯廖告人曰：『無德而貪，其在《周易》〈豐〉之〈離〉，弗過之矣。』間一歲，鄭人殺之。」見楊伯峻編著：《春秋左傳注》，頁689。

　　爲了豐屋，小人當然要極盡所能地控制君主。楊萬里在這一爻就探討小人爲了謀利，而迷惑君主的心思。想盡辦法讓國君沈迷酒色中，不讓君主英明，親近君子，以免自己被疏遠，這便是仇士良處心積慮不讓國君有閑暇以見儒臣的緣故，只是上六這種小人，最終亦難逃自我毀滅的下場。〔註137〕

　　臣子之外，帝王窮奢極欲，大興土木，也是「豐其屋」。而其屋宇之高大，大到讓人只聞其聲，不見其人，也看不到陽光，可見壯闊奢華，擺設之極，林栗就說：

> 屋高而蔀盛，戶閉而室窒，人亡而鬼瞰，欲无凶，得乎？故曰「三歲不覿，凶。」夫禍患之來，非一日之故也。壅蔽之患，生於暗昧；委靡之勢，成於宴安，逮夫邪佞滿前，忠良廢斥，綱紀敗壞，風俗陵夷，人心攜離，主勢孤立。如此者，豈一日之故哉！其所由來者漸矣！……秦二世是也。外倚長城之強，內增阿房之固，自以爲帝王萬世之業，可謂「豐其屋」而「蔀其家」矣！忠諫者族，偶語者棄市。誅大臣、滅宗室，深居高拱，使群臣但聞其聲，不得見其面，可謂「闚其戶」，寂其无人矣！山東之盜，指爲妖言；宮中之鹿，指而爲馬。天下之士，相率以逃秦難。而趙高之徒，日侍左右，伺其隙而圖之，可謂人亡而鬼瞰其室矣！〔註138〕

林栗以秦二世胡亥爲例，說明昏君的言與行，最後適足以傾覆家國。二世的宮殿富麗堂皇，阿房、長城的堅固，猶如銅牆鐵壁，是「豐其屋」。二世深居其間，偌大的宮殿，難以盡窮，又聽信趙高邪說，不坐朝廷，居「禁中」，以不見群臣，讓臣子見不到面，只能聽到聲音，來當作天子的尊貴〔註139〕。因

〔註137〕〈豐‧上六〉，楊萬里：《誠齋易傳》，庫本，頁14-684；殿本，頁598。

〔註138〕〈豐‧上六〉，林栗：《周易經傳集解》，頁12-380。

〔註139〕趙高先前任「郎中令」時，殺了很多人，又因爲報私怨，也殺了不少人，因此害怕大臣在二世面前告他的狀，舉發他，於是便愚弄二世，說皇帝的尊貴，就在於讓臣子只能「聞聲」，而「莫得見其面」，二世遵照辦理，所以臣子難以見到二世的面。接著趙高又唬弄二世，告訴他年紀尚輕，對國政不熟悉，經驗不足，如在朝中聽政，萬一有不懂，而賞罰不當者，便容易在大臣面前露出破綻，而自暴其短。因此最好躲在宮中，臣子上奏，可以先讓臣下及熟悉法律的侍從跟陛下一起討論，再作處理，這樣便萬無一失，大臣們也就不敢作怪，更可以向天下展現皇上的神明。二世聽了，也覺得很有道理，遂用其計，而居「禁中」，於是事皆由趙高專擅決定，見《史記卷八十七‧李斯列傳第二十七》：「初，趙高爲郎中令，所殺及報私怨眾多，恐大臣入朝奏事毀惡之，乃說二世曰：『天子所以貴者，但以聞聲，群臣莫得見其面，故號曰朕。

為不隨便接見群臣，所以臣子進入宮中，也見不到二世，連李斯也是，還要趙高特別安排，因國政皆由趙高全權處理。總之，深宮內院，高拱遊樂（拱手閒閒無事），成了二世自閉，也是自絕之處，這是「蔀其家」。到最後百姓流離失所，相率以逃秦難，而各地起義軍紛紛響應，當二世知道時，已然措手不及，於是被迫自殺，而秦帝國也旋即敗亡。至於戰亂傷亡，荒煙蔓草一片，鳥獸聚集，沒有人煙，「麋鹿游於朝」〔註140〕，這便是「闚其戶，闃其无人」。因此，二世的所作所為，與此爻完全相符。

第三節　論君臣關係

宋《易》對君臣關係的論述，細緻深入，如君臣相遇、君臣相應、君臣相孚、君臣相得、君臣相合、君臣同功等。因為君臣相處不善，以致各行其道，各自為政，政務的推行就會出現危機，甚至脫軌，因此其重要性不言而喻。而有良好的君臣關係，君臣亦師亦友，必是邦家之福，以下擇要述之：

一、二爻與五爻

二爻是臣位，五爻是君位，二五相應，宋《易》多有發揮：

（一）「以杞包瓜」的君臣遇合

周文王與姜太公君臣相遇之事，李光在〈升〉卦升進之道中即有論述。〈升·象曰〉說：「柔以時升，巽而順，剛中而應，是以大亨。用見大人，勿恤，有慶也。南征吉，志行也。」李氏以「君臣道合」、「君臣志合」來說明，並強調君臣求升應合於正道，不僅在上者應虛己以求下，在下者亦應剛中以為貴，不可因求升而專事卑巽，因為一味巽順，則近於諂媚，入於邪道，所謂：

> 君臣道合，乃能升也。為上之道不順，則不能虛心屈己逮下；下之求升，一於卑巽則近于佞媚而入于邪，故應者貴乎剛中也。體雖卑

且陛下富於春秋，未必盡通諸事，今坐朝廷，譴舉有不當者，則見短於大臣，非所以示神明於天下也。且陛下深拱禁中，與臣及侍中習法者待事，事來有以揆之。如此則大臣不敢奏疑事，天下稱聖主矣！』二世用其計，乃不坐朝廷見大臣，居禁中。趙高常侍中用事，事皆決於趙高。」頁 2558。

〔註140〕「麋鹿游於朝」指朝廷變成了廢墟，才會麋鹿遊於其中。這是李斯臨死之前，在獄中仰天長嘆，對二世荒唐殘暴行徑的指控，以及對秦帝國即將滅亡的預告。見《史記卷八十七·李斯列傳第二十七》，頁 2561。

巽而枉道以求升則不可也。以九二之剛應六五之柔，此所以能大亨也。「用見大人，勿恤，有慶者」，君臣相遇，无復憂虞，天下必賴其慶矣！「南征吉，志行也。」南征者，文王之志也。當〈升〉之時，聖賢相遇，諸老咸歸，以往則无不利矣！故其志得行也。〔註141〕

其實君臣相遇如果又是聖賢相遇，則無疑是百姓之福，不僅得民心且無往不利，得行其志，所以〈象傳〉說：「南征吉，志行也。」而文王就如同〈升〉卦的六五爻，雖陰柔，然其志得行。因下有九二之應，即太公之輔，因此二五相應，代表君臣應時而會。此外，下〈巽〉上〈坤〉，坤為順，意謂著以求升之道，遇可升之時，因此可大亨於天下，所以李光又說：「今二五相應，自二之五，自下而升上之象。文王、太公相遇，當其時矣，勿恤，無所憂慮。五雖陰柔而得尊位，下有陽剛之臣為之輔翼，何往而不濟乎，以此求升，故不足憂也。」〔註142〕

而〈噬嗑‧卦辭〉說：「亨，利用獄。」李光也以君臣相遇來說。李光認為君臣相遇卻不能相合，在於有物橫於其間，唯有除去間隔，才能上下亨通，君臣合德，才有可能大有為於天下。如同口中有異物橫隔其中，則口終不能合者，除非咬碎之，否則將害於言語、飲食，這就是〈噬嗑〉卦之意：

> 君臣相遇，非道同德合，則不能大有為於天下。然自古迄今，每多不合者，有物間于其間也。欲除去其間，非威明剛斷不能也。〈離〉〈震〉二卦合而成〈噬嗑〉，九四為頤中有物之象。蓋君側之強臣，阨群賢之進，而間隔之者。噬者，齧也；嗑者，合也。頤中有物，非齧去之，則終不能合，能齧去之，則上下內外亨通而無礙矣！〔註143〕

而歷史上也不乏此類例子，李光就以周、霍之事說明，他說：「周之管、蔡，漢之上官桀，此二間也。非成王、昭帝明斷而卒除去之，則周公、霍光豈能成輔翼之功哉！」（同上），也就是不除管蔡及上官桀等人，則周公、霍光恐難有輔翼之功。

其實阻擾君臣之遇合，楊萬里也以〈漸‧九五〉的「婦三歲不孕」來說明君臣遇合之艱困，或因重重險阻而難有成，如同婦歸三年，仍無法懷孕一般：

〔註141〕〈升‧象曰〉，李光：《讀易詳說》，頁 10-398。
〔註142〕〈升‧卦辭〉，李光：《讀易詳說》，頁 10-398。
〔註143〕〈噬嗑‧卦辭〉，李光：《讀易詳說》，頁 10-329。

九五以剛明中正之君，居崇高富貴之位，……下有六二柔順中正之
大臣，九五與之合志一德，以大有爲於天下，此如鴻之遇順風，橫
四海也，何難之有？然猶三歲而不合，不合而无成者，何也？五欲
親二，而九三在旁以間之，如蒯通之說韓信。二欲親五，而六四近
上以間之，如管、蔡之毀周公，此其所以婦三歲不孕也。……君臣
遇合之艱也。（「五欲親二」，殿本作「吾欲親二」）〔註144〕

楊萬里提到君臣不合，在於可能有「間君」或「間臣」之小人，如六四及
九三。九三爲間臣者，如漢朝的蒯通，離間韓信與劉邦，唆使韓信背叛劉
邦，以自立爲王；六四爲間君者，如周朝的管叔、蔡叔，離間成王與周公，
以流言散播周公將對成王不利，欲使成王懷疑周公。而小人在旁煽惑，游
辭巧說，離間六二與九五，難免造成君臣間的隙隙，所以不管是「五欲親
二」，或「二欲親五」，雙方都有難題要解決。不過這不妨看做是對君或對
臣的考驗，因爲只要雙方皆能秉持中正之德，辨別虛實，自能不爲流言所
動，而重拾誠信，以撥雲見日，其間雖有小插曲，但終究不掩大美，因此
楊萬里說：「惟君臣皆有中正之德，故九三間臣之計不行於六二，六四間君
之計不行於九五，終不爲其間之所勝而底於吉也。彼不能勝此，則此之志
願得矣！」（同上），這是因爲邪不勝正，終究能吉，所以〈小象〉說：「終
莫之勝，吉，得所願也」。

　　君臣遇合之美善，宋《易》喜以〈姤〉卦九五與九二爻來說明，即「以
杞包瓜，含章，有隕自天。」李杞釋其意說：

杞者，高而能接下之木也。瓜者，卑而能攀援之物也。杞如君子之能
下其臣，瓜如臣之能附其君，此〈姤〉之世，君臣相求之象也。九五
以中正之德而下應于二，惟能含其章美，晦而不自用，是以天爲之降
生賢人以輔之，如高宗之傅說得之於帝夢，宣王之申、甫得之於嶽降。
蓋其求賢之志與天命相符而不相舍，此所以「有隕自天」，而適相遇
也。然則〈姤〉之時，不獨君臣相遇，而天人亦相遇者耶？〔註145〕

〈姤〉卦闡述相遇之道，這也包括君臣相遇、君臣相求，如九五之遇九二即
是。九五中正之君能下應九二之臣，就如同高大的杞木接引在下的瓜木，使
其攀援直上。這代表君能下臣，臣亦能附其君。李杞認爲只要君上有章美之

〔註144〕 〈漸・九五〉，楊萬里：《誠齋易傳》，庫本，頁 14-675；殿本，頁 569。
〔註145〕 〈姤・九五〉李杞：《用易詳解》，頁 19-474。

德，其求賢之心必能感動上天，而降下賢人以輔之，如殷高宗在夢中遇到傅說〔註146〕，而周宣王恐懼修德，從嶽降得到申伯及仲山甫是一樣的〔註147〕，說明「有隕自天」，天人合德，而天助自助者。因此，〈姤〉卦不僅可以代表君臣之相遇，其實也可說明天人之相遇，所以楊萬里在《誠齋易傳》就說：「堯下逮舜之側微，以杞包瓜之象。舜遇堯爲天人之合，有隕自天之象。」〔註148〕即以「以杞包瓜」、「有隕自天」贊揚堯跟舜君臣相遇之美善。

（二）「利涉大川」的君臣相需

君臣相需，因爲君臣是一體的。君臣一體才能同舟共濟，利涉大川，所以李光在〈需・卦辭〉「有孚。光亨。貞吉。利涉大川。」說：

> 需，須也，待也。上下相需，非特待而已。君非臣，不能自免于險難；臣非君，不敢冒進而排難，君臣相需之急如此。今人君負剛明之德，能以誠實相與，上下皆有孚信，其德乃光顯而亨通也。〔註149〕

〈需〉卦上卦爲坎陷，表示險難之世。此時唯有君臣一心，才能內外協濟，所以光有明君或賢臣，皆不足以承擔大任，因爲孤掌難鳴，獨木難支。無臣，君固難以施展；無君，臣亦失其後盾，因此九五之君全賴下卦之三陽才能濟

〔註146〕武丁（殷高宗，殷之賢主）夜夢聖人傅說，然在朝臣百官之中遍尋不著，終於傅巖求得，舉以爲相，殷國大治，見《史記卷三・殷本紀第三》說：「帝武丁即位，思復興殷，而未得其佐。三年不言，政事決定於冢宰，以觀國風。武丁夜夢得聖人，名曰說。以夢所見視群臣百吏，皆非也。於是迺使百工營求之野，得說於傅險中。是時說爲胥靡，築於傅險。見於武丁，武丁曰是也。得而與之語，果聖人。舉以爲相，殷國大治。故遂以傅險姓之，號曰傅說。」頁102。

〔註147〕申伯、仲山甫是周宣王時的卿士賢臣，《詩經》大雅〈崧高〉、〈烝民〉這兩首詩就是對申伯及仲山甫的讚美，認爲兩人是天降賢才，鍾靈毓秀，擁有美好的德行，爲國之楨幹，「崧高維嶽，駿極于天。維嶽降神，生甫及申。維申及甫，維周之翰。」（〈崧高〉），是上天對周朝的庇祐，「天生烝民，有物有則；民之秉彝，好是懿德。天監有周，昭假于下；保茲天子，生仲山甫。」（〈烝民〉）。詩中也分別描述兩人對國家的貢獻，如申伯屛蔽保衛南疆，「亹亹申伯，王纘之事。于邑于謝，南國是式。王命召伯，定申伯之宅。登是南邦，世執其功。」（〈崧高〉），而且正直和順，「申伯之德，柔惠且直。揉此萬邦，聞于四國。」至於仲山甫，則是忠於國事，夙夜匪懈，「肅肅王命，仲山甫將之。邦國若否，仲山甫明之。既明且哲，以保其身，夙夜匪解，以事一人。」性格更是「小心翼翼」，「令儀令色」，不吐不茹，不欺善，也不怕惡，更不畏強權，「人亦有言：『柔則茹之，剛則吐之。』維仲山甫，柔亦不茹，剛亦不吐；不侮矜寡，不畏彊禦。」見十三經注疏本，頁669-676。

〔註148〕〈姤・九五〉，楊萬里：《誠齋易傳》，庫本，頁14-647；殿本，頁470。

〔註149〕〈需・卦辭〉，李光：《讀易詳說》，頁10-283。

難。只是君臣相需，應以孚信相感，才能正濟而亨通，所以卦辭說「有孚」。
而鄭汝諧也強調這種相對而必要的組合，缺一不可：

> 在我者，有可需之才，在上者，有可需之君，二者交相致焉，斯可
> 言需矣。必如傳說，然後可需於版築；必如太公，然後可需於渭濱。
> 雖然，傳說无高宗，徒需也；太公无文王，徒需也。〈需〉之成卦，
> 乾陽在下，有可需之才也；九五位乎天位，有可需之君也。有是二
> 者，可以自信，故曰「有孚」。……上下相得，以德而合，故曰正吉。
> 成大功，立大事，无適不可，故曰「利涉大川」。〔註150〕

即二、五的這種對應關係，剛健中正，孚信又守正道，合則雙美，離則失色，
彼此呼應，相得益彰，是〈需〉卦在險難中能「光亨」，能「利涉大川」的主
要條件，如傳說與高宗、太公與文王即是，合力就能共度難關。否則單一的
存在，力量皆有限，難成氣候，唯有君臣合德，才能成大功立大事。

臣對君很重要，君對臣也有重大意義，李光在〈旅・象曰〉「旅之時義
大矣哉！」就以孔子週遊列國，卻不得志的情況，說明臣子得君行其道的重
要性，否則遑遑終日亦無所歸，他說：「旅者，聖賢當屯否之世。……以孔
子之聖，歷聘諸侯，然時君不能鈞用，而卒老于行。以至伐樹削跡，阨于宋、
衛、陳、蔡之間，七日不火食者，以時无剛明之君爲之依歸也。況其下者乎！」
〔註151〕李光認爲春秋之世，若有剛明之君重用孔子，則孔子亦不至於浪跡
各國〔註152〕，伐樹削跡，阨於陳、蔡〔註153〕，甚至遭斷炊之虞。而如果連
聖明之孔子都不免有此際遇與嘆息，則其下者乎！

（三）「有隕自天」的君臣相求

〈姤〉卦九五爻，胡瑗以〈象傳〉之「有隕自天，志不舍命也。」來形

〔註150〕〈需・卦辭〉，鄭汝諧：《易翼傳》，粵東書局本，頁14。
〔註151〕〈旅・象曰〉，李光：《讀易詳說》，頁10-433。
〔註152〕孔子去魯後至各國，然際遇皆不順遂，故終又歸魯，《史記卷四十七・孔子世
　　　　家卷十七》：「已而去魯，斥乎齊，逐乎宋、衛，困於陳蔡之閒，於是反魯。」
　　　　頁1909。
〔註153〕陳蔡大夫害怕孔子的賢能若被楚國重用，必然不利於他們，於是在道途中攔
　　　　截孔子，見《史記卷四十七・孔子世家卷十七》：「孔子遷于蔡三歲，吳伐陳。
　　　　楚救陳，軍于城父。聞孔子在陳蔡之閒，楚使人聘孔子。孔子將往拜禮，陳
　　　　蔡大夫謀曰：『孔子賢者，所刺譏皆中諸侯之疾。……今楚，大國也，來聘孔
　　　　子。孔子用於楚，則陳蔡用事大夫危矣。』於是乃相與發徒役圍孔子於野。
　　　　不得行，絕糧。」頁1930。

容九五之君「求賢」之切，他說：

> 以已有剛明之才，居至尊之位，而下无賢明之輔，是以終日之間焦
> 心勞思，以求天下之賢。……天若隕墜我之命則已，若天未隕墜其
> 命，則我求之不已，天必生賢明之臣以爲己之輔佐，爲己之應援，
> 故曰「有隕自天」，明九五求臣之切也。〔註154〕

賢臣就如同國君的左右手，失去了得力的助手，即使有再好的政令、禮樂或仁
義，亦難施于天下。因爲「有倡而无和，有令而无從」難免是件憾事，所以胡
瑗舉殷高宗、周世宗爲例，說明求賢之至誠必可感動上天生賢臣以爲己之應援：

> 故古之高宗諒闇三年，其惟不言，恭默思道，至于夢寐之間，孜孜
> 求賢以得傅說，置之爲相。又周之世宗，以朝廷左右雖有百官，而
> 无中正之臣，故孜孜求賢，以得王朴，任之爲臣，以建太平之策。
> 以此見自古聖人治天下，求賢之心乾乾不已也。（同上）

高宗爲求賢，甚至形諸夢寐，輾轉反側，終於以至誠感天，而得到傅說之賢
臣〔註155〕；而周世宗也同樣孜孜不倦，乾乾不已，方得王朴，以建太平之策。

其實君臣相求，楊萬里認爲最好是「君求臣」，所以在〈比・六二・小象〉
「比之自內，不自失也。」說：

> 以六二中正之臣，應九五中正之君，上下相比之道，兩得正矣！雖
> 然，君臣相求者也，寧君求臣，毋臣求君。非不求也，秉德以充乎
> 內，而不躁乎其外；守正以俟乎彼，而不自失乎此，如是而已。枉
> 道以求行道，失身以求達身，不可爲也。（庫本作「毋寧臣求君」，
> 殿本作「毋臣求君」，今依殿本）〔註156〕

楊萬里認爲賢才修德日進，但須守正以待明君，反對躁進以求通達，否則主
動有可能變成「枉道以求行道」、「失身以求達身」，君子人於此際不可不慎。
而在〈賁・六二・小象〉「賁其須，與上興也」中，楊萬里也表達相同的看法，
認爲像六二文明之大臣應「珍道」，不宜輕許六五，除非六五展現誠意，主動
求訪，才能「與上興」，否則不能「輕就」，他說：「士有待而後發，未有不待
而發；士有求而不應，未有不求而應。非珍身也，珍道也。……六二主一代
文明之大臣也。遠自〈坤〉之上六，惠然而來，以佐興文明之治者也。然非

〔註154〕〈姤・九五〉，胡瑗：《周易口義》，頁8-365。

〔註155〕見《史記卷三・殷本紀第三》。

〔註156〕〈比・六二〉，楊萬里：《誠齋易傳》，庫本，頁14-546；殿本，頁124。

六五文明以止之君，有化成天下之文，秉中正柔順之志，以求六二之飾也，六二肯輕就乎！」〔註157〕即六二是從〈坤〉卦上六下來的，以佐六五文明之君，所以是經過審慎選擇的，也是專誠而來的。

另外，在〈萃・六二〉「引吉，无咎。」楊萬里也同樣強調君對臣的相求之意，即「引吉」而萃聚，引而進之，他說：

> 君臣之聚會，始於相求，終於相信。臣固求君也，然君之求臣，甚於臣之求君，觀湯之於伊尹，先主之於孔明，則見矣！然則何道以求之？星辰非能自高也，引而高之者，天也；賢臣非能自進也，引而進之者，君也。六二之進，非九五引之而誰也？故曰：「引吉，无咎。」此相求於初之道也。〔註158〕

楊萬里認爲臣子就如同星辰一樣，必須附著在天上，才能照亮人間，並非原本就高高在上，因此一旦失去依靠，就會殞落人間。而天就如同君主般，對臣子有引進照應之責。正因爲天空是星辰的依靠，所以明君就是賢臣的寄託。有明君，賢臣才能閃閃發亮，光彩耀人，甚至輝映千古。因此先帝三顧茅廬，至三分天下，證明了一國之君的確有必要四處訪求，主動積極爲國舉才，才能爲人所敬重，也才能眞正做出一番亮麗的成績。

至於〈既濟〉卦六二爻說：「婦喪其茀，勿逐，七日得。」李光以茀對婦人之重要，來比擬臣對君的存在意義，因爲君若無臣，即如同失去左右手，因此君上要主動求才，然人臣則不宜冒然自進，李光說：

> 茀者，所以屏蔽而爲容飾者也。婦人欲有所行，必有屏蔽之飾，喪其茀，无以屏蔽，勿可行也。〈既濟〉之時，雖君臣相應，然君當求臣以自濟。禮貌不至，幣聘不先，雖退而窮處，可也。六二處中正之位，人君欲共濟天下，捨我其誰哉！〔註159〕

茀爲婦女出門之蔽飾，爲切身之物，無蔽飾，則無以行，因此重要性當然不言而喻。而臣子對君上亦如此，必待君上誠心求之，否則寧退而窮處，不妄自前往。

（四）「執之用黃牛之革」的君臣相應

周公與成王的相依相輔，李杞以〈遯・六二〉「執之用黃牛之革，莫之勝

〔註157〕〈賁・六二〉，楊萬里：《誠齋易傳》，庫本，頁14-584；殿本，頁258。

〔註158〕〈萃・六二〉，楊萬里：《誠齋易傳》，庫本，頁14-648；殿本，頁476。

〔註159〕〈既濟・六二〉，李光：《讀易詳說》，頁10-453。

說。象曰：執用黃牛，固志也。」來形容。在這一爻，李杞認爲六二這個大臣原本欲遯，卻被九五之君所留。因爲九五之君以中正之道待之（「黃者，色之中者」），以順從之意加之（「牛者，畜之順者」），又堅其信任之誠（「革者，物之堅者」），所以六二雖欲離去，終不可能，以上之堅固其志，而盛情難卻。如同成王對周公的委任之情，使周公終其一生都不得告老還鄉，而常侍君側，李杞說：

> 周公既成洛邑，將告老而歸，成王挽而留之。今觀〈洛誥〉之書，
> 所以委曲留公者，无所不用其至。既錫之以二卣明禋之享，又重之
> 以伯禽之封，是以周公左右成王，而終身不得之魯。〔註160〕

遯是遠離之意，所以這一卦談的都跟遠離有關，即遯的各種型態，如初六的「遯尾」、九三的「係遯」、九四的「好遯」、九五的「嘉遯」，上九的「肥遯」。而六爻中唯獨六二沒有「遯」字，爲什麼沒有遯字？因爲六二走不了，爲什麼走不了？因爲被九五挽留，所以不能遯。這種情況就如同成王與周公。周公成洛邑之後，其實想回歸鄉里，然成王之心不欲周公離去，因此想辦法加以挽留。此於〈洛誥〉可見其詳，例如成王賜之二卣明禋，又將周公的長子伯禽封在魯國，可以說無所不用其極，才能成功將周公留住。

周、成之事，李杞在〈遯‧九五〉「嘉遯」中也有敘述，成王留住周公，就是君臣相孚相應的最佳寫照，他說：

> 〈遯〉之世，君子勇于求去，而九五之君獨得六二之應，有以固而
> 執之，君臣之際，相孚相應，而一歸于貞，故二不能遯，而五得貞
> 吉也。吾嘗以爲成王留周公之事，其不然乎？〔註161〕

李杞認爲〈遯〉之世，君子勇於求去，而六二獨爲九五所應，因此不能遠遯，而九五也因留住六二而得「貞吉」。

至於〈蹇‧六二〉「王臣蹇蹇，匪躬之故。」〈象〉曰：「王臣蹇蹇，終无尤也。」易袚認爲蹇難之世，更須君臣相應，才能共濟艱險：

> 以六居二，人臣之正位也。去坎險雖遠，而上卦爲〈坎〉，自二至四
> 爲互〈坎〉，蹇蹇之象。所謂「蹇蹇」者，乃天下之蹇，非一身之蹇，
> 故曰「匪躬之故」。人臣不以匪躬之故而遂忘天下，于是出而濟難，
> 上輔爲五謂之王臣，當是之時，五以剛健爲處健之君，二以柔順爲

〔註160〕〈遯‧六二〉，李杞：《用易詳解》，頁 19-451。
〔註161〕〈遯．九五〉，李杞：《用易詳解》，頁 19-451。

處險之臣，君臣正應，中正相與，以是任天下之重，雖處重蹇而舉

天下終無尤我，亦何難之不濟。〔註162〕

〈蹇〉卦上卦爲〈坎〉，坎爲水，爲陷；下卦爲〈艮〉，艮爲山，爲險阻之
意。前有水，後爲山，進退失據，表示處在艱難的環境中。而二至四爻又
互〈坎〉，因此有重坎之意，爲坎中之陷，情況更加艱辛，所以爻辭才會說
「蹇蹇」。但是這種情況不是六二王臣本身所造成的，不過雖不是六二的原
因，六二卻不因此而置身事外，仍承擔任天下之重責。所幸在蹇難之中，
六二之臣與九五之君中正相應、剛柔相與，所以能處重蹇而終無尤，甚至
共度難關。

而〈睽・六五〉「悔亡，厥宗噬膚，往何咎。」〈象〉曰：「厥宗噬膚，往
有慶也。」王宗傳認爲君臣相應若遇阻礙，則應除去障礙以求通：

二之於五，居相應之地，能爲五之所宗敬，則力於濟睽者也。故以
剛明之才，噬去此小人（六三），若噬膚然，去其否塞，以通道乎五，
而五遂得往與二合，君臣共濟以成此濟睽之功，則在五也，豈不謂
之有慶矣乎？夫四與初在下，而非其應也，徒以同德相遇，尤能使
其志之行，則五之於二居君臣相應之地。〔註163〕

在睽離之時，九二以剛明之才噬去小人，而爲五所宗敬，二五以君臣相應而
共濟睽之時，因此爻辭才會說六五「有慶」。

其實君臣相應的基礎在君臣「交孚」，即「孚信」、「孚誠」，否則只是表
面工夫，沒有任何基礎及意義，這即是〈升〉卦九二爻所說的，「孚乃利用
禴」。孚是孚誠，意謂有孚，薄祭亦可，一樣可以感動神明。禴是祭之薄者，
即禮文祭品不是很豐盛，但虔誠的心並沒有任何減損，所以當然也能獲得福
祐。而君臣間即應如此，以此種心態互信，所以李光在〈升・九二〉「孚乃
利用禴，无咎。」〈象〉曰：「九二之孚，有喜也。」中就強調君臣交通之道
即在此：

九二得人臣中正之位，而上應六五，升道之最善者也。君臣相與，
以孚信爲主。君未深信其臣，雖周公未免成王之疑。……象言「九
二之孚，有喜」者，上下交孚，志得而道行，天下皆喜樂之矣。〈萃〉
與〈升〉相反而相同。〈萃〉之六二，〈升〉之九二，皆以有應而交

〔註162〕〈蹇・六二〉，易袚：《周易總義》，庫本，頁17-504。

〔註163〕〈睽・六五〉，王宗傳：《童溪易傳》，庫本，頁17-198；通本，頁1075。

孚，故二爻皆云「孚乃利用禴」。君之深信其臣，與臣之深交其君，
其理一也。〔註164〕

〈萃〉卦的六二爻與〈升〉卦的九二爻皆言「孚乃利用禴」，因二五皆相應。
〈萃〉卦的六二需九五，而〈升〉卦的六五也需要九二，皆能君臣相孚，以
孚信感動彼此。因為不管是君對臣，還是臣對君，皆需如此。而楊萬里也強
調君臣交孚在心，物實為其次：

當〈升〉之世，群賢升於位，君德升於聖，天下升於治之時也。……
六五得九二之臣，君臣交孚，是以盡其誠，以大有為而盡去外飾之
虛文。臣有所當為，則遂事而不為專；上有所重發，則衡命而不為
悖，皆用禴之義也。〔註165〕

有誠意就能免去外在的虛浮及矯飾。李過則舉傅說與高宗，太公與文王的例
子，來說明「不次之升」：

進而至二，五為正應，潛德之孚於君矣，故宜用禴，不必其禮文之
備也。此不由三道而升，自以德孚于君，是以為不次之升，如傅說
之于高宗，以夢而升是也；太公之于文王，以卜而升是也。〈象〉曰：
「有喜也」，君臣相孚，故有喜也。〔註166〕

因為不管是「夢」之升（高宗夢中遇傅說，舉以為相），還是「卜」之升〔註167〕，
都說明君臣相孚是可以超越任何形式的，甚至誠意到了，形式也可以省略，而
彼此不以為疑，這就是「孚乃利用禴」的君臣有孚。

（五）「包蒙納婦」的君臣之分

然君臣間無論如何相合、相應、相需，臣子畢竟是臣子，君臣間該有的

〔註164〕〈升·九二〉，李光：《讀易詳說》，頁 10-399。
〔註165〕〈升·九二〉，楊萬里：《誠齋易傳》，庫本，頁 14-651；殿本，頁 484。
〔註166〕〈升·九二〉，李過：《西谿易說》，庫本（以下皆略），頁 17-740。
〔註167〕姜太公（呂尚，姜子牙）是西伯（周文王）卜卦卜出來的賢能之士。「霸
王之輔」，顯示周朝將因得此賢人而「興」起，更是周朝祖先們的預言與
盼「望」，後果成真，姜太公在日後不僅助文王脫困，更佐武王伐紂，成
就周朝八百年的天下，《史記》就形容姜太公有「謀計兵權」，助西伯三分
天下有其二，在羑里之難後，「陰謀修德以傾商政」，見《史記卷三十二·
齊太公世家第二》：「呂尚蓋嘗窮困，年老矣，以漁釣奸周西伯。西伯將出
獵，卜之，曰：『所獲非龍非彲，非虎非羆，所獲霸王之輔』。於是周西伯
獵，果遇太公於渭之陽，與語大說，曰：『自吾先君太公曰：『當有聖人適
周，周以興』。子真是邪？吾太公望子久矣。故號之曰：『太公望』，載與
俱歸，立為師。」頁 1477。

禮儀，仍不可失，上下的界限，也不能模糊，否則綱紀不明，禮義廢弛，致
君不像君，臣不像臣，則何以成治道，所以君臣之分，其實就是嚴謹君臣上
下倫理。即君有君的權勢，臣有臣的職分，二者各有領域、限制，不容過度。
只是臣子權力的極限到底應該到那？胡瑗以〈困・九二〉之「困于酒食，朱
紱方來，利用享祀。」來形容，認為這是人臣可以享有的最高榮寵，所以應
該自我節制，到此為止。如果權臣仍不知足，而意圖踰越求進，擴張版圖，
則凶禍必至，因此爻辭才會說：「征凶，无咎。」意即如果因不知足而招致災
難，也怪不得別人，因為實在是咎由自取，胡瑗說：

> 困于酒食，饜飫之象也。「朱紱方來」者，「朱紱」，天子之服，天子
> 純朱紱。「方」，將也。言九二既有剛明之才，大中之德，為眾人所
> 歸，則天子必委任之。既委任之，則降體貌以禮，厚恩命以尊寵
> 之，是天子寵命將至，故曰：「朱紱方來」。……九二，其勢已尊、
> 其權已重、其寵已隆，人臣之分盡于此矣！若不知止而復求其進，
> 凶禍必至矣！夫凶禍之來，皆己所招，非他人所致，復何咎于人哉！
> 〔註168〕

胡瑗認為九二爻的「勢」、「權」、「寵」幾近極致，所得到的主上恩典及尊崇，
亦可說無以復加。如此位極人臣，若不思圖報，反欲得寸進尺，索求無厭，
到最後結果必然是可想而知的。

　　關於君臣之分，胡瑗也以「亨祀」、「祭祀」來說明。這是對〈困〉卦九
二及九五爻的解釋。胡瑗認為同樣言祭祀，九二言「亨祀」，九五卻言「祭祀」，
這是因為君臣有別的緣故，他說：

> 二云：「利用享祀」，五云：「利用祭祀」者，蓋至誠至信，其禮則一。
> 但九二人臣之位，九五人君之位，居君臣之分，尊卑之差，豈可無
> 別，故二曰：「亨祀」，五曰：「祭祀」也。〔註169〕

胡瑗認為二者其實並無分別，都表示盡其至誠之意，以感通神明，而受福慶，
唯因有君臣之分，所以尊卑有別，因此特在文字上作區別。

　　至於「包蒙吉」是表示對幼主的包容提點，李光在〈蒙・九二〉「包蒙吉，
納婦吉，子克家。」就說：

> 九二以陽剛之才，處臣位之中，與六五為正應。五反居陰，是能屈己

〔註168〕〈困・九二〉，胡瑗：《周易口義》，頁 8-377。
〔註169〕〈困・九五〉，胡瑗：《周易口義》，頁 8-379。

> 以尊師傅之象也。五既屈己，二當循循善誘，包涵容納，以成其聖質。
> 周公于成王，雖告戒之甚嚴，然所以訓迪之者，雍容而不迫，雖居父
> 師之尊，弗敢尊也。若童之未有所知，婦人之柔闇，一切容納之，則
> 无不利矣！……外剛明而內忠順，未有若周公者也。然所以得行其
> 志，遂其功者，亦在成王悔悟之後，君臣之分洞然无疑也。〔註170〕

李光認為九二爻雖為帝王之師，居傅師之位，然對於六五童蒙之君的屈己求
教，能「包涵容納」，並「循循善誘」，以成其聖質，這是善盡人臣啟蒙之責。
如同周公在成王年長之後，便還政成王〔註171〕，並行人臣之禮，可以說進退
有節，始終謹守人臣分際，因此李光在上九爻肯定周公的修為說：「九二以剛
明而居臣位之正，君臣之分不敢失也，故貴乎包容。」〔註172〕

二、四爻與五爻

五是君位，四是近君之位，為大臣之象；然亦因近君，以致地位危疑，
不過仍有傳為美談者：

（一）「觀國之光」的君臣之遇

古今君臣相遇，君明臣賢，皆屬美事，《舊唐書卷一百一十九‧列傳第六
十九‧崔祐甫》就記載崔植之言：

> 前代創業之君，多起自人間，知百姓疾苦。初承丕業，皆能屬精思
> 理。太宗文皇帝特稟上聖之資，同符堯、舜之道，是以貞觀一朝，
> 四海寧晏。有房玄齡、杜如晦、魏徵、王珪之屬為輔佐股肱，君明
> 臣忠，事無不理，聖賢相遇，固宜如此。〔註173〕

這是崔植回答穆宗詢問時的話，認為聖賢相遇，太宗得房、杜、魏、王等人
之輔弼，以為肱股之臣，又因創業之期起於民間，所以深諳百姓疾苦，因此
君明臣忠，得以締造貞觀盛世。

其實四、五爻君臣相遇的議題在宋《易》也有不少討論，如李光在〈觀‧
六四‧小象〉「觀國之光，尚賓也。」就提到四爻與五爻的君臣相遇，「交相
為利」，他說：

〔註170〕〈蒙‧九二〉，李光：《讀易詳說》，頁 10-281。

〔註171〕《史記卷四‧周本紀卷第四》：「周公行政七年，成王長。周公反政成王，北
面就群臣之位。」頁 132。

〔註172〕〈蒙‧上九〉，李光：《讀易詳說》，頁 10-283。

〔註173〕《舊唐書一百一十九‧列傳第六十九‧崔祐甫》，頁 3442。

> 孟子曰：故將大有爲之君，必有所不召之臣，其尊德樂道，不如是
> 不足與有爲也。九五爲大觀之主，而四以大臣來觀國之光，豈遽得
> 而臣之哉！〈乾〉之九二、九五皆曰「利見大人」，蓋在下之大人，
> 如太公、伯夷，則利見在上之大人；在上之大人，如文王，則利見
> 在下之大人也。君臣相遇，必能大有爲于天下，生民被惠，宗社蒙
> 福。一見一用，交相爲利，豈不難哉！「尚賓」者，賓之而不敢臣
> 也。〔註174〕

李光認爲人君對於賢臣，應尊爲賓客而禮遇之，不當以臣下待之，所以爻辭
才會說「尚賓也」，即「賓之而不敢臣也」。而〈觀〉卦六四爻就有這種不錯
的機運，因居於九五明君之側，象徵有道之臣得君以行其道。李光就以文王、
太公相遇爲例，說明「一見一用」，大有爲于天下，而生民蒙福，利澤蒼生，
所以在下之大人利見在上之大人，而在上之大人也利見在下之大人，才能彼
此照應，所以〈乾〉卦九二爻及九五爻才會都說「利見大人」。

（二）「柔得位而上同」的君臣同功

〈渙·彖曰〉說：「渙，亨，剛來而不窮，柔得位乎外而上同。」李光從
爻變的角度來說明君臣比合之象。因爲〈渙〉卦由〈否〉卦來，即〈否〉卦
之九四爻與六二爻對調，成爲〈渙〉卦之六四爻與九二爻。不過雖然陰陽對
調，卻反而有利於渙難之濟。因爲九四之陽爻下居九二之位，成爲剛中之臣；
而六二爻則上升至六四爻，成爲九五身旁巽順之臣。因此，雖處渙難，九五
因下有九二之輔臣，又得六四之「得位上同」，所以君臣比合，上下相濟，能
拯國家之難，而無往不利，可大亨於天下，李光說：

> 〈坎〉下〈巽〉上爲渙，渙所以亨，以剛來而不窮，柔得位乎外而
> 上同也。凡卦三陽三陰者有九，陽上陰下皆自〈否〉而來。三復三
> 變而成九卦，〈渙〉其一也。以九四之剛來居〈坤〉之中而成〈坎〉，
> 柔既得剛，則其心亨而不困窮矣！以六二之柔，上居于四而成巽，
> 剛既得柔，則能巽順而上同矣！當〈渙〉之時，上下相濟，君臣比
> 合，何患而不除？何難而不解乎？其道大亨于天下。〔註175〕

李光認爲〈渙〉卦因爲有剛來，又有柔得位的雙重輔助，所以能亨。

而〈渙〉卦的六四爻「渙其群，元吉。」李光則以唐德宗與陸贄之「君

〔註174〕〈觀·六四〉，李光：《讀易詳說》，頁 10-328。
〔註175〕〈渙·彖曰〉，李光：《讀易詳說》，頁 10-442。

臣相合」來證明〈象傳〉所言:「柔得位乎外而上同」,他說:

> 〈坤〉以六二一爻上行承五,君臣相合以成散險之功,故其德光大
> 也。唐陸宣公足以當之,方德宗之狩奉天,謀聽計從,所下制書,
> 雖武人悍卒,无不感動流涕,李抱真之賊不足平也。〔註176〕

李光認為在國家有危難時,德宗對陸贄(陸宣公)之計能言聽謀從〔註177〕,
如同六四爻與九五爻,剛柔並濟,合力以散天下之險,以至武夫汗顏,終得
扭轉頹勢,解除危機,證明上下一心,其利斷金。

　　其實〈渙〉卦的四爻與五爻除君臣比合外,也有君臣同功之義,所以在
〈渙‧六四〉「渙其群,元吉。渙有丘,匪夷所思。」〈象〉曰:「渙其群,元
吉,光大也。」程頤就說:

> 〈渙〉,四、五二爻義相須,故通言之。〈象〉故曰「上同」也。四,
> 巽順而正,居大臣之位;五,剛中而正,居君位。君臣合力,剛柔
> 相濟,以極天下之渙者也。方渙散之時,用剛則不能使之懷附,用
> 柔則不足為之依歸。四以巽順之正道,輔剛中正之君,君臣同功,
> 所以能濟渙也。……稱「元吉」者,謂其功德光大也。「元吉光大」
> 不在五而在四者,二爻之義通言也。〔註178〕

程頤認為〈渙〉卦言拯渙之功,在六四言「元吉光大」,而九五卻沒有,並不
表示君無功,而是君臣有「同功」之意,君臣合力,「大善之吉」,因此言六
四等於言九五,四五兩爻有通其義之意。因為要拯天下之渙須「剛柔相濟」,
純粹陽剛或陰柔,皆不足以濟渙,因此六四巽順之臣配九五剛正之君,能濟
天下事,所以〈象傳〉言「上同」,就是指六四上同於九五而成其功。

(三)「匪其彭」的君臣之節

　　「匪其彭」是指不讓自己的權勢過度膨脹,懂得自我節制,如漢朝的衛

〔註176〕〈渙‧六四〉,李光:《讀易詳說》,頁10-444。

〔註177〕德宗建中四年,節度使舉兵叛變,涇原軍在支援的過程中因覺未受賞賜而兵
變,擁立朱泚稱帝,德宗逃往奉天,在陸贄的建議下,下詔赦免李希烈等人
的罪,於是人心大悅。而在逃難的過程中,走山路險澀,德宗與陸贄曾失散
了一夜,德宗驚泣而連夜下詔,若能找到陸贄者賞千金。隔天陸贄進見,帝
喜見顏間,可見當時德宗對陸贄倚重之深,見《舊唐書卷一百三十九‧列傳
第八十九‧陸贄》:「從幸山南,道途艱險,扈從不及,與帝相失,一夕不至,
上喻軍士曰:『得贄者賞千金。』翌日贄謁見,上喜形顏色,其寵待如此。」
頁3817。

〔註178〕〈渙‧六四〉,程頤:《伊川易傳》,叢本,頁280。

青及張安世便是，爲臣下的典範。衛青認爲爲人臣子恪遵臣職，奉法執事即可，不必越俎代庖，招致門下賓客，因爲這種行爲已經越界了，形同在侵犯人主之權柄。而這種知所收斂的作爲，即〈大有〉卦九四爻「匪其彭」的意涵，九四爻說：「匪其彭，无咎。」〈象〉曰：「匪其彭，无咎，明辨晳也。」楊萬里就解釋說：

> 九三，大有之諸侯；九四，邇臣也。……知政守藩，邇臣不如大臣諸侯；近君用事，大臣諸侯不如邇臣。近君者，勢不震而盛；用事者，權不招而集，權勢所歸，禍敗所隨也。惟明足以辨禍福之機，則能不有其盛，庶乎无咎矣！……不然，爲主父偃，爲董賢，爲弘恭、石顯，爲李訓、鄭注，禍敗可勝言哉！衛青之不薦士，張安世之遠權勢，可謂有「匪其彭」之明矣！九四〈離〉之初，故明晳；以陽處陰，故「匪其彭」。〔註179〕

匪其彭即匪其盛，即收斂抑制。因九四爻居近君之位，爲近臣、邇臣，若不能謹慎所行，居權勢所歸之處，易招禍敗，所幸九四「以陽處陰」，自損其權，故能匪其彭而免咎，這是九四的優點。古今將相能明瞭此理者，如衛青及張安世。衛青能謹守人臣分際，認爲招賢納士是君主之事，不是臣下應該做的，所以即使被人批評，也不爲所動，更不認同這種做法。〔註180〕張安世也是，謹慎檢點，爲了遠離權勢，竟不讓父子俱顯貴，而自請子延壽外調，爲北地太守；此外，爲國舉賢，更注意絕不攀關係，匿名迹，嚴拒被答謝〔註181〕，

〔註179〕〈大有‧九四〉，楊萬里：《誠齋易傳》，庫本，頁14-564。

〔註180〕蘇建曾批評大將軍（衛青）雖榮極尊貴，卻沒有古代名將招納賢士之美名，大將軍則認爲人臣不宜逾越權職，做出超越臣子本分之事，並以魏其侯及武安侯的事件爲戒，不讓天子切齒，之後的霍去病也仿傚此法，見《史記卷一百一十一‧衛將軍驃騎列傳第五十一》：「太史公曰：『蘇建語余曰："吾嘗責大將軍至尊重，而天下之賢大夫毋稱焉，願將軍觀古名將所招選擇賢者，勉之哉。"大將軍謝曰："自魏其、武安之厚賓客，天子常切齒。彼親附士大夫，招賢絀不肖者，人主之柄也。人臣奉法遵職而已，何與招士！"驃騎亦放此意，其爲將如此。』頁2946。

〔註181〕張安世，張湯之子。其遠離權勢，自惜羽毛，凡事低調的做法如下：一、宣帝要幫他父子升官，安世竟推辭而不敢接受，並且向宣帝表明心意，自覺不足以居大位，希望宣帝收回成命；不過宣帝終究不許，認爲他過於謙虛，是社稷重臣。因爲自從事孝武皇帝以來，三十餘年，忠信謹厚，勤勞政務，使天下人受其福，所以宣帝認爲「宜尊其位」，《漢書卷五十九‧張湯傳第二十九‧張安世》就說：「安世，字子孺。……大將軍光薨後數月，御史大夫魏相上封事曰：『……車騎將軍安世事孝武皇帝三十餘年，忠信謹厚，勤勞政事，

簡直跟一般人完全相反，直是背道而馳。別人是恨不得全家都富貴，享盡榮
華，甚至舉才便是望人回報，奢求好處，擴建勢力，籠絡人脈，安世卻推辭，
此若非大智之人，胸懷灑落，何能至此！此二人皆知戒懼，不有其盛，所以
皆得善終；反之，如主父偃〔註182〕、董賢〔註183〕等人，則是不慎所行的戒示，

夙夜不怠，與大將軍定策，天下受其福，國家重臣也，宜尊其位，以爲大將
軍，毋令領光祿勳事，使專精神，憂念天下，思惟得失。安世子延壽重厚，
可以爲光祿勳，領宿衛臣。』上亦欲用之。安世聞指，懼不敢當，請間求見，
免冠頓首曰：『老臣耳妄聞，言之爲先事，不言情不達，誠自量不足以居大位，
繼大將軍後。唯天子財哀，以全老臣之命。』上笑曰：『君言泰謙。君而不可，
尚誰可者！』安世深辭弗能得。」 二、安世曾爲國舉才，結果其人來謝，安
世「大恨」，爲避嫌而不相見，並且認爲爲國舉才，那有「私謝」的道理，之
後更斷絕與此人往來，足見謹慎不落人口實的實際行動。另外，有個郎官說
他有功績卻不得升遷，安世告訴他臣下有沒有功勞，明主都知道，不必「自
言」，並拒絕升他的官；但不久後，此人卻升官。可見安世爲善不欲人知，只
願在背後幫人，卻不願在人前沾光彩。比起霍光，安世的修爲，顯然是更高
的，所以霍光辛後，霍氏宗族因謀反被夷族；然反觀安世子孫，卻能幾代「十
餘人」享有榮華興盛，「自宣、元以來爲侍中、中常侍、諸曹散騎、列校尉者
凡十餘人」，始終被朝廷倚任器重，足見人生在世，自我節制的必要：「嘗有
所薦，其人來謝，安世大恨，以爲舉賢達能，豈有私謝邪？絕勿復爲通。有
郎功高不調，自言，安世應曰：『君之功高，明主所知。人臣執事，何長短而
自言乎！』絕不許。已而郎果遷。莫府長史遷，辭去之官，安世問以過失。
長史曰：『將軍爲明主股肱，而士無所進，論者以爲譏。』安世曰：『明主在
上，賢不肖較然，臣下自修而已，何知士而薦之？』其欲匿名迹、遠權勢如
此」 三、安世爲避免父子俱顯貴，因此自請子外調任官，上以其子爲北地
太守：「安世自見父子尊顯，懷不自安，爲子延壽求出補吏，上以爲北地太守。
歲餘，上閔安世年老，復徵延壽爲左曹太僕。」而綜觀安世的修爲，難怪《漢
書》〈贊曰〉會以「安世履道，滿而不溢」來稱讚他。頁 2647-2651。
〔註182〕 主父偃，齊國臨菑人。年輕時際遇相當不順遂，貧窮，又四處被人排擠，瞧
不起，遭到親朋的冷落遺棄，窮困日子過久了，難免在心態上產生偏差，而
把享樂顯達當成人生唯一的目標，才會在得志後，幾近瘋狂地追求功名富貴，
甚至些許不擇手段，接受諸侯的金錢賄賂，後被人舉發，又因齊王自殺事件
的效應，而被武帝誅族。偃的教訓，對世人有一定的警醒意味，即人是否要
因際遇不順遂就走入極端，絲毫不考慮後果及代價。因此，關於主父偃的
生平，《漢書卷六十四上・嚴朱吾丘主父徐嚴終王賈傳第三十四上・主父偃》
就形容他年輕歲月的蹭蹬坎坷，與窮愁潦倒：「游齊諸子間，諸儒生相與排儐，
不容於齊。家貧，假貸無所得，北游燕、趙、中山，皆莫能厚，客甚困。」
以及日後偏激驚人的思想，與倒行逆施的行爲：「臣結髮游學四十餘年，身不
得遂，親不以爲子，昆弟不收，賓客棄我，我阸日久矣！丈夫生不五鼎食，
死則五鼎亨耳！吾日暮，故倒行逆施之。」頁 2798，2803，最後史家並以死
得其所來結論他的下場，意謂著一個人想要什麼樣的人生，就真的得到什麼
樣的人生，只是這到底是心想事成，得其所願？還是在自尋死路，自掘墳墓？

不僅對榮華富貴，來者不拒；甚至觀念偏差，在得志後，就得意忘形，肆欲妄爲，不走正道，才會賠上原本的大好前程，所以眼看就已經是苦盡甘來，卻轉成不得善終，仔細思量，是否有此必要？而這到底是天意，還是人爲？或許命運靠天意，但修爲在自己；也或許每個人的想法及選擇，皆有難以令他人理解之處。

　　君臣之節外，也有君臣之分，四爻與五爻的君臣之分，宋《易》以〈升〉卦六四爻的「順事」來說明。「順事」是柔順事之，這是臣子的本分，所以胡瑗在〈升·六四·小象〉「王用亨于岐山，順事也。」中就認爲文王能以順事上，即使三分天下有其二，亦率其民服事紂王，不失臣子柔順之道，是能遵守臣子之分者，他說：

> 昔商紂在上，文王爲西伯，治于岐山之邑。……文王以仁義居人臣之位，升進之道固已盛矣，天下之心固已歸矣。如是則幾于侵君之權，擅君之民，苟不以柔順之節奉于上，則臣子之分虧而凶咎必至矣！故文王能盡臣子之道，執柔順之節，率天下之民以服事于紂。
>
> 〔註184〕

文王居六四之位，處升進之時，以仁義之道，治岐山之邑，生成一國，「發政施仁，必先于窮民，是以岐山之民皆得亨通，故歸者如歸父母。」（同上），

〔註183〕董賢原本爲「太子舍人」，因爲「美麗自喜」，而得到哀帝的恩寵。哀帝「說其儀貌」，想辦法討好他，封賞他，甚至「旬月間賞賜累鉅萬」，「貴震朝廷」，還經常與他同寢。有一次白天睡大覺，皇上欲起，而賢尚未清醒，帝不欲動賢，於是就割斷被他壓住的衣袖，可見對他是恩寵有加，呵護備至。而賢也善於巴結柔曼，「媚以自固」，所以妻子、妹妹（哀帝召爲昭儀，位次皇后）、父親、岳父，皆受拔擢。此外，帝還派人蓋豪宅，極盡奢華，所謂「木土之功窮極技巧」，以供其享樂；甚至連童僕都受到封賞，「下至賢家僮僕皆受上賜，及武庫禁兵，上方珍寶，其選物上弟盡在董氏，而乘輿所服乃其副也。」而面對這些富貴享樂，賢顯然也是來者不拒，亦不覺得有何不妥。只是，這世間好景又豈能長久？哀帝駕崩後，賢旋即失勢；又因王莽的打壓，最後在家中上吊自殺。死後還不得安寧，不僅被發棺檢驗，還被裸屍，最後埋於獄中。對於這種超乎常理的恩寵，史家以「位過其任，莫能有終。」「愛之適足以害之」來評論這些「佞幸」、「男色」的結局。只能說當初哀帝如果不這麼寵愛他，便不會害了他，讓他無端應有盡有，飛上青天，誤以爲人間富貴唾手可得，可以不必付任何代價，而虛耗天下之財，種下日後如此難堪的結局。而這到底是富貴無邊，還是奇禍難料？所以老子說「禍福相倚」，不正是如此嗎？參《漢書卷九十三·佞幸傳第六十三》，頁3733-3741。

〔註184〕〈升·六四〉，胡瑗：《周易口義》，頁8-374。

由於人心歸附，所以爻辭才會有「王用亨于岐山」的亨通之語。而面對六五昏暗之君的紂王，其實也有能力取而代之；然文王仍嚴謹君臣分際，並無僭越之舉，胡瑗說此爲「至順之事」，所以終必獲吉而無咎。

三、上爻與五爻

（一）「順以從上」的君臣同功

君臣是一體的，所以臣之功即是君之功，在〈頤・六五〉「拂經，居貞吉，不可涉大川。象曰：居貞之吉，順以從上也。」李杞就認爲六五柔弱，不能養天下，所以需賴上九陽剛之臣代養，此雖有違常道，不合君臣倫理，然上九若能歸功六五，不掠君美，亦未嘗不可，因爲臣之養即是君之養，李杞說：

> 養人者，君道之常也。五以柔居尊位，不能養人，而反賴乎上九之臣以爲之養，是拂其常者也。……然六五雖拂乎養賢之常，而能順從乎上九之賢，委任而責成之，則上九之養，是亦我之養矣。〔註185〕

六五自知才之不足，順乎委任上九之賢，亦爲社稷之福，無須強分彼此，爭功奪名。李杞就舉成王與周公之事，證明臣子的功勞最終仍是歸君所有，二者不相違背，即「其成王信任周公之事乎！酌祖道以養天下，本周公之所爲也，而歸功于成王，吾是以知臣之所養即君之養也，此君臣一體之義也。」（同上），所以君臣是同功的。

（二）「利用禦寇」的君臣之分

李光將〈蒙・上九〉「擊蒙，不利爲寇，利禦寇。」〈象〉曰：「利用禦寇，上下順也。」的「利用禦寇」解釋爲謹守君臣之分，因爲「爲寇」是僭越，「禦寇」是忠心王室，而這也是王莽、董卓與伊尹、周公存心殊異之處，他說：

> 上九以剛明而居人臣之極位，握威福之柄，擅廢置之權。昏蒙之幼主，卒不開悟，則當擊去其蒙蔽，俟其思庸如太甲，悔悟如成王，然後復子明辟，此伊尹、周公之任也。若乘時微弱，掩神器而有之，如王莽、董卓，則天下英豪將共起而圖之，鮮有不敗者，故曰「不利爲寇」。若能衛護宗社，勤勞王家，如周公之伐三監、誅管蔡；霍光之誅燕王、上官桀等，孰敢不聽命者，故人心向背，特在逆順之間耳。〔註186〕

〔註185〕〈頤・六五〉，李杞：《用易詳解》，頁19-433。
〔註186〕〈蒙・上九〉，李光：《讀易詳說》，頁10-283。

李光認爲上九爲重臣，然即便面對昏蒙之幼主，亦不應有僭越之心，仍應恪守君臣之分，盡心輔佐，以去其蒙蔽而開悟君主，這才是爲人臣子之正道，如伊尹、周公這些攝政大臣即是。反之，如因手握重權，而萌生不軌，即是「爲寇」，而爲寇便是作亂，這種行爲是很難得到天下人認同，人民也不會站在圖謀私利者這一邊的，因此很難不招致天下豪傑之攻伐，而群起攻之的，因爲王莽、董卓失敗的例子便可說明。而他們的下場也證明了人心之向背，因此爻辭才會說「不利爲寇」。至於「利用禦寇」則是說應與幼主共同抵禦外侮，這才是民意所歸，所以周公、霍光都因護衛宗社，勤勞王家，以公爲心，而能取得最後的勝利。

（三）「龍戰于野」的君臣爭戰

〈坤・上六〉說：「龍戰于野，其血玄黃。」楊萬里認爲「陰陽爭」，「君臣戰」這種君臣反目最易兩敗俱傷，同歸於盡，到最後恐怕沒有人是獲利者，因此雙方最好還是自己守住分際，以免自尋悔吝。而解決之道，就是要有一方後退，才能避免衝突一觸即發，他說：

> 陰極傷陽，臣盛傷君。六而居上，陰極而臣盛矣！故陰陽爭，君臣戰，兩傷兩窮而後已。趙高篡秦，秦亡而高亦誅；王莽篡漢，漢微而莽亦敗。爲臣者，其勿至於此；爲君者，其勿使臣至於此也。……龍戰者，以坤馬之僭龍而戰夫乾之眞龍也。血，傷也。「其血玄黃」，兩龍俱傷也。（「玄」字，武英殿本作「元」）〔註187〕

楊氏以趙高、王莽此二人滅國而招來自滅的結局，警戒世人要適可而止，因爲爲所欲爲的後果往往是不堪設想的。

而會「龍戰于野」的原因，〈坤〉卦〈文言傳〉也作了討論，認爲是「陰疑于陽，必戰，爲其嫌于无陽也，故稱龍焉。猶未離其類也，故稱血焉。」因爲上六處陰盛之時，物極必反，坤將變爲乾，而喪失陰柔的本質，質變成剛性，必然會認爲不輸給乾陽，甚至猶有過之，也能獨當一面，何必聽令於陽，因此當然不願再附屬於陽。由於陰不陰，已轉成陽，所以當陰陽相交之時，陰恃其盛而不服於陽，陽亦不堪陰之陵犯，二者相薄，必至于戰；然雖剛性，其體猶陰，仍爲坤類，所以本質仍是血，所以爻辭才會說「其血玄黃」（天玄而地黃，玄黃表示陰陽混戰），俞琰即說：「玄者，天之色，黃者，地之色，血言玄黃，則天地雜類而陰陽無別矣！……陰陽相戰，雖至於天地之

〔註187〕〈坤・上六〉，楊萬里：《誠齋易傳》，庫本，頁 14-527；殿本，頁 61。

雜亂，然而天地定位於上下，其大分終不可易，故其中又分而言之曰『天玄而地黃』。」〔註188〕落實在人間，便是君臣相攻的反常（陽為君、陰為臣），李杞就以之來比喻陰陽之戰，由「相疑」而至于戰的情形，他說：

〈坤〉之上六，復而為〈乾〉之初九，陰陽相疑而至于戰，是亦必然之理也。然坤本陰也，嫌若无陽，故稱龍焉，以見其為乾也。雖復為乾，乾居亥上，而猶為陰類，故稱血焉，以見其陰之傷也。陰傷可也，而陽亦不免乎傷，聖人蓋為陽憂之矣！〔註189〕

這種陰陽變的結局是可怕的，所以上六爻才會說「其道窮也」，以「窮」字來形容慘況殘局。即陰陽相攻，君臣攻伐，幾乎是以悔吝收場，因為即便逆臣伏誅，也不會是什麼大好結局，畢竟大動干戈，損傷難免，人君亦難置身事外，所以李杞就以魏莊帝之事來說明：「魏莊帝之討尒朱榮也，幸而勝之，而卒不免于禍。自古君臣相攻，未有能兩全者，可不畏哉！可不戒哉！」（同上）。此外，魯昭公伐季氏〔註190〕，高貴鄉公討司馬昭〔註191〕，亦為龍戰之禍。即

〔註188〕〈文言傳二〉，俞琰：《周易集說》，庫本，頁 21-271。
〔註189〕〈坤・文言傳〉，李杞：《用易詳解》，頁 19-370。
〔註190〕魯莊公有慶父、叔牙、季友三個弟弟，也就是之後的孟孫氏、叔孫氏、季孫氏三家。因為皆為桓公之後，所以又稱「三桓」。莊公死後，魯國發生慶父之亂（殺了二位國君）。季友在慶父之亂助魯僖公即位，有功勳，因此三桓中，季氏的勢力最大。而文公死後，魯國又發生內亂，嫡子被殺，庶子即位，是為宣公。三桓便在接連的內亂中趁機壯大自己，並逐漸瓜分魯國的軍政之權。昭公時，三桓的勢力更加坐大，季孫氏（季平子）尤其跋扈，與另一大夫郈氏，因鬥雞而發生衝突，於是昭公助郈氏以及與季氏結怨的貴族，要攻打季平子（公元前 517 年），結果三桓卻合力擊敗昭公。昭公被逐出境，奔齊，最後流亡晉國，死於乾侯。其實對於昭公伐季氏之舉，在當時國際間就引起重大關注與討論，宋國大夫樂祁事先就知道這個消息，並且認為昭公此舉必有憂患，即「魯君必出」，因為「政在季氏三世矣，魯君喪政四公矣。無民而能逞其志者，未之有也。……請以待命猶可，動必憂。」（《左傳》昭公二十五年，楊伯峻編著，頁 1456）；而晉國的史墨也在事後評論此事說：「天生季氏，以貳魯侯，為日久矣。民之服焉，不亦宜乎！魯君世從其失，季氏世修其勤，民忘君矣。雖死於外，其誰矜之？社稷無常奉，君臣無常位，自古以然。」（《左傳》昭公三十二年，頁 1519），意即君與君民的關係，不會是永恆不變的。魯國國君失去政權已歷四公（宣公、成公、襄公、昭公）；而季氏掌控權勢，也已經三代（季文子、季武子、季平子）。公室長期以來失去政權，早已被百姓遺忘。在缺乏人民的支持下，昭公仍擅自出兵，實是不自量力，結果也為自己帶來災難，流亡在外七八年。中間雖曾試圖透過齊、晉大國的力量返國，然都沒能成功，最後猶不免客死異鄉。對此事，宋《易》有很多評論，認為昭公的處境就是〈屯〉卦九五爻的情況。屯指艱難之世，而九五雖居君

國君或帝王在長期失去權力的情況下，想重新奪回政權，談何容易。在成功機率幾乎微乎其微的情況下，更應審慎行之。而二君皆昧於情勢，既毫無勝算，又意氣用事，導致一者被逐而流亡在外，一者身罹禍患，然亦難以責怪他人，所以李杞說：「魯昭公之伐季氏，魏高貴鄉公之討司馬昭，皆有龍戰之禍。」〔註192〕

　　另外，漢宣帝與霍光家族，也有君臣爭戰的歷史教訓，李光在〈坤〉卦上六爻的「龍戰于野」就強調居高位的臣子，若沒有伊尹、周公的德行修爲，很難沒有禍敗，不知不覺就走到「其道窮也」的窘境：

　　　人臣久據大位，操生殺之權，內有震主之威，下有非覬之望，自非
　　　伊尹、周公，一旦欲釋位而去，則禍不旋踵矣。以霍光之忠，身死

位，然在〈坎〉險之中，威權並不在己，若欲正朝綱，有一番作爲，反而會帶來凶險，因此爻辭才會說：「大貞凶」，即小事可吉，大事則不可，因爲必凶無疑，而昭公就是實證。（參《中國歷史——先秦卷》，張豈之主編，北京：高等教育出版社，2006 年 4 月出版，頁 165）。（魯國國君爲：隱公→桓公→莊公→閔公→僖公→文公→宣公→成公→襄公→昭公→定公→哀公）。

〔註191〕 曹魏政權在曹丕以後就形成以曹爽和司馬懿爲首的兩大政治集團的對立。兩大陣營彼此虎視眈眈，各有所圖；然司馬懿先發制人，趁曹爽陪帝曹芳去謁明帝（曹叡）之墓高平陵時，以謀反罪捕殺曹爽及其黨羽。高平陵政變後，政權實質即已落入司馬氏家族手中。司馬懿死後，司馬師廢曹芳爲齊王，另立高貴鄉公曹髦。司馬師死後，司馬昭接掌政權，權勢益盛，曹髦見「威權日去」，不忍「廢辱」忿恨之心，於是率「僮僕數百」前去討伐司馬昭，結果被昭黨的部下成濟刺死。其實從司馬師廢曹芳立曹髦，司馬昭殺曹髦立曹奐，司馬炎廢曹奐而自立爲帝看來，曹魏政權其實從第三代以後就已是風雨飄搖了（文帝曹丕→明帝曹叡→齊王曹芳→高貴鄉公曹髦→常道鄉公曹奐），而曹髦在這種艱險的情況下仍聽不進王經的勸諫，執意反擊，必然是凶多吉少，必敗無疑，因此會有此種結局也並不令人意外。而宋儒就以〈屯〉卦九五爻「大貞凶」來比喻說明，即表示此時不宜大有所爲，大有所爲，必凶，而從高貴鄉公的下場就可以得到證明，見《三國志卷四·魏書四·三少帝紀第四·高貴鄉公曹髦》注引《漢晉春秋》說：「帝（曹髦）見威權日去，不勝其忿。乃召侍中王沈、尚書王經、散騎常侍王業，謂曰：『司馬昭之心，路人所知也。吾不能坐受廢辱，今日當與卿（等）自出討之。』王經曰：『昔魯昭公不忍季氏，敗走失國，爲天下笑。今權在其門，爲日久矣，朝廷四方皆爲之致死，不顧逆順之理，非一日也。且宿衛空闕，兵甲寡弱，陛下何所資用，而一旦如此，無乃欲除疾而更深之邪！禍殆不測，宜見重詳。』帝乃出懷中版令投地，曰：『行之決矣。正使死，何所懼？況不必死邪！』」頁 144，（另參《中國歷史——秦漢魏晉南北朝卷》，張豈之主編，北京：高等教育出版社，2005 年 11 月第 1 版第 6 次印刷，頁 195-196）。

〔註192〕 〈坤·上六〉，李杞：《用易詳解》，頁 19-367。

之後，猶不免滅族之禍，故其勢必至于戰，戰則有勝有負，君臣兩
傷。〔註193〕

霍光對漢室有極大功績〔註194〕，但死後卻遭夷族，原因在於霍氏子孫不知自
我節制，不僅驕縱，更不守臣節。光死後，宣帝削減霍家權勢，結果霍氏竟
意圖謀反，欲擁立霍禹（霍光之子）爲帝；然事洩，霍氏被滅族（「禹要斬，
顯及諸女昆弟皆棄市。唯獨霍后廢處昭臺宮，與霍氏相連坐誅滅者數千家」）。
〔註195〕這事件是在警告世人，爲人臣子要自我警惕收斂，若因「久據大位」，
而圖謀非分，便易如李光所言：「天玄而地黃，其血玄黃者，非君傷臣，則臣
必傷君也。」（同上），君臣雙方彼此相殘，最後一定有一方要被滅絕，而傷
害恩義，所以史家才會以「然光不學亡術，闇於大理，陰妻邪謀，立女爲后，

〔註193〕〈坤・上六〉，李光：《讀易詳說》，頁10-276。

〔註194〕宣帝肯定霍光功績，以蕭何稱之，於詔中言「定萬世冊以安社稷」，「功德茂
盛」，「功如蕭相國」。而《漢書》「贊曰」更高度讚揚霍光，認爲足比美周公，
所謂「擁昭立宣，光爲師保，雖周公、阿衡，何以加此！」

〔註195〕宋人對霍光的論述主要有二：一是受武帝遺詔託孤，輔佐幼主，安定漢室。
武帝末年，由於征戰過度，海內凋散，「戶口減半」，孝昭即位，由霍光輔政。
光「知時務之要」，施政與民休息，輕繇薄賦，國力逐漸回轉，誠不負先帝所
託，實功在社稷。二是廢昌邑王，立宣帝，這也是霍光的另一項功績。昭帝
卒，因無子嗣，所以大臣們商議，立昌邑王劉賀爲帝。但劉賀昏亂無度，在
位27日，霍光就與張安世等人圖謀，奏請太后廢之，而另立武帝的曾孫劉詢
爲帝（劉詢即戾太子的孫子），即宣帝。宣帝即位，仍由霍光輔政，掌控實權。
而霍氏也一門權貴，擔任朝廷要職，掌兵權。霍光卒後（公元前68年），宣
帝才開始親政。由於宣帝出身微賤，年幼時受過許多磨難（巫蠱之禍時仍爲
襁褓就被送進監獄，好不容易才在災難困難中存活下來，是中國歷史上少數
混過監獄的皇帝），深知民間疾苦，因此在位期間，相當努力，勵精圖治，號
爲「中興」之主，而對霍光這個老臣也相當敬重，不僅「謙讓委任」，更「虛
己斂容，禮下之已甚。」（參《漢書卷八・宣帝記第八》、《漢書卷六十八・霍
光金日磾傳第三十八》、《漢書卷九十七上・外戚傳第六十七上》）。然光卒後，
霍氏奢侈放縱，光之妻顯「廣治第室」，霍禹、霍山也「繕治第室」，宣帝聽
從御史大夫魏相之言，削減其權勢，罷免兵權。霍顯、霍禹、霍山、霍雲見
權勢被奪，啼泣怨恨，又害怕宣帝追究許后被毒死的事件（霍光之妻顯爲讓
小女成君當上皇后，可以「奇貴」，竟設計毒死許皇后，而許后是宣帝在平民
時所娶的），於是密謀發動政變，準備殺死魏相，再廢黜宣帝，立霍禹爲帝。
然被告發，霍家被夷滅棄市。對於這種結局，宋人雖不免有所指責，但更多
的是惋惜。因爲忠臣的身後竟是如此，眞實應驗了「金玉滿堂，莫之能守。」
「富貴而驕，自遺其咎。」的聖人之訓。因此，人生在世，通達進退，才能
通達大道。（參白壽彝總主編：《中國通史》修訂本，秦漢時期上下冊，上海
人民出版社，2004年07月第1版）。

湛溺盈溢之欲，以增顛覆之禍。死財三年，宗族誅夷，哀哉！」來惋惜霍氏的結局。所謂人生在世，多走一步，即遭滅頂，進退之際，能不審慎乎？

至於〈大有・九四〉「匪其彭，无咎。」趙汝楳也說霍光不知「匪其彭」，才有滅宗之禍，不能全怪孝宣之少恩，並舉《詩經》來解釋「彭」之義：

> 匪，非也；《詩・大明》：「駟騵彭彭」，強盛貌。九四近在君側，乃有威權之近臣，自貶其強盛，以崇君父，故无咎。霍光驂乘，人主若背負芒刺，卒致滅宗之禍，不可專咎孝宣之少恩。〔註196〕

〈大有〉卦的九四爻近君側，不過雖是有威權的近臣，其實卻是暗藏危機，所以爻辭才會特別警告，若要「无咎」，就必須「匪其彭」，不自我膨脹，適度「自貶強盛」。而霍光與霍氏的行徑就是證明，行為沒有分寸，才會引來殺身之禍，自取羞辱，不是宣帝不念恩情。畢竟皇帝照顧老臣的後代，是基於道義，但是再怎麼照顧，也還是有限的，不可能沒完沒了，所以為人臣子當知足感恩，因為「知足不辱，知止不殆，可以長久。」（《老子第四十四章》）。

而〈大畜・六四〉「童牛之牿，元吉。」也有類似的情況，所以李杞說：

> 四之所畜者，初也。初九之陽，在下卦之下，未至于健者也，故為童牛。童牛者，言其易制爾。于其易制而加之以牿，蓋自其童而牿之，則其壯也，可以无觸物之傷，是以元吉而有喜也。天下之事，制之在始，始不能制，後將有不可勝制者矣！〔註197〕

六四能夠畜止初九爻，而得元吉，是因初九爻在一卦的最下，表示剛開始時，是力量最弱的時候，所以容易被控制。如同牛在幼小時，最易制之，如果能制之於始，就能免於日後的危害。而人君對臣子的駕馭之道，李杞認為就應該取法「童牛之牿」，即防閑於初，預作防範，才能減少禍害。因為歷史上就有不少例子說明不能止患於初的惡果，李杞以漢高祖與韓彭的例子說明，就是要告誡人君不應輕忽事態，要謹慎提早準備，他說：「古之人君駕馭其臣，惟其不能防閑于易制之初，是以狃之而有難制之患，如漢高祖之于韓彭，使其早為之裁節，則安得有異日葅醢之變，此不知「童牛之牿」之義也。」（同上）

〔註196〕〈大有・九四〉，趙汝楳：《周易輯聞》，庫本，頁 19-99。
〔註197〕〈大畜・九四〉，李杞：《用易詳解》，頁 19-430。

第四節　論君臣強弱

一、正向

（一）君強臣強天下大治

　　君強臣強天下大治的例子爲九五與九二的組合，如〈乾〉卦即是。〈乾·九五〉說：「飛龍在天，利見大人。」胡瑗闡述何謂「利見大人」：

> 九五雖有聖人之德之位，必須得大才大德之臣輔佐之，然後可以有爲於天下，使一民不失其所，一物必遂其性，此聖人之心也。……先聖云：「水流濕，火就燥；雲從龍，風從虎。聖人作而萬物覩。」此言聖人在位，天下有聖人之德者，皆來仕于朝，皆以類應也。……堯，大聖人也，必得舜；舜，大聖人也，必得禹、稷、皋陶，故可以治。是雖有大才大德之君，必利見大才大德之臣，然後成天下之治也。〔註198〕

〈乾〉卦九二及九五爻皆曰「利見大人」，是因在下之賢者須得在上之賢者以行其道，而在上之聖人亦須在下之賢臣以輔助之，二者實相依存。胡瑗就舉堯得舜，舜亦得禹、稷、皋陶爲例，說明君明臣賢而後能成天下之治。至於九二的情形，胡瑗在〈乾·九二〉「見龍在田，利見大人。」也說：

> 凡有大人之德，必須利見有大才大德之君，然後可以行己之道，若舜之得堯，禹之得舜，伊尹之得成湯，傅說之得高宗，呂尚之得周文是也。然則五得天位，亦曰「利見大人」者何？曰：有是君，必須有是臣，然後萬務可舉，天民可治。若堯得舜，舜得禹、皋陶，禹得稷，成湯得伊尹，文王得呂尚是也，故九二、九五之爻皆言「利見大人」。〔註199〕

即九二雖有大人之德，然如不遇大才大德之君，亦無以行其道。以舜、禹、伊尹、傅說、呂尚等人爲例，都是因爲遇明主的賞識提拔，才能施展抱負才學，開創盛世。而堯、舜、禹、湯等人也要靠這批賢臣的輔佐，才能得心應手，舉萬物而平治天下。總之，有才德，更要有「貴人」提攜引薦，才能發揮作用，否則最終也只能是老死鄉里，與草木同朽；相反的，光有良心良策，若沒有忠臣明士的推波助瀾，肱股之臣的鞠躬盡瘁，恐怕也只能是紙上談兵，

〔註198〕〈乾·九五〉，胡瑗：《周易口義》，頁8-178。
〔註199〕〈乾·九二〉，胡瑗：《周易口義》，頁8-176。

空有理想，而無法落實。因此，九二及九五爻都須利見「大人」，大人即是貴人；而對天下、國家、百姓而言，更需要且期待這種組合，只是這種組合畢竟千載難逢，存乎天意，因此可遇而難求。

（二）君弱臣強猶仍有為

君弱臣強的情況，多半是六五與九二的組合，這種組合，程頤認爲多有功，他說：「故凡六居五，九居二者，則多由助而有功，〈蒙〉、〈泰〉之類是也。」〔註200〕因爲六五雖爲陰柔之君，但因下有九二剛中之賢，所以仍可以有一番作爲，甚至還能表現不差，如〈睽〉卦六五爻「悔亡。厥宗噬膚，往何咎？」的情況。六五爻說「悔亡」，意謂著本應有悔，然若能求賢以自助，如求九二之賢，以剛輔柔，則能亡悔，解決此不利之局，程頤就說：

> 六以陰柔當睽離之時，而居尊位，有悔可知；然而下有九二剛陽之賢，與之爲應以輔翼之，故得悔亡。厥宗，其黨也，謂九二正應也。噬膚，噬齧其肌膚而深入之也。當睽之時，非入之者深，豈能合也？……以周成之幼稚，而興盛王之治；以劉禪之昏弱，而有中興之勢，蓋由任聖賢之輔，而姬公、孔明所以入之者深也。〔註201〕

睽指睽離，睽離之時，本不宜有所作爲，然六五因有九二陽剛賢臣之輔弼，所以仍有可爲，甚至有功，如周公輔佐成王，孔明輔佐劉禪即是。對臣子而言，輔佐幼主雖然辛勞，卻也不是全無願景可言。這說明能臣、賢臣向來有起死回生的功效，所以〈小象〉才會說「往有慶」，因爲「五雖陰柔之才，二輔以陽剛之道而深入之，則可往而有慶，復何過咎之有？」（同上）。而對於六五局勢的改變，楊萬里也說：

> 天下睽離之時，此亦創鉅痛深之病也。六五乃以陰柔之資而君之，宜其悔、宜其咎，宜其合睽之難也。今也乃能合天下之睽，如傷肌之淺，而合之之易者，何也？得九二陽剛之宗臣，以佐之之力也，是以悔亡、是以何咎、是以有慶。大哉佐乎！有其人，雖弱君且能合天下之離，而況得剛明之君乎？（殿本作「其宜合睽之難也」，「得九三陽剛之宗臣」，「是以何是咎以有慶」）〔註202〕

楊氏認爲六五爲陰柔之人，在睽離之時居國君之高位，因能力不足，本應有

〔註200〕〈蹇・九五〉，程頤：《伊川易傳》，叢本，頁189。
〔註201〕〈睽・六五〉，程頤：《伊川易傳》，叢本，頁184。
〔註202〕〈睽・六五〉，楊萬里：《誠齋易傳》，庫本，頁14-627；殿本，頁406。

悔、有咎，甚至對局勢感到無能爲力；然今竟能無悔，且聚合天下之睽，使得原本可能重創之局變成輕傷（噬膚爲淺傷），並且癒合，這全是靠九二陽剛之臣的輔助，方得以挽救潛存危機，因此爻辭說「往何咎」，〈小象〉說「往有慶」，意即前往求助於九二就會有吉慶。即原本不利，有過咎的形勢，將因九二的加入而得到解決。

〈蒙・九二〉「包蒙吉，納婦吉，子克家。」〈象〉曰：「子克家，剛柔接也。」也是九二與六五的組合，胡宏就舉孔明所處之世來說明：

> 諸葛孔明執蜀政柄，上有後主孱暗之君，下有楊儀、魏延昧於大體之屬，北有蔽欺天下竊命之魏，東有不知天命稱尊之吳，可謂〈蒙〉之世矣。然孔明盡禮後主，聽信無所嫌忤，圓融儀、延，使各展其才，力結好江東而不明其稱帝之罪，志在北征，亦必閉關息民，然後用之。其志大、其量弘，雖未能致其亨，而有安強之吉矣！……大臣事君，猶子事父。九二剛陽之才，而六五柔順之君，與之相應，故雖居蒙世而有吉。〔註203〕

孔明所處之世即爲〈蒙〉之世，不僅後主「孱暗」，楊儀、魏延也彼此水火不容〔註204〕，外又有強敵對峙。然在此種不利的情況下，孔明仍不失臣節，不僅讓儀、魏各施其才，爲國效力，更外結好江東之吳，終能以九二剛陽之才，上應六五柔順之君，「與之相應」，而成三國鼎立之局，所以胡宏說此雖猶未

〔註203〕〈蒙・九二〉，胡宏：《易外傳》，《五峰集》卷五，庫本，頁 1137-228。

〔註204〕楊儀、魏延都是劉備所提拔的，雖然各具才能，然亦皆自視甚高，而重點是，這二人水火不容。魏延雖「善養士卒，勇猛過人」，但「性矜高」，時人皆避下而禮讓之，獨儀不忍之，因此二人的關係就很緊張。而儀出謀策劃，雖頗有才幹，亮也相當倚重之，但心胸狹隘，器量狹小，所以諸葛亮才會安排身後由蔣琬來接續自己，而不是楊儀，這也造成儀日後的怨言。其實亮生前雖夾在兩人中間，感到遺憾爲難，卻也不願對誰有所偏袒，《三國志卷四十・蜀書十・劉彭廖李劉魏楊傳第十・楊儀》就說：「亮深惜儀之才幹，憑魏延之驍勇，常恨二人之不平，不忍有所偏廢也。」（頁 1005），所以大抵還能各行其道，相安無事；然亮死後，二人僵持不下，爭戰不休，最後楊儀因魏延不從軍令而斬殺之，並誅三族；然觀楊儀自身也不得善終。因不滿蔣琬取代自己，於是「怨憤」嘆息，「形于聲色」，又「言語不節」，出言不遜，甚至說出後悔沒有在亮死後全軍投靠魏國，如今追悔莫及的話；於是禕密表其言，上奏朝廷，最後儀被朝廷廢爲平民，後又被收捕而自殺。所以胡宏說此二人「昧於大體」，是形容得很體切。即此二人雖爲國之重臣，卻一點也不能相忍爲國，甚至意氣用事，同室操戈，難怪亮死後，蜀也跟著不了了之。

能達到亨通之局，但亦有「安強之吉」，因此爻辭說：「包蒙吉」，而孔明實足當之。郭雍也稱讚九二爲「治蒙之主」，「九二以剛中之德，爲治蒙之主，所謂尊賢而容眾，嘉善而矜不能者也。」〔註205〕

至〈蒙·六五〉「童蒙吉。」〈象〉曰：「童蒙之吉，順以巽也。」胡宏也同樣稱讚漢昭帝，認爲雖爲童蒙之君，然並不愚昧，知委任霍光，聽之信之，並識破燕王計謀，化解朝政危機：

> 漢昭所以委政霍光者，沖幼未明習國家事耳，非天資愚蒙，乃童蒙也。以其童蒙而天性聰明，故能上順先帝之志，下任霍光之賢，而燕王之謀不成，篡弒之禍不作，故爲吉也。〔註206〕

以昭帝與霍光之事，證明君弱臣強猶仍有爲，情況還是可以很樂觀。

二、反向

（一）弱君強臣而不能振

弱君強臣的情況，是國君受制於權臣的壓迫，而無法伸展，如〈豫·六五〉「貞疾，恒不死。」即是，程頤分析這種無奈的情境：

> 六五以陰柔居君位，當〈豫〉之時，沈溺於豫，不能自立者也。權之所主，眾之所歸，皆在於四。四之陽剛得眾，非耽惑柔弱之君所能制也。乃柔弱不能自立之君，受制於專權之臣也。居得君位，貞也；受制於下，有疾苦也。六居尊位，權雖失而位未亡也，故云「貞疾，恒不死。」言貞而有疾，常疾而不死，如漢、魏末世之君也。〔註207〕

〈豫〉卦六五爻陰柔，沒有自立能力，而權力所歸又皆在四爻。四以陽剛得眾，根本就不是六五這種柔弱之君所能控制的，所以只能任由九四專權，總攬朝綱，因此程頤說：「常疾而不死」，有位而無權，原因即〈小象〉所說的「乘剛」。即五雖居君位，而有「疾苦」，爲下所制，身不由己。然不能自主，如又不善處之，又恐有其他憂患，如漢、魏末世之君即是。由於認不清楚自己的處境，結果妄動而帶來凶禍。

〈豫〉卦六五「貞疾」的情況，郭雍則舉周平王爲例，認爲是「君弱臣強而不能振」：

〔註205〕〈蒙·九二〉，郭雍：《郭氏傳家易說》，庫本，頁 13-29。
〔註206〕〈蒙·六五〉，胡宏：《易外傳》，《五峰集》卷五，庫本，頁 1137-228。
〔註207〕〈豫·六五〉，程頤：《伊川易傳》，叢本，頁 89。

伊川曰：居得君位，貞也；受制于四，有疾也。五居尊位，權雖失
而位未亡，故云「貞疾，恆不死。」雍曰：九四以一剛爲〈豫〉之
主，六五不能正爲君之道，求其所以然，蓋失于好逸，不知文王、
周公之戒，馴致于君弱臣強而不能振也。其猶平王東遷，下堂而見
諸侯之時乎！君德微矣，雖僅能守其位，譬夫人之老也，血氣既衰，
疾亦甚矣，僅得常不死而已。「中未亡」者，終亡之象已見，特其中
未盡亡而已。（叢本作「其由平王東遷」）〔註208〕

〈豫〉卦六五爻雖居君位，然受制於九四，所以空有其位，而無實權，也就
是「權雖失而位未亡」。如同東周在平王東遷之後，大權旁落，無法號令諸侯，
成爲有名無實的共主。由於君弱臣強，所以無法振興頹勢，這種局勢如同人
之衰老，血氣薄弱的情況，僅得「常不死」而已，而雖不死，亦難以有爲，
因爲終亡之象已見。

〈恒・六五〉「恒其德，貞。婦人吉，夫子凶。」〈象〉曰：「婦人貞吉，
從一而終也。夫子制義，從婦凶也。」楊萬里說：

爲君則柔弱而下從九二之強臣，爲夫子則柔弱而下從九二之強婦，
以此爲恒，此婦人之以順爲正，以一守順則吉也。爲君爲夫，制義
自我者也，而用之，凶於而家，害於而國必矣！其魯哀、晉元之世
乎！〔註209〕

「恒其德」就是以順爲正，不過這是婦女之道。夫子尚陽剛，不宜學女子之
順從。尤其居國君之位，更應獨當一面，有「制義」之責，如喪陽剛而從陰
柔，缺乏主見，恐致凶禍，如魯哀公之從強婦、晉元帝之從強臣即是。

（二）君強臣弱難成大功

君強臣弱的情況，一般是九五與六二的組合，而其功多不足，程頤說：「九
居五，六居二，則其功多不足，〈屯〉〈否〉之類是也。」〔註210〕〈蹇・九五〉
「大蹇，朋來。」即是這種臣弱的情況，程頤說：

以剛陽中正之君，而方在大蹇之中，非得剛陽中正之臣相輔之，不
能濟天下之蹇也。二之中正，固有助矣，欲以陰柔之助，濟天下之
難，非所能也。自古聖王濟天下之蹇，未有不由賢聖之臣爲之助者，

〔註208〕〈豫・六五〉，郭雍：《郭氏傳家易說》，庫本，頁13-65；叢本，頁67。
〔註209〕〈恒・六五〉，楊萬里：《誠齋易傳》，庫本，頁14-612；殿本，頁353。
〔註210〕〈蹇・九五〉，程頤：《伊川易傳》，叢本，頁189。

湯、武得伊、呂是也。中常之君，得剛明之臣而能濟大難者，則有
矣，劉禪之孔明，唐肅宗之郭子儀，德宗之李晟是也。雖賢明之君，
苟无其臣，則不能濟於難也。〔註211〕

「大蹇」指局勢不利。〈蹇〉卦上卦爲〈坎〉，坎爲陷，表示九五之君身陷蹇
難之中，是天下大蹇之時，或指國君資質不好，難以有所作爲，不過這種情
況也不是沒有轉圜的餘地，程頤認爲如有「剛明中正」之臣來助九五之君，
仍有可爲，如劉禪雖柔弱，肅宗雖陷險中（安史之亂），但因有孔明〔註212〕、
郭子儀之助，還是可以支撐大局。可惜的是，〈蹇〉卦的六二爻爲陰柔之臣，
力量不足，對九五剛明之君的助益實在有限，所以爻辭只說「朋來」而沒有
說「吉」，即是說光憑六二之力，仍不足以濟蹇。意謂著九五之君如果無法得
到如孔明、郭子儀之類賢臣之輔助，是難以有爲的，所以程頤說：「蓋臣賢於
君，則輔君以君所不能；臣不及君，則贊助之而已，故不能成大功也。」（同
上）。

而〈屯〉卦九五爻也有臣弱的情況，楊萬里在〈屯‧九五〉「屯其膏，小
貞吉，大貞凶。」〈象〉曰：「屯其膏，施未光也。」就分析這一爻是「君強
臣羸」的局面，時局不利，所以即便九五居君位，亦因不得輔弼，而難以濟
屯：

九五以剛明之君，居屯難之世，宜其撥亂反正有餘也；然其澤猶屯
而未光，其所正可小而不可大，是屯難終不可濟乎？有君无臣故也。
六四近臣則弱，六三近臣則又弱，六二大臣則又弱，然則九五將欲
有爲，誰與有爲？惟一初九，則遠而在下。賢而在下，則如无賢；
臣而在遠，則如无臣。（殿本作「然其澤獨屯而未光」）〔註213〕

〈屯〉卦九五雖爲剛明之君，然處屯難之世，其澤未光，因爲「有君無臣」，
沒有強而有力的臣子可以依靠信使。不僅六四、六三、六二皆爲陰柔之臣，
就是唯一的剛強之臣，即初九爻，也遠而在下，因此有等於沒有，所以九五
實難有爲，所以方寔孫說：「九五應於六二，君強臣弱，陰柔无助，未能大亨
以正。又爲二陰所陷於上，故「屯其膏」，澤施亦未光，所以在坎險之中也。」
〔註214〕而楊萬里也舉唐文宗之事說明，他說：「唐之文宗，初恥爲凡主，非不

〔註211〕〈蹇‧九五〉，程頤：《伊川易傳》，叢本，頁189。
〔註212〕劉備臨終囑託，輔佐後主劉禪，孔明任重道遠，鞠躬盡瘁，死而後已。
〔註213〕〈屯‧九五〉，楊萬里：《誠齋易傳》，庫本，頁14-532；殿本，頁80。
〔註214〕〈屯‧九五〉，方寔孫：《淙山讀周易》，庫本，頁19-608。

剛也，終自以爲不及赧、獻。大貞則凶也，何也？觀近臣則訓、注也；觀大臣則涯、鍊也；觀遠臣則度與德裕也。用不必才，才不必用，而欲平閣官之禍，故曰君強臣贏，航无楫維，无臣有主，去虺得虎。」（同前），雖然以文宗來比喻，不完全合適，但還是可以說得通，因爲文宗有撥亂反正的意圖，恥爲凡主，欲有一番作爲，算是剛強之人；但因用人不當，謀略失誤，而告失敗。此中雖有時運不濟之因，但畢竟用人之失，是文宗的失策。因此，只能說文宗本人是有心無力，而力不從心。而這樣的帝王不太能算是剛明之君，因爲才能及眼光皆有限，處理小事或許可以，但要解決棘手的宦官亂政問題，沒有長遠的考量計畫，不能貿然行事，而這一點，文宗顯然是欠缺的。

最後，關於君臣議題的探究，其結如下：

一、從臣子的類型來看，宋《易》看重臣子的功能：肯定臣子有諍諫君主的勇氣，臨機應變的膽識，承擔大任的器度，爲國盡忠的赤誠，處理危機的智慧，臨危不亂的沈著，撥亂反正的識力，扭轉劣勢的手腕，力挽狂瀾的堅持，不居功的胸襟，功成身退的風範，以及謙卑處下的自制，淡泊名利的自覺。不僅能爲主上分憂解勞，更重要的是能恪守人臣職分，既不一味順從討好君上，成爲沒有聲音、建樹的順臣、佞臣，也不是變成跋扈囂張的權臣，更不是僭越謀篡君位的亂臣。

二、臣的類型中，宋人最看重諍臣的作用，然這種臣子最讓國君既愛又恨，愛的是爲了社稷天下，不得不重用，恨的是這種臣子經常上諫指責君王疏失過錯，對國君而言，是一種精神壓迫，如魏徵之於太宗，韓休之於玄宗便是，是一種想斥退又離不開的矛盾心情，所以太宗就曾被魏徵激怒而動過殺機，而玄宗也因韓休之諫而常無帝王之樂。

三、從君臣關係來看，能君臣相孚、君臣合德、君臣同功、君臣一心，才能同舟共濟，在驚濤駭浪中穩定前進，成爲國家安定的基礎。若能如〈姤〉卦九五爻的情況，即「以杞包瓜，含章，有隕自天。」就是最好的情況。而君臣皆應避免〈坤〉卦上六爻所言，「龍戰于野，其血玄黃。」的爭戰局面，所以雙方都要自制。

四、「得君」是「行道」的必要條件。君臣關係中，君是居於主動地位，臣則居於被動之位，因此君有尋找、辨識、提拔、引用賢才之責任；至於臣子則不宜主動求官，宜待機行事。因此，在臣子的出處進退中，「得君」才能「行道」。「得君行道」是儒家的政治理想，但能否實現當然有時運的成分在

內，難以強求；不過當機緣到時，宋人認爲應該要及時把握，不應輕易錯過，而輕言放棄，所以楊萬里在〈既濟〉卦六二爻「婦喪其茀，勿逐，七日得。」就說：「以賢臣當盛時，遇聖君行吾道，以守盈成。」〔註215〕認爲六二爻既然能在既濟之世遇明君而行其道，實在是千載難逢，更要珍惜，如伊尹就是很好的示範。因爲以孔子週遊列國，終無所歸的情況來看，就是因爲遇不到明主，可見君對臣的意義及重要，其關鍵主導，不言而喻，所以李光在〈旅〉卦象曰「旅之時義大矣哉！」就不免感嘆說：「以孔子之聖，歷聘諸侯；然時君不能鈞用，而卒老于行。」〔註216〕

〔註215〕〈既濟・六二〉，楊萬里：《誠齋易傳》，庫本，頁14-708。
〔註216〕〈旅・象曰〉，李光：《讀易詳説》，頁10-433。

第四章 「陽正陰邪」的消長與對決——治亂興衰的彰顯與示戒

　　治亂興衰是人類歷史發展的常態。關於治亂，人人皆有說詞來看待這世間的變化。然史學家和易學家就稍有不同。史學家偏重從人事的角度來立說，以人事時地物來分析盛衰成敗，所以人是關鍵，人的個性、謀略及作爲也就成了成敗之樞機；但問題是人再怎麼努力，亦有鞭長莫及之處，這種難以預知的地帶，也超乎人的能力，而進入天意的範疇。關於這部分，易學家便可彌補史學家的不足，因爲《易經》會從天道的層次來理解人事，既重知人，也重知天。治亂，在易學家看來，就如同日夜的循環一般，是一股自然運行的規律。人屬自然，自然也在這股力量的支配範圍內。因此當世道昏暗時，《易經》的智慧並不主張以卵擊石，或強出頭，而做無謂的犧牲。因爲黑暗勢力的必然存在，不是人可以決定的，自有其運行的氣數，氣數已盡，自然從極盛走向衰敗。亂到了極點，天意自然會降下聖賢君子來重整人間秩序，收拾殘局〔註1〕，而開啓另一番治世，所以識時進退，與時偕行是必要的，與其不自量力去對抗消耗，不如退隱而靜待時機。然此皆屬事後之事，而人是否永遠只能在事情發生之後，才採取行動去應付，應付不了，就退避，而讓小人爲所欲爲，並坐視惡勢力當道，殘害善良？其實不然，因爲人有智慧，會思考，可以謀劃，除了事發、事後，還有事前可以注意，這就是人爲努力之處。與其事發驚恐，事後懊悔，不如事先預防。而其關鍵就在於見「幾」、知「幾」

〔註1〕《周易傳義附錄》在〈蠱·卦辭〉引朱氏附錄說：「亂極必治，天道循環自是如此。五胡亂華，以至於隋亂，必有唐太宗者出；又如五季必生太祖，若不如此，便无天道了。」四庫全書本，頁20-230。

的能力。能見幾（細微的徵兆），就能洞悉天意。其實天意雖渺茫，卻並非不可測，因為天意常顯露在隱微的徵兆中，所以它是有跡可循的。因此，宋《易》所舉明哲保身的例子，多半皆有見幾的本領識見，如姜太公、叔孫通、申屠蟠即是。由於眼光精確，洞見先機，所以可以搶先一步，提早預防，在可能的範圍內改變、抽離部分條件因素，而將破壞力降到最低，以趨吉避凶，至與災難擦身而過。而幾的可貴在始，能慎始，自然可以掌握發展的趨勢，進而設法扭轉劣勢，這就是人在天意主導下自我成長的空間，而非茫然不知所措。相反的，看不清局勢的發展，並且輕忽，這種心態便是大忌，不僅容易錯失良機，更易將關鍵處忽略掉。以解決小人來說，時機就很重要，與其勢「盛」去消磨，不如勢「弱」去收拾；而集體行動，又比隻身前往更有效律。能明乎此道，對統治者來說，治世必然可以更長久，而亂世已然在調理之中。

這種人為的努力，是易學家所強調的，即不應廢人事而由天命，所以〈繫辭下傳〉就說：「危者，安其位者也；亡者，保其存者也；亂者，有其治者也。是故君子安而不忘危、存而不忘亡、治而不忘亂，是以身安而國家可保也。」也就是強調居安思危，憂患意識的自覺。人有危急、有滅亡、有動亂的警覺，才會未雨綢繆，也才能在危機形成之前或形成之際，有因應的措施。這便是《易經》人文精神、人事意義的價值所在。

而治亂，講明了，就是君子、小人的消長及對立。大抵君子多則天下安，小人多則天下敗；君子在上位則天下治，小人躐進高位，則天下亂，這是萬世不移的定律，根本無須懷疑，《易經》當然也著眼這方面的論述，〈繫辭下傳〉就說：「陽一君而二民，君子之道也；陰二君而一民，小人之道也。」意思是說，陽是君子，陰是小人；陽是君主，陰是萬民。而陽卦陽統陰，君子統治小人；陰卦陰統陽，小人凌駕君子。君統萬民是正道，以少治多是常理，所以陰陽的多寡，君子、小人的勝負，就可決定一個朝代的走向。〈繫辭下傳〉的說法雖然並沒有直接提到治亂，但其實講的就是治亂之道，所以李杞就直接以「治」、「亂」來解釋，他說：

> 夫陽為君，陰為民，君以一而治民，民以眾而奉君，此天下之所以治也。苟君多而民少，則相陵而無以相統，豈不為天下之亂乎！故一君二民為君子之道，以其順也。二君一民為小人之道，以其逆也。
> 〔註2〕

〔註2〕〈繫辭下傳〉，李杞：《用易詳解》，頁19-552。

李杞發揮〈繫辭下傳〉之意，認為君統萬民，民順承君，能成天下之治，否則以下犯上，政局動亂，百姓亦無寧日。但必須說明的是關鍵仍是在君主身上，所以治亂大多數仍是存乎上之所為，李光就說：「蓋民生治亂，係于上之舉措。」〔註3〕而宋《易》在這方面的著墨也相當詳盡，如對君子的看重，就是對人才的提攜、栽培、信任；對小人的處置，就必然要瞭解其心術、技倆，才能瓦解其黨羽陰謀，有所因應，此即《易》道之精華。

　　而君子、小人的存在，源於天地陰陽正邪之氣。這兩股氣流，質性不同，而重點在於陰會「消」陽，小人為了自身利益，會消剝、對付、陷害、剷除君子，君子不得已只好與之對決，不是君子人喜歡這麼做，而是身不由己。因此陰邪勢力的蔓延，最要敬慎，這在〈姤〉卦即可看出端倪，〈姤〉卦卦辭說：「女壯，勿用取女。」李光解釋「女壯」就是小人逐漸在滋長、成形，並壯大：

> 五陽而一陰，則一陰為之主。陰雖復而在下，其勢必盛，故有壯女之象。……陰邪處內，雖寡，足以勝眾陽，是一小人足以敵眾君子也。然則君子、小人相為消長，特在內外之間耳。〔註4〕

〈姤〉卦雖然只有「一陰」居下，但這種一陰勢弱的情況卻有幾點值得君子人戒慎：一是其勢雖弱，但有漸長之勢態，不可輕忽。〔註5〕二是陰邪處「內」，所以消陽的力道更不可測。因此，李光認為有眼光、有經驗的治國者絕不會無動於衷，而坐視這種局勢持續發展下去的，必然會有所行動以因應之，而能因應者可以常保治世，昧於情勢者，很難不走向衰敗。

　　而談治亂，目的是為了讓世人引以為「戒」，免於重蹈覆轍，辜負聖人作《易》之苦心，所以宋《易》常有「示戒」、「垂戒」、「深戒」〔註6〕、「戒世」、「鑑戒」、「戒後世」、「切戒」、「戒慎」……之語，即是提醒世人莫忘殷鑑。

〔註3〕〈觀・九五〉，李光：《讀易詳說》，頁10-329。

〔註4〕〈姤・卦辭〉，李光：《讀易詳說》，頁10-390。

〔註5〕李杞在〈剝・象曰〉「剝，剝也。柔變剛也，不利有攸往。小人長也，順而止之。觀象也，君子尚消息盈虛，天行也」就說：「〈否〉之世，三陰三陽勢均力敵，猶以為小人道長，君子道消，況乎五陰而剝一陽哉！」即〈否〉卦三陰三陽，表面上看來似乎是君子與小人勢均力敵，實則不然，因為這代表君子道消之時，所以不能太樂觀。見《用易詳解》，頁19-422。

〔註6〕王宗傳在〈頤〉卦六三說：「『十年勿用』云者，深戒之辭也。」（見《童溪易傳》，庫本，頁17-144；通本，頁1031。）

第一節　治世的彰顯及運作

一、「天衢之亨」的大行氣象

　　《易經》談治世的卦有〈比〉卦、〈泰〉卦、〈大有〉卦、〈大畜〉卦、〈萃〉卦、〈豐〉卦、〈既濟〉卦等，其情是一種「內健而外順」的通泰，也是一種「亨小」的小者之亨，可以說海清河晏，內外昇平，是一種「道大行」的氣象。如〈豐·卦辭〉「亨，王假之，勿憂，宜日中。」胡瑗就說豐是天下眾大之時：

> 王者富有天下，生聚繁夥，民物眾多，是天下眾大之時也，故謂之豐。既富有天下，以至豐盛之極，是其道大通矣。……聖人必假此豐盛之時，發號施令，則民易以從；行賞用罰，則民易以服，以至制禮作樂，施發教化，可以大行于天下也。〔註7〕

既是天下眾大之時，聖人當趁此豐盛，「制禮作樂」，「施發教化」，無一民一物不被其澤，則道可大行于天下，否則徒有仁義之德，若不得其時，亦難以有所發揮，因為亂世的道是行不通的。

（一）「內健而外順」的通泰

　　治世有治世的氣象及風範，亂世也有亂世的混濁及動盪，在〈比·象曰〉「先王以建萬國，親諸侯。」李杞就敘述至治之世的盛況，朝廷與諸侯共享和樂，相比相親，共臻大同之世，他說：

> 建萬國，親諸侯，比之大者也。古者至治之世，天子適諸侯曰「巡狩」，諸侯朝于天子曰「述職」。成周盛時，比年小聘，三年大聘，五年一朝，上下相親相比，共樂大同協一之風。當是之時，不獨下之人有以比于上，而上之人亦有以比于下，分雖嚴而情不至于相隔，茲非比道之大者哉！〔註8〕

李氏提到至治之世，天子適諸侯，諸侯亦朝於天子。這在成周盛世之時，甚至二年一小聘，三年一大聘，而五年一朝，上下相親相比，禮分雖嚴而情不至于相隔，即比道之大者。

　　其實盛世的通泰，〈泰〉卦卦辭就說：「內陽而外陰，內健而外順，內君子而外小人。君子道長，小人道消。」這表示國泰民安的關鍵在於內外的調

〔註7〕〈豐·卦辭〉，胡瑗：《周易口義》，頁8-407。
〔註8〕〈比·象傳〉，李杞：《用易詳解》，頁19-385。

理，處理得當，內外各得其宜，政治自然清平，而內外的區別何在？即內陽、內健，內君子；外陰、外順、外小人。所以「內健而外順」就是「內陽而外陰」，陽氣在內，陰氣在外，萬物才能通達生長，否則將一片死寂，耿南仲就說：「蓋內陽以化育于下，外陰以生滋于上，則萬物成，故知內陽而外陰，言萬物之所以通也。」〔註9〕至於應用在人事國政上，就是「內君子而外小人」的理想型態：

> 內健然後能用君子，不如是，則浩然有歸志，豈能奪其志與同哉！
> 故知內健而外順，言其志之所以同也。內健而外順，則君子内矣！
> 君子內則小人外。……舜選於眾，舉皋陶而後不仁者遠。此內君子
> 而外小人之序也。（同上）

內健內君子，則君子在朝，剛健有爲；外順外小人，則小人在野在下，順從君子。君子處內則小人自然在外，不仁者自然遠離，便能保住國家的元氣，避免小人當道，成爲隱患。

因此在〈泰・上六〉「城復于隍，勿用師，自邑告命，貞吝。」鄭剛中則提到爲城爲隍，反映民心之向背，能夠萬眾一心，自然豐泰：

> 文王于豐，嘗爲臺爲沼，臺蓋城之類，沼則隍之比。文王豈驅民爲
> 是哉！經之營之，成於不日。故序《詩》者謂之「民始附」，蓋上下
> 志同之時也。〔註10〕

鄭氏提到文王之世，曾使民爲臺爲沼，而人民竟不日成之。這是因爲人民自動自發，同心協力，所以也就比預期的要快，此見《詩經・大雅・靈臺》。而《孟子・梁惠王上篇》也有提到，即文王以民力修築高臺池沼，結果反應踴躍，百姓熱情參與，很快就完成了。由於百姓歡樂，所以將臺稱之爲「靈臺」，將沼稱之爲「靈沼」，這是因爲君王能與民同樂的緣故，所以百姓樂見其成，當然全力以赴。這反應豐樂之世，人心安和，君民同心之盛景。

（二）「亨小」的小者之亨

在〈既濟・彖曰〉「亨小，利貞。……」〈象〉曰：「既濟亨，小者亨也。利貞，剛柔正而位當也。」李杞就描述既濟之世，國泰民安，小大皆亨的情形：

〔註9〕　〈泰・卦辭〉，耿南仲：《周易新講義》，庫本，頁 9-616。
〔註10〕　〈泰・上六〉，鄭剛中：《周易窺餘》，庫本，頁 11-435。

〈既濟〉者，〈坎〉〈離〉升降，以相濟爲功者也。坎水在上，其性
以潤下爲本；離火在下，其性以炎上爲常。水之必下，火之必上，
精神相通，而既濟之功成。然而謂之「亨小」，何也？既濟之世，舉
天下之物各得其所，雖至微至細者，亦莫不亨，故謂之亨小者。言
小者之亨，則大者從可知矣。〈既濟〉自〈泰〉來者也，二五相易，
君剛臣柔，各正其位，六爻相應，而各得其當。〔註11〕

〈既濟〉卦之所以爲既濟，原因有二：一、從卦象來看，下卦爲〈離〉，上卦
爲〈坎〉。水在火上，水潤下，火炎上，水能滅火，解除災難，二者相濟，所
以爲既濟。二、從爻變來看，也可看出〈既濟〉卦陰陽相應、上下相合的情
形。〈既濟〉卦本由〈泰〉卦而來（〈泰〉卦〈乾〉下〈坤〉上）。〈泰〉卦的
二、五爻交換，就變成〈既濟〉卦。而原本〈泰〉卦的君柔臣剛（六五與九
二），變成〈既濟〉卦的君剛臣柔（九五與六二）。因爲剛柔相易，使得二五
既中且正，不僅得正位，又六爻皆陰陽相應，各得其當，所以爲既濟。至於
「亨小」，是因爲既濟之世上下相應，人心和順，萬物各得其所，所以可以大
者亨，小者亦亨，甚至達到「至微至細，亦莫不亨」的盛況。而楊萬里也對
「亨小，利貞。」發表看法說：

出多難而入无難，是爲既濟之世。當是之時，小者亦亨，況大者乎！
蓋无一人不亨，无一物不亨，无一事不亨也。如濟川焉，舍川而陸，
舍舟而轂，危者安，險者濟，何憂之有？〔註12〕

楊萬里認爲既濟之時，人事物皆得亨通，連小人物也不例外，如同水陸並行
一般，暢通無阻，即使有危難，亦能濟之而無礙，如此，又何憂之有？

（三）「王假之」的尚大

清平之世，君臨天下，一切和樂，胡瑗在〈萃·象曰〉「君子以除戎器，
戒不虞。」就提到王路清夷的萃聚之世：

當此萃聚之世，民既和説，海內晏然，于是之時，不可復用其兵。
是必韜藏其弓矢，偃息其戈矛，以示天下不復用兵也。故昔者武王
翦商之後，載櫜弓矢，倒載干戈，歸馬于華山之陽，放牛于桃林之
野，是所謂除去戎器者也。〔註13〕

〔註11〕〈既濟·象曰〉，李杞：《用易詳解》，頁19-519。
〔註12〕〈既濟·卦辭〉，楊萬里：《誠齋易傳》，庫本，頁14-707；殿本，頁681。
〔註13〕〈萃·象曰〉，胡瑗：《周易口義》，頁8-369。

除戎器就是放下兵器，胡瑗舉武王克商之後，結束動盪，「倒載干戈」，息武的情況。人民解甲歸田，歸馬華山，放牛山野〔註14〕，塗歌里詠，而不復用兵。可說是聖人治世，君民和悅，四海昇平。然而這種情況只有大才大德之人才做得到，如武王便是，所以卦辭才會說：「王假有廟，利見大人。」表示只有大人物，只有王者之至德，才能終結殷商暴政，解民水火，並在廟中主持國家祭典，敬祀天地神明，祈求國泰民安。

而萃聚之世就是豐大的年代，所以在〈豐‧象曰〉「豐，大也，明以動，故豐。王假之，尚大也。」對於豐盛之景，王宗傳就描述說：

> 〈豐〉者，時之極盛者也。何謂極盛？曰：「在萬物則爲眾多，在生齒則爲繁庶，在幅員則爲廣遠，在庶事則爲詳備，在人材則爲茂盛，在國家則爲殷富，在天下則爲平治，而在功業則爲光明而盛大也。」
> 〔註15〕

王宗傳認爲〈豐〉卦描繪的盛世，人事物欣欣向榮，一派和諧，萬事齊備，人材茂盛，因此可以國富民平，天下大治。如果以卦象來看，下卦爲離火爲明，上卦爲雷震，爲動，因此可以明動相資。而能夠光明地前進，當然可以無往不利。不過這種盛世須賴明君，即大有爲之君，才有能力開創，並非一般人可以勝任，因此「非王者則不可」，所以卦辭說：「王假之」。對於極盛之世，王宗傳則以成周爲代表，他說：

> 夫成周之世，以萬物則盛多矣，以四方民則和會矣，以土宇則畋章而孔厚矣，以禮與樂，則庶事大備矣，以人才則蕩蕩乎其多矣，以曾孫之稼之庾，則如茨如梁、如京如坻矣，以當時之治，則既醉太平矣，以功業之盛，則又有酌以告成矣。此所謂豐大之世，而極盛之時也。（「如京如坻」，通志堂經解作「如京如城」，《詩經》爲「如京如坻」）（同上）

王氏以成周之世爲盛世之極品。不僅萬物眾多，民心和順，幅員廣闊，且人才濟濟，四方和會，庶事大備，人民樂享太平之世，是豐大之年，極盛之時。王宗傳還引了《詩經‧小雅‧甫田》之詩說明，〈甫田〉提到農夫們慶豐收，

〔註14〕武王伐紂之後，不復用兵，《禮記‧樂記》就說：「馬散之華山之陽，而弗復乘；牛散之桃林之野，而弗復服。車甲釁而藏之府庫，而弗復用。倒載干戈，包之以虎皮，將帥之士，使爲諸侯，名之曰建橐，然後天下知武王之不復用兵也。」十三經注疏本，頁696。

〔註15〕〈豐‧象曰〉，王宗傳：《童溪易傳》，庫本，頁17-281；通本，頁1143。

因爲穀物堆積如山，而黍稷稻粱等農作物也塡滿了糧倉，因此《詩》以「如茨如梁」、「如坻如京」來形容豐年的喜樂。

（四）「自天祐之」的上吉

〈大有・上九〉說：「自天祐之，吉无不利。」〈象〉曰：「大有上吉，自天祐也。」楊萬里就盛讚大有之時的盛況：

> 八卦〈乾〉爲尊，六十四卦〈泰〉爲盛。然〈乾〉之上九悔于亢，〈泰〉之上六吝而亂；盛治備福，孰若〈大有〉者。六爻一亨一吉二无咎三，明主在上，群賢畢集，无一敗治之小人，无一害治之匪德。生斯時，雖如初九无交而難進，緼袍華于佩玉，飲水甘于列鼎，而況九二之大臣，九三之諸侯，九四之邇臣，上九功成身退之耆舊乎！嗚呼！盛哉！〔註16〕

楊氏認爲〈大有〉卦「盛治備福」，比起〈乾〉卦、〈泰〉卦更加美盛，因爲〈乾〉卦上九爻說亢龍有悔，〈泰〉卦上六爻說吝而亂，都出現盛極而衰的現象。只有〈大有〉卦的爻辭無凶悔，六爻中一亨、二吉、三无咎，上九爻更是吉无不利，有明主，有群賢，彬彬之盛，皆備於此。

這種「至治之世」的情況，李杞在〈大畜・上九〉「何天之衢，亨。」〈象〉曰：「何天之衢，道大行也。」中也有描述，他說：

> 天衢者，坦平四達之途，上通于天者也。至治之世，公道盛行，人君廣招賢之路，而賢者得以自通天衢，坦夷可以平步而進，畜道至此，可謂極其成矣！其爲亨也，豈不宜哉！……舜闢四門以來天下之賢，周開明堂以受諸侯之至，「何天之衢」，此之謂也。
> 〔註17〕

至治之世，公道盛行，人君廣納賢才，而賢者亦得平步青雲，直達天聽，如天衢般四通八達，實爲極致之展現，李杞也以舜、周闢四門、開明堂爲例，說明「何天之衢亨」的氣象。李過也盛讚堯、舜之世，「瑞物」呈祥，一片和樂，不管是童子，還是耄耋老者，皆怡然自得：

> 畜而至此，畜道亨矣。四通八達，防閑不立，而天下相忘於道術之中，如何天之衢然，了無窒礙也。……象曰：「道大行也」，畜道至

〔註16〕〈大有・上九〉，楊萬里：《誠齋易傳》，庫本，頁14-565；叢本，頁60。「于」字，叢書集成皆作「於」。「吝而亂」，叢書集成作「吝於亂」。

〔註17〕〈大畜・上九〉，李杞：《用易詳解》，頁19-430。

此而後大行，古者所謂大同之世也。如堯、舜之世，康衢之童子，
擊壤之老人，皆天衢中瑞物也。〔註18〕

因為畜道之亨，道大行，所以了無窒礙，天下相忘於道術之中，即古之所謂
大同之世。

張浚則以「群賢並進，無所滯礙」來形容〈大畜〉上九天衢之亨的景象：

群賢並進，無所滯礙，治其立，功其成。致之自人，與之自天，曰
「天衢」。互震，震大塗，為衢。……〈大畜〉二陽，從九三應上，
上九有剛止之德，堯之舜，舜之禹也。堯無為，畜賢之任付舜；舜
無為，畜賢之任付禹，堯舜垂衣裳而治，以有舜禹為之輔耳。然則
三陽，上所畜也；上，五所畜也。〔註19〕

〈大畜〉卦有四個陽爻，張浚認為下卦三個陽爻皆被上九所畜，因上九有「剛
止之德」，能「畜」三陽，讓群賢並進，所以爻辭有「何天之衢」的盛讚。因
初、二這兩個賢者「從」九三而應上，而上又為六五所畜，可見上九有代君
畜賢，被六五倚重之功能，如舜、禹即是。因為有舜、禹之助，所以堯、舜
可以無為，垂裳而治，而整體情勢最終又有利於六五，不僅下有三賢，上又
有上九之統御，所以治立功成。

二、治世首重對人才的提攜

治世的關鍵在人才。人才是國力延續的命脈，尤其在君位的傳承上，更
是不可輕忽。能培植良好的接班人續接政統，才能確保國家的長治久安。因
此造就人才，是國之大計。能世代相傳，才能像〈離〉卦九三爻一樣，明與
明相繼，而生生不息，否則「日昃之離，何可久也。」因日過中，即漸入西
山，晚景即不保，因此李光就說：

上下二離，有傳繼之象。功成名遂身退，天之道也。自昔帝王享國日
久，既老而當傳，或授之子，或授之賢，故能身享安樂而其明不息
也。……人之既老，譬之漏盡鐘鳴，而夜行不止，其能久乎？〔註20〕

人都會衰老，沒有人是無所不能的，但英明的政治家會早先一步做好規劃，或
傳子或傳賢，以便安享天年，否則過中不退，反成取禍之道。

〔註18〕〈大畜・上九〉，李過：《西谿易說》，頁17-696。
〔註19〕〈大畜・上九〉，張浚：《紫巖易傳》，頁10-86。
〔註20〕〈離・九三〉，李光：《讀易詳說》，頁10-353。

　　人才既是治平之基，所以要納才、求才、試才、任才以及養才。人才沒有十全十美的，所以不必求全，有一能即可用之，適才適性，放對位置更重要，此爲納才之意。賢才胸懷灑落，清雅的節操如冰壺秋月，往往視富貴如浮雲，雖有毛遂自薦型的，但也有不少是根本不會自己前來求官的，與其空等而望穿秋水，還不如親自入深山民間各地訪求，主動釋出善意，此爲求才之意。人才需要磨練，才能增加能力經驗，承擔大任，所以給予機會試用、磨練，即爲試才。而既是人才，就應該信任、任用，看準了，就疑人不用，用人不疑，這就是任才。人皆爲血肉之軀，所以口體之養不可廢，心志之養更是重要，此爲養才。以下則分項述之：

（一）「包荒用馮河」的納才

　　〈泰‧九二〉「包荒，用馮河，不遐遺，朋亡，得尚于中行。」〈象〉曰：「包荒，得尚于中行，以光大也。」李光認爲在政治清明之時，九二以陽剛之才，上應九五中行之主，此時應當「包含荒穢」，廣納群賢，棄瑕錄用，如此近悅遠來，野無遺賢，自無朋黨阿比之禍，而能佐君成安泰之世，展現光明盛大之風，能如此，即是臣道之至，他說：

> 九二以陽剛之才，有應乎五，而處人臣之正，當〈泰〉之時，能包
> 含荒穢，雖狂狷之士，不顧險患，如不假舟楫而馮河者，无不容納，
> 此眞大臣之任。當海內交泰之時，人材眾多，若遴選太精，則豪傑
> 之士或不得其職，則聚而爲寇盜者多矣，秦、隋之末是也。當廓其
> 度量，包含荒穢，遠者无所棄遺，則山林之士莫不皆至；近者无所
> 阿比，故朋黨之禍无自而興。〔註21〕

李光強調在海內交泰之時，社稷大臣應展現寬和作風，爲國舉才，吸納各方有志之士，無偏黨之私，使狂者狷者，皆有發揮的空間，避免遺珠之憾，或英雄無路之悲。因此對於人才的遴選，不宜太苛，標準或門檻也不應過高，凡有一善者，即可錄用，以免斷豪傑之路。因若失路而落草爲寇，亦非社稷之福，更無異步上秦、隋覆亡之後塵。不過這應是有鑑於北宋末年，宋江等人在梁山泊造反之事的鑑戒。

　　同樣針對〈泰〉卦九二爻的「包荒，用馮河。」王宗傳也舉不少例子說明，認爲九二以剛中之才，與六五處〈泰〉之君居相應之地，「上下交而其

志同」。在君子道長之時，以留意天下人才爲己任，「兼收而並用之」，無所遺棄、朋比，以「大公」爲心，故能以剛中之德，上配六五柔中之主，成亨泰之治。而所謂「兼收並用」，是表示九二能「包荒」，也能「用馮河」，用人很寬廣：

> 初九之君子，處草野側陋之地，有茅茹之象，而九二則從而包之，故曰「包荒」。九三之君子，以剛健過中之才，艱難以守正，而九二則從而用之，故曰「用馮河」。「馮河」云者，謂其歷涉艱難之才也。……昔者，伯禹之宅百揆，傳說之求俊乂，周公之舉百工，皆以天下人才爲己任者然也。下至李唐之世，房喬、杜如晦爲相，如王、魏善諫，則遜以直；英、衛善兵，則濟以文。夫王、魏二子，其初亦皆疎讐之臣爾；英、衛二將，又非所謂馮河越險之勇者也，皆得以行其志者，蓋以房、杜爲相故也。〔註22〕

「包荒」是九二對初九這個在野賢才的提拔，荒指偏遠側陋之地，這種賢才沒有顯赫的背景，所以要特別留意，否則容易被埋沒；「用馮河」則是對九三過剛之才的任用，因爲質性剛強，所以可歷涉艱難。因爲包荒，所以「不遐遺」，即使是遠方偏僻之人也不遺棄，「親近群才而與之同升」；因爲「朋亡」，所以沒有朋黨之私，「朋比之嫌」，心胸開闊。這種臣子，王宗傳認爲伯禹、傳說、周公〔註23〕、房玄齡等人皆是。如房玄齡對太宗的舉薦人才之功，就

〔註22〕 〈泰・九二〉，王宗傳：《童溪易傳》，庫本，頁 17-69。

〔註23〕 武王早終，成王年幼，周公輔佐成王，而使其子伯禽「代就封於魯」。臨行時，周公告誡伯禽勿「以國驕人」，並且自陳雖是文王之子，武王之弟，與成王之叔父，於地位並不卑賤，然猶以禮以待天下之賢士，連沐浴、吃飯也沒閒著，一樣接見賢人，甚至「一飯三吐哺」、「一沐三握髮」，還猶恐失之，足見禮賢之心無時或已，見《史記卷三十三・魯周公世家第三》：「周公戒伯禽曰：『我文王之子，武王之弟，成王之叔父，我於天下亦不賤矣。然我一沐三捉髮，一飯三吐哺，起以待士，猶恐失天下之賢人，子之魯，慎無以國驕人。』」頁 1518。另《說苑》〈尊賢〉篇也記載周公下「白屋之士」（貧寒之士），對提拔人才可謂念茲在茲，或師之、或見之、或進之、或教之、或官之，就教於天下人，難怪能成爲中國歷史上最受人景仰的政治家，並創造成周之世的榮景：「周公旦白屋之士所下者七十人，而天下之士皆至。晏子所與同衣食者百人，而天下之士亦至。仲尼修道行，理文章，而天下之士亦至。」「周公攝天子位七年，布衣之士執贄所師見者十二人，窮巷白屋所見者四十九人，時進善者百人，教士者千人，官朝者萬人。當此之時，誠使周公驕而且恡，則天下賢士至者寡矣；苟有至者，則必貪而尸祿者也。尸祿之臣，不能存君矣！」

值得一提。除了提醒太宗要注意留住杜如晦外〔註24〕，更結交許多奇人異士，「謀臣猛將」，成為太宗的用事之臣〔註25〕。此外，《新唐書》說玄齡當國，務讓貴賤皆適其所，「任公竭節，不欲一物失所。」而取人亦不求全，「取人不求備，雖卑賤皆得盡所能。」〔註26〕就算是卑賤之人，也能根據他們的才能發揮用處，真正做到「包荒，用馮河」的境界。更能視人之善如己之善，如王珪、魏徵善諫，房、杜便把諍諫的美名讓給他們；李勣、李靖善用兵，房、杜就以文濟之，頗能真心接納人才，成就別人的美善優點〔註27〕，甚至成為沒有聲音的幕後功臣，所以後世聲譽反不如魏徵之家喻戶曉。總之，房、杜二人並肩同心，一者善「謀」，一者善「斷」，不僅在與建成太子的皇位爭奪戰，即玄武門之變中，以蒼生為念，緊急定大局，助太宗取得勝利；得天下後，更成為太宗最得力的助手，制定典章制度與文物規模，嘉惠後世，「天下新定，臺閣制度，憲物容典，率二人討裁。」〔註28〕成為與唐太宗共同走

〔註24〕 玄齡提醒太宗，如晦聰明識達，是帝佐之才，若大王不想經營天下，則此人用不用，皆無不可；然若欲經營四方，則非此人不可，太宗由是驚覺。其實隋朝吏部侍郎高孝基就曾稱讚如晦有「應變之才」，當為棟樑之用，而如晦之後在政治上的表現也確然如高氏所言，見《舊唐書卷六十六‧列傳第十六‧房玄齡》：「時府中多英俊，被外遷者眾，太宗患之。記室房玄齡曰：『府僚去者雖多，蓋不足惜。杜如晦聰明識達，王佐才也。若大王守藩端拱，無所用之；必欲經營四方，非此人莫可。』太宗大驚曰：『爾不言，幾失此人矣！』遂奏為府屬。」頁2468。

〔註25〕 《舊唐書卷六十六‧列傳第十六‧房玄齡》：「玄齡既遇知己，罄竭心力，知無不為。賊寇每平，眾人競求珍玩，玄齡獨先收人物，致之幕府。及有謀臣猛將，皆與之潛相申結，各盡其死力。」頁2460。

〔註26〕 《新唐書卷九十六‧列傳第二十一‧房玄齡》，頁3857。而《舊唐書卷六十六‧列傳第十六‧房玄齡》也說：「既任總百司，虔恭夙夜，盡心竭節，不欲一物失所。聞人有善，若己有之。明達吏事，飾以文學，審定法令，意在寬平。不以求備取人，不以己長格物，隨能收敘，無隔卑賤。」頁2460。

〔註27〕 這是唐柳芳對房、杜謙退性格的形容：不言功、讓直、濟文、持眾美效之君，《新唐書卷九十六‧列傳第二十一‧房玄齡》的贊曰提到柳芳的話說：「唐柳芳有言：『帝定禍亂，而房、杜不言功；王、魏善諫，而房、杜讓其直；英、衛善兵，而房、杜濟以文。持眾美效之君。』」頁3866。

〔註28〕 房、杜各具才能，房善謀略，又「不吝權」，能欣賞別人的優點；晦則遇事能「斷」，謀略過人，兩人同心，互相謙讓，輔弼太宗，締造貞觀之治，君明臣良，可謂千載一遇，見《新唐書卷九十六‧列傳第二十一‧杜如晦》：「每議事帝所，玄齡必曰：『非如晦莫籌之。』及如晦至，卒用玄齡策也。蓋如晦長於斷，而玄齡善謀，兩人深相知，故能同心濟謀，以佐佑帝，當世語良相，必曰房、杜云。」頁3859。而《新唐書》最後對房、杜這二人的「贊曰」也說：「太宗以上聖之才，取孤隋，攘群盜，天下已平，用玄齡、如晦輔政。興

過創業維艱的貞觀名臣，因此在當世稱爲「良相」、「名相」。

而〈蒙・九二〉「包蒙吉，納婦吉，子克家。」〈象〉曰：「子克家，剛柔接也。」胡瑗將九二爻的「納婦」解釋爲「納賢」，因初六、六三、六四皆陰柔之質，陰稱婦，所以稱「納婦」：

> 九二以剛明之德，居下卦之中，是居得其中者也。夫剛則能斷天下之事，明則能察天下之微，有剛明中正之德，則天下之賢不肖者皆從而歸之，天下之蒙昧之人皆樂而求之，而己能包容，无所不納，故曰「包蒙吉」。「納婦吉」者，婦所以助己而成治也，以上下三爻皆陰柔之質，故稱「婦」也。然其中必有賢者、能者，而九二又能納之以助于己。蓋言九二居人臣之位，正應于五，……荷天子之重任，掌天下之繁務，其責至重，雖有剛明之德，亦不能獨當之，必在廣納天下之賢才以相輔助，然後可以成治也，故云「納婦吉」也。
> 〔註29〕

胡瑗認爲九二以剛明之才居中位，佐六五柔順之君治理天下，並包容天下之賢不肖與蒙昧之人，故曰「包蒙吉」；然此重責大任實不能「獨當之」，因此有必要廣納四方賢才輔助之，方能成治道。對九二來說，上下三個陰爻，其中不乏賢者、能者，若能用之，必能克成其治，所以爻辭才會說「納婦吉」。

（二）「求婚媾」的求才

求才必先識才、擇才。然古人對才的要求其實是才德並重，因爲有良好的品行，其才才能爲國所用，而不是圖私利，反成社會之隱憂，這也是君子與小人之別，李杞便以好道與好利來解釋這兩者的差異，他說：「君子之所好者道，道之不行，則勇于求去。小人之所好者利，利之所在，則貪而不止。」〔註30〕即君子所好者道，小人則唯利是圖，二者呈現不同的氣質與格局，而求才即是求賢，程頤在〈屯・六四〉「乘馬班如，求婚媾，往吉无不利。」就說：

> 己既不足以濟時之屯，若能求賢以自輔，則可濟矣！……居公卿之

大亂之餘，紀綱彫弛，而能興仆植僵，使號令典刑粲然周不完，雖數百年猶蒙其功，可謂名宰相。……如晦雖任事日淺（只活 46 歲），觀玄齡許與及帝所親款，則謀謨果有大過人者。方君臣明良，志叶議從，相資以成，固千載之遇。」頁 3866。

〔註29〕〈蒙・九二〉，胡瑗：《周易口義》，頁 8-210。
〔註30〕〈遯・九四〉，李杞：《用易詳解》，頁 19-451。

位，己之才雖不足以濟時之屯，若能求在下之賢，親而用之，何所
不濟哉！〔註31〕

屯是難之意，六四居公卿之位，處國家屯難之際，特別需要賢才來輔助自己，
才能濟屯。只是賢才有可能屈居在下，如初九即是。初九有陽剛之才，正是
六四所需，但無位無勢，因此需要六四「往」求之，親而用之，拔擢之，自
然吉無不利，所以爻辭才會說「求婚媾」，即如同求婚般的展現熱忱。

　　而在野之賢要如何致之，這當然考驗著人主的智慧及誠意，不過古有明
訓，亦有明示，古代明君求才之經驗可供參酌，例如在〈賁‧六五〉「賁于丘
園，束帛戔戔，吝，終吉。」〈象〉曰：「六五之吉，有喜也。」李杞就舉成
湯聘伊尹，光武訪嚴光之事，來說明聖明之君求賢若渴之用心及努力，他說：

　　丘園者，山林隱逸之地也。天下文明之世，必至于野无遺賢，而後
　　爲至治之極。……以其有得賢之喜也。成湯之幣聘，三至于有莘之
　　野；而光武之安車玄纁，亦屢往反于嚴光之室，「賁于丘園」，其謂
　　是耶？〔註32〕

〈賁〉卦談裝飾、修飾，丘園指隱逸之地。「賁于丘園」是指訪求在野之賢。
李杞認爲丘園是讀書人隱逸之地，天下昏亂，固有許多賢士智者遁隱山林，
然太平之世，就不應有此種情況發生。文明之世，應該野無遺賢，才算至治
之極。不過賢者淡泊名位，不一定會主動前來投效，此時人君不妨學習周公
吐哺握髮之精神，親自到深山民間去探訪，以示禮遇之情，如成湯到有莘之
野聘請伊尹〔註33〕，光武屈尊訪嚴光，冀以同窗之情動之〔註34〕，這些事蹟

〔註31〕　〈屯‧六四〉，程頤：《伊川易傳》，叢本，頁35。
〔註32〕　　　〈賁‧六五〉，李杞：《用易詳解》，頁19-421。
〔註33〕　伊尹隱居耕於有莘之野，湯聞其賢，三使聘之，伊尹才改變初衷，欲使君爲堯
　　　　舜之君，而決定輔佐成湯以定天下，見《孟子‧萬章上》：「伊尹耕於有莘之野，
　　　　而樂堯舜之道焉。……湯三使往聘之，既而幡然改曰：『與我處畎畝之中，由
　　　　是以樂堯舜之道，吾豈若使是君爲堯舜之君哉！』」十三經注疏本，頁170。
〔註34〕　嚴光，光武帝的同學。光武即位後，嚴光就改名換姓，隱匿不見。光武思念
　　　　其賢德，使人四處尋求，遂在齊國澤邊尋獲。爲了延攬這位同窗好友出仕，
　　　　帝還親自駕臨敘舊，甚至同床以示誠意，不過嚴光亦不爲所動，並以人各有
　　　　志，何必強迫回絕，後遂隱耕於富春山，後人名其釣處爲「嚴陵瀨」，見《後
　　　　漢書卷八十三‧逸民列傳第七十三‧嚴光》：「嚴光，字子陵，一名遵，會稽
　　　　餘姚人也。少有高名，與光武同遊學。及光武即位，乃變名姓，隱身不見。
　　　　帝思其賢，乃令以物色訪之。後齊國上言：『有一男子，披羊裘釣澤中。』帝
　　　　疑其光，乃備安車玄纁，遣使聘之，三反而後至。」頁2763。

都說明明君用賢之決心，絕不是說說而已。林栗也持相同的看法，他認為六五爻能終吉者，就是因為有得賢之喜，所以能治國平天下，他說：「然而終吉者，有得賢之喜也，得賢則能為邦家立太平之基矣！不亦吉乎！……伊尹耕於有莘之野，湯三使人以幣聘之，用能致君於堯舜之隆。」〔註35〕

　　總之，求才不拘形式，更沒有一定的方式，任何情況都有可能，所以李過在〈睽・九二〉「遇主于巷，无咎。」〈象〉曰：「遇主于巷，未失道也。」說：

> 二五，君臣之位，故言君臣之睽。君臣之以睽而合者，非有所謂堂
> 陛之素、半面之雅也，故曰「遇主于巷」。伊尹之莘野、太公之渭濱、
> 諸葛孔明之草廬，皆自巷遇主也，故當事勢睽離之時，君臣相求，
> 必欲拘堂陛之常分，則賢者无自而進矣。〔註36〕

「遇主于巷」是指君臣的遇合並非在大街，而是在小巷。而在巷弄中遇見總沒那麼體面亮麗，但既然是賢才，就應得到重視，如果因為屈就世俗的眼光及價值，恐會錯失良機。這意謂著能跳脫某些框架和束縛，才能有意外的斬獲，尤其是帝業草創時期更需如此。這從伊尹起自莘野，太公舉於渭水之濱〔註37〕，而諸葛孔明更是劉備三顧草廬而得的情況來看，證明了其實任何方法都是方法，求才沒有一定的路數。

（三）「或益之」的試才

　　求才很重要，試才更重要，因為試就是磨練，否則經驗不足，難以承擔大任，或者容易出狀況，因此堯才要千方百計考驗舜的能力，看他到底適不適合當領導人，以〈益・六二〉「或益之十朋之龜，弗克違，永貞吉。王用享于帝，吉。」〈象〉曰：「或益之，自外來也。」來說，李光認為六二居震體，震為動，象徵動能利天下，舜就符合這一爻的情況：

> 六二震體居中，有所不動，動則天下莫不助之矣，故曰「或益之十
> 朋之龜，弗克違也。」聖人有所興作，必得天人之助，人謀鬼謀，
> 百姓與能，十朋之龜弗克違，則人心可知矣……。蓋人心之所與，
> 則天意之所歸，未有咈人心而可以合天意者。堯之試舜，納于大麓，
> 烈風雷雨弗迷，故付以天下而不疑也。〔註38〕

〔註35〕　〈賁・六五〉，林栗：《周易經傳集解》，頁 12-158。
〔註36〕　〈睽・九二〉，李過：《西谿易說》，頁 17-721。
〔註37〕　《史記卷三十二・齊太公世家第二》：「呂尚蓋嘗窮困，年老矣，以漁釣奸周
　　　　　西伯。……於是周西伯獵，果遇太公於渭之陽，與語大說。」頁 1478。
〔註38〕　〈益・六二〉，李光：《讀易詳說》，頁 10-384。

〈益〉卦談增益、增加。對於初入仕途的政治人物而言，要增加他的能力，就要給他磨練的機會，如堯對舜的觀測即是。據《尚書・虞夏書・堯典》的記載〔註 39〕，堯在位七十年，想要把天下傳給舜，為了試舜，所以將自己的兩個女兒嫁給他，藉以觀察舜的性行。又使舜擔任各種官職，都能有條不紊；使他去招待賓客，也都能完成使命。又使舜進入大山下茂密的森林中，遇到大風大雨，舜也不迷路。由於歷經三年的測試，不管是在政事或言論方面，堯都覺得舜可以承擔大任，才將帝位傳給他。因此對於舜之有天下，李光認為是天意所屬，也是眾望所歸，可以說是順天應人。如此賢能之人，連十朋的大龜都不違逆，都不動搖，又怎會有不吉之理，可見「歷試諸艱」的必要性及階段性，所以李光在〈漸・象曰〉：「山上有木，漸。君子以居賢德善俗。」就說：「堯之用舜，猶歷試諸艱，以見賢德之不可驟進也。」〔註 40〕

（四）「利涉大川」的任才

任才是信任、信使、任使、委任賢才，讓人才可以施展才華，表現能力。人才的重要，胡瑗在〈隨・九五〉「孚于嘉，吉。」〈象〉曰：「孚于嘉，吉，位正中也。」就說：

> 九五居〈隨〉之時，以剛陽居至尊，而履得其正，處于大中，故天
> 下之人莫不鼓舞而隨之；然則如何以副天下所隨之望，故當虛其心、
> 盡其誠，以信任大才、大賢嘉善之人，以共成天下之大治，則吉莫
> 與盛。〔註 41〕

孚是信任，孚于嘉是信任賢者，用美善之人。胡瑗認為九五中正之君，該如何順應天下人心，即是虛心盡誠，信任大才大賢之人，則天下之賢者皆來隨于己，必能共成天下之治，所以爻辭才會說「吉」。

對於治國之才，李光認為〈頤〉卦上九爻就具有這種才能，因此爻辭說：「由頤，厲吉，利涉大川。」〈象〉曰：「由頤，厲吉，大有慶也。」李光說：

> 六五本〈頤〉主，而柔弱不勝其任，故上九得用其權，下之眾陰由
> 之以得其養。……夫上九負剛明之材，上所委任者專，眾所責望者
> 重，非能排難涉險以利養天下，孰克勝任哉！〔註 42〕

〔註 39〕《偽古文尚書》列為〈舜典〉。
〔註 40〕〈漸・象曰〉，李光：《讀易詳說》，頁 10-423。
〔註 41〕〈隨・九五〉，胡瑗：《周易口義》，頁 8-265。
〔註 42〕〈頤・上九〉，李光：《讀易詳說》，頁 10-345。

頤是養，養天下本是六五國君之責，然六五雖爲〈頤〉主，卻陰柔，能力不足，只好委任上九爻。因上九具剛明之才，是眾陰所望者，因此爻辭才會說「由頤」，即由他肩負起養天下之重任。如以古代臣子說之，傅說足以當之：

> 高宗命傅說，以若濟巨川，用汝作舟楫。古之大臣能勝是任者，傅
> 說是已。高宗能委任傅說，爲商中興之主，社稷生靈咸被其福，豈
> 特一人之慶哉！故象言「大有慶也」。（同上）

殷高宗命傅說爲相，以之作「舟楫」，濟巨川〔註43〕，而開創商朝中興之局，所以社稷生靈都蒙受其福，因此〈小象〉說「大有慶也」，意謂不止一人受其福慶，實天下百姓之福澤。

　　而〈頤〉卦上九爻要「由頤」以及「利涉大川」，是因爲陽有養陰之責，不過對於初九與上九這二個陽爻來說，責任則有輕重之分，郭雍說：

> 〈豫〉之「由豫」，以九四之剛德也；〈頤〉之「由頤」，以上九之剛
> 德也。初九非不剛也，在〈頤〉之初，未足以自養，況養天下乎？
> 此天下之養，所以必由于上九也。上九居人臣之極位，以養天下，
> 其事危矣，知其危而不忘，是以吉也。……「利涉大川」者，由頤
> 之才也；「大有慶」者，天下得其所養也。〔註44〕

〈頤〉卦上九居人臣之極，又具陽剛之才，所以比起初九爻，更具「利涉大川」之才。這是因爲初九雖然也具陽剛之質，但居初爻無位之地，自養都有問題了，何以養天下？所以任天下之重責，實質上就落在上九身上，也因此上九負有養天下之責，並且責無旁貸。而對於上九這種「由頤」之才，郭雍認爲禹、稷、伊尹及周公等人便是：

> 禹思天下有溺者，由己溺之；稷思天下有饑者，由己饑之；伊尹思

〔註43〕 「濟巨川」出自《尚書・商書・說命上》：「若金，用汝作礪；若濟巨川，用汝作舟楫；若歲大旱，用汝作霖雨；啓乃心，沃朕心。」不過根據屈萬里的考證，是僞古文尚書，乃後人僞造，從《國語》楚語改編而來的，（詳見屈萬里：《尚書釋義》，中國文化大學出版部印行），頁239。這段話是楚國白公子張對楚靈王的規諫之語，《國語》楚語記載說：「若金，用女作礪。若津水，用女作舟。若天旱，用女作霖雨。啓乃心，沃朕心。」因爲楚靈王暴虐，白公子張多次進諫，楚王很討厭他，便找人出點子，想辦法叫他閉嘴。但是白公還是繼續進諫，並以殷高宗要求傅說要「朝夕規諫」，以自我勉勵之語，來期許靈王要向古代有德的帝王學習。結果，靈王還是有聽沒有進，虛應故事，沒有理會，最後死於乾谿之難。而白公則八成是受到打擊，回家後閉門不出，七月便發生乾谿之亂。

〔註44〕 〈頤・上九〉，郭雍：《郭氏傳家易說》，庫本，頁13-106；叢本，頁115。

> 天下匹夫匹婦，有不被堯、舜之澤者，如己推而納之溝中；周公思
> 兼三王，以施四事。「由頤」之道，蓋自任天下之重者，如禹、稷、
> 伊、周，爲能盡之。（同上）

郭雍引用《孟子・盡心》篇的例子，說明上九之才，使天下人皆依賴之而獲
得頤養，若能知危謹慎則吉。這些人都有大胸襟、大器度，以天下爲己任，
能設身處地，推己及人，如同己溺水火一般，體恤百姓，因此是值得慶賀之
事。

　　至於〈晉・六五〉「悔亡，失得勿恤，往吉无不利。」〈象〉曰：「失得勿
恤，往有慶也。」胡瑗認爲任賢可以亡悔，表示雖有危機，但不無轉機：

> 六五履不得正，有悔者也。然處至尊之位，居離明之中，能擴大明
> 之道，旌別眾賢而信任之。眾賢者類進而輔己，故其悔所以亡也。「失
> 得勿恤，往吉无不利者」，夫以天下之廣，萬幾之細，其間未必不無
> 一失，今六五既能旌任賢者，賢者皆進而輔之，故其政教无有不舉，
> 若萬物之中苟有失得，亦不必憂恤之也。〔註45〕

六五不正，本有悔，然處至尊之位，又處離明，有光明之德，能任賢用才。
因有眾賢之輔，所以其悔可亡。即便有政教上的一些得失，亦不必憂恤，因
爲世上沒有十全十美之事，所以爻辭勉勵六五「往吉无不利」，即持續堅持下
去，不僅吉，更有美慶之事。不過任賢亡悔其實是胡瑗個人的引伸，因爲爻
辭並沒有這麼說。爻辭只是單純地說這一爻有悔，但悔也可以亡，而亡的原
因在於不計得失，即「失得勿恤」，卻非胡瑗所說的任賢，因此這種解釋，是
胡瑗政治化的理解，與爻辭原意有出入。

　　〈損〉卦上九爻說：「弗損益之，无咎，貞吉。利有攸往，得臣無家。」
〈象〉曰：「弗損益之，大得志也。」李杞認爲上九雖居損極，又居高位，然
居艮止，止而無所爲，所以對國家也無所損益，無好壞可言；只是如能有所
往，並「得臣無家」，即得到公而無私的賢臣，一心爲國，必能大有得，則國
家焉有不治之理。如大禹治水，三過其門而不入，成爲堯舜的重大政績。這
說明人才肯爲國效力的重要，否則投閒置散，或才非所用，則有等於沒有，
李杞說：

> 居〈損〉之極，在〈艮〉之終，止而无所復爲，故未嘗損，亦未嘗
> 益。……雖然在我者，既无損益矣；然而有所往，則得臣无家。夫

〔註45〕〈晉・六五〉，胡瑗：《周易口義》，頁 8-331。

> 人臣至于忘家以殉國，則吾之志豈不大有所得哉！禹稷三過其門而
> 不入，而堯、舜之治隆；四牡之臣不遑將其父母，而周之治以昌，
> 无家即无我之義也。〔註46〕

君主有大公無私之賢臣輔佐，如四牡之臣〔註47〕，其能忘家以殉國，則國必
昌明，治必隆盛，又何患政治不清明。

　　而「任人之道」為何？實際的運作，胡瑗在〈損・六五〉「或益之十朋之
龜，弗克違，元吉。」〈象〉曰：「六五元吉，自上祐也。」就提到要用十朋
之龜，也就是用眾賢，因六五有柔順虛中的特質：

> 六五以柔順居艮止之中，而位至尊，下又應九二剛明之臣，己能虛
> 心而接納之；又弗損于下，是故天下賢明才智之人，皆盡其謀慮，
> 竭其志策來益于己也。「弗克違，元吉」者，夫好賢而不能用，則與
> 不好同；用之不能從，則亦與不用同，故好賢者必用其才，而又聽
> 其言，此其任人之道也。……是以獲元大盡善盡美之吉也。〔註48〕

胡瑗解釋「十朋之龜」為眾多賢才。然龜為何指賢才？因為龜為「決疑之物」，
比喻人有才智，以示六五要用有智慧的人。而朋是黨，十朋表示眾多，以示
六五應廣納人才，使天下賢智之士皆來盡謀竭志，以「益于己」。六五若能「好
其賢」、「用其才」、「聽其謀」、「從其諫」，自能獲元大美善之吉。

　　不過人才的任用也要適當，因為人是有限的，沒有人可以無限制地承擔責
任，所以在〈鼎・九二〉「鼎有實，我仇有疾，不我能即，吉。」〈象〉曰：「鼎
有實，慎所之也。我仇有疾，終無尤也。」胡瑗就將「鼎有實，慎所之也」解
釋成對人才的運用要適量合理，避免超出能力所及，造成不必要的折損：

> 夫鼎之實，必有齊量，不可以盈溢，若遇其盈溢，則有覆餗之凶。
> 君子之人，雖有才德，亦有分量，若職事過其才分，則有隳官之謗
> 矣。……蓋有實之鼎，不可復有所增；才任已極，不可復有所加故
> 也。象曰：「鼎有實，慎所之也」者，言人才有大小，若才不甚大，
> 而加其煩任重職，則必有凶敗之至，故宜慎其所之，不可妄其所行
> 也。〔註49〕

〔註46〕〈損・上九〉，李杞：《用易詳解》，頁19-466。
〔註47〕見《詩經・小雅・四牡》。
〔註48〕〈損・六五〉，胡瑗：《周易口義》，頁8-353。
〔註49〕〈鼎・九二〉，胡瑗：《周易口義》，頁8-389。

「鼎有實」表示鼎中已有食物，因此要「慎所之」，謹慎不再增加食物，以免超出鼎之承載；若從人事上來說，意謂著任才也應考量其才力之大小，大才可以大用，小才則不宜大用，以免有「覆餗」之虞。能慎其所之，適才適份，各得其所，則可無尤，而免凶敗。

因為〈兌・九五〉「孚于剝，有厲。」〈象〉曰：「孚于剝，位正當也。」胡瑗就分析九五不任賢使德的後果：

> 為天下者，欲治于民，莫若以至誠委任天下之賢，使推其仁義之心，以布澤流惠，則天下不勞而治矣！今九五以剛明中正之德，居至尊之位，為〈兌〉之主，是有可致之資。既有其資，則當信任其賢明有德之人以輔助于己，故天下皆被其賜矣。且五雖本應于九二，九二有剛正之德，而己不能盡柔巽以任用之，反比于上六邪佞不正之臣，是所信者，剝刻之小人也。既信剝刻之小人，則賢者退而朝廷昏亂，紀綱廢弛，以至害于國而及乎天下，是其危厲之甚也。〔註50〕

其實〈兌〉卦九五有剛健中正的特質，但仍「有厲」，為什麼？因為九五用人有問題。九二為剛中之才，九五本應任之，但九五沒重用，反去親比上六這個小人，荒廢國政，因此爻辭才會說「孚于剝，有厲。」胡瑗認為這是聖人對九五的警示，即「聖人戒之之辭」（同上）。剝指小人，即上六，「邪佞不正」，君若用之，必有後患。畢竟一國之君，本應親賢臣遠小人，發揮〈兌〉卦「柔巽」的精神，「信任其賢明有德之人以輔助于己」，則天下自可不勞而治。然事實卻相反，九五的顛倒之舉，致賢者退而居下，紀綱廢弛，朝廷昏亂，遲早危亂天下，因此爻辭才會說「有厲」，表示有「危」險會生成，即告戒九五不可等閒視之，以免「自取危厲」（同上）。

（五）「需于酒食」的養才

養才是保養人才，包括養體、養志。關於養體，〈需・九五〉說：「需于酒食，貞吉。」〈象〉曰：「酒食貞吉，以中正也。」胡瑗解釋「需于酒食」之義：

> 自古聖帝賢王雖當平治，未敢忘于喪亂危亡，及匹夫匹婦之失所者，夕思晝行，以濟于天下，安敢自懷于安逸哉？蓋九五以中正之德，居至尊之位而息于險難，又以由中之信待于物，則天下之賢者樂從

〔註50〕〈兌・九五〉，胡瑗：《周易口義》，頁 8-423。

> 之。賢者既樂從之，則必養之，故「需于酒食」，所以待賢也，亦所
> 以養身也。賢人既養，則天下之賢皆引類而歸之，身既安，則可以
> 暢仁義之道于天下，故曰：「需于酒食」。〔註51〕

「需于酒食」就是以酒食待天下之賢，這是九五人君之責。賢人得養，則天
下之賢皆引類而從之，以助己平濟天下，暢仁義之道，因此可獲吉。

對於〈頤・象曰〉「天地養萬物，聖人養賢以及萬民。」王宗傳舉漢文帝
養萬民的詔令為例說：

> 夫萬物之生，盈乎天地之間，或動或植，无有不得其生者，實天地
> 有以養之也。聖人之於萬民也亦然，故養賢以及萬民。昔漢文帝之
> 詔曰：「方春和時，草木群生之物，皆有以自樂，而吾百姓鰥寡孤獨
> 窮困之人，或阽於危亡，而莫之省憂，為民父母將何如？其議所以
> 振貸之。」嗚呼！漢文帝養萬民者也，惜夫不知所以養萬民也。夫
> 聖人之心，其與天地之心亦一矣。然聖人與天地必欲同其功，則不
> 可以若是屑屑也，有要道焉，曰：「養賢是也」。（「阽於危亡」，通志
> 堂經解本作「溺於死亡」）〔註52〕

漢文帝在方春之際，看到草木群生，欣欣自得，而反觀黎民百姓中之鰥寡孤
獨者，游走在危亡之際，不得保養，因此憂心忡忡，感嘆對萬民的責任。於
是下詔對老者有「布帛酒肉」之賜，即對八、九十歲以上的老人各有不同的
補助。〔註53〕不過對於文帝的詔令措施，王宗傳卻不以為然，認為文帝並不
懂得養民之道，才會如此憂心，應該學習〈頤〉卦「聖人養賢以及萬民」的
精神。因為聖人與天地畢竟不同，天地能養萬物，聖人之養卻應有次第之別，
以養賢為先，再及於萬民，因為養賢才能養萬民，王宗傳說：

〔註51〕 〈需・九五〉，胡瑗：《周易口義》，頁 8-217。
〔註52〕 〈頤・象曰〉，王宗傳：《童溪易傳》，庫本，頁 17-142；通本，頁 1029。
〔註53〕 文帝的養老令，欲以撫恤鰥寡孤獨者，並助天下之子孫孝養其親，見《漢書
卷四・文帝紀第四》：「詔曰：『方春和時，草木群生之物皆有以自樂，而吾百
姓鰥寡孤獨窮困之人或阽於死亡，而莫之省憂。為民父母將何如？其議所以
振貸之。』又曰：『老者非帛不煖，非肉不飽。今歲首，不時使人存問長老，
又無布帛酒肉之賜，將何以佐天下子孫孝養其親？今聞吏稟當受鬻者，或以
陳粟，豈稱養老之意哉！具為令。』有司請令縣道，年八十已上，賜米人月
一石，肉二十斤，酒五斗。其九十已上，又賜帛人二疋，絮三斤。賜物及當
稟鬻米者，長吏閱視，丞若尉致。不滿九十，嗇夫、令史致。二千石遣都吏
循行，不稱者督之。刑者及有罪耐以上，不用此令。」頁 113。

> 蓋養賢者乃所以養萬民也。孟子曰：「堯舜之仁，不偏愛人，急親賢
> 也是也。」使其家賑而戶貸之，則布帛酒肉之賜，今日之惠也。其
> 如來日何？此无他，天地固天地，而聖人則人耳，其所養豈不有次
> 第矣乎！（同上）

其實這種養賢而後養天下的想法與孟子思想有相通之處，《孟子·盡心篇上》
提到「知者無不知也，當務之爲急；仁者無不愛也，急親賢之爲務。堯、舜
之知而不遍物，急先務也；堯、舜之仁不遍愛人，急親賢也。」孟子認爲以
堯舜之知、之仁也無法遍知一切、遍及一切，而是以當務之急爲優先，並急
於親近賢者，畢竟事有本末先後之別。

養體之外，便是養志。養志有時更甚於養體，因爲君子之心在得君以行
其道，絕非僅只於口腹之養而已，所以在〈旅·九四〉「旅于處，得其資斧，
我心不快。」〈象〉曰：「旅于處，未得位也。」李光就說：

> 士欲行其志而已，得其資斧豈足以行其志哉！旅于處，得其資斧，
> 徒能安其居，得其資財器用而已。懷與安，實敗名，旅非豪傑之所
> 能安也。劉備、孔明不肯留吳，關羽不肯留魏，豈乏其資斧哉！使
> 韓信无蕭何之薦，亦非漢祖所能羈縻之也。況乎聖如仲尼，賢如孟
> 軻者，儻不處以卿相之位，使得盡行其所志，豈區區利祿所能豢養
> 之哉？〔註54〕

李光認爲聖賢豪傑出仕，多半是爲了行其志，所以不是區區利祿所能豢養的，
何況懷與安實敗名，安逸的生活容易消磨志氣。因此劉備與孔明不肯留吳，
關羽不肯留魏，韓信起初無意爲漢祖效忠，而孔子周遊列國，孟子輾轉他國，
都不是因爲缺乏資斧，僅爲餬口，而是另有志趣地位的考量。

三、治世要留意對小人的處置

何謂小人？小人與君子的差異又何在？有沒有方法就可以一眼辨識出小
人？其實對於小人，《論語》就有不少討論，如「君子喻于義，小人喻于利。」
意思是說小人處處以利爲著眼點，只要有利可圖，什麼都可以；君子則不然，
畢竟君子愛財，取之有道。因此，我們可以說小人是無所不爲，而君子則是
有所不爲。此外，君子愛人以德，小人愛人以利；君子成人之美，小人成人
之惡；君子木訥剛毅，小人巧言令色；君子擇善固執，小人見風使舵；君子

〔註54〕〈旅·九四〉，李光：《讀易詳說》，頁 10-434。

正色斥責，小人暗箭傷人；君子表裡如一，小人兩面手法；君子之交淡如水，小人之交甜如蜜。小人專擅揣摩上意，長袖善舞，八面玲瓏，因此對於小人的處置，也就方式各異，依情節之輕重而不同，不過總括如下：即納之、防之、遠之、抑之、懲之、除之，而運用之道，各因其時而異。

（一）「貫魚以宮人寵」的納之

任何時代，皆有君子和小人，因此如何與小人共處，是一門學問，而《易經》也有敘述，如〈剝〉卦六五爻即是，〈剝・六五〉說：「貫魚以宮人寵，无不利。」〈象〉曰：「以宮人寵，終无尤也。」李杞就解釋說：

> 魚，陰類也。自初以至于四，相聯而進，貫魚之象也。眾陰並進，而五以柔居尊位，為眾陰之主，故以宮人之寵寵之，使內无失職之怨，而外无預政之患，如是庶乎以无尤矣。六五之寵，非愛之也，乃順而止之也。小人之患，不在乎有以去之，而在乎有以處之。去之而使无所容，則反以激其忿戾之心；處之而使各得其所，則可以无怨尤之悔。自三代以來，世未嘗无宦寺之職，而不聞其專政者，處之有其道也。而竇武、何進之徒，乃欲盡擊而去之，是豈知有宮人寵之義哉？〔註55〕

李杞認為對待陰柔之小人，要學習〈剝〉卦六五爻的精神，以宮人之寵待之，使之內不失職，而外無干政之患。六五是眾陰之主，初至四爻皆為陰爻，唯有使之魚貫前進，相聯而行，方不致躁動失序。不過這種宮人之寵並非愛之，而是順止之，目的是讓小人「各得其所」，使無怨尤，「以小人之道待小人」〔註56〕，自能免去小人之禍。因為對小人若逼之太甚，反激其忿戾之心，或鋌而走險，成為隱憂。這種激進負面做法，李杞就舉東漢末期竇武、何進的例子說明：認為自三代以來，雖有宦寺之職，但沒有聽說有宦寺之禍的，就是因為處置得當，讓小人也有容身之處，就不必憂慮其別有用心而不守分際。

對於小人的安置，李杞在〈泰・九二〉「包荒，用馮河，不遐遺，朋亡，得尚于中行。」〈象〉曰：「包荒，得尚于中行，以光大也。」也闡述如此的理念，即憂心小人因奔走無門，而誤入歧途，所以應「容之以受其歸」，他說：

> 荒者，小人之荒穢而無所用者也。馮河者，小人之勇而可使者也。荒者，包而容之；勇者，因其才而用之。雖至疏至遠未嘗遺也。夫

〔註55〕〈剝・六五〉，李杞：《用易詳解》，頁 19-423。
〔註56〕〈剝・六五〉，王宗傳：《童溪易傳》，庫本，頁 17-128；通本，頁 1017。

> 如是，則在我者无偏繫之心，而朋黨之患亡矣！二以陽居陰，而上
> 應於五，此大臣之得位者也。二不以其得位自矜，而方且恢洪廣大，
> 舉天下之小大，包而納之於度量之中，可容者容之，可用者用之，
> 是得配於六五中行之君，而獲光大之美。……夫君子之於小人，要
> 當容之以受其歸，而不可疾之以甚其惡。〔註57〕

李杞認爲即便是小人，也應有其立足之地，不應疏遠而廢棄之，以斷其生路，
若能以一能而舉之，自能消弭朋黨之禍，否則鼠輩流竄，爲害更大。〈泰〉卦
九二爻能包荒，能用馮河，無論小大，皆能包納之，以發揚六五光大之美，
此即「大臣之量」。李杞也舉春秋時期晉國欒盈之亂爲例，證明將小人或敵人
驅逐在外，也未必就能了事，還是會有隱憂存在，不如當初包荒納之來得安
穩，李杞說：

> 晉欒氏之難，樂王鮒謂范宣子曰：曷反州綽、邢蒯勇士也。宣子曰：
> 彼欒氏之勇也。王鮒曰：子爲彼欒氏，乃亦子之勇也。夫使宣子能
> 從王鮒之言，則二子之勇必爲吾用，又安有異日曲沃之變哉！嗚呼！
> 若宣子者，是不知用「馮河」之義者也。（同上）

其實當初范宣子如能接受樂王鮒的建議，重用州綽、邢蒯等勇士，讓他們脫
離欒盈勢力，重新爲國效力，亦不致釀成曲沃之變，而製造危機，讓齊國趁
機興兵進攻。〔註58〕

　　其實，只要有人類社會的存在，就必然有小人，而跟小人計較太多，不
見得有必要，此即〈萃・初六〉所言，「有孚不終，乃亂乃萃。若號，一握爲
笑。勿恤，往无咎。」〈象〉曰：「乃亂乃萃，其志亂也。」楊萬里就說：

> 初六與九四，正應也，而九四，君子之剛陽者也。初六與六二、六

〔註57〕〈泰・九二〉，李杞：《用易詳解》，頁 19-394。

〔註58〕「樂氏之亂」是晉國的內亂。欒盈（欒懷子）是欒桓子之子，雖不是惡人，
　　　　但因父親欒桓子爲惡，得罪公族，母又淫亂，因而被陷害而被范宣子流放，
　　　　亡命奔楚（襄公二十一年），後又到齊國（襄公二十二年）。晉國誅除其黨羽，
　　　　並與各國召開「禁錮」大會，約定不得收容欒盈。然齊莊公不從，仍留置欒
　　　　盈。欒盈便在齊莊公的暗中協助下，藉由陪嫁的媵妾車隊，潛伏回晉國的曲
　　　　沃起事。然因欒氏在國內樹怨多，唯一幫助他的魏舒又被迫背叛，反過來幫
　　　　范宣子，使得欒盈最後被圍剿，而死於曲沃，（《春秋經》襄公二十三年記載：
　　　　「晉人殺欒盈」。西元前 550 年）。而當初欒氏逃亡到楚國時，其黨羽州綽等
　　　　人則逃到齊國，當時樂王鮒就建議范宣子接納州綽、邢蒯等勇士，讓他們回
　　　　國，以爲己用，並藉機削減欒氏勢力，然范宣子終究沒有採納，而有日後曲
　　　　沃之變。

> 三同類也，而二三陰柔之小人也。始欲從九四，則遠于君子而隔于二
> 三；欲不從二三，則暱于小人而私于同類。欲從君子者，其始有孚也；
> 復欲從小人者，有孚而不終也。聖人曉之曰：爾何擾擾爲志之亂而妄
> 欲與小人群聚乎？九四雖遠，爾曷不號，鳴以求應乎？爾與九四雖不
> 終，然九四察爾初心之孚，固將舍舊而開新，與爾一笑，而釋然相聚
> 矣！爾何恤於自新而不往乎？其无咎決矣！此聖人開初六自新之塗
> 也，不開人以自新之塗，是驅天下之人而胥爲小人也。〔註59〕

楊氏認爲初六爲九四之正應，在剛開始時雖欲從九四，不過受到近旁六二與
六三陰柔小人之影響，對九四不能始終一意，懷有貳心，乃始孚終亂，沒有
定性，所以爻辭才會說「有孚不終，乃亂乃萃。」只是對於初六的心志浮動，
與小人爲伍的情況，九四也不必斷然拒絕，因爲如果初六願意改過自新，鳴
以求應，回歸正道，九四亦應敞開心胸，接納其誠意，與之一握爲笑，而盡
釋前嫌，不必絕斷小人回頭之路，楊萬里也舉例說明，認爲「魏舒初欲從欒
盈之亂，既而乃歸范宣子；召伯盈初已從王子朝之僭，既而乃從劉文公，君
子與之，是聖人開〈萃〉之初六之義也。」（同上）

（二）「莫夜有戎」的防之

對於小人，雖要納之，仍要防之，李光在〈夬‧九二〉「惕號，莫夜有戎，
勿恤。」〈象〉曰：「有戎勿恤，得中道也。」就說：

> 小人爲寇戎，必在暮夜幽闇之時，君子于此時能惕然思懼，常若寇
> 賊之至，必有以禦之，夫何憂何懼哉？故可勿恤也。象言「得中道」
> 者，二在〈乾〉之中爻，蓋去小人之道，用其剛壯而直前，固不可
> 也；依違不決而陰與之相應，愈不可也。初與三所以不免乎咎悔，
> 而二獨得中道，故小人无所能爲而卒勝之也。〔註60〕

李光認爲小人爲寇戎，必然在夜深人靜之時，君子如能於此時惕然戒懼，必
可有效防範，如此則可「勿恤」。此外，去小人以中道爲佳，剛壯或猶豫不決，
都失之偏頗，所以初九與九三都不免或「咎」或「悔」，因初九不及，九三又
過剛，獨九二以中道自處，因此「有戎勿恤」，可以成功戰勝小人。

另外，在〈兌‧六三〉「來兌，凶。」〈象〉曰：「來兌之凶，位不當也。」
李光則分析邪佞之人慣用的手法：

〔註59〕 〈萃，初六〉，楊萬里：《誠齋易傳》，庫本，頁 14-648；殿本，頁 475。
〔註60〕 〈夬‧九二〉，李光：《讀易詳說》，頁 10-388。

> 君子小人猶水火燥濕之不同，以帝堯之聖，猶畏壬人；孔子之聖，
> 亦曰遠佞。是知邪佞之人，急于求進，是亦在上者有以來之，非
> 剛明之君子，未有不爲所眩者。唐明皇之悅李林甫，德宗之悅盧
> 杞，亦其資適相逢爾。六三爲〈兌〉主，自處非正，故小人得以
> 乘之，此有間而可入也。如好色、好貨、好田獵、好用兵，以致
> 陂池苑囿之觀，各因其所好而投之，故〈象〉曰：「來兌之凶，位
> 不當也。」〔註61〕

小人媚惑人主，如非剛明之人，很難不爲所動；不過如沒有在上者之青睞，小人其實也很難有晉身之機。總之，對小人，連帝堯、孔子都不免要畏懼而遠離，何況是意志薄弱的帝王，所以唐明皇及唐德宗的例子都足以證明自處不正，才會招引邪道。而小人媚惑的伎倆就是投其所好，乘「間」而入，以色、貨、獵、兵、觀等迷惑心志，因此唯有君子潔身自愛，才能遠離佞人。

防小人就要對小人的心術有所瞭解，才能知己知彼，不爲所惑；而國君防小人之道就在於謹愼自身修爲，郭雍在〈明夷‧六四〉「入于左腹，獲明夷之心，于出門庭。」〈象〉曰：「入于左腹，獲心意也。」就引用《大學》的說法，來解釋這一爻因何而墮落，至被小人看穿心思：

> 小人之事其君也，務引其君于不正之道，然後能獲其心意，而作威
> 福于天下也。大學之道，欲明明德于天下者，必先正心誠意，而後
> 可以治國、治天下。是以明君務知本，而後小人不得啓其邪心。……
> 〈明夷〉之君，暗主也。暗主不知正心誠意，故小人得以不正之道
> 乘間而入，以獲其心意，適所以喪其君之明也。好大喜功者，以攻
> 戰入之；好貨財者，以聚斂入之；好奢侈者，以土木文繡入之；好
> 淫泆驕樂者，以鄭衛聲色入之。……君子務引其君于當道，而格君
> 心之非；小人則務投其不正之道，而得其心意以作威福。君子、小
> 人之事君，其辨如此。（叢書集成本作「好淫佚驕樂者」）〔註62〕

六四爻可以入于左腹，獲明夷暗主之心，在於暗主不知「正心誠意」。因爲心正、意誠，小人就無法「乘間而入」，「啓其邪心」，遑論獲其心意。暗主因爲自身有邪念，才會讓小人有機會可乘，得以「不正之道」順適其意。如好大喜功者，就以攻戰之事入之；好奢侈者，就以土木文繡入之；好泆樂者，就

〔註61〕〈兌‧六三〉，李光：《讀易詳說》，頁10-441。
〔註62〕〈明夷‧六四〉，郭雍：《郭氏傳家易說》，庫本，頁13-131；叢本，頁147。

以鄭衛之聲入之。這些方法無非是要引誘君主偏離正道，君心暗，才能竊取權柄，逞威福於天下。因此郭雍認為明君防小人之道，在於務「本」，「本」就是大學之道的「正心誠意」。國君能正心誠意，才有資格進一步去談治國、平天下之事。不過這種解釋是受當代理學家思維的影響。

因此對小人的防備，是君子不能忽略的，畢竟能明瞭其心術手段，才能免於過咎，楊萬里就以〈小過・九三〉之「弗過防之，從或戕之。」〈象〉曰：「從或戕之，凶如何也。」來告誡九三之君子，對六二這個小人要防範的迫切性。因為小人看似恭順，實則包藏禍心，意圖不軌，而君子很容易被小人這種表面的偽裝所欺瞞，不以為慮，等到鬆懈防備而警覺時，則為時已晚，因此聖人深戒之，楊萬里就說：

> 君子之進不可過，惟防小人不可不過。防之不過，有時不幸而從之矣。……不防而信之，斯為從之矣。從之斯受其戕賊之禍矣。國人皆知白公將為亂，以告子西，而子西獨不信；曹操之篡漢，路人皆知之，而荀彧獨不疑，至九錫而始有異議，故皆受其禍。六二有進而僭其君之心，故聖人戒九三之迫切如此也。〔註63〕

對於被小人蒙蔽而深受其害者，楊萬里舉子西、荀彧為例，證明「防小人不可不過」，以免誤信而失去防備，更告誡君子應慎選主子，否則所從非人，鑄下大錯，後悔莫及，又豈只是得不償失，如荀彧便是。荀彧（或作荀郁）字文若，穎川穎陰人。少時因有才名，所以人稱「王佐之才」，後去紹從操〔註64〕，助曹操平定北方的割據勢力〔註65〕，卻對曹操意圖篡位的野心渾然不覺，也不相

〔註63〕〈小過・九三〉，楊萬里：《誠齋易傳》，庫本，頁14-705；叢本，頁234。

〔註64〕漢末，由於董卓之亂，荀彧與族人從穎川遷到冀州。冀州不久為袁紹所奪，然袁紹對荀彧相當禮遇，以上賓之禮接待。雖然如此，在曹操與袁紹之間，荀彧聽聞曹操有雄略，並且審度袁紹終究不能成大業，因此去紹從操。投靠曹操後，操與之語大悅，以子房視之，視為心腹。當時天下大亂，群雄並起，荀彧建議曹操，以兗州為根據地，先解決呂布，再收拾袁紹，而後進取劉表，操頗聽從其言。（見《後漢書卷・荀彧傳第》、《三國志卷・荀彧傳第》）

〔註65〕綜觀荀彧對曹操的助益，大抵如下：一、助曹操擊破呂布，因為呂布敗走，流竄徐州，兗州遂得以平定。當初曹操東伐陶謙之時，操的部下張邈、陳宮窩裡反，想要據兗州反操，所以暗中潛迎呂布，幸而荀彧處置得宜，才得以固守三座城池等待曹操返回。返回後，荀彧建議操全力對付呂布，因而順利平定兗州。二、勸曹操學習春秋時晉文公納周襄王之舉，趁洛陽破敝之際，迎漢獻帝遷至許都，起義兵，以安天下豪傑之心。三、為曹操薦舉人才，諸如荀攸、鍾繇、司馬懿等人，皆能稱其職。四、勸曹操先滅呂布，再圖袁紹。終於東擒呂布，結束其殘餘勢力，而平定徐州。五、官渡之戰，助曹操擊敗

信，後竟爲操所殺。〔註66〕

　　而君子之所以會栽在小人手裡，是因爲剛開始時小人還不成氣候，所以斂其野心，不敢太張揚，等待羽翼成熟，則原形畢露。而小人又居心叵測，往往表面不動聲色，背地卻興風作浪，君子若不明瞭，很難分辨其情。

（三）「不惡而嚴」的遠之

　　遠小人的方法，李杞在〈遯‧象曰〉「天下有山，遯。君子以遠小人，不惡而嚴。」中就強調「不惡而嚴」的重要，他說：

> 夫君子之遠小人，若之何而不使之怨哉？是必所以待之者，无用其疾惡之忿，而所以自處者，常有謹嚴之法。不必與之相惡，但立吾牆仞，使之不吾犯，是亦足矣。苟疾之已甚，則刻核太至，必有不肖之心應之，豈不反益其毒乎？孔子之諾陽貨，孟子之簡王驩，用是道也。〔註67〕

　　袁紹。當時袁、曹二軍相持不下，而曹操糧食將盡，勢成強弩之末而欲撤退時，荀彧認爲勢猶可爲，並舉當時劉邦與項羽對峙的局面爲例。荀彧認爲當初劉邦在相當艱困的情況下，仍然可以反敗爲勝，如今主公的情況又不比當年的劉邦差，豈可輕言放棄，所以勸曹操不應輕言放棄。操聽從其言，最後以奇兵進取，終擊潰袁紹，以少制多，大獲全勝。六、勸曹操乘勝追擊，徹底瓦解袁氏集團的勢力，不宜在此時轉移目標進攻劉表。意即趁袁紹戰敗，部眾離心，勢力正當衰弱之際，一舉平定河北。因爲如果在此時攻擊劉備，等於背著兗州、豫州，遠征江漢。萬一袁紹又收集殘餘，敗部復活，趁機從背後襲擊，屆時等於腹背受敵，勢將前功盡棄。曹操聽從其言，於是再次駐軍黃河。正逢袁紹病死，曹操渡過黃河，攻打袁紹之子袁譚、袁尚，終於平定了黃河以北的大片土地。(《後漢書‧荀彧傳》、《三國志‧荀彧傳》)

〔註66〕 荀彧雖然幫助曹操平定四方割據勢力，卻對曹操的野心，始終無警覺。楊萬里認爲這種連路人都知曉的事，荀彧卻渾然不覺，不疑有他，並且還一廂情願地認爲曹操興舉義兵，目的是在匡振漢室，所以心中是秉持著忠貞之節的。因此當董昭等人以「九錫」勸進曹操，欲封國公時，荀彧不以爲然，並且告誡董昭，認爲「君子愛人以德，不宜如此。」不認爲曹操有篡逆之心，所以不應陷主公於不義，於是冊封之事遂罷。但也因爲此次事件，使曹操心生不平，而動殺機，最後毒死荀彧（一說上吊）。至於曹操，則在荀彧去世後第二年僭稱「魏公」，據《後漢書卷九‧孝獻帝紀第九》記載：「夏五月丙申，曹操自立爲魏公，加九錫。」頁387。總之，對荀彧來說，的確是識主不明，自取其禍。因爲對於曹操的不軌，認識不清。（「九錫」見《禮含文嘉》：「九錫謂一曰車馬，二曰衣服，三曰樂器，四曰朱戶，五曰納陛，六曰虎賁士百人，七曰斧鉞，八曰弓矢，九曰秬鬯。」《後漢書卷九‧孝獻帝紀第九》，頁387）。

〔註67〕 〈遯‧象曰〉，李杞：《用易詳解》，頁19-450。

李杞認為對待小人，不必疾惡之，以至互不相容，最好的方法就是保持距離，謹嚴自處，立吾墻仞，自能不相陵犯，而相安無事；否則疾惡之甚，恐益其狠毒怨憤之心，至無所不用其極，因此〈小象〉說要「不惡而嚴」。對於「不惡而嚴」，李杞認為孔子對陽貨，孟子對王驩，都印證這個道理。陽貨為季氏的家臣，有叛亂的意圖，欲攀援孔子以自重，所以想邀孔子出仕。然孔子雖不欲受其攀援，亦不欲嚴詞拒之，因此在途中不得已而巧遇陽貨時，即委婉求退，一如平常，所以陽貨對孔子也就無可奈何。〔註68〕至於王驩此人，乃齊國的佞人，孟子瞧不起他，但不想嚴詞斥責他，於是在往他國出使的路上，雖與之同行，然始終不與之交談。〔註69〕意思是說對小人，其實不必逞匹夫之勇，或逞口舌之快，此非智者之舉。

小人無功受祿，容易招致怨恨，被人非議，因此對於小人，還是要遠離為妙。而遠小人失敗與成功的例子，楚國的子南與蔿子馮就是前後顯著的對比。子庚（令尹）死後，楚康王以子南為令尹。然子南寵信觀起，讓觀起無功卻享有富貴（「有馬數十乘」），以致楚人患之，更被楚王忌恨，於是殺了子南，並將觀起車裂。子南死後，蔿子馮當令尹，結果也跟子南一樣，寵幸八個小人，「皆無祿而多馬」，這同樣讓楚王不安。而後知後覺的蔿子馮，對於前車之鑑，根本沒有任何警覺，差點就要步上子南的後塵，為自己帶來災難，所幸申叔豫的及時提醒〔註70〕，才讓子馮恍然大悟，而趕緊斥退八人之黨，這才讓楚王安心。楊萬里在〈隨·六二〉「係小子，失丈夫。」〈象〉曰：「係小子，弗兼與也。」就舉蔿子馮之事說之：

> 以六二視三四，則六三小子，九四丈夫。六二居大臣之位，偏係于六三，則必失九四，非九四不我即也，隨於暗，則遠者不麾而自去；從于邪，則正士不問而自疎，勢不兼也。故蔿子馮初嬖八人，而巫臣退避以遠罪；郭子儀初信張曇，而幕僚相率以求去。（殿本作「則正士不間而自疎」，「蔿子馮初嬖八人，而申叔退避以遠

〔註68〕錢穆：《孔子傳》，（蘭臺出版社，民國八十九年十一月出版），頁24-25。

〔註69〕見《孟子·離婁下》。

〔註70〕《左傳》魯襄公二十二年，楚王命蔿之馮為令尹，結果子馮寵信八人。上朝時，子馮三次要跟申叔豫交談，叔豫卻反常地避之唯恐不及，沒有應答，最後乾脆溜回家中避難（「遂歸」）。對於叔豫的反應，子馮不解又害怕，於是退朝後前往叔豫家欲瞭解狀況，並向叔豫討教。結果叔豫以觀起車裂，子南的下場告戒子馮，因害怕自己被牽連，才會不敢與之交談。子馮聽了受到驚赫，回家後便趕緊擯退所親近的八人之黨。

罪」）〔註71〕

對六二來說，有六三及九四這二個人可以親近，但只能擇一而從，因爲從六三（小子），則九四（丈夫）必然去之；反之，從九四，則勢必要捨棄六三，因爲不可兼得，「弗兼與」，然六二最後仍選擇靠近自己的六三，所以爻辭才會說「係小子失丈夫」。

另外，楊萬里在〈解‧九四〉「解而拇，朋至斯孚。」〈象〉曰：「解而拇，未當位也。」也同樣提到蕢之馮對於危機的不知不覺，與申叔豫察覺危機的先知先覺，兩人簡直形成鮮明的對比：

> 四以陽剛之賢，居近君之位，當大臣之任，而下比六三微賤在下之小人，則君子之友望望然去之。維解散其小人，則君子信其忠正，而朋至矣！故蕢子馮比八人者，而申叔時遠之；郭子儀任吳曜而僚佐去之。拇，體之微而在下者也，小人之象也。而，汝也。（殿本作「居近臣之位」，「體之在下者也」）〔註72〕

拇是小人之象，九四能「解散」六三這些小人，才能得到君子的認同而前來輔助，所以爻辭才會說「朋至斯孚」，即君子看到你的誠意，才會眞心接納你。不過申叔時這個人名是錯誤的，應改爲申叔豫，豫爲時之子，楊萬里顯然在人名方面弄錯了。

（四）「小人勿用」的抑之

1、直接

對小人的抑制，《易經》也有論述，例如〈師〉卦、〈既濟〉卦都提到「小人勿用」，〈大有〉卦則說「遏惡揚善」，〈剝〉卦也說「小人剝廬，終不可用。」宋儒對此也有闡述發揮，如胡瑗在〈師‧上六〉「大君有命，開國承家，小人勿用。」〈象〉曰：「……小人勿用，必亂邦也。」就特別強調「小人勿用」，即師旅終結時，雖當賞賜功臣，或以之爲諸侯，或以之爲卿大夫，然僅能用於君子，小人則不可。因爲小人只宜賜之金帛田宅，不可許以大位，胡瑗即以韓信等人爲例，說明小人王天下的隱憂：

> 漢之高祖，以韓彭英盧之輩而王天下，及其賞功，則封之列國，授之大權，然其終亦不免叛逆之禍，而幾至于喪亂也。後光武中興有天下，雖臣有大勳大功，亦但賜之金帛土田而已。此誠英斷睿哲，

〔註71〕〈隨‧六二〉，楊萬里：《誠齋易傳》，庫本，頁14-572；殿本，頁213。
〔註72〕〈解‧九四〉，楊萬里：《誠齋易傳》，庫本，頁14-633；殿本，頁422。

> 深謀遠慮，先天下之禍亂而思之，合聖人之微意，得「小人勿用」
> 之深旨者也。聖人于此切戒之言，勿用此小人居于大位；若其用之，
> 必至于亂邦也。〔註73〕

胡瑗認爲漢高祖靠著韓信、彭越、英布等人平定天下，最終仍不免面臨功臣
叛逆的喪亂之禍，就是因爲不懂「小人勿用」之道。之後，光武因有前車之
鑑，所以在分封功臣時特別謹慎，只賜予田宅金帛，而不使之享有實權，以
避免尾大不掉的憂慮，或造成日後反目，君臣相殘之局。因此對於光武的策
略，宋儒相當稱許之，認爲能記取教訓，勿用小人，同時也證明聖人「切戒
之言」必有深意。

　　小人不可重用，因爲用之往往有難以收拾的後果，所以在〈頤・六三〉「拂
頤，貞凶。十年勿用，无攸利。」〈象〉曰：「十年勿用，道大悖也。」王宗
傳則舉孔明及魏徵的例子，說明君子被小人拖累的情形：

> 以六居三，正乎？其與〈頤〉之卦德大相悖逆，故曰「拂頤，貞凶。」
> 所謂養正則吉，養不正則凶也。夫六三之自養如此，而上九與之居
> 相應之地，則上九之所養，失其人亦可知矣，故戒之曰「十年勿用，
> 无攸利。」然則此雖六三之罪也，而上九亦不能无失焉，何者？養
> 道之大悖也。以諸葛孔明之智也，而失之魏延、楊儀；以魏鄭公之
> 賢也，而失之杜正倫、侯君集。小人之小有才而不可用者，例皆如
> 此，君子與之居相應之地，不亦過乎！〔註74〕

頤是養之意，而不管是自養還是養人，皆重行正，所以〈象傳〉才會強調
「養正則吉」，這也是〈頤〉卦的卦德。以六三來說，既不中也不正，而上
九卻與之相應而養之，失養人之道，有識人不明之過。然眼光出錯，也要
自負其責。這種情況就是君子被小人連累，如孔明用魏延、楊儀，魏徵薦
舉杜正倫、侯君集一樣〔註75〕，不免損及英明，甚至因此遭殃，所以爻辭
才會有「十年勿用」之戒。

〔註73〕〈師・上六〉，胡瑗：《周易口義》，頁 8-226。

〔註74〕〈頤・六三〉，王宗傳：《童溪易傳》，庫本，頁 17-144；通本，頁 1031。

〔註75〕魏徵嘗薦舉杜正倫、侯君集有宰相之才；然魏徵卒後，二人或以罪黜，或因
　　　　犯逆伏誅，於是太宗始疑徵阿黨而不悅，而疏遠其家人，見《新唐書卷九十
　　　　七・列傳第二十二・魏徵》：「徵嘗薦杜正倫、侯君集才任宰相，及正倫以罪
　　　　黜，君集坐逆誅，纖人遂指爲阿黨；又言徵嘗錄前後諫爭語示史官褚遂良。
　　　　帝滋不悅，乃停叔玉昏，而仆所爲碑，顧其家衰矣。」頁 3881。

　　而制小人重在初始，楊萬里在〈姤・初六〉「繫于金柅，貞吉。有攸往，見凶，羸豕孚蹢躅。」〈象〉曰：「繫于金柅，柔道牽也。」中就針對「繫于金柅」這句話來說明制小人於初的重要：

　　　　初六一陰始生，如豕之弱者，人之所忽也。不知其中心未嘗忘蹢
　　　　躅而踴躍也。惟於其方弱之時，繫之大車之金柅。繫之，則有牽
　　　　而不得逞。繫之于柅，繫之固也；繫之于金柅，固之固也。如是，
　　　　則一陰止而不得上進，貞正之君子可以安吉也。若不有以繫而止
　　　　之，或聽其往而進，則凶矣。高祖之封濞，明皇之不殺祿山是矣。
　　　　（「繫之大車之金柅」，叢書集成本作「繫之於大車之金柅」。）
　　　〔註76〕

〈姤〉卦之初六爻，由於一陰始生，因此容易被人忽略其日後恐有為害之慮，所以爻辭戒之以「繫于金柅」，方能「貞吉」。所謂「繫于金柅」，就是牽制初六爻，在力量方弱之時，以金柅繫之，不使其任意前往而傷人。因為小人受到抑制，君子方可安吉。這種始之不慎而終釀禍患者，楊萬里也以高祖封劉濞〔註77〕，明皇不殺祿山〔註78〕的教訓來說明放任小人的惡果，前者釀成七國之禍，後者爆發安史之亂，而險些江山易代。

　　至於〈兌〉卦九四爻，胡瑗認為此爻具有剛明之德，因此能裁制小人，間隔、阻絕其與九五國君的聯繫，不使之進而疾害君子，所以於〈兌・九四〉「商兌未寧，介疾有喜。」〈象〉曰：「九四之喜，有慶也。」胡瑗說：

　　　　商謂商議裁制也。……小人之徒，止欲榮進一身而已，若使進而有
　　　　位，則上必為害于君，下必為害于民，君民之間皆被其疾害。……
　　　　故九四則當施剛明之德，以裁制而介隔杜絕之。既能介隔六三之小

〔註76〕〈姤・初六〉，楊萬里：《誠齋易傳》，庫本，頁14-645；叢本，頁162。

〔註77〕劉濞，造成景帝時期的七國之亂，成為漢初的一大危機。

〔註78〕安祿山因討伐契丹敗績，節度使張守珪將他送回京師審理。張九齡上奏，認為應以軍令處死，玄宗卻特赦。張九齡又上奏安祿山有反相，請誅之，玄宗也不當一回事，認為是誤陷忠良而放了他，然沒想到這一念之差竟然變成縱虎歸山，養癰遺患，恐怕連唐玄宗都始料所未及，見《舊唐書卷九十九・列傳第四十九・張九齡》：「時范陽節度使張守珪以裨將安祿山討奚、契丹敗衄，執送京師，請行朝典。九齡奏劾曰：『穰苴出軍，必誅莊賈；孫武教戰，亦斬宮嬪。守珪軍令必行，祿山不宜免死。』上特捨之。九齡奏曰：『祿山狼子野心，面有逆相，臣請因罪戮之，冀絕後患。』上曰：『卿勿以王夷甫知石勒故事，誤害忠良。』遂放歸藩。」頁3099。

　　人，則天下之賢者得以進，天下之民皆得其安，上以致國于太平，

　　下以納民于富壽之域，是有其喜慶者也。〔註79〕

「介疾有喜」的介指阻隔，而疾指六三。這一爻的意思是說九四這個剛明之
君子介於六三及九五之間，具有「商議裁制」的功能，能以正道過濾來兌之
人，並杜絕六三這個小人危害君主，使天下之民皆得其安，君子得以進，而
致太平富壽之域。楊萬里更以「膏肓」（病）及「箴規」（藥）來比喻六三及
九四爻：

　　六三之來兌，即容說之小人也。非九四之剛正介而隔之，使不得近

　　於九五，其不爲疾者鮮矣。六三者，君心之膏肓也；九四者，君心

　　之箴規也。故九四者，六三之所甚不喜也。六三不喜，則九四有喜

　　矣。非九四之私喜，天下國家之大慶也，故魏徵用而封倫沮，李絳

　　入而承璀去。（武本作「承璀去」）〔註80〕

九四是正直之人，能防阻六三蠱惑九五之君，意即六三此疾須賴九四之治，
方能解除，所以六三之不喜正是九四之喜，亦是天下之大慶，因此爻辭以「有
喜」、「有慶」斷之。

　　對於小人，要防止其過越之舉，如〈小過〉卦初六爻即爲陰柔小人，所
以要防止其進越居上，成爲國家的禍害，楊萬里在〈小過・初六〉「飛鳥以凶。」
〈象〉曰：「飛鳥以凶，不可如何也。」就說：

　　初六，陰柔之小人，常有進躐高位之心，故聖人戒之曰：「飛鳥以凶」。

　　又曰：「不可如何」，言高位必疾顛，如高飛之必速墮也。蓋〈小過〉

　　諸爻，皆患於過，不患於不及。而初六之小人一過則進居於二，而

　　爲大臣矣，豈不凶于而國哉！……故陽城欲壞白麻，而德宗不相裴

　　延齡；李甘欲裂詔書，而文宗不相鄭注，此得聖人戒初六之旨矣！

　　〔註81〕

初六爲陰柔小人，居下，卻不安於下，而欲上應，以進居二爻，因此爻辭說
「飛鳥以凶」，意思是說，如果讓初六一過而躍居二爻之位，成爲大臣，形同
小人飛越而獵進高位，將是國家的凶險。因此，對於小人的野心，君子該有
所警惕，適時制止之，所以小過便有防止其過之意。因爲〈小過〉指小有過

〔註79〕　〈兌・九四〉，胡瑗：《周易口義》，頁 8-423。

〔註80〕　〈兌・九四〉，楊萬里：《誠齋易傳》，庫本，頁 14-693；殿本，頁 629。

〔註81〕　〈小過・初六〉，楊萬里：《誠齋易傳》，庫本，頁 14-705；殿本，頁 671。

度，所以諸爻皆患過，不患不及，因此初六爻如有過度逾越之舉，即應加以禁止，以防其蔓延滋長。李光就以唐朝的陽城〔註82〕、李甘〔註83〕爲例，因爲正直諍諫，才能不讓小人陰謀得逞。

小人不居高位則已，一旦居高位，仍要制止之，不使其繼續乘勢居高，而讓其勢力逐漸擴大，此時應有人挺身而出，反對他，不任其胡作非爲，而這樣的角色，楊萬里認爲〈小過〉卦的九三及九四爻這二個陽剛之臣就承擔這種功用，能阻止六二過分不當之舉，在〈小過・六二〉「過其祖，遇其妣，不及其君，遇其臣，无咎。」〈象〉曰：「不及其君，臣不可過也。」楊萬里就說：

> 六二以陰柔之小人，居大臣之高位，常有過其分之心，故常有弱其君之心；然徬徨而不敢進，窺覘而不得僭者，有二陽以振其前也。過其一，又遇其一，進則九四禦其腹，退則九三要其背，故其僭不及於六五之君，非不欲及也，遇二臣之振己，不可越而過也。……

〔註82〕 裴延齡，德宗時的奸臣。誣陷陸贄等人，朝中無人敢言，陽城深惡之，乃上奏其罪過，結果德宗大怒，幸太子（後爲順宗）解救才得幸免。之後德宗又想進一步任命裴延齡爲相，陽城則公然反對，並說出若相裴延齡，則將撕毀詔書，並在朝廷大哭，德宗因此作罷。所以德宗不相裴延齡，是陽城力諫的結果。而裴延齡陷害陸贄，是因陸贄指責裴延齡「僻戾躁妄」，不應任判度支；又上書狀告裴延齡姦佞之事，使得德宗很不高興，可見昏君底下忠臣的難爲，見《新唐書卷一百五十七・列傳第八十二・陸贄》：「班宏判度支，卒官，贄薦李巽，帝漫許之，而自用裴延齡，贄言『延齡僻戾躁妄，不可用。』不聽。俄而延齡姦佞得君，天下仇惡，無敢言。贄上書苦諫，帝不懌，竟以太子賓客罷。……延齡揣帝意薄，讒短百緒，帝遂發怒，欲誅贄，賴陽城等交章論辯，乃貶忠州別駕。」頁4931。至於陽城諫之之事見《新唐書卷一百九十四・列傳第一百一十九・卓行・陽城》：「及裴延齡誣逐陸贄、張滂、李充等，帝怒甚，無敢言，城聞，曰：『吾諫官，不可令天子殺無罪大臣。』乃約拾遺王仲舒守延英閤上疏極論延齡罪，慷慨引誼，申直贄等，累日不止。聞者寒慄，城愈勵。帝大怒，召宰相抵城罪。順宗方爲皇太子，爲開救，良久得免，敕宰相諭遣。然帝意不已，欲遂相延齡。城顯語曰：『延齡爲相，吾當取白麻壞之，哭於延。』帝不相延齡，城力也。」頁5570。

〔註83〕 鄭注曾經請求入中書省當宰相，李甘則認爲鄭注不宜居之，因此詔書若出，揚言壞之，因爲宰相乃是「代天理物」，首重德行，其次是才學，鄭注是何等人，竟敢竊位，由是相注之事遂罷，見《舊唐書卷一百七十一・列傳第一百二十一・李甘》：「李甘字和鼎。長慶末進士擢第，又制策登科。大和中，累官至侍御史。鄭注入翰林侍講，舒元輿既作相，注亦求入中書。甘唱於朝曰：『宰相者，代天理物，先德望而後文藝。注乃何人，敢茲叨竊？白麻若出，吾必壞之。』會李訓亦惡注之所求，相注之事竟寢。訓不獲已，貶甘封州司馬。」頁4451。

二，剛失位，而其有益於君猶如此，使其得位，宜如何哉！周勃有驕主色，而折於袁盎之一言；淮南有反謀，而寢於汲黯之死義；陶侃有坐觀危亂之意，而忌於溫嶠義旗之見指，皆遇其臣，故不及其君也。

（「僭」字，武英殿本作「僭」；「宜如何哉」，殿本作「宜何如哉」；「皆遇其臣，故不及其君也」，殿本作「遇其臣，姑不及其君也」）〔註84〕

六二爻常有弱其君之心，然不敢窺進者，因前有九四，後有九三，受到二陽之箝制，所以不敢有所行動，因此向不至於為所欲為，肆無忌憚。楊萬里也提到袁盎、汲黯、溫嶠三人之事跡，肯定這三人對當時的政治及君臣倫常的貢獻，都發揮正面功效，阻止權臣進越，例如袁盎糾正周勃的驕主之色，使文帝正君臣之分，重視一國之君的威嚴〔註85〕；汲黯則對淮南謀反有死節之勸阻作用〔註86〕；溫嶠則是對陶侃有督促之功，不讓陶侃坐壁上觀，臨陣脫逃，並且信心喊話，才成功勸他出兵平定蘇峻之亂〔註87〕。

〔註84〕〈小過・六二〉，楊萬里：《誠齋易傳》，庫本，頁 14-705；殿本，頁 672。
〔註85〕袁盎是楚國人，呂后時曾為呂祿的家臣，漢文帝時任中郎。當時周勃（絳侯）擔任丞相，頗有驕傲的神色，退朝後常快步趨出，意氣相當自得。對於周勃的行徑，文帝不僅沒責怪，還相當禮遇恭敬，更視之為「社稷之臣」。對於周勃囂張的舉止，以及文帝的反應，袁盎不以為然，於是向文帝建言，分析了「功臣」與「社稷之臣」的區別。袁盎認為周勃只是功臣而非社稷之臣。社稷之臣能與主上同禍福，所謂「主在與在，主亡與亡。」而在袁盎看來，周勃根本不足以當之。因當呂后掌權，劉氏政權搖搖欲墜之際，周勃雖任太尉而主兵權，卻不動聲色，沒有任何作為來挽救危局。直至呂后去世，大臣們共同反對諸呂，周勃適逢其會，又掌握軍權，於是抓住了時機，乘勢而起，跟著大家一起誅除呂氏，因而成就了美名，成為功臣，所以這種臣子豈能目為社稷之臣？如今，雖位極人臣，卻對主上表現驕傲的神色，而主上順應之，君臣之間簡直失去倫常，因此袁盎勸諫文帝應該要有所警惕。而袁盎的一席話，也使得文帝作了修正而逐漸莊嚴，而周勃也因折於袁盎之言，逐漸畏懼，並稍事收斂。所以袁盎對正君臣之分，著實作出了貢獻，此見《史記卷一百一・袁盎鼂錯列傳第四十一・袁盎》：「絳侯為丞相，朝罷趨出，意得甚。上禮之恭，常自送之。袁盎進曰：『陛下以丞相何如人？』上曰：『社稷臣。』盎曰：『絳侯所謂功臣，非社稷臣。社稷臣主在與在，主亡與亡。方呂后時，諸呂用事，擅相王，劉氏不絕如帶。是時絳侯為太尉，主兵柄，弗能正。呂后崩，大臣相與共畔諸呂，太尉主兵，適會其成功，所謂功臣，非社稷臣。丞相如有驕主色，陛下謙讓，臣主失禮，竊為陛下不取也。』後朝，上益莊，丞相益畏。」頁 2737。
〔註86〕汲黯之事見《史記卷一百二十・汲鄭列傳第六十》：「淮南王謀反，憚黯，曰：『好直諫，守節死義，難惑以非。至如說丞相弘，如發蒙振落耳。』」頁 3109。
〔註87〕陶侃是東晉初期的名將。蘇峻之亂時，溫嶠約陶侃同赴國難，並推陶侃為盟主，陶侃允諾並派兵支援。然因溫嶠軍多次失利，糧食不足，陶侃見情勢不利，遂欲西行撤退，以便從長計議；然溫嶠以義旗之說警告陶侃，認為此時

2、間接

國君提拔君子，便是在抑制小人，如〈巽‧象曰〉「柔皆順乎剛，是以小亨。利有攸往，利見大人。」的情況即是，李光認為「柔皆順乎剛」這句話有深意，表示小人在君子之下，尚不致於危害君子：

〈巽〉之六爻，四陽而二陰，則君子固已勝矣！陰又在下，无能為也，此畫卦之深意也。自古君子眾而小人寡，非徒君子之道勝，小人亦因以為用矣。宇文士及、封德彝之在唐，上有一太宗，下有房杜王魏之徒，故无能為也，不然其佞何所不至哉！〔註88〕

〈巽〉卦四陽二陰，表示君子眾而小人寡。且二陽皆居上，一陰皆處下，意謂君子道勝，小人居下，所以無所施其佞。這種情況可以唐太宗時期的情形來說明。李光認為太宗朝雖然有宇文士及及封德彝〔註89〕等小人在朝，但因太宗本身之賢

若拂眾意，恐為千夫所指；且蘇峻勇而無謀，出兵未必沒有勝算，陶侃於是打消念頭，留在原地，出兵平定叛亂，見《晉書卷六十七‧列傳第三十七‧溫嶠》：「是時義軍屢戰失利，嶠軍食盡，陶侃怒曰：『使君前云不憂無將士，惟得老僕為主耳。今數戰皆北，良將安在？荊州接胡蜀二虜，食廩當備不虞，若復無食，僕便欲西歸，更思良算。』……嶠曰：『……峻勇而無謀，藉驕勝之勢，自謂無前，今挑之戰，可一鼓可擒也。奈何捨垂立之功，設進退之計……公若違眾獨反，人心必沮。沮眾敗事，義旗將迴指於公矣。』侃無以對，遂留不去。……其日侃督水軍向石頭，亮、嶠等率精勇一萬從白石以挑戰。時峻勞其將士，因醉，突陣馬躓，為侃將所斬。」頁 1793-1794。

〔註88〕〈巽‧象曰〉，李光：《讀易詳說》，頁 10-436。

〔註89〕封倫，封德彝，觀州舊人，此小人備受爭議處如下：其一是「多揣摩之才」：能窺測上意。封倫曾替楊素為隋文帝造仁壽宮，結果因制度奢侈而使文帝大怒（隋文帝是中國歷史上少數重視節儉的皇帝），認為竭百姓之力，會讓天下人怨恨朕，「楊素為不誠矣！殫百姓之力，雕飾離宮，為吾結怨於天下。」楊素惶恐，封倫則認為不必憂慮，因為等到皇后看了之後，一定會有所賞賜的，「必有恩詔」。結果獨孤皇后果然相當滿意，並且讚許有加。楊素對此頗詫異而問之，封倫則說皇后是婦道人家，只喜歡華麗，而皇后欣喜，皇帝必然也會跟著改變心意。對於封倫的揣摩之才，楊素相當佩服欣賞，於是經常親近他。其二是「有附託之巧」：封倫善於攀附、夤緣權貴，先是依附楊素，在隋朝任官；後宇文化及叛亂，便轉而投靠之，而反過來數落皇帝的不是。等到宇文化及失敗，又從宇文士及（宇文化及之弟）投靠高祖李淵。歸附高祖後，又「潛持兩端」，在太宗與建成太子之間兩面觀望，表面雖歸附太宗，私下又陰附建成，而太宗卻全然不知，若不是死後被大臣揭發，太宗恐仍被蒙在鼓裡，《舊唐書》就說：「時高祖將行廢立，猶豫未決，謀之於倫，倫固諫而止。然所為祕隱，時人莫知。……辛後數年，太宗方知其事。」其三是「奏多異議」，前後不一：封倫曾與大臣蕭瑀商量要上奏的內容，結果到皇帝面前卻又盡變其說，因此與蕭瑀產生閒隙，《舊唐書》就說「蕭瑀嘗薦倫於高祖，……

明，底下又有房玄齡、杜如晦、王珪及魏徵等賢臣之輔弼，所以小人沒有發揮的空間，即便奸佞，也無所作為，所以符合〈巽〉卦君子在上，小人處下之理想情況。因為「柔皆順乎剛」，小人皆順從君子，所以卦辭以「小亨」斷之。

其實小人以邪道媚惑君主，大抵不脫聲色、貨利等，因此對小人之內心世界應有所瞭解，才能斷絕小人之離間，李光在〈兌‧九五〉「孚于剝，有厲。」〈象〉曰：「孚于剝，位正當也。」就說：

> 九五為兌說之主，小人以邪道說其君，或以聲色、或以貨利，阿諛順旨，惟意所適，非剛明之君，未有不為所惑者。九五，剛明之主也，聖人特于此致其戒慎之意，言信于小人則危道也。〔註90〕

「孚于剝，有厲」是說君主若信任小人，就會有危厲。而面對小人，除非是剛明之君，否則很難不為所惑，因為剛健之人才能看穿小人阿諛順旨之奸究，這就是九五之君須戒慎恐懼之處，李光說：

> 以九居五，此乾剛之主也。乾剛之主宜信任君子，乃孚于小人，然不至于亡者，以居正當之位，雖密比，小人无能為也。世之小人當明主在上，威權不移于群下，度未有以勝君子，亦能隱其姦慝而勉於從善。（同上）

李光認為九五雖孚于小人，卻不至于亡，是因為有剛陽之性，且居正當之位，能以正道絕之，不讓小人有可趁之機，所以即使密比小人，小人對之亦無可奈何，甚至乾脆隱藏姦佞，而「勉於從善」，李光就以宇文士及為例來說明，「以唐太宗之明，且不能去宇文士及之佞；然其所尊信者，房杜王魏之流，故小人不得行其志耳。」（同上），意思是說，唐太宗雖不能斥退宇文士及的邪佞〔註91〕，但還是可以做到不讓小人行其志，原因就在於他所尊信的是另

倫素險詖，與瑀商量可奏者，至太宗前，盡變易之，由是與瑀有隙。」總之，對於封倫的諸多陰險行徑，《舊唐書》對他的評價他是「揣摩諂詐」，「狡算醜行，死而後彰。」（參《舊唐書卷六十三‧列傳第十三‧封倫》，頁2395）。

〔註90〕〈兌‧九五〉，李光：《讀易詳說》，頁10-441。

〔註91〕唐太宗雖知宇文士及之佞，卻仍難以遠惡斥退之，值到有一次在花園中賞木，跟宇文士及的一番對話，才終於明白佞人長什麼樣子，為何魏徵總是勸他要遠離佞人。實在是因為佞人總能把話說得很動聽，讓人心花怒放，不知不覺就掉入其圈套中；而一代明君尚且如此，何況是一般人，足見巧言令色之惑人，實在令人難以抗拒，沒有足夠的定力，很難不為所動，見《新唐書卷一百‧列傳第二十五‧宇文士及》：「帝嘗玩禁中樹曰：『此嘉木也！』士及從旁美歎。帝正色曰：『魏徵常勸我遠佞人，不識佞人為誰，乃今信然。』謝曰：『南衙群臣面折廷爭，陛下不得舉手。今臣幸在左右，不少有將順，雖貴為天子，亦何聊？』帝意解。」頁3935。

一批清正之士，如房玄齡、杜如晦、王珪、魏徵等，因此不可能讓小人有機會得位得勢，以危害天下，這便是太宗高明之處。

（五）「履校滅趾」的懲之

小人有過，則當懲之，否則始不禁之，則終有不可禁者，《易經》明乎此道，故於卦爻辭說之，例〈噬嗑‧初九〉「履校滅趾，无咎。」〈象〉曰：「履校滅趾，不行也。」即是，李光就說：

> 初最處下，用刑之初，爲惡未大。……小人不恥不仁，不畏不義，不見利不勸，不威不懲，小懲而大戒，此小人之福也，故「履校滅趾，无咎。」上九亦小人之居尊位者也，故以小善爲无益而不爲，以小惡爲无傷而弗至，至惡積而不可掩，罪大而不可解，故「何校滅耳，凶。」〔註92〕

初九及上九爻都是小人之爲惡而受刑之人。然初九爲惡尚淺，若能及時懲之，適時矯正，以防其過惡，其實並無大患，所以爻辭以「无咎」斷之。即在情節不很嚴重之時，加以制止，如同用腳鐐扣之（校，桎梏也），用輕刑來加以告誡，使其心生警惕，而冀其悔過向善，深思其蔽，所以李光說：「校之使沒其趾，但拘囚之刑之至輕者也」（同上）。因爲其始易禁，其終難制。如至上九，則因積惡太深，罪無可逭，又爲時已晚，所以爻辭才會說「凶」。

不過懲戒小人也要適度，不必過度苛刻，否則小人無路可退，變本加厲，所以李杞在〈蒙‧上九〉「擊蒙，不利爲寇，利禦寇。」就說：

> 擊蒙者，用力以擊去之也。上九處〈蒙〉之終，九二之所不能發者，上九皆得以擊而去之。然所謂擊蒙者，豈其得已者哉！故利禦寇，不利爲寇。禦寇者，謂蒙昧之人，吾因而擊之。若寇盜之來，而不得已而爲之捍禦，是禦寇也。若夫擊之不已，而至于太甚，刻核太至，則有不肖之心，是反所以爲寇矣！〔註93〕

「利禦寇」與「不利爲寇」的區別在於禦寇者乃不得已而爲之，屬於捍衛性質；而不利爲寇是告誡君子，處罰小人也要適中合理，不流於極端，李杞就舉孔子的話說：

> 孔子曰：「攻乎異端，斯害也已」。又曰：「人而不仁，疾之已甚，亂也。」夫異端，固可攻也，而攻之極，乃所以爲害。不仁之人，固

〔註92〕〈噬嗑‧初九〉，李光：《讀易詳說》，頁10-330。
〔註93〕〈蒙‧上九〉，李杞：《用易詳解》，頁19-375。

可疾也,而疾之已甚,乃所以致亂,茲非不利爲寇者耶!(同上)

孔子認爲「攻乎異端,斯害也已。」(《論語・爲政》),又說「疾之已甚,亂也。」(《論語・泰伯》),意即對於不仁之人,當然要疾惡他,但沒有必要過分厭恨他,應令其有回頭路,幫助他回歸正道。

(六)「剛決柔」的除之

除之,去之乃是對小人的最後通牒,其實《易經》的〈噬嗑〉卦、〈解〉卦、〈夬〉卦就是討論去小人之道。而爲何要去小人,因爲極惡小人如果不去,則正道不復,君子便無立身之地,更難以平息眾怒,所以李過在〈姤・上九〉「姤其角,吝,无咎。」〈象〉曰:「姤其角,上窮吝也。」就說:「蓋呂氏不誅,則劉室不安;武氏不滅,則唐祚不復。」〔註94〕

然小人不易去,世所皆知,因此李光在〈噬嗑・九四〉「噬乾胏,得金矢,利艱貞,吉。」〈象〉曰:「……未光也。」中就強調「艱貞」的重要,即知道艱難並以正道行之,他說:

> 九四用剛直之道,而處柔順之位,位尊而任重。人君恃以擊強梗、除間隙也。脯有骨曰胏,最難齧者,非剛直之材,知難而守正者,未易勝之也。暴戾凶愎,小人之剛也。君子欲驅除小人,必操公心,由直道挾利器,待時而動,動不括,乘間而發,發必中矣。若行不以艱難,守不以正,固恃其剛直,輕易妄動,則反爲所齧矣,故利艱貞,乃獲吉也。……去小人之術,當使之退聽,潛消于冥冥之中,今道德之威不足以勝,至于用刑獄以除去,雖免凶咎,未足爲光大也。〔註95〕

除小人,必操公心,不宜私了,也不能只恃剛直。須以直道挾利器,待時而動,並以艱貞爲要。因爲會動用刑罰殺戮,表示已走到窮途末路,這意謂著道德力量已失去約束力,因此即使最後勝利而免去凶咎,也並非光彩之事。尤其小人伏誅,君子更該警惕,哀矜勿喜,因此不足以光大論之,所以〈小象〉才會說「未光也」。而六五之君也必須得九四剛直之人,懂得運用柔順之道,才能順利除之。

另外,在〈噬嗑・卦辭〉「亨,利用獄。」李光認爲君臣之合如遭阻礙,是因有小人強臣橫隔其間,即應威明剛斷,以去其間:

〔註94〕 〈姤・上九〉,李過:《西谿易說》,頁 17-736。
〔註95〕 〈噬嗑・九四〉,李光:《讀易詳說》,頁 10-331。

〈離〉、〈震〉二卦合而成〈噬嗑〉，九四爲頤中有物之象。蓋君側之
強臣，陋群賢之進，而間隔之者。……又小人強梗，非加以刑辟、
斧鉞之誅，不能除去之，故云「利用獄」也。周之管蔡，漢之上官
桀，此二間也。非成王、昭帝明斷而卒除去之，則周公、霍光豈能
成輔翼之功哉！〔註96〕

〈噬嗑〉卦是頤（口）中有物之象，若不除去之，終難密合，而君臣之間、
刑獄之事亦然。君臣遇合本即不易，如又有小人阻斷其間，則形勢更加艱
難。而小人強梗，仁義不化，若非加之以斧鉞之殛刑，恐難收效，所以爻
辭說「利用獄」。而歷史上「利用獄」的成功範例，李光以周公、霍光來說
明：當管、蔡及上官桀等叛亂時，毀謗周光及霍光，然成王、昭帝終能明
辨而不疑〔註97〕，並明斷處決，不被小人蒙蔽，甚或誅之，以正天下，意
即在此。因此李光在〈小過‧象曰〉中才會肯定周公的作爲〔註98〕，認爲
實爲明智之舉，即「過而後亨，不過則否矣！周公誅管、蔡以安王室，蓋
不誅則王室危矣。周公之過不亦宜乎！」〔註99〕

〈夬〉卦也是講去小人之道，〈夬‧象曰〉說：「夬，決也。剛決柔也。
健而說，決而和，揚于王庭，柔乘五剛也。孚號有厲，其危乃光也。告自邑，
不利即戎，所尚乃窮也。利有攸往，剛長乃終也。」意思是說，去小人要把
握五個原則：一要「健而說」，二要「決而和」，三要「揚于王庭」，四要「孚
號有厲」，五要「剛長乃終」。李光認爲能夠「健而說」，就能不動聲色；能「決
而和」，就能不勞斧鉞；而「揚于王庭」，是因柔乘五剛，小人猶據高位，因
此須借君命以除之；而「孚號有厲」是要戒愼恐懼，慮小人反噬；至於「剛
長乃終」，是說去小人不能只恃剛強而太過，但也不能用剛而不終，因爲斬草
不除根，猶有後患。而爲了證明剛長不終的惡果，李光舉「五王」來說明：

〔註96〕〈噬嗑‧卦辭〉，李光：《讀易詳說》，頁10-329。
〔註97〕時昭帝方才十四歲，就能覺其詐，而識破陰謀，力保霍光免於小人離間，此
見《漢書卷七‧本紀第七‧》：「鄂邑長公主、燕王旦與左將軍上官桀、桀子
驃騎將軍安、御史大夫桑弘羊皆謀反，伏誅。初，桀、安父子與大將軍光爭
權，欲害之，詐使人爲燕王旦上書言光罪。時上年十四，覺其詐。後有譖光
者，上輒怒曰：『大將軍國家忠臣，先帝所屬，敢有譖毀者，坐之。』光由是
得盡忠。」頁226。
〔註98〕《史記卷四‧周本紀卷第四》：「成王少，周初定天下，周公恐諸侯畔周，公
乃攝行政當國。管叔、蔡叔群弟疑周公，與武庚作亂，畔周。周公奉成王命，
伐誅武庚、管叔，放蔡叔。」頁132。
〔註99〕〈小過‧象曰〉，李光：《讀易詳說》，頁10-449。

　　去朝廷之小人，不得已而用其剛果，可也；恃其剛果，至于誅伐不已，勤兵于遠，則取困窮之道也。剛武之道雖不可尚，至于在內之小人，足以害治道者，去之不可不盡也。譬之農夫之務去草，不除其根本，使之滋蔓難圖則悔無及矣。唐之五王特以留一武三思爲天子藉手，故反受其禍，是五剛不能勝一陰，而卒爲所圖，剛長而不能終之效也，可不戒哉！〔註100〕

五王在剷除武氏政權後，因大意而留下武三思這個禍害〔註101〕，造成政局再度動盪，使唐朝幾又復亡〔註102〕。而究其因，就是因爲不懂〈夬〉卦用剛須終的道理。〈夬〉卦雖有五陽，以五陽決去上六之一陰，理應必然而輕易，實則不然，因爲稍有不愼，仍有可能失算，所以更當謹愼行之。而如果連唯一的陰爻都不能勝，就是用剛而不終，不僅無法善終，還會反受其禍。這是告戒世人不能有五陽必勝一陰的錯誤觀念，才不會大意，而自遺其咎。

　　而去小人有時要靠內應，才能掌控全勢，知己知彼。〈夬〉卦九三爻就是混跡小人中的內應，九三爻說：「壯于頄，有凶。君子夬夬，獨行遇雨，若濡有慍，无咎。」〈象〉曰：「君子夬夬，終无咎也。」對於九三爻的這種兩難處境，李光就說：

　　九三居君子之中，獨與上六小人爲應，眾所不與，宜其凶也。君子知與上合，則爲群賢所疑，故能不牽于昵比之私，不暴其欲去之跡，能決其所當決。……眾方乘時並進，欲決去一小人，己獨陰爲內應，宜乎爲眾所慍也。然因其合己而陰與眾圖之，則彼不疑，而吾之謀

〔註100〕〈夬・象曰〉，李光：《讀易詳說》，頁10-387。

〔註101〕見《新唐書卷一百二十・列傳第四十五・桓彥範》：「誅二張也，東之勒兵景運門，將送夷諸武。洛州長史薛季昶勸曰：『二凶雖誅，產、祿猶在，請除之。』會日暮事遽，彥範不欲廣殺，因曰：『三思机上肉爾，留爲天子藉手。』季昶歎曰：『吾無死所矣！』俄而三思竊入宮，因韋后反盜朝權。同功者歎曰：『死我者，桓君也。』彥範亦曰：『主上昔爲英王，故吾留武氏使自誅定。今大事已去，得非天乎！』」頁4312。

〔註102〕當初五王誅除張氏兄弟，卻獨獨放過武三思。劉幽求便警告桓彥範等人，要他們注意武三思，不可輕忽；然五王不聽從其言，致再生變亂。後果真被武三思及韋后構陷，皆不得善終而死於嶺外，可見去小人不能太過自信，見《舊唐書卷九十七・列傳第四十七・劉幽求》：「劉幽求，冀州武強人也。……初，桓彥範、敬暉等雖誅張易之兄弟，竟不殺武三思。幽求謂桓、敬曰：『三思尚存，公輩終無葬地。若不早圖，恐噬臍無及。』桓、敬等不從其言，後果爲三思誣構，死於嶺外。」頁3039。

　　策得行焉；眾雖有慍見之色，而卒去小人，故无咎也。陳平、周勃

　　之用酈寄是已。〔註103〕

李光提到酈寄，認爲他能詮釋〈夬〉卦的九三爻，是讓小人能徹底瓦解的關
鍵人物。酈寄雖與呂祿交好，但在政變中卻背叛呂祿，陰助周勃等人恢復劉
氏政權，所以被批評爲出賣朋友。但李光認爲九三爻爲了顧全大局，不免犧
牲小節，捨小義。這種行爲雖不免爲人所訾議，又往往被君子疑忌，而產生
誤會，但行所當行，只要堅定自持，終能无咎，所以爻辭說「君子夬夬，獨
行遇雨」。何況兵不厭詐，說明除小人除應有萬全的準備外，策略計謀也是決
勝之關鍵，否則寧可按兵不動，再圖謀機宜。〔註104〕

　　至於〈解〉卦，楊萬里認爲這個卦六爻中就有五個爻跟去小人有關，因
此在〈解·九二〉「田獲三狐，得黃矢，貞吉。」〈象〉曰：「九二貞吉，得中
道也。」說：

　　當〈解〉之世，九二欲其獲狐，六三戒其致寇，九四欲其解拇，六

　　五欲其退小人，上六欲其射隼，一卦六爻而去小人者居其五。〔註105〕

九二田獲三狐，六三戒其致寇，九四欲解其拇，六五欲退小人，上六欲射隼，
都是去小人之意。而〈解〉卦六二爻說「田獲三狐，得黃矢。」楊萬里認爲
這正是去小人之道：

　　田者，力而取之也；矢者，我直則壯也；黃者，中而不過也。去小

　　人而不力，雖去必來；去小人而不直，雖行必格；去小人而不中，

　　雖甚必亂。三者盡矣，又能貞固以守之，則吉矣。不然，鄭朋得以

　　入望之，封倫得以入太宗矣。（同上）

楊氏認爲「田、矢、黃」所代表的「力、直、中」正是去小人之道。力才能取
之，否則小人雖去復來；直才能氣壯，否則必遭捍格；中是不激進，無過與不

〔註103〕〈夬·九三〉，李光：《讀易詳說》，頁 10-389。

〔註104〕酈寄是酈商之子。呂后去世後，陳平、周勃等大臣密謀誅除呂氏，然因北軍
　　　　仍掌控在呂祿手中，所以太尉周勃根本進不去。然周勃等人知道呂祿向來與
　　　　酈寄交好，於是派人去劫持酈商，脅迫酈寄去誘騙呂祿出宮，所以呂祿才會
　　　　深信不疑，被騙出宮中。而周勃此時才得以乘隙進入軍營，控制北軍，並成
　　　　功剷除諸呂勢力，見《史記卷九十五·樊酈滕灌列傳第三十五·酈商》：「曲
　　　　周侯酈商者，高陽人。……其子寄，字況，與呂祿善。及高后崩，大臣欲誅
　　　　諸呂，呂祿爲將軍，軍於北軍。太尉勃不得入北軍，於是乃使人劫酈商，令
　　　　其子況紿呂祿。呂祿信之，故與出游，而太尉勃乃得入據北軍，遂誅諸呂。……
　　　　天下稱酈況賣交也。」（頁 2660）

〔註105〕〈解·九二〉，楊萬里：《誠齋易傳》，庫本，頁 14-632；殿本，頁 419。

及，不因極端而出亂子。能做到這三點，並以貞固守之，必可獲吉祥。楊萬里並舉鄭朋及封倫爲例，說明蕭望之及唐太宗之賢明，能不爲小人所蒙蔽。

不過去小人要倚靠威望之人，否則一般人實難制之，因此李光在〈解‧上六〉「公用射隼于高墉之上，獲之，无不利。」〈象〉曰：「公用射隼，以解悖也。」就提到「大人物」的重要，大人物才能解悖，剷除上六此禍害：

> 鷙鳥之搏也，必匿其影，然後能獲物，今在高墉之上，宜乎爲人所獲也，以象小人在當位，而善害物者，上六是已。方〈解〉之時，不能遠迹退聽，猶竊據寵榮而在高位，聖人之所必不赦也。獲者，得之難，如獲其大首也。蓋赦宥蕩滌之後，猶負固不服，此小人之桀黠者，故射之。……上六當解難之極，而小人終不知變，將復害君子，于此能獲之，則天下之難解矣，故曰「獲之，无不利」也。……公者，人臣之極位也，悖亂之人，非假威望之大臣，孰能制之！成王之時，三監及淮夷叛，周公東征，則罪人斯得矣。〔註106〕

李光認爲在解難之終，上六這個小人仍不知悔改而竊據高位，負固不服，是小人之桀黠而不易去者。此時若不除之，君子必受其害，天下之亂亦無日平之。只是悖亂之小人，若非威望之大臣，如王公之位極人臣，實在不足以制之，所以爻辭說「公用射隼」，即是說除三監及淮夷之叛，若非周公親自出馬，罪人亦難伏誅。

四、論保治之道

關於保治之道，宋儒提到「宜日中」，「有子承考」，「畜牝牛」以及「不出戶庭」的愼密，其情如下：

（一）「不節之嗟」與「苦節不可貞」的「宜日中」

持盈保泰是每個盛世君主所關切的，宋《易》也有不少討論，例如持中就是保治之道的方式之一。而持中就是重節制，即在盛世之時，不使過而流於縱情肆欲，李杞在〈節‧象曰〉「節亨。剛柔分而剛得中，苦節不可貞，其道窮也。說以行險，當位以節，中正以通。天地節而四時成。節以制度，不傷財、不害民。」就說：

> 節者，中之異名也。事必有所過，而後有所節。節者，所以裁其過而約之於中者也。……文之勝則節之以忠，奢之過則節之以儉，樂

〔註106〕〈解‧上六〉，李光：《讀易詳說》，頁10-378。

> 之極則節之以禮，大爲之防，使天下之欲不至於踰矩，則無往而不
> 中矣。……〈泰〉之世，人情溺於宴安之久，不能無縱情肆欲之憂，
> 故必有以約其過，而使之不流，此〈泰〉而變之以〈節〉者，聖人
> 保治之道也。〔註107〕

因爲節才能致中，修正過與不及，讓一切偏離中正者恰到好處。但節本身也
要適中，否則流於「苦節」無異失卻中道，也違背節的初衷美意，所以〈象
傳〉才會警告苦節的後遺症，會「其道窮」。

　　而漢武帝就是不知節制的例子，用兵無度，造成「不節之嗟」，所幸還來
得及悔悟，才能重新回歸正道，並努力收拾殘局，李杞在〈節・六三〉「不節
若，則嗟若，无咎。」〈象〉曰：「不節之嗟，又誰咎也？」就說：

> 志不可滿，樂不可極，貴乎節也。三居兌說之極，是說而无以節之
> 也。說而无以節之，故繼之以嗟若之傷，此秋風樂極悲來，漢武不
> 免於有悔者也。然其始也，不能自節，而其終至於有悔，則亦自取
> 之爾，尚何所歸咎於人哉！〔註108〕

六三的感傷，甚至「樂極悲來」，都是自己造成的，因此，又能責怪誰？所
以爻辭才會說「又誰咎也？」表示六三如果懂得稍微節制，也許不會自取
災厄。

　　關於持中的保治之道，李杞在〈豐・象曰〉也有論述。〈豐〉卦說「大」、
「尙大」，是因爲行「王道」的緣故；而「王假之」是因爲有王者之治。王者
出世，才能有這種盛況，以成就天下極治之世，所以其休明可澤被當世，而
福蔭蒼生。不過這種盛世的氣象能否久長，關鍵在中，能中，才能像日之方
中，照臨天下，沒有遺漏，所以卦辭才會說「宜日中」，表示沒有比中更好的
了，他說：

> 治之至於豐，无以復加矣！豐者，盛大之稱，天下至乎極治之世也。
> 天下之治，極於盛矣，是豈无所自而然哉？蓋王道之行，有以致之。
> 王者出而撫休明之運，以至明之德而見之於運動之間，故天下之人
> 莫不被潤澤而大豐美，其盛大之治，无有缺。……然則當此之時，
> 果何所宜也哉？惟持之以中，而使不至於過，而後可以久安而无變。
> 蓋中者，所以爲保治之道也。日之方中，臨照天下而无所不燭，王

〔註107〕〈節・象曰〉，李杞：《用易詳解》，頁19-514。
〔註108〕〈節・六三〉，李杞：《用易詳解》，頁19-515。

> 者之道亦猶日之中也，光被四表而不遺微小，中之外，其可復加於
> 此乎！〔註109〕

持中是以「日中則昃，月盈則食」的現象爲戒。李杞認爲日過中則必至於昃，月過中則必至於食，而盛世如果過中，必然也會走下坡，因此唯有居中，不偏不倚，才能光被四表，無所不照，這就是處〈豐〉之君要清楚自警的，才能毋憂而長保天下。

其次，不自滿亦是保治之道，即學習〈坎〉卦九五爻的精神，能夠「坎不盈，祗既平，无咎。」〈象〉曰：「坎不盈，中未大也。」李杞說：

> 五居上體，險將出矣。險難既出，則以盈滿爲懼。而九五剛中之德，
> 有以持之，故不至于盈，而適所以既平而已。夫九五之所以不盈者，
> 以其未有自大之志也。蓋天下之理，好大者不能爲大，而居成功者
> 不能保其功，故滿則必溢，盈則必虧。成王當三監、淮奄平定之後，
> 而能持盈守成，以成太平之休，蓋取諸此。〔註110〕

九五居上體，表示即將離開坎險，不過雖然離開險難，因九五有剛中之德，能恰到好處，並以盈滿爲懼，所以能不自大。由於謙虛，所以不會有滿溢的情形出現。因爲「好大者不能爲大，而居成功者不能保其功」，所以須以盈爲戒，如同成王在平三監、淮奄之亂後，猶自謙虛，方能成太平之休。

（二）「有子承考」的接班人

後繼有人，也是保治之道。繼承者的好壞，有著決定性的影響。王宗傳發揮〈蠱〉卦的精神，認爲子孫之賢能與否，關係著「創業垂統」的後續發展。不肖子孫固然可能葬送祖業，然賢能子弟亦能撥亂反正，而再創佳績，所以興廢成敗有很大的因素繫於人選，如成王能發揚祖業，紹續先人，所以王宗傳在〈蠱·六五〉「幹父之蠱，用譽。」〈象〉曰：「幹父用譽，承以德也。」中就稱讚不已：

> 夫君子之創業垂統，以貽諸後人也，未必有弊也，亦未必无弊也，
> 在乎繼之者善與不善如何爾。且以有周論之，文王、武王之謨烈，
> 所以啓佑後人也，在《書》既曰：「咸以正罔缺」矣，何蠱弊之云乎？
> 其或繼之者宜若无所事矣。而〈大雅〉之譽成王也，則有〈鳧鷖〉
> 之什焉，而曰「太平君子能持盈守成也。」蓋曰：「盈而不持，成而

〔註109〕〈豐·象曰〉，李杞：《用易詳解》，頁19-501。
〔註110〕〈坎·九五〉，李杞：《用易詳解》，頁19-439。

不守，則傾覆隨至，何太平之云乎？」以「太平君子」譽之爲未足
也，而又繼之以〈假樂〉之嘉焉。其首章曰：「假樂君子，顯顯令德」，
以「假樂君子」譽之爲未足也，而又繼之以〈卷阿〉之作焉。〈卷阿〉
之二章曰：「豈弟君子，俾爾彌爾性，似先公酋矣。」夫《大雅》之
譽成王，亦云足矣，而於最後〈卷阿〉之作，則有及於『似先公酋
矣』云者，豈非文武之謨烈，其能以似以續者，其在成王乎？（「俾
爾彌爾性」，通志堂經解作「彼爾彌爾性」，）〔註111〕

王宗傳引《詩經》對成王的稱許，來印證此爻「承以德」之意。即成王能以
美好的德行繼承先君文王、武王的志業。由於持盈守成，因此成爲太平之君
子。《詩經》對成王能持盈守成的美德稱之曰「太平君子」〔註112〕；對成王能
宜民宜人者稱之曰「假樂君子」〔註113〕；對成王能求賢而任用吉士者稱之曰
「豈弟君子」。〔註114〕其實不管是太平、假樂，或是豈弟君子，都是不同面向
對成王德業的褒揚。而〈卷耳〉一篇還特別提及「先公」一詞，王宗傳認爲
即是讚美成王能克紹箕裘，續承文、武之業，所以爻辭稱其能「幹父」「用譽」
也，即謂以德承之，也就是說比起先王，成王其實並不遜色。

司馬光在〈蠱・初六〉「幹父之蠱。有子，考无咎。厲終吉。」〈象〉曰：
「幹父之蠱，意承考也。」也以對比的案例，肯定強調子臣「承父成君」之
功，他說：

> 子者，所以承父之事而成之；臣者，所以成君之事而終之。天下
> 之事，大矣多矣！自非聖人，不能無過，故子能蓋父之愆，臣能
> 掩君之惡，然後爲「幹蠱」也。以秦始、漢武之奢汰驕暴，相遠
> 也無幾耳。始皇得胡亥以爲子，李斯以爲臣，不旋踵而亡矣。天
> 下後世之言惡者必歸焉。武帝得昭帝以爲子，霍光以爲臣，而國
> 家乂寧，後世稱之爲明君。隋唐之祖亦然，故必有賢子，然後考
> 得无咎也。〔註115〕

〔註111〕〈蠱・六五〉，王宗傳：《童溪易傳》，庫本，頁17-106；通本，頁1000。
〔註112〕見《詩經・大雅・鳧鷖》。
〔註113〕《詩經・大雅・假樂》：「假樂君子，顯顯令德，宜民宜人，受祿于天。」假，
嘉也。見十三經注疏本，頁615。
〔註114〕《詩經・大雅・卷阿》：「豈弟君子，俾爾彌爾性，似先公酋矣。」見十三經
注疏本，頁626。
〔註115〕〈蠱・初六〉，司馬光：《易說》，叢本，頁38。

司馬光認為秦皇、漢武的奢暴，其實相去不遠，但秦亡而漢續，在於有子與無子。二世昏庸，李斯又執著權位，二人都被趙高玩弄於股掌之中，倒持泰阿的結果，秦不旋踵而亡，偌大的帝國就毀在這三人手裡。漢武則不同，不僅有孝昭的機警，又有霍光的忠順，所以國家安寧，沒有預期中的急轉直下。而接棒的孝宣，益形出色，再創中興之勢。可見賢能子孫的穩定及再造之功，實不容小覷。因為「有子」，有賢子，甚至有賢孫，所以有咎變无咎，有厲變終吉，幾乎是改寫歷史，不能不說變化之大。

　　其實尋求良好的接班人是因為人是有限的，人都會衰老，如同日落西山般而力不從心，〈離·九三〉「日昃之離，不鼓缶而歌，則大耋之嗟，凶。」就是在闡述這個道理。胡瑗在這一爻稱讚堯、舜之賢明，無私無我，展現執政者的高度睿智，在最恰當的時機放下政權，移交給下一代，避免教化陵遲，或造成施政的斷層，從而確保國家的長治久安。這是因為年事已高，人的體力、思考與判斷等各方面很難再像年輕時的充沛旺盛，由於逐漸走下波，所以也不適宜再主其事，應榮退而「安神養志」，並鼓樂自娛。因此，此時如還想把持政權，甚至野心不減，欲左右時局，經常會為國家帶來災難、凶險，甚至因此而晚節不保，這就是聖賢君子所引以為戒，而深刻自勉的，所以胡瑗說：

> 九三過離之中，如日之昃，其光有所虧也。若人之年已衰耋，必當求其代則可也。在家則致家事于其子，在朝則致朝事于其臣，以安神養志也，然後得其吉。今三不能鼓缶而歌以養衰老，則至于教化陵遲，萬事隳壞，是以有大耋之咨嗟，凶之道也。若堯之耄期倦于勤，以舜代之。舜之耄期倦于勤，以禹代之，故得教化大行，致太平之久，所以免大耋之嗟矣。〔註116〕

由於政權的轉移牽涉國計民生，茲事體大，處理不慎，當然是致凶之道，所以胡瑗的再三告誡，當然不無道理。

　　而重視人才才能後繼有人，薪火相續，所以在〈豐·六五〉「來章，有慶譽，吉。」〈象〉曰：「六五之吉，有慶也。」李光就說六五之慶就是因為有「用賢之慶」：

> 人主當天下豐大之時，能屈己招來賢德之士以文太平，庶可保其治安，則在我者必獲其福慶而民譽歸之，吉无不利矣。五與二俱陰非

〔註116〕〈離·九三〉，胡瑗：《周易口義》，頁8-312。

應，然〈離〉下〈震〉上，震動而離明，明動相資，又皆居君臣中
正之位，〈離〉為文章，其性炎上，苟能說而納之，則將洋洋然動其
心而來矣。上有用賢之美，野无遺棄之才，邦家之慶，孰大于此。
〔註117〕

豐指豐盛的年代，不過六五與六二俱為陰爻而不相應，然六二〈離〉體，火
性炎上，有上進之心，為賢德之士，在此豐大之時，六五若能「說而納之」，
必能有用賢之美，可保其治，以成邦家之慶。

（三）「畜牝牛吉」的忠順之臣

畜牝牛也是保治之道，〈離〉卦卦辭說：「利貞，亨。畜牝牛吉。」離是
光明，光明要延續，就要有延續的力量，聖人認為牝牛（母牛）就符合這種
條件，養一隻牝牛，任事又柔順聽話，胡瑗說：

> 「畜牝牛吉」者，牛即柔順之物，所以任重而致遠也。牝者，又柔之
> 謂也，則是牛而又牝，言至柔至順之故也。蓋聖賢之人，繼世以治天
> 下，其所畜之臣，必須有遠大之才，堪任國家之事，有柔順之德，不
> 奪君之權，使之上則盡忠于國，下則竭誠于民，如此故能成天下之治，
> 相繼不絕也。若周之周公，湯之伊尹，漢之平勃是也。〔註118〕

〈離〉是太陽，卦象為二日相並，為聖明相繼之義。而離明相繼的條件是，
除了「利貞」守正外，還要畜牝牛。為何要畜牝牛？因為牛性順，母牛則順
柔兼備，又能任重致遠，以喻忠順之臣。表示這種大臣既能忠於國事，竭誠
盡力，完成君命，又能不奪君之權，絕對不會篡位，沒有貳心私慮，才能安
定政局。而這種忠順之臣，胡瑗認為伊尹、周公、陳平、周勃等即是〔註119〕。

〔註117〕〈豐·六五〉，李光：《讀易詳說》，頁 10-431。

〔註118〕〈離·卦辭〉，胡瑗：《周易口義》，頁 8-310。

〔註119〕「後」劉邦時期的政治局勢主要靠陳平、周勃在維繫，其二人功績也在伯仲之
間，因此互為左右丞相（右丞相位次第一），見《史記卷五十六·陳丞相世家
第二十六》：「孝文帝立，以為太尉勃親以兵誅呂氏，功多；陳平欲讓勃尊位，
乃謝病。孝文帝初立，怪平病，問之。平曰：『高祖時，勃功不如臣平。及誅
諸呂，臣功亦不如勃。願以右丞相讓勃。』於是孝文帝乃以絳侯勃為右丞相，
位次第一；平徙為左丞相，位次第二。」對於陳平，《史記》「太史公曰」更以
「振國家之患」、「賢相」、「善始善終」來稱讚他的智謀，與對漢朝的貢獻：「陳
丞相平少時，本好黃帝、老子之術。方其割肉俎上之時，其意固已遠矣。傾側
擾攘楚魏之閒，卒歸高帝。常出奇計，救紛糾之難，振國家之患。及呂后時，
事多故矣，然平竟自脫，定宗廟，以榮名終，稱賢相，豈不善始善終哉！非知
謀孰能當此者乎？」（頁 2062）。陳平、周勃參「人物附錄」。

　　總之，國家要長治久安，就必然要有一批忠貞之臣以爲骨幹基石，才能在危難之際，效忠皇室，平穩地推動國家前進。

　　畜牝牛，是因爲牛「外強而內順」，柔處內且履中正，是其它剛猛之物所沒有的優良特質，所以卦辭才會強調要用「牝牛」，王弼就說：「柔處于內，而履正中，牝之善也。外強而內順，牛之善也。〈離〉之爲體，以柔順爲主者也，故不可以畜剛猛之物，而吉於畜牝牛也。」〔註120〕孔穎達也解釋王弼的說法，強調「柔行中正」的重要：

> 若柔不處於內，似婦人而預外事；若柔而不履正中，則邪僻之行，皆非牝之善也。若柔能處中，行能履正，是爲牝之善也。……若內外俱強，則失於猛害；若外內俱順，則失於劣弱。唯外強內順，於用爲善。（同上）

因爲牛不強害，也不劣弱，強弱適中，恰到好處，不干預，也無邪思，所以于用爲善，是處〈離〉明的必備要件，最佳條件。

　　對於畜牝牛吉，馬振彪在《周易集說》引劉沅的說法：「含剛健於柔順，人之韜光孕德如之。離中之陰本坤體，故象牝牛。」〔註121〕以及李士鉁的看法：「坤爲牛，牛有順德，牝牛尤順，德可祭天，功可利人，謹養人以待用，故吉。禮，人君无故不殺牛。……離爲君象，故畜之。牝有生生不窮之意，重離相繼之象也。」（同上），認爲牛有德又有功，既有祭天之德，又有利人之功，是人類的好朋友，更是國君的好夥伴。

（四）「不出戶庭」的愼密

　　愼密是〈繫辭上〉對〈節〉卦初九爻「不出戶庭」的解釋。〈繫辭上傳〉說：「不出戶庭，无咎。子曰：亂之所生也，則言語以爲階。君不密則失臣，臣不密則失身。幾事不密則害成，是以君子愼密而不出也。」而這一段談的也是保治之道，因爲一言可以興邦，亦可喪邦，愼言擇語是有必要的。楊萬里就舉唐高宗欲廢武后，陳蕃欲誅宦官，卻都失敗，來證明「君不密則失臣」、「臣不密則失身」，可見「漏言」的嚴重性：

> 仲尼釋之，以謂處世事者戒漏言。唐高宗告武后以上官儀教我以廢汝，此君不密而失臣也。陳蕃乞宣臣章以示宦者，此臣不密而失身

〔註120〕〈離・卦辭〉，王弼注孔穎達疏：《周易正義》，十三經注疏本，頁73。
〔註121〕〈離・卦辭〉，馬振彪遺著，張善文整理：《周易學說》，（廣州：花城出版社，2002年6月第1版第3次印刷），頁299。

也。失臣失身可悼也，幾事不密，唐幾爲周，漢幾爲魏，尤可悼也。
〔註122〕

〈節〉卦初九爻說：「不出戶庭」，因爲時機仍不成熟，所以考量各方面的條
件，以不出戶庭爲宜。其實〈節〉卦談節制，在修身方面就是謹愼言語，因
爲禍從口出，所以不出戶庭便衍生有保密之意。言語既是禍福之機，甚至是
產禍召亂的根源，所以〈繫辭〉才會說：「亂之所生，言語以爲階。」而因不
夠保密而致禍者，如陳蕃、唐高宗即是。陳蕃要誅殺宦官，結果卻把奏章宣
示給太后左右之人（「願出臣章宣示左右」），宦官知情，必然會反擊，變成致
命的疏忽。〔註123〕唐高宗也是，欲廢后，卻在朝中告訴上官儀，結果被武后
知情，馬上向高宗申訴，高宗情怯之下，竟說成全是上官儀指使的話，致儀
被武后構殺，簡直是冤枉喪命。〔註124〕

　　同樣是「不出戶庭」，李杞也說：

〔註122〕〈繫辭上傳〉，楊萬里：《誠齋易傳》，庫本，頁 14-730。
〔註123〕曹節與趙夫人（皇帝的奶媽）等諂媚太后，培植黨羽，多行貪虐，爲害天
　　　　下。陳蕃痛恨他們，決定誅殺宦官，而與竇武謀劃。因爲當初陳蕃擁立竇
　　　　太后有功，又以爲誅宦官是順從民意，所以認爲太后必然會同意他的做法，
　　　　因此請求將奏章公告左右之人，使天下諸奸都知道臣下疾惡他們，而奏章
　　　　公告，朝中聽聞者莫不震驚恐懼。只是最後令陳蕃失算的是，太后並沒有
　　　　同意，因爲認爲盡誅之法牽連無辜，於是陳蕃、竇武才決定自己動手，但
　　　　這已讓宦官起了戒心，於是決定聯手反擊，「共盟誅武」；而反觀竇武內部，
　　　　意見卻不統一，最後被宦官搶得先機，變成了血腥的黨錮之禍，見《後漢
　　　　書卷六十六・陳王列傳第五十六・陳蕃》：「帝乳母趙嬈，旦夕在太后側，
　　　　中常侍曹節、王甫等與共交搆，諂事太后。太后信之，數出詔命，有所封
　　　　拜，及其支類，多行貪虐。蕃常疾之，志誅中官，會竇武亦有謀。蕃自以
　　　　既從人望而德於太后，必謂其志可中，乃先上疏曰：『……今京師嚻嚻，道
　　　　路諠譁，言侯覽、曹節、公乘昕……等與趙夫人諸女尚書並亂天下。附從
　　　　者升進，忤逆者中傷。……今不急誅，必生變亂，傾危社稷，其禍難量。
　　　　願出臣章宣示左右，並令天下諸姦知臣疾之。』太后不納，朝廷聞者莫不
　　　　震恐。蕃因與竇武謀之。」頁 2169。
〔註124〕麟德初年，武后召方士到宮中行蠱祝，被宦官揭發，高宗大怒，於是召上官儀
　　　　討論廢后之事，並催促儀草擬詔書。但事情馬上傳到武后那裏，武后緊急到高
　　　　宗面前辯說，高宗羞退，於是廢后之事遂不成。而此事也讓武后對上官儀懷恨
　　　　在心，唆使許敬宗構殺上官儀，見《新唐書卷七十六・列傳第一・后妃上・則
　　　　天武皇后》：「麟德初，后召方士郭行眞入禁中爲蠱祝，宮人王伏勝發之，帝怒，
　　　　因是召西臺侍郎上官儀。儀指言后專恣，失海內望，不可承宗廟，與帝意合，
　　　　乃趣使草詔廢之。左右馳告，后遽從帝自訴，帝羞縮，待之如初，猶意其志，
　　　　且曰：「是皆上官儀教我！」后諷許敬宗構儀，殺之。」頁 3475。

夫天下之患，莫大乎不密。不密常起於語言之間，一言之輕發，禍
輒隨之。……古之人以漏言而取禍者多矣！君而不密則失其臣，陽
處父之死是也。臣而不密則失其身，祭仲之殺雍糾是也。幾事不密
則害成，唐文宗之誅宦官是也。〔註125〕

李杞說「惟口起羞」、「言輕則招憂」，漏言易敗事，如鄭國的雍糾〔註126〕，唐
文宗即是。雍糾要殺祭仲，卻把祕密告訴妻子（祭仲之女），惹來殺身之禍。
唐文宗欲誅宦官，由李訓、鄭注策動甘露之變，卻因下人不小心洩底，於是
讓仇士良識破，趁勢反擊，都證明「幾事不密則害成」。而俞琰也說：「爲君
而言語不密，則禍及其臣，晉殺其大夫陽處父是也。爲臣而言語不密，則自
喪其身，鄭雍糾之死是也。大抵幾微之事不密，則禍從口出，而其害立成。
是以君子之愼密也，不惟其身不妄動，言語亦不妄發也。」〔註127〕因此，身
不妄動，言不妄發，有一定的說法。

　　因爲制度的設定，在未定之際，洩機於人，易害成，胡瑗在〈節‧初九〉
「不出戶庭」就有如是說明：

當節制之始，典章未備，法度未詳，必當愼密之，不可洩機于人。

〔註125〕〈繫辭上‧不出戶庭〉，李杞：《用易詳解》，頁19-537。

〔註126〕鄭莊公（共叔段的哥哥）死後，兩公子爭立（長子公子忽爲昭公、次子公子
突爲厲公）。祭仲是莊公寵信的卿大夫，而公子忽的母親鄧曼又是祭仲爲莊公
去娶的，於是祭仲立忽爲國君，即昭公。然公子突的母氏雍氏，也是宋莊公
寵信的大臣，不甘心祭仲立昭公，於是派人去挾持祭仲，要他廢了昭公，另
立公子突，即鄭厲公，因此昭公出奔衛。厲公即位後，因爲是政變取得君位
的，也知道祭仲不可能是眞心擁立他的，而且祭仲又專權，於是便暗中派祭
仲的女婿雍糾去殺他，並預謀在郊外設宴。結果雍糾卻把這個密謀告訴妻子，
即祭仲之女。女兒問了母親的意見後，在丈夫與父親之間選擇了父親，於是
跑去告訴父親，所以祭仲便先發制人，把雍糾殺了，並丟進水池中，厲公則
被迫出奔蔡國，昭公則又重新回國。《左傳》桓公十一年記載祭仲被迫改立公
子突的過程：「夏，鄭莊公卒。初，祭封人仲足有寵於莊公，莊公使爲卿。爲
公娶鄧曼，生昭公。故祭仲立之。宋雍氏女於鄭莊公，曰雍姞，生厲公。雍
氏宗，有寵於宋莊公，故誘祭仲而執之，曰：『不立突，將死。』亦執厲公而
求賂焉。祭仲與宋人盟，以厲公歸而立之。」見楊伯峻：《春秋左傳注》，頁
132。而《左傳》桓公十五年則記載祭仲殺雍糾，厲公出奔一事：「祭仲專，
鄭伯患之，使其壻雍糾殺之。將享諸郊。雍姬知之，謂其母曰：『父與夫孰親？』
其母曰：『人盡夫也，父一而已，胡可比也？』遂告祭仲曰：『雍氏舍其室而
將享子於郊，吾惑之，以告』祭仲殺雍糾，尸諸周氏之汪。公載以出，曰：『謀
及婦人，宜其死也。』夏，厲公出奔蔡。」頁143。

〔註127〕〈繫辭上傳‧不出戶庭〉，俞琰：《周易集說》，庫本，頁21-290。

苟所行不密，則必爲人所窺而敗壞成事。如是，則法未出而姦生，令未下而詐起。〔註128〕

因爲國家典制法度的制定，多半是爲了節人之私欲，「節情約欲」、「遏非絕僞」，所以多半拂逆人情；若幾事不密，於未備之際冒然「宣露于人」，則易爲人所窺伺而敗壞成事，造成不良後果。

第二節　亂世的成形及示戒

亂世的混亂汙濁，人倫秩序的崩解，其亂象，可從朝野的衰敗及個人的抉擇看出：

一、「城復于隍」的衰敗景象

亂世的景象，簡言之，就是小人當道，政教陵遲，而《易經》也有此類描述，如「城復於隍」、「棟橈」、「否之匪人」、「天地閉塞」等。

〈泰‧上六〉說：「城復于隍，勿用師，自邑告命，貞吝。」〈象〉曰：「城復于隍，其命亂也。」這是描述城變成隍的沒落，以及土崩瓦解的景象。城是堆土而成，隍是城外無水的溝。城變成隍，就是高土隕落，回歸地下。以卦象來說，〈坤〉原本在下，〈泰〉時居上，如今又回歸地面。以人事言之，大凡人事物的發展到達極限時，必然往下、往回走，不管是否極泰來，或泰極否來，都在應驗這個道理，即有「反本」的傾向。以唐朝國運爲例，安史之亂即是分水嶺，而關鍵人物就是權臣安祿山，李杞說：

闢土爲隍，積而成城。城之壞也，復歸于隍，事之反本，有固然者……上六居〈泰〉之極，而〈否〉乘之，是以有岸谷之變。方是之時，權臣擅命於下，天子之號令不出於國邑之中，豈可用師以貞之哉！……何者？其命已亂，無庸貞也。唐明皇天寶之末，玩治不戒，而成祿山之禍，河北二十四州如入無人之境，明皇之威命已亂，而方且趣哥舒翰，而使之出戰，一敗塗地而兩京爲虛。〔註129〕

安祿山叛亂〔註130〕，唐軍幾一敗塗地。叛軍所到之處，如入無人之境，號令

〔註128〕〈節‧初九〉，胡瑗：《周易口義》，頁 8-430。

〔註129〕〈泰‧上六〉，李杞：《用易詳解》，頁 19-396。

〔註130〕安祿山見玄宗春秋已高，不理政事，小人擅權，綱紀廢毀，精兵悍將多集中在邊鎮，朝廷力量空虛，于是便蓄有政治野心，羅致一大批文臣武將，準備

難以下達，就算用師也成效不彰。所以即便哥舒翰被迫出兵〔註131〕，也兵敗如山倒，潼關失守，長安岌岌可危，玄宗倉皇逃命，狼狽入蜀，軍隊號令不前，玄宗只好在逼不得已的情況下縊死楊貴妃，才得以平息眾怒而前進。而太子也在靈武即位（肅宗），卻形同軟性的政變。這種情況，即如〈泰〉卦上六爻所言，「其命亂也」，王命無人聽從，僅能行於國邑之中，潰散的情況，可見一斑，此時就算守正也沒有用，因為就算殺了楊貴妃謝罪，也於事無補，所以爻辭才會說「貞吝」。而長達八年的安史之亂，讓原本大好江山瞬間陷入兵荒馬亂之中，百姓流離痛苦，唐元氣大傷，社會經濟遭到重創，整個走向衰敗，如同城牆崩塌，傾覆至城溝般，而難以收拾，對照起貞觀、開元之治的榮景，實是天壤之別。

關於「城復于隍」的衰敗情形，楊萬里在〈泰〉卦上六爻也相當感慨，認為不是聖人沒有告戒，而是知懼者實在有限，等到災難發生，才要來振作，

叛變。而這麼明顯的野心，玄宗竟然一點感覺也沒有，旁人的提醒，也不當一回事，終於在天寶十四年，公元755年，掀起了一場長達八年的大叛亂。由於承平日久，兵不習戰，對戰事生疏，叛軍遂一路勢如破竹，一個月後就攻陷東都洛陽，見《新唐書卷二百二十五上·列傳第一百五十上·逆臣上·安祿山》：「時太平久，人忘戰，帝春秋高，嬖豔鉗固，李林甫、楊國忠更持權，綱紀大亂。祿山計天下可取，逆謀日熾，每過朝堂龍尾道，南北睥睨，久乃去。更築壘范陽北，號雄武城，峙兵積穀。養同羅、降奚、契丹曳落河八千人為假子，教家奴善弓矢者數百。……」頁6414。（參白壽彝總主編：《中國通史》修訂本，隋唐時期下冊，上海人民出版社，2004年07月第1版），頁1539。

〔註131〕安祿山叛變，封常清前往洛陽備戰，但叛軍渡河南下，封大敗，洛陽不守，最後與高仙芝退守潼關，以防叛軍危及京師。但封、高二人被人陷害，為玄宗下令斬於軍中。玄宗於是以哥舒翰為兵馬副元帥，進駐潼關備戰。當時潼關守軍號稱二十萬，但因翰不恤士卒，而致士氣低落。哥舒翰原採堅守戰略，決不出擊，但楊國忠懷疑他別有用心，因此力請玄宗促他出兵，而玄宗也希望哥舒翰出關收復失地。翰不得已率軍出關，與叛軍戰於靈寶，結果大敗，潼關因而失守。京師聞警後，楊國忠建幸蜀之策，於是玄宗離京西行，車駕至馬嵬坡，將士飢疲，在憤恨聲中射殺楊國忠，並逼迫玄宗將楊貴妃縊死，然後纏肯前進。而叛軍也隨即攻下長安，所幸沒有全力急速西進，才得以保住玄宗與太子沒有受到追迫。而潼關失守，戰略的影響是很大的，因為這讓叛軍重新找到生機，否則各地軍民起來反抗，已紛紛脫離叛軍勢力，加上郭子儀、李光弼的軍隊也連敗史思明軍，所以叛軍一度陷入困境之中；若不是在潼關有所斬獲，整個形勢是極有可能逆轉的，所以玄宗決策的錯誤，不僅僅是禍國殃民，更是將國家推向另一個深淵。（參傅樂成：《中國通史》），頁389；白壽彝總主編：《中國通史》修訂本，隋唐時期下冊，上海人民出版社，2004年07月第1版），頁1539。

守正道，卻有點晚了，所以雖出于正，猶不免于吝：

> 〈泰〉至於上六，則陰盛而陽微，君子消而小人長。〈泰〉往而〈否〉
> 來，如城之頹而爲隍，於是治化而亂，存化而亡，國化而家，辟化
> 而庶，有不忍言者矣！《詩》曰：「高岸爲谷，深谷爲陵。」是也。
> 天命靡常，至此極亂矣！雖欲用師，孰爲之用；雖欲告邑，孰爲之
> 聽；雖出于正，孰免于吝，其懷、愍、劉石之世乎？嗚呼！聖人之
> 戒，亦不緩矣！而猶有不懼者，何也？〔註132〕

〈泰〉卦上六已盛極而衰，所以泰將往，否將來，也就是君子消而小人長，
如《詩經·小雅·十月》所言，「高岸爲谷，深谷爲陵」的現象。而這種頹廢，
「極亂」的情況如同懷、愍、劉石之世。所謂飄風不終朝，驟雨不終日，所
以天命靡常，治無常治，欠缺警覺，不免措手不及。

而「棟橈」的情況，胡瑗在〈大過·卦辭〉「棟橈，利有攸往，亨。」即
描述王綱解紐的狀況：「棟橈者，言〈大過〉之時，政教陵遲，紀綱衰壞，本
末皆弱，若大廈之將顛，而梁棟不能支持，故致傾撓。」〔註133〕「棟橈」表
示樑柱彎曲（橈，曲折），已支撐不了大廈，表示建築物有隨時倒塌的危險。

關於亂世的景象，我們可從進退、順逆、內外、上下等不同的層面來分
析比較：

（一）「柔變剛」是進退之際的轉換

進與退是說小人進，而君子退。亂世中，小人當道，君子不願同流合污，
不得已只好退避。其實小人當道，亦非一朝一夕而成，總是一步一步培植勢
力，因此治國者當察乎「幾微」之兆，即在陰長之時，致其戒愼之意，才能
防其壯大。因爲一般人常輕忽小善小惡，以爲微不足道，所以當陰浸長於內
時，最容易被人忽略，如〈姤〉卦即是。〈姤〉卦五陽在上，一陰居下，這種
一陰勢弱的情況，難以引起人的注意，但陰有漸長之勢，會逐漸壯大，屆時
要處置，即有困難了，所以卦辭才會說「女壯，勿用取女。」即這種女子不
可娶，更意謂著這種情勢不能任由它發展下去，必須有效制止。李光也強調
治亂之幾即存乎此，能察乎一陰在下、在內，而其勢必「壯」之理，才能防
微杜漸，勿令陰邪勢力有可趁之機，他說：

〔註132〕〈泰·上六〉，楊萬里：《誠齋易傳》，庫本，頁14-556；叢本，頁50。「頹」
　　　　字，叢書集成作「穨」；「于」字，叢書集成作「於」。
〔註133〕〈大過·卦辭〉，胡瑗：《周易口義》，頁8-303。

五陽而一陰，則一陰爲之主。陰雖復而在下，其勢必盛，故有壯女
之象。「勿用取女」者，小人勿用也。善明治道者，察乎幾微而已。
陰邪處內，雖寡，足以勝眾陽，是一小人足以敵眾君子也。然則君
子、小人相爲消長，特在內外之間耳。〈否〉、〈泰〉二卦是也。人君
能審知其小人勿用可也。唐明皇用一李林甫，去一張九齡，治亂于
此分矣。君明臣良，古人謂千載一遇，當〈姤〉陰長之時，聖人致
其戒愼之意深矣。〔註134〕

因此爲國者應有先見之明，才能勿貽後患，如唐玄宗即位之初，勵精圖治，
後期則任用奸臣李林甫〔註135〕，罷黜賢相張九齡，導致國政日衰，也種下日
後安史之亂衰敗分裂的禍源。〔註136〕因此，唐治亂的分界就在玄宗時期李林
甫與張九齡的進退之際。總之，李林甫的奸邪，口蜜腹劍，與算計忠良，殘
害人才的本事，可以說是玄宗的敗國之本。〔註137〕

〔註134〕〈姤·卦辭〉，李光：《讀易詳說》，頁10-390。

〔註135〕玄宗時期的盛衰分際，唐崔群認爲是肇因於任用奸臣李林甫，罷免宰相張九
齡之時，因爲此舉導致國政敗壞，此見《舊唐書卷一百五十九·列傳第一百
九·崔群》引崔群之語說：「玄宗用姚崇、宋璟、張九齡、韓休、李元紘、杜
暹則理；用林甫、楊國忠則亂。人皆以天寶十五年祿山自范陽起兵，是理亂
分時，臣以爲開元二十年罷賢相張九齡，專任奸臣李林甫，理亂自此已分矣·
用人得失，所繫非小。」頁4189。

〔註136〕傅樂成在《中國通史》說：「開元時代長期的治安，玄宗漸把從前勵精圖治的
精神和興趣，轉移到宮廷享樂的生活上去。長期的太平，往往會使一個君主
過分自信而忘卻創業的艱難。……他本喜接近正士，因此開元前期名臣輩出，
後來乃漸漸接近小人，寵任言利之臣，並親信宦官楊思勗、高力士等，而奸
臣李林甫的執政，尤爲政治興衰的關鍵。」（大中國圖書公司印行，民國93
年3月30版），頁386-387。

〔註137〕李林甫之奸邪在於：一、「面柔有狡計」，很能迎合玄宗心意，因李勾結宮
中的宦官嬪妃，所以能事先知道皇上的一舉一動，甚至心思，因此奏言進
對，皆能稱旨，「林甫面柔而有狡計，能伺候人主意，故驟歷清列，爲時
委任。而中官妃家，皆厚結託，伺上動靜，皆預知之，故出言進奏，動必
稱旨。」二、是「忌」有才學之人，甚至陰計中傷陷害。因李林甫自身沒
什麼學術才能，所以深怕他人比自己有才華，對於有才學之士，能除則除，
「林甫恃其早達，輿馬被服，頗極鮮華。自無學術，僅能秉筆，有才名於
時者尤忌之。」三、爲鞏固權位，杜絕文官有「出將入相」的可能，於是
建議玄宗以蕃人任節度使，開蕃人任節度使之風氣。因蕃人不識字，只能
出將，根本無法入相，所以不會對李林甫構成什麼威脅。但從此之後，蕃
人如高仙芝、哥舒翰、安祿山等，皆因任節度使而專掌一方，由於權勢過
大，便逐漸蓄有政治野心，遂發生日後安史之亂。足見一個政策的舉足輕
重，甚至就是亡國之本。《舊唐書卷一百六·列傳第五十六·李林甫》云：

而〈剝〉卦〈象傳〉的「柔變剛」就是君子退而小人進的典型，意即小人消剝、取代君子，君子處危屬之際，所以楊萬里在〈剝・初六〉「剝牀以足，蔑貞凶。」〈象〉曰：「剝牀以足，以滅下也。」就說初六一柔首「變」一剛，為剝足之象，是正道滅的開始：

> 天下之勢若處屋，屋上庇，牀下承，人中處者也。害人者，先壞其牀之足；害國者，先壞其國之足。君子者，人主之股肱也，非國之足乎？小人之滅正道，消君子，剝牀之足者也。正道滅，而後凶于而國者隨之。……故〈剝〉始於滅下，其流及上，一柔自下，首變一剛，故有「剝足」之象。〔註138〕

以國家來說，剝足即是剝君子，因為君子是國之足，所以害國者必先害國之足，因為基層倒塌，國亦難為。

至於〈剝・六二〉「剝牀以辨，蔑貞凶。」〈象〉曰：「剝牀以辨，未有與也。」比起初六爻的「剝牀以足」，則益形嚴峻，楊萬里也說：

> 辨，牀之幹也。牀有幹，國亦有幹；大臣，國之幹。二，大臣之位。今二柔進，而變二剛，此小人進為大臣，而退君子之大臣也。其當罷九齡，相林甫之日也。與，五陰一陽，陽孤且外，孰為之與？故曰：「未有與也」。〔註139〕

剝牀以「辨」，表示小人禍國已損及國之幹，而國之幹即是大臣。賢良的大臣被小人取代，將孤立無援而在外，所以是國之凶。

其實〈剝〉卦柔之能變剛，探究原因，是因為「君德盡喪」的緣故，才會讓小人得以興風作浪，張浚就說：

> 乾，君道也。至上，君之剛德盡喪，徒亢而已，是以剝。夫剝之為剝，小人盛也，五陽退聽，君子道窮，故不利有攸往。夫小人用事，……彼將以是為非，以邪為正，以君子為小人，君子而往，可乎？夫致剝者，小人；而所以致剝，則自夫人君之心。人君剛德既喪，安逸

「開元中，張嘉貞、王晙、張說、蕭嵩、杜暹皆以節度使入知政事，林甫固位，志欲杜出將入相之源，嘗奏曰：『文士為將，怯當矢石，不如用寒族、蕃人，蕃人善戰有勇，寒族即無黨援。』帝以為然，乃用思順代林甫領使。自是高仙芝、哥舒翰皆專任大將，林甫利其不識文字，無入相由，然而祿山竟為亂階，由專得大將之任故也。」（頁3235-3241）。另參傅樂成《中國通史》，頁386。

〔註138〕〈剝・初六〉，楊萬里：《誠齋易傳》，庫本，頁14-588；殿本，頁269。
〔註139〕〈剝・六二〉，楊萬里：《誠齋易傳》，庫本，頁14-588；殿本，頁270。

> 豫，盡聲色，溺貨賄，然後小人得以擅事於下。……柔變剛也，君
> 德盡喪之謂也。〔註140〕

〈剝〉卦只有一個陽爻，又居上極，下方陰氣籠罩，因此有喪剛德的危機及居上徒亢的疑慮（如〈乾〉卦上九的亢龍有悔）。這對君王來說，是不利的現象，表示君主有信任小人的跡象。不過張浚認為小人雖能致剝而敗壞朝政，但真正的源頭仍在人君心術；如果人君剛強振作，不安逸豫、不溺貨賄，小人又怎能擅事於下？所以張浚的結論是，因為「剛德盡喪」，所以「君德盡喪」，對帝王而已，這不啻是一記當頭棒喝。

（二）「履霜堅冰」是順逆之漸的浸長

亂世的起因，多半起於人主輕忽小人，缺乏戒慎之心，至大權旁落，又都為時已晚，所以李杞認為治國者當深明《易傳》「履霜堅冰至」的道理，也就是〈坤〉卦〈文言傳〉所說的漸、順，所謂「積善之家，必有餘慶；積不善之家，必有餘殃。臣弒其君，子弒其父，非一朝一夕之故，其所由來者漸矣。由辨之不早辨也。《易》曰『履霜堅冰至。』蓋言順也。」因為漸、順，所以日積月累，逐步浸長，這就是小人在順逆之間的隱伏變化，似順實逆，李杞說：

> 夫物以順至者，必以逆觀。蓋至順之中，至逆所攸伏者也。陰之為
> 物，以柔靜為體，亦可謂順矣；然而浸長不已，則將有剝陽之禍，
> 其為逆也，莫大焉。〔註141〕

李杞還以漢、唐末期宦官為患的例子，證明小人居心叵測，以「至順之初」的表象包藏「為逆之漸」的意圖，他說：

> 自古小人之禍，其始莫不以柔順為得君之計，而其終率以亂天下。
> 如漢季、唐末宦官之專，大抵皆起于一順之積，當時之君，徒知喜
> 其便佞、諛悅之為易制，而不知異日專恣竊權之漸皆伏于此。是狃
> 于其順而不能辨之以早之過也，故曰：「履霜堅冰至，蓋言順也。」
> （同上）

意思是說，治亂之幾皆存乎「一順之積」，即小人常利用君主喜其便佞、柔順之心，而投其所好，然後暗中漸次專恣竊權。只是這種包藏禍心、狼子野心的陰謀，唯有「至明」者才能洞悉。也就是說只有明君才能在動靜間就已察

〔註140〕〈剝・象曰〉，張浚：《紫巖易傳》，頁10-75。
〔註141〕〈坤・文言〉，李杞：《用易詳解》，頁19-368。

知其風向，可見小人有多難應付，所謂「方其至順之初，而能察其所以爲逆之漸。見動之微，知風之自，非天下之至明，其孰能與于此哉！」（同上）。

同樣是討論〈坤〉卦初六爻的「履霜堅冰」，李光也強調從「寒之始」到「寒之極」，其發展超乎想像：

> 履霜者，寒之始也。堅冰者，寒之極也。方履霜而有堅冰之象。……
> 其始甚微，比其終也，禍有不可勝言者。唐高宗欲立武氏，大臣皆
> 力爭，長孫無忌、褚遂良相繼以死。李勣獨曰：「此陛下家事，何須
> 問外人。」武氏立，而唐之社稷幾殲焉。秦二世專任趙高，卒有望
> 夷之禍。〔註142〕

以高宗、二世來說，高宗當初因爲不接納大臣的勸諫，執意立武則天爲后，才會中斷李唐社稷；而二世專寵趙高，也亡掉秦朝。這兩人在用人之際，或許也沒想到會有這麼嚴重的後果。因此，用一個人，看似事小，其實事大，如果他們能在一開始時就更加謹愼，或許歷史要全面改寫。

另外，李光在〈坤‧上六〉「龍戰于野，其血玄黃。」〈象〉曰：「龍戰于野，其道窮也。」也說：

> 〈坤〉之上六，其微見于初爻。臣弑其君，子弑其父，非一朝一夕
> 之故，其所由來者漸矣。由辨之不早辨也。《易》曰：「履霜堅冰至」，
> 蓋言順也。小人事主，其初但阿順而已。人主利其順適之快，任之
> 必專。至于威柄潛移而不悟，陰盛傷陽，而卒不可制，雖欲就臣位，
> 不可得也，故象曰：「龍戰于野，其道窮也。」〔註143〕

這段的意思是說，有初六的履霜堅冰，才會有上六的龍戰于野。很多事情，是其來有自，冰凍三尺，非一日之寒，而小人之竊國，也是如此。小人事主，爲取得親信，初必以「阿順」爲手段，而人主順適，就必然倚任重用，而一旦重用，威權就會逐漸下移而不自知，等到發現情況不利，而想重新取回政權時，就不免演變成臣弑其君，或君臣相殘的局面。因此，人主若不能趁早覺悟，對這種漸順「積習」有所警惕，並加遏止，就必然會是此種發展結局，所以李光才會說：「以臣伐君，亦由威權不立，積習以致之也。」（同上）

（三）「大往小來」是內外之勢的成形

內與外的意思是說內小人而外君子。小人群聚朝廷，處內；而君子則窮

〔註142〕〈坤‧初六〉，李光：《讀易詳說》，頁 10-274。
〔註143〕〈坤‧上六〉，李光：《讀易詳說》，頁 10-276。

居在野，於外。這其實就是〈否〉、〈泰〉的差異，小人在內為〈否〉卦，君子在內是〈泰〉卦。〈否〉卦卦辭就說：「否之匪人，不利君子貞，大往小來。」〈象〉曰：「……內陰而外陽，內柔而外剛，內小人而外君子。小人道長，君子道消也。」李杞也解釋說：

> 〈否〉者，〈泰〉之反也。〈泰〉之極則〈否〉乘之。向之往者，
> 今變而為來矣；向之內者，今轉而為外矣。向之所謂陰與柔之小
> 人，今皆據用事之地矣。上下易位，天地閉塞而不相交，人道絕
> 滅，故曰「否之匪人」也。〈泰〉之世，非无小人也，而小人擯棄
> 于外，不足以為君子之害，此〈泰〉之所以為〈泰〉也。〈否〉之
> 世，非无君子也，而君子遠引退避，惟恐小人之陷，此〈否〉之
> 所以為〈否〉也。堯舜之世，雖有四凶，不能為患；桀紂之世，
> 雖有龍逢、比干，亦復何益！則〈否〉、〈泰〉之相反，其君子、
> 小人勝負之決乎！君子者，國之綱也。……漢鈞黨之獄，唐白馬
> 之禍，善良掃地殆盡，而漢唐亦隨之以亡，所謂天下无邦，豈不
> 可畏哉！〔註144〕

其實太平之世不是沒有小人，而混亂之世也不是沒有君子，只是在內與在外而已。世道衰敗之時，小人容易往內發展，趁虛而入，竊據要路；而君子為避禍，就必然遁隱世外，不與世事，長期以往，不成亂世都很困難，因為內外的態勢已然成形，因此李光才會說：「一君子遇禍，則眾君子必相牽連而去。大者往，則小者乘時而來矣。」〔註145〕小人一旦處內，則結黨營私，把持朝政，為所欲為，所以李光在〈剝‧象曰〉就說：「小人得志，則能竊人主威柄，盡去君子，而呼吸群小聚之朝廷，則據要路者皆小人矣。」〔註146〕

　　其實昏亂之世，君子或明智之士要避世遠遁，往外流動，實在是因為很難有所作為，只好獨善其身，以遠離政治風暴，另尋庇護，而求安身立命，李光在〈遯‧九五〉「嘉遯，貞吉。」就說：「夫有道之士，知小人之浸長，海內之必亂，人主不足與有為也。故寧憔悴江湖之上，甘心寂寞之濱，若將終身焉。」〔註147〕李光認為有道之士側隱山林，淡泊名利，雖無心權勢，其實正是一股清流，亦有助於澄清治道。因為此時若眷戀名位，不能「超然獨

〔註144〕〈否‧卦辭〉，李杞：《用易詳解》，頁 19-396。
〔註145〕〈否‧卦辭〉，李光：《讀易詳說》，頁 10-306。
〔註146〕〈剝‧象曰〉，李光：《讀易詳說》，頁 10-335。
〔註147〕〈遯‧九五〉，李光：《讀易詳說》，頁 10-364。

往」，難保不會惹禍上身，而這種會被波及的情況就是〈遯・六三〉「係遯」的情形，李光說：

> 君子知天下將亂，小人必得路，人主不足與有爲，則悠然長往，然後可以保身而全家。若顧戀寵祿，懷其惠，以係累其心，未有能超然獨往者也，如此未有不反受其危害者。〔註148〕

係是牽係，係遯是說當遯之時而不能遯，在時局不利之時，仍有所係戀、眷顧，因而受害。

（四）「天地不交」是上下之情的隔絕

「上下不交」是《易經》對亂世的形容，表示上之情與下之情是兩樣情。〈否〉卦〈象曰〉就說：「大往小來，則是天地不交，而萬物不通也。上下不交，而天下无邦也。」關於「天地閉塞」的混亂世局，李光說：

> 〈否〉之時，上下之情隔絕而不通。如天之自高，地之自下，強弱相陵，大小相并，而上不恤也。朝廷之勢日以微弱，政化日以陵遲，朝覲會同之禮廢，屏衛勤王之義絕，是天下無邦也。〔註149〕

大抵就是王綱解紐，朝廷勢微，教化陵遲，禮義廢棄，上下隔絕，強弱相陵，並且各自爲政，顯然已呈現脫序的狀態，也就是說上下根本是兩個完全不同的世界。這種上下不交的情形，林栗在〈否・卦辭〉也感嘆地說：「自昔天下之亂，未嘗不起於民窮而主不恤，下怨而上不知。」〔註150〕其實這種殘破的情景，衰敗的象徵便是滅國的先兆，也就是預告亡國其實指日可待了。

其次，是剝下媚上。《易經》的〈剝〉卦討論亂世，特別著眼於小人逐步侵蝕國家根本的過程。從剝牀以「足」、以「辨」，到以「膚」，甚至最後的剝「廬」，代表惡勢力的擴展，等到君子及有道者皆被削剝殆盡後，就是天下大亂之局。此時除非天降大才大德之人以終結亂世，否則難以解民倒懸，所以在〈剝・初六〉「剝牀以足，蔑貞凶。」〈象〉曰：「剝牀以足，以滅下也。」李光就描述小人胡作非爲，而下層社會鬆動瓦解的情況：

> 自昔媒蘗禍亂，未有不自人主致之。蓋上有奢淫之主，則下必有刻剝之臣，其致禍亂之術，如循一軌。剝者，剝下以媚上也。剝下媚上，其勢必至于大亂。牀者，人所安處。小人竭民之力，斂民之財，

〔註148〕〈遯・六三〉，李光：《讀易詳說》，頁 10-364。
〔註149〕〈否・象曰〉，李光：《讀易詳說》，頁 10-306。
〔註150〕〈否・卦辭〉，林栗：《周易經傳集解》，頁 12-89。

以奉其上，使斯民離散泮渙，失其所常處而莫之卹也。……小人于
正道，則蔑視而不卹；于細民，則竭其膏血至盡而不顧，知固寵保
位而已。卒至天下土崩，首領莫保，雖悔何及哉！〔註151〕

初六是剝之始，但聖人已戒之要謹慎禍亂之將至，否則其漸長之勢，必然剝
下以媚上。奸小搜括民脂民膏以奉其上，不恤民力，因此民不聊生，必然斯
民泮渙。

二、個人的抉擇與趨吉避凶之道

個人的抉擇，當然是人各有志，無法強求，不過大抵而言，處亂世，除
非有特殊原因，否則還是以保全性命為要。至於如何保全性命，有幾點值得
參考：一是「括囊无咎」。括囊无咎才能明哲保身，保身之後才能等待時機，
則清平之世不無可能。因為留得青山在，不怕沒柴燒。二是「不利君子貞」
而詭辭免禍，叔孫通就是通達其道者，表面看是胡說八道，其實是在尋求生
機。三是「明夷于飛」，也就是遠離災難之地，並且愈快愈好，速度很重要，
如姜太公即是。四是「順而止之」，而不逆而激之，即判斷情勢再應對，不必
逞匹夫之勇。五是「包承小人」以渾跡群小間，讓人真假莫辨，虛實難測，
誤以為你是同類的，自然無法作文章。六是「內文明而外柔順」，因為內心清
明，必然保有智慧，假以時日，必可再創新局。以上大抵都是正面的例子，
至於徒然犧牲的，雖然也有其價值，但畢竟留下遺憾，所以不到最後關頭，
聖人是不鼓勵這種做法的，因為這等於是將最後的希望付之一炬，甚至灰飛
煙滅，所以有智者不是不犧牲，而是不輕言犧牲：〔註152〕

（一）「括囊无咎」是明哲保身

亂世的自處之道，自保之要，宋《易》多有論及。其實《易經》本身即
有這方面的探討，如〈遯〉卦就認為不妨高舉遠引，以遠離世患。而〈坤〉
卦「括囊」，就告誡言語惹禍，應謹慎口舌；至於〈明夷〉卦則強調要內晦文
明，以混迹群小之中，以免被注意；若不得已與小人共處，也要「不惡而嚴」。

〔註151〕〈剝‧初六〉，李光：《讀易詳說》，頁 10-336。
〔註152〕張立文主編《和境——易學與中國文化》即說：「《周易》強調個體的『自強
不息』、『進德修業』。然而就其內容整體來看，其人格理論很難以『剛健』或
『自強不息』來簡單地加以概括；在剛柔相濟、健順相輔的內容之外，也還
有著大量卑弱自處，避世保身的重要內容。」（北京：人民出版社，2005 年 3
月第 1 版），頁 105。

而宋《易》以李光最強調明哲保身，即在亂世中識時進退，見幾而作，以全身而退，避免不必要的犧牲及災禍。總之，在亂世或世道艱險之時，時若不可為，還是以退避為宜，隱遯世外。若不能遠去，則要晦跡收斂，柔順處之，括囊而無咎，以免自陷凶險。

「括囊」指緘默不語，如囊口緊束，〈坤〉卦六四爻說：「括囊，无咎无譽。」〈象〉曰：「括囊无咎，慎不害也。」因為禍從口出，少言就能少是非，自然可免紛爭，所以李杞在〈坤・文言〉「天地變化，草木蕃；天地閉，賢人隱。《易》曰：『括囊，无咎无譽』，蓋言謹也。」中說：

> 〈坤〉之六四，即〈否〉之九四之變也，故有閉塞之象。夫天地變化，雖草木猶為之蕃，則賢人可知矣。天地閉塞，雖賢人猶為之隱，則草木亦可知矣。四當〈否〉之世，知其不可以有為，而括囊自處，以免于咎譽，謹之至也。甯武子邦无道則愚，蘧伯玉邦无道則可卷而懷之，二子豈得已者哉！〔註 153〕

李杞認為天地變化，連草木都曉得要與時俱變，春秋易色，何況是人，因此人也要效法天地，在昏否之世，括囊無言以無咎。明此道者，李杞舉甯武子及蘧伯玉為例，說明一者佯愚〔註 154〕，一者卷而懷之〔註 155〕，以求全於亂世。

總之，小人得志之時，君子要學會「潛光晦跡」，而不要「直道顯然而行」〔註 156〕。但即使在君子勢壯之時，亦不可以放心肆意而為，當「告自邑」，由內及外，由邇及遠，使自己之一邑信服，然後才告及于天下。

（二）「不利君子貞」而詭辭避禍

「不利君子貞」，就是不利於君子行正道，為什麼不利君子行正道？因為身處亂世，局勢險惡，能全身已屬不易，若此時還想行正道，簡直是異想天

〔註 153〕〈坤・文言〉，李杞：《用易詳解》，頁 19-369。

〔註 154〕「愚不可及」是孔子對甯武子的稱讚。甯武子在邦國有道之時，就顯其智謀，發揮才能；邦國昏亂之時，就假裝愚昧，隱藏智慧，以免罹禍。而前者是一般人可以學習的，後者卻是他人難以企及的，見《論語・公冶長》：「子曰：『甯武子，邦有道則知，邦無道則愚；其知可及也，其愚不可及也。」十三經注疏本，頁 45。

〔註 155〕蘧伯玉，蘧瑗，邦國無道之時，便韜光晦跡，不參與時政，見《論語・衛靈公》：「蘧伯玉，邦有道則仕，邦無道則可卷而懷之。」十三經注疏本，頁 138。

〔註 156〕〈夬・卦辭〉，胡瑗：《周易口義》，頁 8-359。

開，更是危險行徑；況且這種行為，聖人未必嘉許，而優良典範就是叔孫通。叔孫通是能通變者，懂得在危急之際先設法保命出宮，再另尋明主，以佐應運帝王改朝換代，建立漢室，制定朝儀〔註157〕。可以說發揮了儒者消極避世、積極用世的最大功效，所以司馬遷才會在《史記》中對他稱讚有加，表示能收放自如。世道亂，則逃則隱；世道興，則建則立，既不預設立場，自我侷限，以因應特殊情勢；也不強求機緣，錯失良機，務做出最好的選擇，以謀天下人之大利，所以李光在〈否·卦辭〉「否之匪人，不利君子貞，大往小來。」就提到叔孫通的智慧抉擇，可為世範：

> 〈否〉之卦，天地不交，各復其位。……夫消息盈虛之理，蓋有不能使之常治而不亂，常安而不危者，聖人能使禍不至于深耳。〈否〉〈泰〉相因，有非人力所能勝，故曰「否之匪人」。……君子當天下否閉，小人道長之時，則有奉身而退，苟必欲以正道有為于其間，遇禍決矣。故昔之君子有詭辭以免禍，如叔孫通是也。〔註158〕

叔孫先生在秦末天下大亂之際，面對二世的昏瞶，能馬上察言觀色，揣度二世的心思，敷衍昏君，以詭辭而避禍〔註159〕，機警地逃了出來，並帶著百餘

〔註157〕 高祖併天下登基後，群臣聚會上朝，缺乏禮儀規矩，或「飲酒爭功」，或「醉或妄呼」，或「拔劍擊柱」，對於這種情況，「高帝患之」。叔孫通知道皇上愈發厭惡這種現象，於是趁機建言，認為天下已定，儒者雖「難與進取」，卻「可與守成」，不妨借用儒生才學，制定朝儀。高祖聽了，覺得可行，便囑咐以「易知能行」為原則，於是叔孫通兼採「古禮」與「秦儀」雜就之，混合並用，制定「朝儀」。朝儀制定後，情況果然改善許多，群臣上朝時，文武分列，皆有一定秩序，與尊卑之分，沒人敢再「謹譁失禮」。對於這種結果，高祖不僅相當滿意，賜黃金五百斤，還按叔孫通的進言，將儒生全部封為郎官，儒生們「皆喜」，都奉叔孫先生為「聖人」。見《史記卷九十九·劉敬叔孫通列傳第三十九·叔孫通》，頁2722。

〔註158〕 〈否·卦辭〉，李光：《讀易詳說》，頁10-306。

〔註159〕 秦末天下大亂，陳涉（陳勝）揭竿起義。對於陳涉的起兵事件，二世（胡亥）召集博士諸生三十餘人，詢問大家的意見及看法。當中有人說陳涉是反賊，當處死罪，所以建議二世出兵討伐，二世聽了，面有「怒色」；叔孫通發覺情勢不對，於是向前稟告，反駁大家的意見。認為「明主」在上，法令修備，「人人奉職」，哪有人敢造反？所以陳涉那群人，不過是群鼠竊，根本不足憂慮。二世聽了，龍心大悅。最後，說反叛的，統統「下吏」，抓起來交由司法單位處理，因為發言不當；而說強盜的，則不予以追究。至於叔孫通，則因諂媚有功，賜帛二十四，衣一襲，並拜為博士。出宮後，儒生們都認為叔孫通講話太諂媚了，叔孫通則解釋情況危急，不這麼說，就幾乎逃不出「虎口」，於是亡秦出走，並率領百餘名儒生弟子，輾轉投奔劉邦。漢朝建立後，佐劉邦制定朝儀，確立君臣尊卑之序，讓劉邦體會

名儒生逃亡，最後投靠高祖劉邦，佐其定天下。〔註160〕李光對他的通權達變，明哲保身之道頗為肯定。因為〈否〉卦正值天地閉塞，上下不交，小人當道之際，根本沒有君子可以發揮的空間，如欲行正道，必然遇禍，因此以虛與委蛇，應付為宜，所以卦辭才會說：「不利君子貞」〔註161〕。

（三）「明夷于飛」為儉德辟難

「明夷于飛」就是高舉遠引，也就是逃離危險之地，李光在〈否‧象曰〉「天地不交，否。君子以儉德辟難，不可榮以祿。」中就舉管寧之事說之：

> 君子居〈否〉之時，當奉身而退，漢管寧之徒是已。寧見天下大亂，遂渡海至遼東，環堵篳門，偃息窮巷，晏然若將終焉。雖三公之位，有所不顧，豈以世之榮辱累其心哉！〔註162〕

東漢末年，天下大亂，李光認為管寧避居遼東是明智之舉〔註163〕。其環堵篳

到身為皇帝的尊貴。對於叔孫通的通變，與識時務，司馬遷以「進退與時變化」來稱讚他，認為是「漢家儒宗」，見《史記卷九十九‧劉敬叔孫通列傳第三十九‧叔孫通》：「叔孫通者，薛人也。秦時以文學徵，待詔博士。數歲，陳勝起山東，使者以聞，二世召博士諸儒生問曰：『楚戍卒攻蘄入陳，於公如何？』博士諸生三十餘人前曰：『人臣無將，將即反，罪死無赦。願陛下急發兵擊之。』二世怒，作色。叔孫通前曰：『諸生言皆非也。夫天下合為一家，毀郡縣城，鑠其兵，示天下不復用。且明主在其上，法令具於下，使人人奉職，四方輻輳，安敢有反者！此特群盜鼠竊狗盜耳，何足置之齒牙間。郡守尉今捕論，何足憂。』二世喜曰：『善。』盡問諸生，諸生或言反，或言盜。於是二世令御史案諸生言反者下吏，非所宜言。諸言盜者皆罷之。迺賜叔孫通帛二十匹，衣一襲，拜為博士。叔孫通已出宮，反舍，諸生曰：『先生何言之諛也？』通曰：『公不知也，我幾不脫於虎口！』迺亡去。」頁2720。

〔註160〕《漢書卷六十七‧楊胡朱梅云傳第三十七‧梅福》才會提到箕子要「佯狂」裝瘋，而叔孫先生不得已「遁秦」逃亡，皆是出於不可為、不得已，並非不忠不親，「臣聞箕子佯狂於殷，而為周陳洪範；叔孫通遁秦歸漢，制作儀品。夫叔孫先非不忠也，箕子非疏其家而畔親也，不可為言也。」頁2917。

〔註161〕「不利君子貞」有二種斷句之法：一是「不利，君子貞。」即此時不利於民，然君子仍守正道。二是「不利君子貞」，表示此時不利君子行正道，以退避為宜。二種說法皆通，皆是君子之道。

〔註162〕〈否‧象曰〉，李光：《讀易詳說》，頁10-306。

〔註163〕管寧，字幼安，北海朱虛人。當時天下大亂，管寧聽說公孫度在海外推行法令，將遼東治理得不錯，於是便和王烈等遷徙到那裏的郡北，後來郡北的人便越聚越多。黃初年間下詔拔舉獨行君子，華歆推崇管寧，想讓位給他，管寧不接受，便舉家渡海而歸，堅決不肯當官。之後朝廷仍屢次徵詔，時人也相當推薦，然管寧終不仕而偃息窮巷，見《三國志卷十一‧魏志十一‧管寧》：「天下大亂，（管寧）聞公孫度令行於海外，遂與原及平原王烈等至于遼東。……中國少安，客人皆還，唯寧晏然若將終焉。黃初四年，詔公卿舉獨

門，偃息窮巷，晏然自若；更對朝廷的屢次徵召，不爲所動，淡泊自處，所以時人才會以「困而能通，遭難必濟，經厄蹈險，不易其節，金聲玉色，久而彌彰」（《三國志》）來稱讚他。因爲君子處亂世，當奉身而退，不宜再貪慕富貴，所以李光在〈明夷・六四〉「入于左腹，獲明夷之心。」強調唯恐前去之不速，而受牽連波及：「當〈明夷〉之時，昏佞相濟，故六四以陰柔在高位，而獲見容也。知幾之士，處暗君之朝，皆退舉遠引，惟恐前去之不速。」〔註164〕

只是能否遠避，還是要看時機，時機不對，也不能輕舉妄動，以免反遭殃禍；但若動作緩慢，也不行，李杞在〈明夷・初九〉「明夷于飛，垂其翼，君子于行，三日不食，有攸往，主人有言。」〈象〉曰：「君子于行，義不食也。」就說：

> 初居下卦之下，爲傷之始，君子見幾而作，而于飛以避之。然其始也，必垂其翼，懼其疑我而不得去也；其行也，則三日不食，懼其追我而不得脫也。夫君子之去，本以懼禍，而其跡則有可疑者矣，故有攸往，而主人不免于有言，然義不可食，則去之惟恐其緩，彼雖有言，亦豈暇恤之哉！〔註165〕

初九居〈明夷〉之初，表示患難初期；處下卦之下，表示傷之始猶未深，所以君子人見機而作，觀測情勢不利，馬上離開，以免身陷危境，因此爻辭說「飛」，即表示要迅速遠離是非之地。因初爻無位，沒有官職任責，因此有遠避的條件，所以在六爻中速度是最快的，不像六二已傷及左股，因此初九可以自救，六二則不行。因初九陽剛，有能力自己逃，也逃得了；然六二陰柔又傷股，致不良於行，需他救才能脫困，若有壯馬更顯吉利。至於「垂其翼」，則提醒不示張揚，低調收斂，以免被疑忌，才能順利避退。而「三日不食」，是爲了爭取時效，惟恐其緩，故不暇食，以能確保完全脫離險境，王弼就說：「初處卦始，遠避絕跡，懷懼而行，飢不遑食。」〔註166〕所以在過程中，恐有未能盡如人意之處而小有言被疑忌；然緊急之間，應以大局爲重而捨小節。

行君子，司徒華歆薦寧。文帝即位，徵寧，遂將家屬浮海還郡。……詔以寧爲太中大夫，固辭不受。」又「行年八十，志無衰倦。環堵篳門，偃息窮巷，飯鬻糊口，并日而食，吟咏《詩》《書》，不改其樂。」（百衲本二十四史，〔晉〕陳壽撰、〔宋〕裴松之注：《三國志》，宋紹熙刊本，上海涵芬樓藏本，臺北：臺灣商務印書館，1981.1），頁169。

〔註164〕〈明夷・六四〉，李光：《讀易詳說》，頁10-370。
〔註165〕〈明夷・初九〉，李杞：《用易詳解》，頁19-455。
〔註166〕〔魏〕王弼、〔晉〕韓康伯注、〔唐〕孔穎達疏：《周易注疏》，卷4，頁88。

對於「明夷于飛」、「君子于行，三日不食」的緊急行動，李杞也舉伯夷、太公、微子之事，來說明「速度」是關鍵，他說：

> 伯夷、太公高舉遠避，而居于海濱；微子抱祭器以適周，是三子者，
> 皆見幾而作者也。「君子于行，三日不食」，其斯之謂乎？（同上）

這三人都能隨機應變，或遠避居海濱〔註167〕，或適周而有所爲〔註168〕，即在危難之際，該逃則逃、該遯則遯、該避則避，以收斂遠害。

處亂世，逃的智慧及時間點很重要。因爲該逃不逃，或錯過時機，就有可能遭遇不測，而這往往是貪戀權勢，不夠警覺，或不夠迅速的緣故，此時的應對之法便是留在原地，看情況再作決定，即以處爲宜，而〈遯‧九三〉「係遯，有疾。厲，畜臣妾吉。」〈象〉曰：「係遯之厲，有疾，憊也。畜臣妾吉。不可大事也。」就是負面的示範，所以叫「係遯」。九三爻因有繫戀，而被連累，王宗傳就舉揚雄、范滂等人在亂世仍貪位慕祿的後果作爲警惕。或許因捨不得名位，與小人爲伍，不知遠離禍難，最後就是被小人牽連，而結局當然是不忍卒睹。這是在告誡世人，親近匪類的下場往往沒好下場：

> 九三剛陽之才，而係志於陰小之人，豈能及於遠大之謀邪？夫九三
> 所謂遠大之謀，何如也？曰：遯藏以遠禍是也。不爲此舉，則必致
> 疾憊，而危亡无日矣。……亂世之君子，不知全身遠害，而貪位慕
> 祿，日與小人爲偶，而忘其明哲保身之道，如西漢之揚雄，東漢之
> 范滂，唐之王涯、賈餗是也。〔註169〕

從卦象來看，下卦爲艮，艮爲止之意。九三與上卦無應，在下卦爲二陰之主（初六、六二），所以係於二陰，無法遠遯，因此爻辭以「有疾，厲。」戒之。王宗傳說：

> 九三，〈艮〉之主也。艮，止也。止於內體，而爲二陰之主，故當遯
> 不遯，有所牽係而不能遠去。夫以剛陽之才，而牽係於陰小之人，

〔註167〕紂王無道，伯夷、姜太公（呂尚）避之海濱，以遠禍全身，《孟子‧離婁上》說：「伯夷辟紂，居北海之濱。……太公辟紂，居東海之濱。」《十三經注疏》本，頁133。《史記卷三十二‧齊太公世家第二》也說：「或曰：『呂尚處士，隱海濱。』」頁1478。

〔註168〕武王伐紂，微子肉袒面縛，抱著商王室的祭器到武王軍營投降。武王見而釋之，並且恢復爵位，見《史記卷三十八‧宋微子世家第八》：「周武王伐紂克殷，微子乃持其祭器造於軍門，肉袒面縛，左牽羊，右把茅，膝行而前以告。於是武王乃釋微子，復其位如故。」頁1610。

〔註169〕〈遯‧九三〉，王宗傳：《童溪易傳》，庫本，頁17-172；通本，頁1055。

此所謂有疾屬也。謂情有所溺，而志有所昏，故其疾至於耗憊，而
危亡无日也。夫陰小之人，所謂臣妾是也。初與二處己之下，而九
三爲之主，則畜臣妾之象也。（同上）

九三被六二、初六之臣妾所牽絆，而不能遠去，因爲「情有所溺，志有所昏」，
所以「當遯不遯」，而有危亡之憂。

（四）「順而止之」非逆而激之

君子、小人之盛衰，如同陰陽之消長，消則有息，盈則有虛，而盛極必
衰，衰也有可能趨盛。這種天道運行的常理，超乎人爲的意志，非人力所能
掌握，因此在小人得勢之時，不妨暫時引身而去，韜光養晦，以待其弱，即
不必在此時與之強亢、力爭，這就是〈剝〉卦所要闡述的道理。〈剝·象曰〉
說：「剝，剝也。柔變剛也。不利有攸往，小人長也。順而止之，觀象也。
君子尚消息盈虛，天行也。」楊萬里認爲「順而止之」即不失爲治剝之道：

剝，落也。自一陰之姤生而愈長，進而愈上，至於五陽，爲五陰矣。
五陰盛而外一陽，小人眾而外一君子，故君子不利有所往，此君子
處剝之道也。然則不利有所往，其遂聽天下之自亂乎？聖人固曰：「盍
觀諸〈剝〉之象乎？坤順艮止，止亂以順，止小人亦以順，故解黨
禍者，陳寔之臨；延唐祚者，方慶之對，皆順而止之，非逆而激之
也，此君子治剝之道也。〔註170〕

〈剝〉卦下五陰，只一陽居上，表示小人眾多而君子勢單，所以卦辭才會說
「小人長也」。在這種陰盛陽衰、陰進陽退、陰內陽外的情況下，聖人告誡「不
利有攸往」。即告誡君子人此時不宜前往，以免遇害。不過雖然不利有所往，
也不是就此聽任小人胡作非爲，仍有方法治之，方法就是順而止之。從卦象
來看，下卦坤爲順，上卦艮山爲止，即以順止小人，以順止亂，不逆而激之，
即以柔緩方式來敷衍度過此種不利時局，如漢之陳寔即是。

王宗傳對〈剝〉卦〈象曰〉之「順而止之」也同樣有感而發，強調「順
時而止」，不與小人立敵：

夫當小人道長之時，苟不知順時而止，而強駘以有往，則與小人立
敵，而至於隕身流禍也必矣！故《易》於此爲君子謀。……夫有息
必有消，有盈必有虛，理之常也。是理也，天且弗違，而況於人乎？

〔註170〕〈剝·卦辭〉，楊萬里：《誠齋易傳》，頁14-587；殿本，頁267。

所貴於君子，固當深知此理也。〔註171〕

天道有盈虛之理，人道法天，亦應與之同進退，所以君子人不應逆天而行，宜順應情勢，不輕易涉險，這就是《易》為君子謀的精神所在，所以如果不明白晦時隱退之理，並不算真正瞭解聖人之用心。而古今以來，能明哲保身者，王宗傳認為東漢之郭泰與申屠蟠可為表範，他說：

> 東漢之季，陰小得志，賢人君子不知觀〈剝〉之象，而尚夫消息盈虛之理。方且以口舌與之爭鋒，至使刊章逮捕，駢首受戮，而士類為之一空。其能不為危言激論，身處濁世而怨禍不及者，惟一郭泰而止爾。
>
> 絕迹於梁碭之間，因樹為屋，自同傭人者，惟一申屠蟠而止爾。（同上）

處險亂之世，最好「括囊不言」，如同郭泰及申屠蟠，前者因收斂言語而免禍〔註172〕，後者因看清時局，堅持不仕，而得以在亂世保全性命〔註173〕，皆成功避開大禍。否則身陷危境，朝中賢士為之一空，國家也跟著危亡，到最後沒有人是受益者，所以力不敵之，便當隱退。因此對於東漢黨人的激進作為，王宗傳感慨頗深，他認為：

〔註171〕 〈剝・象曰〉，王宗傳：《童溪易傳》，庫本，頁17-126。

〔註172〕 郭泰（郭太）字林宗，太原界休人。善談論，美音制，游洛陽，見河南尹李膺，膺大奇之，遂相友善，於是名震京師。然郭泰雖為名士，為太學生之首領，言論卻並不激烈。因此黨錮之禍時，名士多遭殺害，唯郭泰及汝南袁閎得以幸免，後閉門教授，弟子眾多。死後，蔡邕為他撰寫碑銘，認為雖然幫很多人寫過，但「皆有慙德」，也就是有灌水、虛浮的嫌疑，唯有郭泰名副其實，「唯郭有道無愧色耳」，可見時人對他的推崇。而郭泰相人精準，眼光獨到，被他評論過的人，大抵八九不離十，即如他所說的，幾無失誤，見《後漢書卷六十八・郭符許列傳第五十八・郭太》：「林宗雖善人倫，而不為危言覈論，故宦官擅政而不能傷也。及黨事起，知名之士多被其害，唯林宗及汝南袁閎得免焉。遂閉門教授，弟子以千數。」頁2226。

〔註173〕 申屠蟠，字子龍，陳留外黃人。處東漢末季，因感世道不可為，於是堅持不出仕，亦不因窮達而變易節操，所以始終遠離政治風暴，而不受波及。當時范滂等名士議論朝政，太學生「爭慕其風」，以為吏治將清；蟠卻獨警覺大禍將至，於是「絕迹」梁碭之間以避禍，過著如同「傭人」般的生活，因此黨錮之禍時，數百人「或死或刑」，蟠卻沒有被牽連懷疑。之後，何進，董卓相繼徵召，皆辭不就，年七十四，終老於家。其清雅之高志，同郡蔡邕相當推崇仰慕，稱讚他「安貧樂潛，味道守真，不為燥濕輕重，不為窮達易節。」見《後漢書卷五十三・周黃徐姜申屠列傳第四十三》：「先是京師游士汝南范滂等非訐朝政，自公卿以下皆折節下之。太學生爭慕其風，以為文學將興，處士復用。蟠獨歎曰：『昔戰國之世，處士橫議，列國之王，至為擁篲先驅，卒有阬儒燒書之禍，今之謂矣。』乃絕迹於梁碭之閒，因樹為屋，自同傭人。居二年，滂等果罹黨錮，或死或刑者數百人，蟠確然免於疑論。」頁1752。

> 黨人生昏亂之世，不在其位，四海橫流，而欲以口舌救之，撩虺蛇
> 之頭，踐虎狼之尾，以至身被淫刑，禍及朋友，士類殲滅，而國隨
> 以亡，不亦悲乎！夫惟郭泰既明且哲，以保其身；申屠蟠見幾而作，
> 不俟終日，卓乎其不可及也。（同上）

王氏認為與宵小對抗，就如同「撩虺蛇之頭，踐虎狼之尾」，其險可知，而有
沒有這個必要，也值得深思，所以張浚在《紫巖易傳》也說：「君子有順止之
道焉。欽修厥德，不與力爭，以待其復，是謂順。不然，爭不足而小人為害
益大，正道淪亡，天下安所倚望。順而止之，君子之幾也。」〔註174〕也強調
不與力爭。只是這種直接抽身，只顧自己平安的做法，是否就真的無往不利？
或許這是一種方法，但應該不是唯一的方法，因為沒有方法是萬能的。

　　因此，對於〈剝〉卦「順而止之」的做法，李光認為也要分辨情況，因
為必要時，「義重于死」：

> 消息盈虛，天道運行之常理，陽既消則有息，陰既盈則有虛，君子
> 能尚此，則危行言遜，靜觀其復可也。若強亢激拂，如李膺、袁安
> 之流，身膺刑戮，不失忠義之節，而非聖人之所尚也。雖然，事固
> 有可以死而不敢苟免者，孟子曰：「可以无死，死傷勇。」若王子比
> 干，雖知紂不可諫，寧諫而就死。顏真卿知盧杞之得君，李希烈之
> 強暴，然卒以此而蹈大禍，則義重于死故也。使世之學《易》者，
> 專以明哲保身之術求无咎悔，以全其身，亦非聖人之所貴也。〔註175〕

李光提到李膺、袁安之流，不識天地盈虛之理，與之進退行藏，結果身膺刑
戮，招致禍咎，雖有忠義之節，卻不為聖人所尚。而這也是聖人與常人的區
別，「聖人于〈剝〉之時，能默觀此象，以為進退行藏之決，豈復有禍悔哉！」
（同上）。畢竟識時務者為俊傑，能夠在混亂的局勢中「危行言遜」，可顯君
子之通權達變。不過過度的明哲保身，變成苟且偷生，甚至懦弱無所作為，
卻也不是聖人所嘉許的。因為過與不及同樣失道，不得已時，聖人也不排除
以身殉道。因此李光推崇比干〔註176〕與顏真卿之行，對於這種犧牲生命者，

〔註174〕〈剝·象曰〉，張浚：《紫巖易傳》，庫本，頁10-76。

〔註175〕〈剝·象曰〉，李光：《讀易詳說》，頁10-336。

〔註176〕比干是紂王的叔父，擔任少師（輔導太子）。因多次勸諫而激怒紂王，結果被
　　　　紂王剖心而死，見《史記卷三·殷本紀第三》：「紂愈淫亂不止。微子數諫不
　　　　聽，乃與大師、少師謀，遂去。比干曰：『為人臣者，不得不以死爭。』迺強
　　　　諫紂。紂怒曰：『吾聞聖人心有七竅。』剖比干，觀其心。箕子懼，乃詳狂為
　　　　奴，紂又囚之。」頁108。

聖人實不忍苛責，所以〈大過〉卦的上六爻雖說「凶」，卻又說「无咎」，就是這個意思，而李光也說：「人能損軀濟難，其成與不成天也，既以蹈禍又從而追罪之，則人懷保身之術，緩急之際，孰肯用命者乎？故聖人從而恕之曰『不可咎也』。」〔註177〕即犧牲的結果雖令人感到遺憾，但精神是可佩的，所以世人應當於此有所分辨，不應等同視之。

其實對「順而止之」的詮釋，如果要找帝王級的例子，唐代宗是可以當之的。因為代宗對付宦官頭子，向來很有一套，可以左手寵幸，右手懲治，所以李輔國、程元振、魚朝恩這三個飛揚跋扈，讓他忍無可忍的大宦官，到最後就都是被他解決的。〔註178〕因此，比起文宗釀成的甘露之變，代宗是更有謀略的，因為從沒失手過。其實若論代宗與李輔國的恩怨糾葛，當源於安史之亂。當時玄宗倉皇逃至蜀地，局勢一片混亂，李輔國趁機勸太子（肅宗）在靈武即位，以安人心。〔註179〕肅宗即位後，便相當倚重李輔國，視為心腹之臣，甚至將四方奏事，交由他處置，「宰臣百司，不時奏事，皆因輔國上決。」此外，還掌握禁軍。然得勢後的李輔國，日漸驕橫，甚至要求當宰相，不過這事被肅宗擋了下來。肅宗去世，代宗即位，過程中也是靠李輔國、程元振的策劃之功，所以輔國恃擁立之功，更加「恣橫」，總攬朝政，甚至還跟代宗說：「大家但內裏坐，外事聽老奴處置。」即事無大小，悉聽任決之，分明當起地下皇帝。不過代宗雖「怒其不遜」，卻不敢與之正面決裂，因懼其掌握禁軍，所以仍尊之為「尚父」。後程元振欲奪其權，代宗於是乘二人發生嫌隙，免去其職。最後派刺客暗殺，將其頭顱丟入糞坑之中，以洩其恨，還祕而不宣。所以李輔國可以說是權傾一時，卻不得善終的典型。而這事宋《易》也有討論，認為代宗得處置小人之道，解決了這個禍害。然以帝王之尊，卻去

〔註177〕〈大過·上六〉，李光：《讀易詳說》，頁10-348。

〔註178〕代宗優寵宦官，李輔國、程元振、魚朝恩倍受尊寵，權勢甚至超過宰臣。但是，代宗也能懲治飛揚跋扈不可一世的大宦官，李輔國、程元振先後就遭誅貶。李輔國是他派刺客暗殺的，而魚朝恩則是在禁中宴會後被他留下來，與宰相元載密謀縊殺的，且二者都隱而不宣。（參白壽彝總主編：《中國通史》修訂版，隋唐時期下冊，上海人民出版社，2004年07月第1版），頁1687，1923。

〔註179〕《舊唐書卷一百八十四·列傳第一百三十四·宦官·李輔國》：「祿山之亂，玄宗幸蜀，輔國侍太子扈從，至馬嵬，誅楊國忠，輔國獻計太子，請分玄宗麾下兵，北趨朔方，以圖興復。輔國從至靈武，勸太子即帝位，以系人心。肅宗即位，擢為太子家令，判元帥府行軍司馬事，以心腹委之。」頁4759。

做這種不太光明之事，不「顯戮」而派刺客〔註180〕，亦顯然有失光彩。

而對於代宗的處理手法，楊萬里在〈剝‧六五〉「貫魚以宮人寵，无不利。」〈象〉曰：「以宮人寵，終无尤也。」認為六五能以恩倖「調群陰」，止其弄權，發揮陰柔的功效：

> 六五，群陰之類，亦群陰之主，能總群陰以聽命而止其害正，能調群陰以恩倖而止其弄權，乃六五柔得尊位，順而止之之道也。魚，宮人，陰類也，謂下四陰也。貫者，聽而總之也。寵者，心以倖之也。如是庶乎群小不為害矣。无不利者，言不為害而已，非盛世之大利也。其唐之代宗乎！使文宗忍錄過，甘露何由而作！〔註181〕

楊氏肯定代宗對李輔國的順止之道，因此說「无不利」。不過這種利究竟不是什麼大利，也非盛世之利，只是「不為害」而已，即兩害相衡取其輕。至於文宗的甘露之變，比起代宗，則顯然差很多，表示文宗的智慮與謀略仍顯不足。

然此種行徑畢竟不正大光明，所以楊萬里也有意見，他在〈夬‧九五〉「莧陸夬夬，中行无咎。」〈象〉曰：「中行无咎，中未光也。」就說這種行徑僅能「中行无咎」，即所幸沒有引起後遺症而已，但絕非光大之事，所以爻辭才會說「未光也」，表示似乎有著見不得人，而不能公開的秘密，因此祕而不宣，難以召告世人：

> 莧陸，草之脆；夬夬，決之強；中行；決之和；无咎，決之安；未光，決之憾。九五為決小人之主，合眾陽君子之助，以決上六一陰之衰，……既決之極力而不遺餘力矣，而又行之以中，而又僅能无咎，而又有未足為光大之憾，何也？……惟小人易近而難遠，非難遠也。近之則難遠也，近則寵、寵則尊、尊則僭、僭則強，強則難遠。〔註182〕

〔註180〕 李輔國專權的行徑，跋扈囂張，代宗志恨不已，但因其手中掌握禁軍，不敢責罵他，仍表面尊崇之，政事皆由其參決。後與程元振有隙，帝遂乘機罷其權，並在某天夜裡派刺客暗殺他，取其首級，丟入糞坑，祕而不宣，以刻木代替頭顱下葬，見《新唐書卷二百八‧列傳第一百三十三‧宦者下‧李輔國》：「自輔國徙太上皇，天下疾之，帝在東宮積不平。既嗣位，不欲顯戮，遣俠者夜刺殺之，年五十九，抵其首溷中，殊右臂，告泰陵。然猶祕其事，刻木代首以葬，贈太傅。」頁5882。

〔註181〕 〈剝‧六五〉，楊萬里：《誠齋易傳》，庫本，頁14-588。

〔註182〕 〈夬‧九五〉，楊萬里：《誠齋易傳》，庫本，頁14-643。

夬，即決，談決小人之道。而從決之「強」、決之「和」、決之「安」到決之
「憾」，都證明九五要除掉小人的決心與不遺餘力。至於步驟會這麼多，是因
為請神容易送神難，小人一旦沾惹上了，就很難擺脫，等到要解決時，勢必
要費一番工夫，如李輔國就是，若不是代宗處心積慮陰竊之，也不是這麼容
易成功的：

> 李輔國者，其初一家奴，而其晚號尚父，貫盈罪大，而代宗不敢顯
> 戮之，至遣盜以竊其首焉。殺之者，夬夬也；遣盜者，中行也；誅
> 一小人而无變者，无咎也。然陰竊殺之，而不明正邦刑，亦可羞矣，
> 是足為光大乎？九五，其初近上六，而其終不得不去上六。上六恃
> 寵而上其君矣，可得而去乎！九五忍恥而以中道去之，幸於无咎變
> 而已矣，何光大之有？（同上）

總之，李輔國的發跡，從家奴到尚父，從尚父到死於非命，驗證了小人真的
很難處理，因為易近而難去。從近、寵、尊、僭、強到難遠，步步艱險，難
怪〈夬〉卦會如此語重心長，似有難言之隱地告戒世人，去小人之難，其來
有自，而其結局，卻往往僅得无咎而已，不可能光大，因此人選擇去親近誰，
在一開始時就要考慮清楚。

（五）「包承小人」以渾跡群小間

在亂世，君子若不能遠遯，而想要與時抗衡，恐怕就必須有犧牲的心理
準備，只是這種選擇到底有沒有價值，見仁見智，如李光就不以為然。他在
〈否·六二〉「包承小人，吉，大人否亨。」〔註183〕就肯定臣子在昏亂的朝中，
能側身群小間，表面看似包容承順，其實不然，而是伺機「傾否開泰」，扭轉
乾坤，並非單純的明哲全身而已；至於直接殉難，則未必值得，他說：

> 六二當〈否〉之時，處人臣之正位，此暗君姦臣相濟而得路者也。

〔註183〕此句的斷句，一般的斷法是「包承，小人吉，大人否亨」，然李光則斷為「包
承小人吉，大人否亨」，楊龜山（楊時）即是此解。李光認為對小人的包容承
順，只有大人才做得到，但不意謂著大人與小人同流合污，所謂「包容小人
而承順之，非大人不能。孔子恐後世疑于同小人者，故曰：『大人否亨，不亂
群也。』」見《讀易詳說》，頁 10-307。然此種處理方式不免令人質疑其正當
性，因為就算沒有跟小人同流合污，也極有可能變成跟小人打混的局面，所
以朱子就批評楊龜山的此種理解，認為是自我開脫之詞，欲將自己依附蔡京
的行為合理化：「『包承』，龜山以『包承小人』為一句，言否之世，當包承那
小人，如此卻不成句。龜山之意，蓋欲解洗他從蔡京父子之失也。」見《朱
子語類》卷70，釋〈否〉卦，頁 1763。

> 小人方執其權綱，上復有應，勢未能敵，爲君子者，當包容而承順
> 之，……包承小人而不亂小人之群，尤見其大。蓋從容渾跡于群小
> 之間，未嘗悻悻然懷忿躁不平之氣，故小人莫得指目而忌惡之，非
> 獨明哲全身之道，當然亦所以傾否而開泰也。漢之陳太丘足以當之，
> 若李膺、杜喬之流，徒激禍亂耳！〔註184〕

李光認爲身居亂世，小人得路之時，六二雖處人臣之正位，然環境之險惡，
動輒得咎，所以需能沈得著氣，避免忿躁不平，而悻悻然爲小人所陷，應當
學習漢朝陳太丘之行〔註185〕，自留餘地。若李膺因做法激進，引爆黨錮之禍
〔註186〕，讓忠義之士身陷囹圄，而朝中清流爲之一空，如此人心惶惶，更加
速敗亡。

　　而張根在〈否‧初六〉也說要「包承委順以伺其隙」：

> 于〈否〉見聖人惡亂之深，……處下則相與守正以養其德，在位則
> 包承委順以伺其隙。隙未可乘，則辭尊居卑以俟之；有隙可治，則
> 引其黨類以決之。……雖然，惟有大人之才，然後可以預此，不然，
> 則適以益亂而已，黨錮之君子是已。〔註187〕

即居〈否〉卦，有隙則乘之，無隙則俟之，不過乘隙治之，也要靠大人之才，
並且引類決之，否則適以益亂，如黨錮之禍的竇武、陳蕃，欲誅殺宦官，然

〔註184〕〈否‧六二〉，李光：《讀易詳說》，頁10-307。

〔註185〕陳太丘，陳寔，字仲弓，潁川許人，曾爲太丘長。當時張讓（宦官）權傾
天下，其父死，名士無往弔者，唯陳寔前往弔唁，張讓深以爲恥，因此黨
錮之禍時，張讓對陳寔特別寬宥，此見《後漢書卷六十二‧荀韓鍾陳列傳
第五十二‧陳寔 》：「及後逮捕黨人，事亦連寔。餘人多逃避求免，寔曰：
「吾不就獄，眾無所恃。」乃請囚焉。遇赦得出。靈帝初，大將軍竇武辟
以爲掾屬。時中常侍張讓權傾天下。讓父死，歸葬潁川，雖一郡畢至，而
名士無往者，讓甚恥之，寔乃獨弔焉。乃後復誅黨人，讓感寔，故多所全
宥。」頁2066。

〔註186〕黨錮之禍源於李膺對宦官的激進處置做法，傅樂成《中國通史》說：「（東漢）
延熹八年（165年），中常侍張讓弟朔爲縣令（野王令），因貪殘爲李膺所殺，
宦官深恨之，桓帝也不滿膺的擅殺。次年，有閹黨張成，教子殺人，後雖遇
赦，仍被膺處死。宦官乃使人上書告膺與太學遊士及諸郡生徒，結爲私黨，
訕謗朝政。桓帝下令郡國，逮捕黨人，結果李膺與朝臣杜密、陳翔、范滂等
二百餘人皆被捕下獄，陳藩也因上諫書而被免職。永康元年（167年），桓帝
后父城門校尉竇武和尚書霍諝，均奏請寬貸李膺等，宦官怕膺等牽引閹黨，
也認爲宜赦。於是桓帝下詔赦黨人罪，但均放歸田里，禁錮終身，這是第一
次的黨錮。」頁226。

〔註187〕〈否‧初六〉，張根：《吳園周易解》，庫本，頁9-477。

才能不足，終告失敗。因此，聖人告戒世人治小人能出手再出手，不能出手則寧可等待，甚至「辭尊居卑」，不必急於一時。

（六）「內文明而外柔順」伺傾否開泰

關於柔順處之，李光在〈蠱・九二〉「幹母之蠱，不可貞。」就以陳平、狄仁傑為例，說明二人對於呂后及武后之行事，既然表面難以面折廷爭，只好柔順輔之，以待時機，再另行計謀，所以二人在當時均能安邦定國，穩定一代局勢，不像褚遂良輩，雖殺身成仁，其實無益治道：

> 婦人之性，雖曰陰柔；然亦有鷙忍強戾，果于為惡者。非能一旦使之翻然以從善也，當從容柔順以輔導之。陳平之事呂后，狄仁傑之事武后，可謂得其道矣。呂后王諸呂，武后廢廬陵王，二人未嘗面折廷爭，然卒安劉氏者，平也；卒返廬陵王者，仁傑也。若王陵、褚遂良輩，徒至于殺身而已。何補于治亂哉！《易》道所貴，貴乎无咎悔，不以殺身為善。蘇氏解五十而學《易》，可以無大過，以謂非老于憂患之君子，未易學也。〔註188〕

即處在不利的形勢中，既無力改變現狀，則不妨先順適之，俟他日再行其道，因《易》道不以殺身為善，而這種智慧只有飽經憂患之君子才能深明其義。

而柔順的應世之道，宋《易》認為周文王最足當之，由於內文明而外柔順以服事商朝，所以即便三分天下有其二，亦能不被紂王疑忌，因此在〈明夷・六二〉「明夷，夷于左股。用拯馬壯，吉。」〈象〉曰：「六二之吉，順以則也。」李杞便說：

> 文王三分天下有其二，以服事商，其忠順之道，可以為萬世之法則，〈象〉所謂「內文明而外柔順」，非文王之至德，其孰能與于此哉！〔註189〕

文王以「忠順」之道服事紂王，可為萬世之法則，因此爻辭說「順以則也」。因為面對險惡的環境，柔順有時確實可以發揮功效，這種因應自救之道，胡瑗也說：「文王居為西伯，三分天下有其二，終能外執柔順之德，內晦文明之道，雖小人眾多，終不能窺見其所為，故免其禍患也。」〔註190〕即內藏文明之德，外表收斂順從，不被小人窺視所為，在謹慎中蒙大難而無虞。文王就是深得明夷之道者，處昏暗之世，雖有羑里之難，猶能化險為夷，以敬慎之心遠離禍患。

〔註188〕〈蠱・九二〉，李光：《讀易詳說》，頁10-322。
〔註189〕〈明夷・六二〉，李杞：《用易詳解》，頁19-455。
〔註190〕〈明夷・象曰〉，胡瑗：《周易口義》，頁8-332。

附錄：

《周易》八大險卦之危境轉成之道

	危境之取象	危境之型態	危境轉成之道之一	危境轉成之道之二
1〈屯〉卦	「剛柔始交而難生」。	動乎險中，動就會陷入困難之中，為草木初生之始的艱難。	「利建侯」：鞏固基地，再圖謀發展。以年輕的生命力忍耐挫折，便可努力破土而出，逐漸茁壯。	
2〈否〉卦	「大往小來」天地不交，而萬物不通。	小人道長，而君子道消，不利君子貞。	「有命無咎」：承受天命之人才能終結亂世，所以天降賢德是轉成之道。	「儉德辟難，不可榮以祿」：君子人宜收斂德行，不居高位享榮祿。
3〈蠱〉卦	「山下有風」，風在山下迴繞不出。	蠱壞、敗壞、腐敗。	「利涉大川」：人為努力是轉成之道。	「有子承考」：後繼有人是轉成之道。
4〈剝〉卦	「山附于地」，山剝落之象。	柔變剛，小人消剝君子。	「順而止之」：以順止剝，不正面與小人對決而自陷凶險。	「不利有攸往」：此時不利於前往。
5〈坎〉卦	「習坎」，重險。	險之又險。	「行險而不失其信」：以道德信用走出艱險。	
6〈明夷〉卦	「明入地中」，光明隱晦。	正道被傷，光明受創。	「內文明而外柔順」：外處柔順，然內藏文明之德。	「明夷于飛」：迅速遠離災難，並低調收斂。
7〈蹇〉卦	「山上有水」，山行又遇水。所謂屋漏偏逢連夜雨，船破又遇對頭風。	艱難，前進有危險。	「利見大人」：得貴人之助，才能渡過險難，應選平易之地自處。	「反身修德」：自我反省，修鍊道德。
8〈困〉卦	「澤无水」，澤中無水，乾涸困窮。	困乏、困窘。	「大人吉」：守正道之大人君子才能出困，一般人則能力不及。	

小 結

關於治亂興衰的探討，結論如下：

一、君子、小人是治亂的關鍵：即人事是治亂之幾，這可從進退、內外、上下等各個層面得到說明。大抵君子進則治，小人進則亂；君子處內則安，小人在內則敗。總之，君子宜處上、居內、前進；而不宜在野、處外、居下。因為小人雖以順道為得寵的開端，但其終必為逆亂。而其分際又取決於君主的選擇，因此君主選擇重用君子或親近小人，便往往是盛衰之界。

二、治國之道在於善「用」君子，善「處」小人：李過在〈泰‧九二〉「包荒，用馮河，不遐遺，朋亡。得尚于中行。」〈象〉曰：「得尚于中行，以光大也。」就認為前世黨錮之禍就是因為君子不善處小人的結果：「九二，臣位。當〈泰〉之世，君子在內，而小人在外，為大臣者，必得所以處君子、小人之道。君子固當用，小人亦不可使之失所也。『包荒，用馮河』，用君子之道也。用賢之道貴廣，當明時，不可有棄才，一智一能皆得自効，馮河之勇者，亦得用也。『不遐遺，朋亡』，處小人之道也。遐，遠也。小人遠而在外，不當有厭棄之意，疾惡太甚，則小人之怨生矣。……前世朋黨之禍皆起于君子不善處小人之故。」〔註191〕李過認為「包荒，用馮河」是用君子之道；「不遐遺，朋亡」則是處小人之道。君子當用，小人亦不可棄，所以鈞軸天下者之重任，即是要讓君子在位，小人得其所，而天下無棄才，遠無遺賢，所以馬振彪引張英之語說：「觀碩果之辭，知聖人之愛君子；觀貫魚之辭，知聖人之不絕小人。」〔註192〕

三、晚節不保是常態：對一般人而言，有好的開始，並不困難，但要有好的結局，卻很少，帝王更是如此。所以魏徵《諫太宗十思疏》才會說：「有善始者實繁，能克終者蓋寡。」對於治安之難保，守成之艱辛，李光在〈既濟‧卦辭〉「既濟，亨。……初吉終亂。」即以唐明皇、唐德宗為例說：「初吉終亂，言治安之難保也。此唐魏徵對太宗以守成之難于創業也。明皇用姚崇、宋璟則治；用李林甫、楊國忠則亂。德宗用陸贄則安，用盧杞則危，以此知危亡之禍常在既濟之後，古人所以不畏多難而畏無難也歟！」〔註193〕

〔註191〕〈泰‧九二〉，李過：《西溪易說》，庫本，頁 17-664。

〔註192〕馬振彪遺著，張善文整理：《周易集說》，廣東：花城出版社，2002 年 1 月，頁 240。

〔註193〕〈既濟‧卦辭〉，李光：《讀易詳說》，頁 10-452。

明皇、德宗都是前期重用君子，也算勵精圖治，後期卻昵小人而致禍亂的案例〔註 194〕，所以〈既濟〉卦才會以「初吉終亂」來告戒禍患常在「既濟」之後，因此切莫得意忘形，以為功成便可懈怠而無虞，畢竟逸豫亡國，憂患興邦，因此古人不畏多難而畏無難。

　　四、在亂世，不到最後關頭，不輕言犧牲，因為懂得明哲保身，才能傾否開泰。至於保治之道，宋儒認為持中、憂患意識、後繼有人都是關鍵。持中是無過與不及，憂患意識是不自滿，並對危機有一定的體認，後繼有人才能生生不息，在世代的交替中傳承開創，而永保清平。

〔註194〕《新唐書卷一百六十五・列傳第九十・崔群》引崔群之言說：「昔玄宗少歷屯險，更民間疾苦，故初得姚崇、宋璟、盧懷慎輔以道德，蘇頲、李元紘孜孜守正，則開元為治。其後安于逸樂，遠正士，昵小人，故宇文融以言利進，李林甫、楊國忠怙寵朋邪，則天寶為亂。」頁 5081。